Leben durch den Tod

Kultur der Medizin

Geschichte – Theorie – Ethik

Herausgegeben von Andreas Frewer

Band 6

Editorische Mitbetreuung:
Thomas Schlich und Andreas Frewer

Vera Kalitzkus, Dr. disc. pol., ist wissenschaftliche Mitarbeiterin der Gesellschaft zur Förderung medizinischer Kommunikation e.V. (GeMeKo) in Göttingen.

Vera Kalitzkus

Leben durch den Tod

Die zwei Seiten der Organtransplantation
Eine medizinethnologische Studie

Campus Verlag
Frankfurt/New York

Gedruckt mit Unterstützung der Geschwister Boehringer Ingelheim Stiftung für Geisteswissenschaften in Ingelheim am Rhein und des Instituts für Ethnologie der Georg-August-Universität Göttingen.

Bibliografische Information der Deutschen Bibliothek

Die Deutsche Bibliothek verzeichnet diese Publikation in der Deutschen Nationalbibliografie. Detaillierte bibliografische Daten sind im Internet über http://dnb.ddb.de abrufbar.
ISBN 3-593-37269-X

Druck und Bindung: KM-Druck, Groß-Umstadt
Gedruckt auf säurefreiem und chlorfrei gebleichtem Papier.
Printed in Germany

Inhalt

Vorwort

Der Umgang mit Organtransplantation ist abhängig von kulturellem Hintergrund, Glaubensanschauungen und persönlicher Erfahrung. Eine pluralistische, demokratisch organisierte Gesellschaft muss den unterschiedlichen Wertungen Rechnung tragen und kann keine universale Entscheidung über ›richtig‹ und ›falsch‹ vorgeben. Eine solche Vorgabe wird man in der vorliegenden Arbeit vergeblich suchen, doch ist dies nicht mit einem fehlenden eigenen Standpunkt zu verwechseln. Die Organtransplantation ist mit existenziell bedrohlichen Themen verknüpft, die den Wunsch nach eindeutigen Be- und Erkenntnissen wecken, um Zweifel auszuräumen und das Wissen zu vermitteln, auf der ›richtigen‹ Seite zu stehen. Eine Forschung zu einem so konfliktgeladenen Bereich, in dem viele widersprüchliche Interessen und Interessengruppen aufeinander prallen, ist demnach zwangsläufig politisch. Eine meiner Aufgaben sehe ich darin, die im öffentlichen Diskurs untergehenden Erfahrungen, Sichtweisen, Probleme und Konflikte, die durch diese Technologie entstehen (können), zu benennen. Ich verstehe ein Aufzeigen von und eine Auseinandersetzung mit verschiedenen Sichtweisen als möglichen Zuwachs für individuelle Entscheidungs- und Handlungskompetenz in einem sich schnell wandelnden, existenziellen gesellschaftlichen Bereich. Gesellschaftlich müssen m. E. ethische Regelungen und Richtlinien entstehen, die einem Meinungs- und Wertepluralismus gerecht werden.

Die vorliegende Studie wäre ohne die Unterstützung vieler anderer nicht möglich gewesen. Ohne die bereitwillige Offenheit der Menschen, die direkt von Organtransplantation betroffen sind, hätte die Arbeit nicht entstehen können. Besonders gilt mein Dank den Angehörigen von »Organspendern«, die mit mir ihre zum Teil äußerst schmerzhaften Erinnerungen teilten. Für die Vermittlung von Kontakten zu Angehörigen von »Organspendern« danke ich Claus Clausen, Transplantationszentrum des Universitäts-Krankenhauses Hamburg Eppendorf, sowie Ernst-August Hesse, Seelsorger aus Wiesbaden. Viel habe ich von den Sorgen und Freuden von Organempfängerinnen und -empfängern der verschiedensten Selbsthilfegruppen für Organtransplantierte gelernt, die mir ihre Erfahrungen schilderten. Für die Unterstützung meines Vorhabens möchte ich mich namentlich bei Günther Schulz vom Bund

Deutscher Organtransplantierter e.V., Erhard Hinz und Gerhild Drüe der Dialysepatienten Deutschlands e.V. sowie Jutta Vierneusel, Verein Lebertransplantierter Deutschlands e.V., bedanken. Knut Erben ermöglichte meine Teilnahme an den Deutschen Meisterschaften für Organtransplantierte sowie die Begleitung der deutschen Mannschaft zu den *World Transplant Games* 1997 in Sydney, Australien. Die Sportlerinnen und Sportler sowie ihre Angehörigen nahmen mich offen und freundlich in ihren Kreis auf. An alle herzlichen Dank für die Bereitschaft und das Vertrauen, das sie mir entgegenbrachten.

Für eine Klinikhospitation gilt mein Dank Prof. Dr. Burckhard Ringe und Dr. Thomas Lorf von der Klinik für Transplantationschirurgie der Universität Göttingen; für weitere Unterstützung vor Ort Prof. Dr. Hilmar Burchardi, Dr. Jörg Kerstens und Peter Zisenis. Petra Giersche gab mir bereitwillig Einblicke in den pflegerischen Alltag und unterstützte mich in meinen Nachforschungen. Ebenso möchte ich mich bei allen anderen Ärztinnen und Ärzten sowie Schwestern, Pflegern und Seelsorgerinnen (auch aus anderen Kliniken) bedanken, die ich hier im Einzelnen nicht namentlich auflisten kann.

Finanziell wurde die Studie durch die Einbindung in das von der Deutschen Forschungsgemeinschaft finanzierte Forschungsprojekt »Verwandtschaft und Humantechnologie gefördert. Soziale Beziehungen unter den Bedingungen von Reproduktionsmedizin und Organtransplantation in Deutschland« am Institut für Ethnologie der Universität Göttingen ermöglicht. Die Drucklegung der Dissertation wurde großzügig von der Geschwister Boehringer Ingelheim Stiftung für Geisteswissenschaften in Ingelheim am Rhein und dem Institut für Ethnologie der Georg-August-Universität Göttingen unterstützt. Für die Betreuung der Dissertation gilt mein besonderer Dank unserer Projektleiterin Prof. Dr. Brigitta Hauser-Schäublin.

Nicht missen wollte ich die gute Zusammenarbeit und fruchtbaren Diskussionen in unserem Projekt mit (in alphabetischer Reihenfolge) Margo F. Bargheer, Lutz Freudenberg, Sibylle Obrecht, Imme Petersen und Iris Schröder wie auch die zahlreichen Diskussionen mit Klaus Hesse, Michael Dickhardt und den Teilnehmenden des DoktorandInnenseminars von Prof. Brigitta Hauser-Schäublin. Von unschätzbarem Wert war die Begleitung meiner Untersuchung durch Supervision von Maria Vornholdt; ihr verdanke ich sowohl emotionale Rückenstärkung, um persönlich mit der Thematik umgehen zu können, als auch psychologische Einblicke zur Analyse des Forschungsprozesses (vgl. Kap. 2). Für ihre Geduld und Zuverlässigkeit bei der Transkription der nie enden wollenden Gesprächstonbänder danke ich Sonja Vorwerk. Ebenfalls sehr fruchtbar waren die Diskussionen des Darmstädter Workshops »Medizin, Technik, Körperlichkeit«, initiiert von Gesa Lindemann, Alexandra Manzei und Werner Schneider (Juni 2000). Gesa Lindemann verdanke ich wichtige analytische Hinweise bezüglich meiner theoretischen Unterscheidung von Körper und

Leiblichkeit. Mit der Durchsicht des Manuskripts plagten sich akribisch, geduldig und engagiert Michael Dickhardt, Susanne Kessel, Babette Müller-Rockstroh und Annika Schmitt, einzelne Kapitel las Sibylle Obrecht. Insbesondere geht mein Dank an Thomas Schlich und Andreas Frewer, die das Manuskript in Hinblick auf die Veröffentlichung in der Reihe „Kultur der Medizin“ betreuten. Und zum Schluss ein herzliches Dankeschön meiner Familie und all meinen Freundinnen und Freunden, die stets ein offenes Ohr für meine Sorgen und Zweifel hatten und mir seelischen und moralischen Rückhalt gaben.

Es wird nicht immer angenehm sein, sich mit der vorliegenden Thematik zu befassen, im Gegenteil, sie behandelt ›schwer verdauliches‹ Material, das mit der Auseinandersetzung von Krankheit und Tod den Leserinnen und Lesern einiges abverlangt und Widerstände und Abwehr hervorrufen wird. Aus diesem Grunde möchte ich mit Devereux folgende Leseempfehlung aussprechen:

»Die Lektüre dieses Buches wird sich für diejenigen als leicht erweisen, die, mit einer scheinbar schwierigen Passage konfrontiert, nach innen schauen, um herauszufinden, was ihr Verständnis hemmt – so wie ich selbst beim Schreiben dieses Buches ständig nach innen schauen mußte, um herauszufinden, was mein Verständnis hemmte.« (Devereux 1992 [1967]: 14)

Oder anders ausgedrückt:

»Wenn uns etwas gefällt, dann wird es uns auch einleuchten. Wenn uns etwas kränkt, irritiert und bedroht, dann werden wir es so einrichten, daß es uns nicht einleuchtet.« (Jule Eisenbud 1970 nach Dossey 1995: 187)

Gewidmet den Seelen der Verstorbenen

Göttingen, Januar 2003, Vera Kalitzkus

1 Einleitung

Die rasanten Entwicklungen im medizinisch-technischen Bereich ermöglichen einen Umgang mit dem Menschen und seinem Körper, der mit den überlieferten gesellschaftlichen Vorstellungen nicht mehr übereinstimmt. Die ›natürliche‹, das heißt die für selbstverständlich genommene Ordnung der Dinge wird infrage gestellt: Was ist Tod, was ist Leben, was Natur oder Kultur bzw. natürlich oder künstlich? Grenzen zwischen individuell verkörperten Menschen (Transplantation, Chimäre[1]), zwischen Mensch und Maschine (künstliches Herz oder Biotechimplantate, Cyborg[2]) und verschiedenen Spezies (Xenotransplantation) verwischen.

In der gesellschaftlichen Diskussion um Organtransplantation sind die Veränderungen existenzieller Konzepte in widersprüchlichen Bildern zu erkennen. Einerseits werden die neuen technologischen Errungenschaften zur Überwindung von lebensbedrohlichen Krankheiten willkommen geheißen, wobei man sich von überlieferten kulturellen Vorstellungen wie bspw. der des Herzens als Sitz der Gefühle mithilfe einer aufgeklärten rationalen Einstellung distanziert. Der Traum von der Beherrschbarkeit der Natur und der Glaube an die medizinische Entwicklung lassen alles möglich erscheinen, auch die Überwindung von Krankheit und Tod. Künstliche Organe und Organtransplantation sind dabei, so stellte der Gesundheitswissenschaftler Alonzo Plough für den US-amerikanischen Kontext – und durchaus übertragbar auf unsere Gesellschaft – fest, Schlüsselsymbole des medizinischen Fortschritts gegen den Tod (1986: 4). Andererseits lässt sich in den Medien, in Spielfilmen, Romanen und der Kunst ablesen, welche tief sitzenden Ängste und Zweifel mit der Überschreitung

---

1 Ursprünglich bezeichnet der Begriff Chimäre ein Ungeheuer der griechischen Sage (Löwe, Ziege und Schlange in einem); in der Biologie versteht man darunter einen Organismus, der aus genetisch verschiedenen Zellen aufgebaut ist; medizinisch ist damit ein Lebewesen gemeint, dessen Körper Zellen mit abweichender Chromosomenstruktur besitzt (Duden Fremdwörterbuch 1990).

2 Mit dem englischen Begriff Cyborg wird ein Kunstwesen bezeichnet, dem technische Geräte als Ersatz oder zur Unterstützung körpereigener Organe eingepflanzt werden (Duden Fremdwörterbuch 1990).

dieser Grenzen wachgerufen werden.[3] Die Historikerin Caroline Bynum weist darauf hin, dass in Trivialromanen und Unterhaltungsfilmen der vergangenen drei Jahrzehnte verstärkt das Problem des Wechsels von einem Körper in einen anderen thematisiert wird:

»Ihre Geschichten und Bilder haben die Tendenz, die Grenzlinie zwischen Geist und Körper zu löschen, die ein transplantiertes oder entkörpertes Bewußtsein oder Gedächtnis zur befriedigenden Idee von einer Kontinuität der Person machen würden. [...] Trivialromane wie ›Who is Julia?‹ oder ›Memories of Amnesia‹ suggerieren, daß die Transplantation eines einzelnen Körperteils (und das muß nicht das Gehirn sein) eine Transplantation des Selbst sein könne. Befremdlich und ganz ausdrücklich spiegeln sich mittelalterliche und moderne Vorstellungen in dem neuen Film ›Jesus von Montreal‹[4], dessen moderner Christus nach seinem Tod andere rettet, indem er Herz und Hornhaut spendet. Der Film legt nahe, daß Organtransplantation die moderne Version der Auferstehung ist, und wirft dadurch jene vielschichtigen Fragen zum Verhältnis von Teil und Ganzem, Überleben und Selbst auf, die allen Mediävisten aus dem Studium mittelalterlicher Heiligenviten und Reliquiare vertraut sind.« (Bynum 1996: 9)

Dabei wird, so Bynum, auch die Frage des Todes aufgeworfen, nämlich: »Kann ich ›Ich‹ bleiben, wenn ich sterbe?« (1996: 8). Die Brisanz dieser Verunsicherung liegt nach Ansicht der Soziologin Paula-Irene Villa (2000: 12) darin, dass der Körper gemeinhin dem Natürlichen (also Selbstverständlichen) zugeordnet wird. Und genauso auch der Tod, der das Ende des Körpers markiert. Auch die öffentlichen Diskussionen deuten auf ein Unbehagen und eine Verunsicherung gegenüber dem medizinisch Machbaren hin. Eine Frage wird dabei immer wieder laut: Wie eng ist die menschliche Identität mit dem Körper verstrickt? Wann ist ein Mensch tot? Dieser zwiespältige Umgang mit den Möglichkeiten der heutigen Medizin und ihren Konsequenzen kann im Sinne des Vorhandenseins konträrer Deutungsmuster interpretiert werden. Diese konträren Deutungsmuster, die die Phantasie anregen und Bilder für Ängste und Hoffnungen liefern, sind Teil des gesellschaftlich-kulturellen Umfeldes, in dem sich das Erleben der Betroffenen abspielt.

---

3 Ein jüngeres Beispiel ist der Kinothriller »Heart – Jeder kann sein Herz verlieren« (GB 1998), in dem sich die Mutter eines verunglückten Sohnes, den sie zur »Organspende« freigegeben hatte, auf die Suche nach dem Herzempfänger macht und sich in ihn verliebt. Der Film endet mit dem Tod des Herzempfängers, die Mutter entreißt seinem Körper das Herz und bringt es zum Grab ihres verstorbenen Sohnes.

4 »Jesus von Montreal« von Davis Arcand (Canada 1989).

Gegenstand der vorliegenden Dissertation ist das Themenfeld der Organtransplantation aus Sicht der direkt Betroffenen. Sie ist eingebunden in das von 1996 bis 2001 laufende DFG-Forschungsprojekt »Verwandtschaft und Humantechnologie« unter der Leitung von Prof. B. Hauser-Schäublin, an dem ich als wissenschaftliche Mitarbeiterin mit dem Teilaspekt Organtransplantation beteiligt war.[5] Die Resultate veröffentlichten wir unter dem Titel »Der geteilte Leib. Die kulturelle Dimension von Reproduktionsmedizin und Organtransplantation in Deutschland« (Hauser-Schäublin et al. 2001). Von mir erhobenes Interviewmaterial habe ich in dieser Gemeinschaftsarbeit begonnen aus meiner Sicht zu interpretieren und werde dies in dieser Arbeit weiterführen.

Ziel dieser Studie ist es, den Auswirkungen der Infragestellung existenzieller kultureller Konzeptionen in der gelebten Realität der Angehörigen »hirntoter Organspender«[6] und der Organempfänger nachzuspüren. Dabei stellt sich die Frage, ob ihre Erfahrungen mit dem öffentlich propagierten Bild neuer medizinischer Erfolge von »geschenktem Leben« und einer dem Tod Sinn gebenden »Organspende« übereinstimmen.

Seit Inkrafttreten des Transplantationsgesetzes im Jahre 1997 ist der »Hirntod« als der Tod des Menschen juristisch festgelegt und damit eine seit langem durchgeführte medizinische Praxis gesellschaftlich legitimiert. Die Gleichsetzung des »Hirntodes« mit dem Tod des Menschen stellt jedoch eine bedeutsame Grenzverschiebung dar. Die Soziologin Gesa Lindemann (2002) fasst dieses Problem unter das Phänomen der Zugehörigkeit bzw. des Ausschlusses aus dem Sozialen: Bisher zwar als sterbend aufgefasste, damit jedoch noch dem Leben zugerechnete Menschen erfahren nun bereits in diesem Zustand eine Statusveränderung und werden als Tote aus der Gemeinschaft der Lebenden ausgeschlossen. Möglich ist dies aufgrund der Besonderheiten des biomedizinischen Körper- und Menschenbildes, welches die Identität

5 Die medizinisch-professionelle Sichtweise von Organtransplantation untersuchte Lutz Freudenberg, der bis 1998 an diesem Projekt beteiligt war (vgl. Freudenberg 1998). Imme Petersen thematisiert in ihrer Dissertation das kulturelle Wissen über Person und Personsein in den bundesdeutschen Parlamentsdebatten zum Embryonenschutz- und Transplantationsgesetz (Petersen 2002). Iris Schröder beschäftigt sich mit den kulturspezifischen Konstruktionen von Verwandtschaft im Kontext der Reproduktionsmedizin (Schröder 2002). Durch die gemeinsamen Diskussionen war es möglich, das Spezifische am jeweiligen empirischen Ausschnitt zu erkennen und in einen größeren Forschungskontext einzubinden.

6 Um nicht von der eigentlichen Thematik abzulenken und die Lesbarkeit des Textes zu erleichtern, habe ich zumeist auf die zusätzliche Angabe der grammatikalisch weiblichen Form verzichtet. So ich nicht ausdrücklich darauf hinweise, handelt es sich dabei immer um Männer und Frauen.

eines Menschen, also das, was ihn als ›Person‹ ausmacht, primär im Gehirn verankert. Der restliche Körper erscheint nun als Organsystem, dessen Einzelteile bei Versagen ausgetauscht werden können, ohne dass die Identität eines Menschen davon berührt wird.[7] Damit wird jedoch ein zentraler Wert unserer Gesellschaft – das individuell verkörperte Selbst – infrage gestellt. Für den Sozialanthropologen Anthony Giddens (1991: 52) ist das Selbst nicht etwas Gegebenes und Unveränderliches, sondern muss vom Individuum immer von neuem bestätigt und reflexiv unterhalten werden. Der Körper spielt dabei in der Spätmoderne eine besondere Rolle als Ausdrucksmedium des Selbst. Wie auch das Selbst ist der Körper keine festgelegte physiologische Entität mehr, sondern eingebunden in die Reflexivität der Spätmoderne:

»In conditions of high modernity, the body is actually far less ›docile‹ than ever before in relation to the self, since the two become intimately coordinated within the reflexive project of self-identity.[8] The body itself – as mobilised in praxis – becomes more immediately relevant to the identity the individual promotes.« (Giddens 1991: 218)

Der Körper wird ›bearbeitet‹, um ihn zu einem adäquaten Ausdruck des Selbst zu machen, was seine äußeren Grenzen durchlässiger werden lässt (Giddens 1991: 218). Dieses Bearbeiten – so zeigt sich besonders eindrücklich in Schönheitschirurgie oder Bodybuilding – dient dabei einer Verbesserung und Aufwertung der *eigenen* Identität, von der dieser Körper durchdrungen ist. Den Körper zu spüren, so Giddens, ist dabei ein Weg, das Selbst als integriertes Ganzes zu empfinden:

»Experiencing the body is a way of cohering the self as an integrated whole, whereby the individual says ›this is where I live.‹« (Giddens 1991: 78)

Gerade aber der Körper als ›Zuhause‹ des individuellen Selbst, dessen Kontinuität auch die Kontinuität der Selbst-Identität sichert (Giddens 1991: 55), wird durch eine Organübertragung infrage gestellt, da nun ein mit einem anderen individuellen Selbst eng verbundenes Organ im Körper einer anderen Person ein neues ›Zuhause‹ einfordert. Das individuelle Selbst muss auf diese existenzielle Frage eine Antwort finden, um sich selbst erhalten zu können.

Für das Erleben von Organtransplantation seitens direkt Betroffener ergeben sich aus dem Dargelegten drei Fragen:

- Wie erfahren Angehörige auf der gebenden Seite die Verschiebung der Grenze zwischen Leben und Tod, die einen vormals noch lebenden, wenn auch sterbenden Menschen als tot definiert?

7 Vgl. Hauser-Schäublin et al. 2001: 24-31.

8 Selbst-Identität (self-identity) definiert Giddens als Selbst, das vom Individuum in Hinblick auf seine oder ihre Biografie reflexiv verstanden wird (Giddens 1991: 244).

- Wie erleben Organempfänger die Übertragung eines lebenden Organs, das von einem fremden, nun verstorbenen Menschen stammt, in ihren eigenen Körper vor dem Hintergrund, dass damit die Grenzen des Individuums überschritten werden?
- Welche Vorstellungen haben die Betroffenen von der jeweils anderen Seite von Organtransplantation, mit der sie – rein physisch gesehen – durch die Übertragung der Organe verbunden sind?

Organtransplantation aus kulturwissenschaftlicher Perspektive

Das Thema Organtransplantation ist in kultur- und sozialwissenschaftlichen Studien nicht neu. Die Soziologinnen Renée Fox und Judith Swazey haben bereits in ihrer ersten Studie zur Organersatztherapie (Fox/Swazey 1974) auf die unterschiedliche Sichtweise von Organtransplantation seitens Betroffener und medizinisch Professioneller hingewiesen und diese mithilfe der Gabentauschtheorie von Marcel Mauss erläutert. Abweichend von der nüchternen Betrachtungsweise der medizinisch Professionellen machen sich Angehörige und Transplantierte Gedanken über den Verbleib bzw. die Herkunft der Organe und verbinden mit einer Organübertragung oftmals magisch bis animistisch anmutende Aspekte (vgl. Fox/Swazey 1992: 32-33). In ihrer Folgestudie von 1992 erkennen sie eine fortschreitende Vermarktung des Körpers, die mit seiner zunehmenden Objektivierung einhergeht, sodass transplantierte Organe nicht mehr als lebende Teile der Person angesehen werden. Durch die routinemäßige Durchführung von Organtransplantationen kam es zu einer weiteren Vernachlässigung der Bedürfnisse von Angehörigen der gebenden Seite der Transplantationsmedizin. Dennoch kommen Fox und Swazey zu dem Schluss, dass das Thema der Gabe trotz allem noch präsent ist und sich nie völlig von der fortschreitenden Verwandlung des Körpers in einen medizinisch-therapeutischen Gegenstand verdrängen lässt. Fox und Swazey verweisen auf die Folgen, die dieser biologische Reduktionismus auf die Konstruktion des Selbst und die Bedeutung, Mensch zu sein, hat (1992: 207). Diesen Fragen geht die Ethnologin Lesley Sharp (1995) in ihrer empirischen Studie zu Organtransplantation in den USA weiter nach, wobei ihr Hauptaugenmerk auf Organtransplantation als transformative Erfahrung liegt. Mit Bezug auf euro-amerikanische Vorstellungen von Verwandtschaftsbeziehungen, die primär auf geteilten biologischen Substanzen basieren, betrachtet sie die zwischen der gebenden und empfangenden Seite entstehenden Beziehungen, die zu einer neuen Form von, in ihren Worten, ›fiktiver‹ Verwandtschaft führen. Damit belegt auch sie die Diskrepanz in den Konzeptionen von Organtransplantation zwischen professioneller und nicht-professioneller Seite. Wenig Beachtung schenkt Sharp dabei jedoch der Dimension des Todes, wie Koenig und Hogle kritisieren, die der Auffassung sind, dass ethnologische Studien zu Organtransplantation von einem breiteren, kulturvergleichenden Verständnis vom Umgang mit verstorbenen Körpern profitieren würden (Koenig/Hogle 1995: 396). Hierzu leisten Emiko Ohnuki-Thierney (1994) und insbesondere Margaret Lock (2002, 1998, 1997, 1996, 1995) mit ihren Untersuchungen zur Akzeptanz von »Hirntod« und Organtransplantation in Japan und den USA einen Beitrag und belegen eindrücklich die kulturelle Prägung des Umgangs mit der Überschreitung kultureller Kategorien durch biomedizinische Neuerungen.

Zu tieferem Verständnis dieser Problematik trägt auch die Arbeit der US-amerikanischen Ethnologin Linda F. Hogle (1999) zu Organtransplantation in Deutschland und den USA bei, in der sie vor allem die Verwandlung des menschlichen Körpers und seiner Teile zu therapeutischen Gegenständen untersucht. Ihre Analyse verdeutlicht, wie der Umgang mit toten Körpern, ihre Handhabung und ihre Verwendung zu fremdnützigen Zwecken wie der Organtransplantation sowohl in Deutschland selbst als auch zwischen verschiedenen euro-amerikanischen Gesellschaften kulturell unterschiedlich geprägt sind. Die kontrovers geführten öffentlichen Debatten über den »Hirntod« als Tod des Menschen analysiert u. a. der Soziologe Werner Schneider (1999) in Hinblick auf eine neue gesellschaftliche Moral und Vereinnahmung des »guten Todes« in der fortgeschrittenen Moderne. Gesa Lindemann (2002) untersucht den Umgang mit »Hirntoten« von professioneller Seite unter dem Blickwinkel der Grenzziehung zwischen den Lebenden und den Toten, die in euro-amerikanischen Gesellschaften die Zugehörigkeit bzw. den Ausschluss aus der Gemeinschaft markiert.

Das Erleben von Organempfängern hingegen steht im Mittelpunkt der Arbeiten der Psychologin Heide Appelsmeyer und der Volkskundlerin Oliva Wiebel-Fanderl.[9] Appelsmeyer (2001) fragt nach den Auswirkungen einer Transplantation für die Identität der Organempfänger und untersucht die psychosozialen Folgen, die durch die Überschreitung kulturell überlieferter Vorstellungen für sie und ihre Angehörigen entstehen. Wiebel-Fanderl (2000) zeigt in ihrer auf narrativen Interviews basierenden Habilitationsschrift zu »Herztransplantation als erzählte Erfahrung« auf, welche kulturellen Anpassungsleistungen Herztransplantierte erbringen müssen, um die metaphorische Bedeutung des Herzens als Sitz der Gefühle in unserer Gesellschaft überwinden zu können. Sie hebt dabei hervor, was es heißt, mit einem transplantierten Herzen in einer Gesellschaft zu leben, in der »Hirntod« und Organtransplantation kontrovers diskutiert werden und eine zum Teil ablehnende Haltung der Bevölkerung zu beobachten ist. Darüber hinaus wird an ihrem Interviewmaterial aus Bayern und

9 Die Situation von Organempfängern wurde aus medizinischer und psychologischer Sicht intensiv bearbeitet, worauf ich in den entsprechenden Kapiteln Bezug nehmen werde.

den neuen Bundesländern deutlich, dass bereits innerhalb Deutschlands regional kulturelle Unterschiede im Umgang mit Krankheit und Organtransplantation auftreten.[10] Ohne vorgreifen zu wollen, kann gesagt werden, dass die Aussagen ihrer Interviewpartner in weiten Bereichen eine Bestätigung meiner Ergebnisse darstellen. Der von mir verfolgte Ansatz unterscheidet sich allerdings von den Studien Appelsmeyers und Wiebel-Fanderls durch die von mir gewählte konzeptionelle Unterscheidung zwischen objektivierbarem Körper und subjektiv-empfundenem Leib (s. u.) sowie der Untersuchung *beider* von Organtransplantation direkt betroffenen Seiten. Angehörige von »Organspendern« kommen zwar in der kritischen Auseinandersetzung mit Organtransplantation von Baureithel und Bergmann (1999) zu Wort, empirisch angelegte Studien zum Erleben von Angehörigen »hirntoter Organspender« in Deutschland stehen jedoch bisher noch aus.[11] Die vorliegende Arbeit leistet in diesem Forschungskontext einen Beitrag zum Verständnis des kulturell geprägten Leibempfindens im Umgang mit Organtransplantation und des Erlebens einer Organtransplantation seitens Angehöriger von »Organspendern« sowie der Vorstellungen, die beide Seiten voneinander haben.

Eine ethnologische Untersuchung kann zwei wichtige Aspekte zu der vorgetragenen Problematik beitragen: Zum einen gewährleistet sie aufgrund ihrer Methoden einen tiefen Einblick in die gelebte Realität und emischen Deutungsmuster (vgl. Kap. 2), zum anderen kann mit dem ethnologischen Theorienhintergrund eine kritische Distanz zur eigenen Gesellschaft entwickelt werden (Jensen 1995: 5). Dies ermöglicht ethnologischen Studien mithilfe eines ›distanzierten Blicks‹ auf die eigene Kultur, vermeintlich ›Selbstverständliches‹ und ›Natürliches‹ zu erkennen und zu hinterfragen (vgl. Hauser-Schäublin 1997). In der vorliegenden Arbeit geht es darum, die

---

10 Darüber hinaus wurde die Transplantationsmedizin in Deutschland unter technisch-soziologischen Gesichtspunkten untersucht (Joerges 1996). Feuerstein (1995) untersucht die systemischen Aspekte zur Etablierung der Transplantationsmedizin seit den 80ern und geht auch auf die diskutierten ethisch/moralischen Fragen ein. Auch weitere kulturwissenschaftliche, medizinhistorische und medizinethische Arbeiten sowie die so genannten *Science Studies* beschäftigen sich mit den kulturellen und gesellschaftlichen Vorstellungen und Bedingungen von Organtransplantation, auf die ich in diesem Rahmen jedoch nicht detailliert eingehen kann (vgl. u. a. Ach et al. 2000, Beckmann 1996, Baureithel/Bergmann 1999, Frewer et al. 1996, Obrecht 2001, Schlich 1998).

11 Die Seite der »Organspender« und ihrer Angehörigen hat bisher in der Forschung in Deutschland wenig Beachtung gefunden. Es gibt Darstellungen der Situation von Angehörigen »hirntoter Organspender« (Fischer-Fröhlich/Kulil 1996, Freyberger et al. 1974, Muthny et al. 1995, Muthny 1995, 1997 und Student 1996), die jedoch nicht auf breit angelegten empirischen Untersuchungen beruhen. Medizin-psychologische Studien anderer Länder zur Seite der Angehörigen von »Organspendern« werde ich an gegebener Stelle in Kapitel 4.1 und Kapitel 5 diskutieren.

kulturelle Bedingtheit der Vorstellungen über Körper, Selbst und Tod sowie ihren Zusammenhang mit gesellschaftlichen Strukturen aufzuzeigen.

Nach Bryan S. Turner wies bereits Nietzsche auf die dialektische Beziehung zwischen Natur und Kultur hin, weshalb in jeder Epoche der menschlichen Entwicklung, in der die Natur und damit auch die Natur des Menschen durch Technologie verändert wird, ein ›neuer‹ Körper entsteht.[12] Die Organtransplantation kann als eine solche tiefgreifende technologische Veränderung aufgefasst werden. Sie schafft ›neue‹ Körper und damit verbunden neue Körperkonzeptionen und -bilder. Dem Soziologen Arthur W. Frank (1991: 49) zufolge lassen sich drei Dimensionen identifizieren, in deren Spannungsfeld ›Körper‹ generiert werden: Institutionen, Diskurse und Leiblichkeit.[13] Um zu verdeutlichen, in welchem Spannungsfeld sich der Mensch und sein Körper im Rahmen der Organtransplantation befindet, bietet sich dieses Dreieck ebenfalls an. Die Leiblichkeit und das leibliche Empfinden des Anderen steht zwischen der Transplantationsmedizin und ihrer Auffassung vom Körper sowie den in der Öffentlichkeit geführten konträren Diskursen über Organtransplantation.

Aufbau der Arbeit

Um das skizzierte Problemfeld zu bearbeiten, habe ich folgenden Aufbau gewählt: Ich beschreibe im zweiten Kapitel den von mir gewählten Zugang zur Erfahrungswelt der Betroffenen (2.1) und erläutere die von mir angewandten Methoden der Datenerhebung und Auswertung (2.2). Im dritten Abschnitt des zweiten Kapitels geht es um die subjektive Ebene im Forschungsprozess. Eine ethnologische Forschung zum Bereich Organtransplantation birgt eine besondere Problematik: den Druck zur Positionierung in einem gesellschaftlich umstrittenen Feld, bei dem es um lebensbedrohliche Krankheiten und den Tod geht. Unterstützt wurde die Analyse diesbezüglicher Aspekte durch Supervision, die mich den ganzen Forschungsprozess einschließlich der Auswertungsphase über begleitete. Die Supervision machte eine psychologisch-professionelle Absicherung des Forschungsverlaufes möglich, durch die der ethischen Verantwortung den Befragten gegenüber Rechnung getragen werden konnte. Zum anderen war ich dadurch besser in der Lage, auch mich und meine Reaktionen auf die Konfrontation mit der belastenden Thematik zu analysieren und als Teil

---

12 »Each period gives rise to a (physical) ideal of Man, a special characterology which is also and simultaneously a new body« (Turner 1991: 13).

13 Er erläutert dies am Beispiel asketischer Frauen im Mittelalter. Sie befanden sich im Spannungsfeld der mittelalterlichen Kirche, den Diskursen über Heirat und die Doktrin der Kirche sowie ihrer Leiblichkeit (*corporeality*), die sie fragen ließ, wieviel Entbehrungen und Belastungen ihre Körper standhalten (Frank 1991: 50).

des Untersuchungsfeldes und als zusätzliche Daten in die wissenschaftliche Analyse mit aufzunehmen (2.3).

Das theoretische Werkzeug, das eine andere Sichtweise auf die Transplantationsmedizin ermöglichen soll, wird im dritten Kapitel erarbeitet. Körper, Selbst und Tod sind kulturell konstruiert, werden aber auch individuell gelebt. Zur Analyse der Wechselwirkung zwischen kulturellen Konzepten und dem individuell Erlebten hat sich bereits im Rahmen früherer Studien die konzeptionelle Unterscheidung von ›Körper‹ als biomedizinisch definiertes Objekt und ›Leib‹ als individuell erlebter, subjektiver Körper bewährt (Hauser-Schäublin et al. 2001).[14] Ich werde deshalb zunächst die Besonderheiten des biomedizinischen Körpermodells schildern, soweit es zum Verständnis der vorliegenden Problematik relevant ist (3.1.1), und im Anschluss den engen Zusammenhang von Körper, Leib und Selbst sowie die Bedeutung eines kranken Körpers für das Selbst darlegen (3.1.2). Dem folgt die Frage nach dem Erleben der Patienten im Spannungsfeld von objektivierbarem biomedizinischen Wissen und ihrer subjektiven Leiberfahrung, wobei zum einen der biomedizinische Blick auf Patienten und ihre Körper in Betracht zu ziehen ist und zum anderen das Verhältnis zwischen Patienten und den medizinisch Professionellen (3.1.3).

Der zweite Teil des dritten Kapitels behandelt den Tod und den Umgang mit Leichen. In einem ersten Schritt soll die kulturelle Bedingtheit von Todesvorstellungen hergeleitet werden, um damit auch die biomedizinische Definition von Sterben und Tod als kulturell determiniert erkennbar zu machen. Da die juristische Gleichsetzung des »Hirntodes« mit dem Tod des Menschen ein »Verschieben der Trennungslinie zwischen ›Personen‹ und ›Nicht-Personen‹« (Schlich 1996: 27) darstellt, soll in einem nächsten Schritt die biomedizinische Veränderung der Kriterien für die Definition von Sterben und Tod bis hin zum »Hirntod« seit Beginn der Intensivmedizin nachgezeichnet werden (3.2.1). Diese Verschiebung der Grenze zwischen Leben und Tod wirft Fragen nach dem Ablöseprozess der Seele vom Körper auf. Über diesen Bereich der Übergangsphase zwischen Leben und Tod können die Naturwissenschaften und die Medizin keine Aussage machen. Stattdessen ist er verknüpft mit Jenseitsvorstellungen, religiösen Glaubensinhalten und Vorstellungen von der Seele des Menschen und ihrem Verhältnis zum Körper, denen ich in Kap. 3.2.2 nachgehe. Für die vorliegende Problematik ist es auch notwendig, auf die Art und Weise, wie Leichen in unserer Kultur konzeptualisiert und verwendet werden, einzugehen (3.2.3). Dabei wird zwischen dem Umgang mit Leichen in der Biomedizin und in der breiten Bevölkerung zu unterscheiden sein. Sektionen und Verwendung von Leichen zu diagnostischen oder Forschungszwecken sind nur aufgrund eines objektivierten Blicks auf die Leiche losgelöst von Selbst und Person der Verstorbenen möglich.

14 Zu Definition, Herleitung und Gebrauch beider Begriffe in dieser Arbeit vgl. Kap. 3.

Betrachtet man den Umgang mit Leichen genauer, lässt sich jedoch ihr ambivalenter Status im Spannungsfeld zwischen Leib und Körper erkennen, wie er sich auch im gesellschaftlich-rechtlichen Status von Leichen widerspiegelt. Weiter soll hier die Bedeutung von Leichen zur Wahrnehmung und Verarbeitung des Todes untersucht werden, denn nur über die Leichen ist der Tod erfahrbar – Veränderungen ihrer grundlegenden Merkmale erschweren dies.

Im vierten Kapitel wende ich mich konkret der Welt der Organtransplantation zu. Bevor ich auf die Sichtweise der Betroffenen zu sprechen komme, werde ich in der Einleitung zu diesem Kapitel kurz auf die Darstellung von Organtransplantation in der Öffentlichkeit eingehen, welche einen Teil der ›kulturellen Matrix‹ darstellt, die auf die Betroffenen wirkt und ihre Sichtweise auf Organtransplantation prägt. Dem folgen allgemeine Informationen zur Anwendung und Durchführung von Organtransplantationen, die notwendig sind, um zu wissen, in welchem Kontext sich die Erfahrungen der Betroffenen beider Seiten abspielen.

In Kapitel 4.1 geht es um die Erfahrungen von Angehörigen »hirntoter Organspender«, wobei der Fokus zum einen auf der Frage nach einer Organentnahme und dem Entscheidungsprozess liegt (4.1.1) und zum anderen auf der Problematik der Konfrontation mit dem »Hirntod« und den Auswirkungen einer Organentnahme auf die Verabschiedung von Versterbenden auf einer Intensivstation (4.1.2). Im letzten Abschnitt dieses Unterkapitels werde ich die Erfahrungen der Hinterbliebenen vor dem Hintergrund der konzeptionellen Unterscheidung zwischen Körper und Leib analysieren und der Frage nachgehen, ob die Angehörigen die entnommenen Organe als objektivierbare Körperteile wahrnehmen oder als fortexistierenden Teil des Leibes der »Organspender« (4.1.3).

Das Erleben von Organempfängern behandele ich im zweiten Teil des vierten Kapitels. Hier wird die Situation und der Entscheidungsprozess vor einer Transplantation beleuchtet (4.2.1). Dem folgt im nächsten Abschnitt (4.2.2) eine Beschreibung der Besonderheiten, die eine Transplantation und das Leben mit einem transplantierten Organ mit sich bringen. Eine Transplantation stellt eine Transformation dar, die nicht mit einer Heilung abgeschlossen ist, sondern die Betroffenen besonders in Hinblick auf ihre Leiberfahrung und andauernde Todesbedrohung in einen auf Dauer veränderten Zustand entlässt. In Kap. 4.2.3 gehe ich der Frage nach, inwieweit eine Organtransplantation eine Bedrohung für das Selbst Betroffener darstellt. Dabei wird nach Vorstellungen zu dem transplantierten Organ zu fragen sein: Empfinden es Organempfänger als rein körperliches »Ersatzteil«? welche Gedanken und Gefühle haben sie gegenüber dem »Organspender« und seinen Angehörigen? Die Auseinandersetzung mit der Herkunft des Organs ist mit der belastenden Tatsache verknüpft, sein Leben dem Tod eines anderen Menschen zu verdanken. Wie Organempfänger mit diesen, für ihr Selbst bedrohlichen Aspekten umgehen, bildet den Abschluss dieses Kapitels. Vor der im dritten Kapitel dargelegten theoretischen Unterscheidung von Körper und Leib verweisen die Ausführungen in diesem Kapitel darauf, dass eine Organübertragung von direkt Betroffenen nicht auf der Ebene des Körpers allein empfunden wird, wie es der transplantationsmedizinischen Sichtweise entspräche, sondern die Ebene des Leibes eine bedeutende Rolle spielt. Trotz der unterschiedlichen Sichtweise und Erfahrungswelt sowie der strikten Trennung beider Seiten in der Praxis verweisen die Gedanken und Gefühle der gebenden und empfangenden Seite auf eine Beziehung zueinander, die über die rein physische Verbindung durch den Austausch körperlicher Substanzen hinausgeht.

Dieser Verbindung, deren spezifischer Charakter es nahe legt, Organtransplantation aus der ethnologischen Perspektive des Gabentausches zu betrachten, werde ich im fünften Kapitel nachgehen. Ich beziehe mich auf das grundlegende Modell des Gabentausches von Marcel Mauss (1994 [1925]) und richte meinen Blick auch mit Maurice Godelier (1999) auf den Bereich dessen, *was* nicht als Gabe getauscht werden kann und *warum* nicht. Wichtig ist darauf hinzuweisen, dass Organtransplantation sowohl u. a. ökonomische Faktoren als auch Aspekte des Gabentausches aufweist, was Unstimmigkeiten und Brüche in der Praxis zur Folge hat. Schließlich geht es hier auch um die Betrachtung eines im Zusammenhang von Organtransplantation wichtigen Gefühls, das als immaterielle Gegengabe im Gabentausch angesehen werden kann: die Dankbarkeit (5.1). Sie stellt einen wichtigen Aspekt der Empfindungen beider Seiten zueinander dar, um die es in Kap. 5.2 geht. Vor dem Hintergrund der im vierten Kapitel durchgeführten Analyse und basierend auf der konzeptionellen Unterscheidung von Körper und Leib, lässt sich erklären, worin das Prekäre in der Beziehung zwischen gebender und empfangender Seite liegt, die eine ›intime Beziehung‹ zwischen Fremden ist. Des Weiteren wird deutlich, welchen Aspekten von Organtransplantation aus der professionellen, nach der Logik des ökonomischen Marktes, des Staates und des reinen Körpers operierenden Sicht zu wenig Beachtung geschenkt wird (5.3).

Im sechsten Kapitel sollen die Ergebnisse zusammengeführt und insbesondere unter dem Gesichtspunkt des Todes sowie des komplexen Beziehungsgeflechts aller am Transplantationsprozess Beteiligten – der Lebenden wie der Toten – diskutiert werden.

Im Sinne der Multivokalität ist es mein Anliegen, möglichst viele und gerade auch die ›leisen‹ Stimmen zu Wort kommen zu lassen. In der Darstellung schlägt sich dies in vielen Zitaten aus den von mir geführten Gesprächen nieder. Um die Lesbarkeit zu verbessern und ein Sprachgefälle zwischen den Interviewzitaten und dem übrigen

Text zu vermeiden, wurden erstere sprachlich geglättet.[15] Auslassungen von Textpassagen im Interviewzitat sind mit [...] gekennzeichnet, kurze Pausen mit ..., lange Pausen, ergänzende Informationen oder Anmerkungen zu Besonderheiten in der Gesprächssituation und -stimmung füge ich ebenfalls in eckigen Klammern ein, z.B. [Pause 10 sec.] oder [weint]. Starke Betonungen im Sprechen sind im Zitat hervorgehoben. Mit [X] sind bestätigende Äußerungen meinerseits wie ›Mmh‹ oder ›Ja‹ gekennzeichnet.

Die Namen aller meiner Gesprächspartner und -partnerinnen und aller von ihnen erwähnten Personen sowie alle Orts- und Klinikangaben habe ich zum Schutz der Anonymität geändert, die Altersangaben beziehen sich auf den Zeitpunkt des Interviews. In Anhang 5 sind soziobiografische Angaben zu meinen Interviewpartnern dargelegt, sodass sich die Leser und Leserinnen im Verlauf der Lektüre die einzelnen Schicksale ins Gedächtnis rufen können.

Noch eine Anmerkung zu der von mir verwendeten Schreibweise: Die Begriffe »Hirntod« und »Organspender« sind kritisch zu hinterfragen, obgleich sie in den alltäglichen Sprachgebrauch eingeflossen sind. Analog zum Tod durch Organ-, z.B. Herzversagen, wäre es richtig, vom Tod durch Hirnversagen zu sprechen. Streng genommen können auch nur diejenigen als Organ*spender* bezeichnet werden, die dies zu Lebzeiten selbst verfügt hatten, was nur ein geringer Teil der Organgeber tat. Da das vollständige Ersetzen dieser Begriffe durch »irreversibles Hirnversagen« und »Organgeber« die Lesbarkeit und den Textfluss erschweren würden, verwende ich diese und damit verbundene Begriffe stattdessen in doppelten Anführungszeichen. Dies soll verdeutlichen, dass es sich um Begriffe handelt, mit denen gesellschaftspolitische Intentionen verfolgt werden, zu denen ich Distanz schaffen möchte. Von »Hirn*toten*« zu sprechen vernachlässigt die Problematik, dass diese noch lebendige Körper haben; die »Organspende« betont eine moralisch hoch bewertete altruistische Tat. Beides soll die »Organspendebereitschaft« der Bevölkerung und ihr Vertrauen in die neue medizinische Entwicklung erhöhen (vgl. hierzu ausführlich die Einleitung des vierten Kapitels).

Die Darstellung der Multivokalität verstehe ich wie den Blick durch ein Kaleidoskop, das die Mosaiksteine der ›objektiven Fakten‹, einzelner Sichtweisen und unterschiedlicher Erfahrungen in immer neuen Bildern erscheinen lässt. Das Bild des Kaleidoskops lässt noch weitere Assoziationen zu: Bestimmte Sichtweisen vervielfachen sich durch die Spiegel, sodass aus einem bestimmten Blickwinkel andere Auffassungen untergehen. Die Spiegel aber brechen und verzerren auch die ›objektiven Fakten‹, auf die sich eine jeweilige Anschauung bezieht und aus deren Wissen sie

15 Es wurde gekürzt, um Redundanz zu vermeiden, und um Verben und Pronomen ergänzt, um grammatikalische Vollständigkeit zu erreichen.

sich konstituiert. Dies kann insbesondere aufgrund der existenziellen Thematik im Bereich Organtransplantation schnell zu unvereinbaren Diskursen führen, weshalb es, wie Bourdieu (zwar für einen anderen Kontext, aber auch für den vorliegenden Bereich zutreffend) betont, wichtig ist, den eindimensional vermittelten Bildern komplexe, mehrdimensionale Vorstellungen entgegenzusetzen (Bourdieu 1998: 17).

2 Methodische Annäherung

Jährlich werden in Deutschland etwa tausend Menschen im Zustand des irreversiblen Hirnversagens Organe entnommen, annähernd viertausend Menschen bekommen Organe implantiert.[16] Um diese Menschen und ihre Angehörigen geht es in dieser Studie. Dabei konzentriere ich mich auf die Verpflanzung von Niere, Herz, Leber und Lunge, die zu den häufigsten Organtransplantationen gehören. Da die Todesproblematik in meiner Arbeit zentral ist, habe ich mich auf die »postmortale Organspende« beschränkt und den Komplex der »Lebendspende« nicht behandelt.

Mein empirisches Material ist so ausgewählt, dass es Einblicke in die Vielschichtigkeit der Erfahrungen und daraus resultierenden Einstellungen der Betroffenen ermöglicht. Die Repräsentativität im sozialwissenschaftlichen Sinne ist bei qualitativ ausgerichteten kultursoziologischen Fragestellungen, bei denen es darum geht, die Bedeutungen von ausgedrücktem Verhalten oder die Wirkmechanismen zu erkennen,

16 Im Jahre 2000 wurden insgesamt 3.819 Organe übertragen: 418 Herzen, 2.219 Nieren (davon 346 Lebendspenden), 780 Lebern (davon 90 Leberteilübertragungen von Lebenden), 158 Lungen und 244 Bauchspeicheldrüsen (DSO 2001). Seit der ersten Nierenübertragung 1963 wurden in Deutschland bis 1999 insgesamt 54.770 Organe transplantiert: Niere (39.515), Leber (6.942), Herz (6.249), Pankreas (1.122), Lunge (942) (DSO 2000: 12, 24). Darüber hinaus werden auch Pankreas-, Dünndarm- und so genannte Multiorganübertragungen durchgeführt. Bei den beiden letzteren handelt es sich jedoch noch nicht um ausgereifte Behandlungsmethoden, der Heilerfolg ist noch gering. Die Liste der möglichen Übertragungen von Körperteilen und -substanzen lässt sich nahezu endlos fortsetzen: Es werden Augenhornhäute, Gehörknöchelchen, Kniegelenke, Zell- und Fetalgewebe sowie diverse Knorpel und Haut (zumeist allogen) transplantiert, darüber hinaus auch die regenerierfähigen Organe Knochenmark und Blut. Sie berühren jedoch nicht die in meiner Arbeit zentrale Problematik der Abhängigkeit vom »Hirntod«. Dies gilt auch für die Problematik der Xenotransplantation (vgl. hierzu Beckmann et al. 2000, Schicktanz 2002). Bisher befasst sich die Organtransplantation primär mit äußerlich nicht sichtbaren Organen. Mittlerweile wurden jedoch weltweit bereits drei Handtransplantationen durchgeführt, die durch die äußere Sichtbarkeit und der damit gegenwärtigen Erinnerung an den verstorbenen »Spender« erneute Diskussionen in der Öffentlichkeit auslösten, wie bspw. in Österreich durch die doppelte Handtransplantation, die das Briefbombenopfer Theo Kelz bekam (Podiumsdiskussion des ORF in Innsbruck am 03.04.2000).

nicht von Bedeutung (vgl. Russel 1994: 72). Gerade die Heterogenität des Materials erlaubt meiner Einschätzung nach ein Herausarbeiten ihrer Gemeinsamkeiten, lässt damit Rückschlüsse auf die generelle Problematik »Organspende« zu und bietet Hinweise auf bisher vernachlässigte Fragestellungen im Bereich Organtransplantation.[17] Dies gilt insbesondere für den bisher auch von anderen Disziplinen in Deutschland nicht mit vergleichbar umfassendem Datenmaterial untersuchten Bereich der Angehörigen von »Organspendern«.

2.1 Der empirische Zugang

Um einen geeigneten Zugang zu den Betroffenen und Einblicke in ihre Lebenswelt zu bekommen, verschaffte ich mir zunächst einen Überblick über die organisatorischen Strukturen von Hilfsangeboten, die sich für die gebende und empfangende Seite sehr unterschiedlich darstellen.

Der Kontaktaufbau zur Seite der Angehörigen von »Organspendern« gestaltete sich äußerst schwierig.[18] Über sie erfährt man in den Medien wenig. Nur einige wenige Angehörige sind mit ihrer Geschichte bisher an die Öffentlichkeit getreten, um auf ihre Problematik aufmerksam zu machen. Auch gab es bisher in Deutschland nur zwei Ansätze, ein Forum zum Austausch für Angehörige »hirntoter Organspender« zu schaffen. Die erste Selbsthilfegruppe für Hinterbliebene wurde im April 1996 in Zusammenarbeit mit dem Transplantationszentrum Tübingen vom Transplantationskoordinator Dr. med. Carl-Ludwig Fischer-Fröhlich und der Betroffenen Manuela Kulil gegründet. Aufgrund der heiklen Thematik war mir eine Teilnahme an den Gruppentreffen jedoch nicht möglich.[19] Erst 1999, also nach meiner empirischen Erhebungszeit, wurde im Raum Niedersachsen von der Deutschen Stiftung Organtransplantation (DSO) unter der Leitung der Transplantationskoordinatorin Dr. med. Sonja Tietz eine weitere Angehörigengruppe initiiert, primär für Eltern, die ein Kind

---

17 Es können jedoch keine Aussagen über psychische Verarbeitungsprozesse nach einem Todesfall oder Organtransplantation getroffen werden, auch lässt das vorliegende Material keine detaillierten Aussagen zu geschlechtsspezifischen Aspekten zu. Ebenso konnte der Aspekt der Todesangst – sicherlich die Hauptmotivation für eine Organtransplantation und prägendes Element im Leben danach – im Rahmen dieser Arbeit nicht behandelt werden. All dies sind Bereiche, zu denen noch keine detaillierten Studien vorliegen, aber dringend notwendig wären.

18 Auch Baureithel/Bergmann (1999) schildern Schwierigkeiten in Bezug auf die Kontaktaufnahme mit Angehörigen von »Organspendern«.

19 Mittlerweile finden keine weiteren Treffen mehr statt (persönliche Mitteilung von Manuela Kulil).

zur »Organspende« freigegeben hatten.[20] Die Möglichkeit der teilnehmenden Beobachtung bei Selbsthilfegruppentreffen war demnach nicht gegeben. Die Transplantationszentren bieten zwar einen Nachkontakt und Gespräche bei Fragen und Problemen der Angehörigen an, sie gehen aber von sich aus zumeist nicht mehr auf die Betroffenen zu. Vonseiten der Transplantationszentren wurde immer wieder auf die Brisanz der Thematik und die erneute Belastung hingewiesen, die meine Untersuchung für die Betroffenen bedeuten würde. Die Anfragen bei verschiedenen Transplantationszentren zur Unterstützung meines Vorhabens verliefen deshalb überwiegend negativ. Nur zu Angehörigen von zwei »Organspendern« vermittelte mir ein Transplantationskoordinator den Kontakt. Als letzte Option griff ich auf die Möglichkeit von öffentlichen Aufrufen in zwei regionalen und einer überregionalen Zeitung zurück, wodurch der überwiegende Teil meiner Gespräche zustande kam (vgl. Anhang 6).

Insgesamt führte ich 21 Interviews mit Angehörigen von 19 »Organspendern« von einer bis vier Stunden Dauer aus dem Gebiet der alten Bundesländer.[21] Zwei zusätzliche Interviews nahm ich während der *World Transplant Games* in Sydney mit einer US-Amerikanerin und einem Australier auf, wodurch ich einen ersten Einblick in die gesellschaftlichen Unterschiede im Umgang mit der Angehörigenseite bekam. Ende 2000 kontaktierte mich eine weitere Angehörige aus einem neuen Bundesland, die von meiner Arbeit erfahren hatte. Ich führte ein 30-minütiges Telefoninterview mit ihr. Ihre Problematik ist mit in diese Studie eingeflossen, wie die entsprechenden Zitate deutlich machen, doch ist sie nicht in mein Gesprächssample aufgenommen.

Die Erfahrungen der Angehörigen spiegeln ein breites Spektrum wider. Durch den geschilderten Kontaktaufbau war es besonders aufschlussreich, die Motivation der Betroffenen für ein Gespräch mit mir zu untersuchen. Da die Seite der Angehöri-

---

20 15 bis 18 Prozent der von dem zuständigen Transplantationszentrum Angeschriebenen, etwa 20 bis 40 Hinterbliebene, haben daran teilgenommen (persönliche Mitteilung von Dr. med. Sonja Tietz).

21 Bis auf eine US-Amerikanerin und eine Chinesin sind alle Befragten Deutsche im Alter von 28 bis 65 Jahren. Zwei Drittel der Angehörigen, mit denen ich sprach, waren Frauen. Die verwandtschaftlichen Verhältnisse zu den Verstorbenen umfassen alle primären verwandtschaftlichen Bindungen. In neun Fällen verstarb ein Kind (im Alter von zwei bis 35 Jahren), zehnmal der Ehe- bzw. Lebenspartner, viermal die Mutter, einmal eine Tante und zweimal ein Bruder. Verstorben sind die »Organspender« im Zeitraum von 1978 bis 1998. Der Todeszeitpunkt lag bei Durchführung der Interviews von drei Monaten bis zu 20 Jahren zurück. Zu den »Organspendern« zählten sechs Frauen und 13 Männer. Der Jüngste verunglückte im Alter von zwei Jahren, zwölf verstarben im Alter zwischen 16 und 54 Jahren, die Älteste mit 82 Jahren. Ihr wurden jedoch nach dem Herztod lediglich die Augenhornhäute entnommen (vgl. Anhang 4).

gen von »Organspendern« bisher keine übergreifende eigene Interessenvertretung hat,[22] waren viele der Gespräche auch dadurch motiviert, ein Sprachrohr an die Öffentlichkeit gefunden zu haben.

Die Selbsthilfegruppenstruktur für Organtransplantierte in Deutschland und ihre öffentliche Repräsentanz steht in krassem Gegensatz zur Seite der Angehörigen »hirntoter Organspender«. Sowohl organübergreifend als auch organspezifisch gibt es große Selbsthilfeverbände Organtransplantierter, die mit ihren Regionalgruppen deutschlandweit vertreten sind.[23] Die einzelnen Verbände verfolgen weitgehend eine gemeinsame Zielrichtung. Die Hauptaufgaben sehen sie in der Interessenvertretung und psychosozialen Unterstützung für Patienten auf der so genannten Warteliste und Organtransplantierte. Für die Seite der Organempfänger entschloss ich mich aus mehreren Gründen dazu, den Kontakt nicht über Transplantationskliniken aufzubauen. Zum einen befinden sich Patienten während des Klinikaufenthaltes vor bis kurz nach der Transplantation in einer Situation, in der die Bewältigung des schweren medizinischen Eingriffs bzw. das pure Überleben im Vordergrund steht und – wie auch Gespräche mit Psychologen ergaben – eine Auseinandersetzung mit dem übertragenen Organ meist noch nicht stattfindet. Die Zeiten der medizinischen Routineuntersuchungen, zu denen die Patienten in die Transplantationszentren kommen, erscheinen ebenfalls nicht geeignet, da sie eine starke psychische und körperliche Belastung darstellen. Zum anderen wollte ich nicht mit der medizinisch-professionellen Seite identifiziert werden, um diesen *bias* mit seinen inhärenten Machtstrukturen in meinem empirischen Material zu vermeiden.[24]

---

22 Außer der Gruppe für Angehörige von »Organspendern« in Tübingen gibt es lediglich die Initiative »Kritische Aufklärung über Organtransplantation« (KAO) <www.initiative-kao.de>.

23 Zu den mitgliederstärksten und etabliertesten gehören die *Dialysepatienten Deutschlands e.V.* (DD) mit 163 regionalen Gruppen und ca. 18.000 Mitgliedern, der *Bundesverband der Organtransplantierten e.V.* (BDO) mit ca. 1.100 Mitgliedern, der *Verband Organtransplantierter Deutschlands e.V.* (VOD), der 1996 annähernd 700 Mitglieder in 17 Regionalgruppen hatte, sowie die jüngere, weniger mitgliedsstarke *Selbsthilfegruppe Lebertransplantierter* (LL) mit etwa 230 Mitgliedern und bundesweit vertretenen Ansprechpartnern. Daneben gibt es zahlreiche weitere kleinere Vereinigungen und Arbeitsgruppen wie die *Aktion »Spende eine Niere« e.V.*, *Arbeitsgruppe Organspende e.V. (AGO)*, *Herztransplantation Heidelberg e.V.*, *Neues Leben e.V.* oder *Verein Leberkrankes Kind e.V.* Diese Aufzählung erhebt keinen Anspruch auf Vollständigkeit.

24 Die Option einer Feldforschung in einem Rehabilitationszentrum, in dem sich die Patienten zur Anschlussheilbehandlung befinden, musste verworfen werden, da erst Mitte Juli 1997 eine Kurklinik speziell für Organtransplantierte eröffnet wurde und diese während meiner Erhebungsphase keine genügend große Patientengruppe für eine Untersuchung aufwies.

Stattdessen entschloss ich mich dazu, den Kontakt über Selbsthilfegruppen für Organtransplantierte aufzubauen, die in Deutschland größtenteils bundesweit organisiert bzw. im Aufbau begriffen sind. Die regionalen Gruppen wurden so ausgewählt, dass Betroffene mit unterschiedlichen Organtransplantationen in der Untersuchung vertreten sind, um mögliche Unterschiede und Gemeinsamkeiten erkennen zu können. Des Weiteren sollte eine breite regionale Streuung erreicht werden, die sich jedoch aus forschungspraktischen Gründen auf das Gebiet der alten Bundesländer beschränkt. Die Regionalgruppentreffen ermöglichten mir teilnehmende Beobachtung und guten Kontaktaufbau für die Einzelgespräche. Ferner ging ich davon aus, dass es sich bei Teilnehmenden von Selbsthilfegruppen um Betroffene handelt, welche die krankheitsbedingten persönlichen und sozialen Probleme besonders stark empfinden (und deswegen gegenseitige Unterstützung suchen), aber auch einen aktiven Umgang mit ihrer Situation anstreben und sich für andere engagieren (vgl. Schaich 1987, s.a. S.32). Zudem sind gerade die aktiv in einer Selbsthilfegruppe Teilnehmenden ›Experten‹ für ihre spezifische Erkrankung und die damit verbundenen Probleme. Leider schließen sich jüngere Betroffene selten einer Selbsthilfegruppe an, auch scheint sich die Klientel hauptsächlich aus der so genannten Mittelschicht zusammenzusetzen.[25] Zusätzlich nahm ich die Deutsche Sportvereinigung für Organtransplantierte e.V. (DSVO) als Untersuchungseinheit mit auf, da ich mir davon weitere Einsichten in den Umgang mit dem Körper nach einer Organtransplantation versprach. Insbesondere die Begleitung der deutschen Mannschaft zu den XI. Weltspielen für Organtransplantierte im Oktober 1997 nach Sydney (Australien) ermöglichte mir einen intensiven Kontakt zu den Betroffenen. Darüber hinaus gewann ich hier Einblick in die internationale Organisationsstruktur Transplantierter und konnte meinen Blick für die spezifisch deutsche Situation schärfen. Neben den vielen informellen Gesprächen bei Regionalgruppentreffen und Sportveranstaltungen führte ich 19 narrative Interviews mit Organempfängern durch.[26]

---

25 Die starke Orientierung an der Mittelschicht wird auch von Lupton (1995: 129) als Kritikpunkt erwähnt. Des Weiteren wäre der Kritik nachzugehen, Selbsthilfegruppen hinterfragten generell nicht die strukturellen Gründe für Erkrankungen: »It has been argued that such groups continue to direct attention towards expanding the provision of health care rather than questioning the dynamic nature of the discursive constitution of illness and the body.« (Broom 1991: 148-149; nach Lupton 1995: 129). Eine genaue Analyse der demografischen Zusammensetzung der Mitglieder der Selbsthilfegruppen Organtransplantierter im Vergleich zur Gesamtgruppe konnte im Rahmen dieser Arbeit mangels vorliegender Daten nicht erfolgen, könnte aber sehr aufschlussreich sein.

26 Wie auch im Bundesdurchschnitt aller Transplantierten überwiegt bei meinen Gesprächspartnern der männliche Anteil. Der jüngste Organempfänger war zum Zeitpunkt des Gespräches 24, die älteste 65 Jahre alt. Der Zeitpunkt der ersten Transplantation lag ein bis 19 Jahre zurück. Drei der Organempfänger erhielten vor ihrem 30. Lebensjahr eine Transplantation, neun waren im Al-

2.2 Datenerhebung und Evaluation

Qualitative Studien[27] basieren auf einem intensiven Interaktionsprozess zwischen dem Forscher und den Akteuren und versuchen damit, eine umfassende Innenperspektive der Welt der Betroffenen zu erlangen und Sachzusammenhänge wie vor allem auch Sinnzusammenhänge in ihrer ganzen Komplexität zu erfassen. Kardorff spricht von der »Ganzheit sozialer Phänomene« (1991: 4), die über die Verknüpfung verschiedenster Bereiche erkennbar wird. Mein Ziel war es, die Erfahrungswelt der Betroffenen zu untersuchen und damit auch den individuellen Bedeutungs- und Interpretationsrahmen zu erheben, der die Orientierungsstruktur für ihr Handeln gibt. Neben der individuellen Ebene leiblichen Empfindens interessierte mich auch die individuelle Erfahrung in Hinblick auf ihren sozio-kulturellen Kontext, sowohl der Gesellschaft im allgemeinen als auch der Zusammenschlüsse Betroffener und ihr gesellschaftliches Engagement. Die Vielschichtigkeit meines Vorhabens sowie die geschilderten problematischen Zugänge zu den Betroffenen machten eine Kombination verschiedener Methoden notwendig.

Die »graue Literatur« verschiedenster Interessengruppen im Zusammenhang mit Organtransplantation wie bspw. so genanntes Aufklärungsmaterial der Deutschen Stiftung Organtransplantation (DSO) oder der Bundeszentrale für gesundheitliche Aufklärung (BzgA), Patientenzeitschriften, Zeitschriften und Informationsschriften der Selbsthilfegruppen, aber auch die Interviews selbst und die Daten aus der teilnehmenden Beobachtung betrachte ich als Facetten des gesamtgesellschaftlichen Diskurses über Organtransplantation. Für den hier behandelten Bereich sind dabei die Diskurse, wie sie in der Wissenschaft und in der Medizin geführt werden, von denen der Öffentlichkeit und der Betroffenen selbst nach ihrer Dominanz und Wirkkraft zu

---

ter von 30 bis 50 Jahren, fünf zwischen 51 und 58 Jahre alt. Zwei Nieren- und ein Herzempfänger wurden bereits zum zweiten Mal transplantiert, zwei Nierenempfänger bereits zum dritten Mal. Zwei meiner Gesprächspartner standen noch vor einer Nierentransplantation, sechs waren nierentransplantiert, sieben herz-, einer herz-lungentransplantiert sowie eine lebertransplantiert (vgl. Anhang 4). Es war ursprünglich geplant, auch mit einer regionalen Selbsthilfegruppe Lebertransplantierter einen Interviewblock analog zu den beiden anderen durchzuführen. Da diese Organisation jedoch erst im Aufbau begriffen war, gab es zu diesem Zeitpunkt keine sich regelmäßig treffende Gruppe, sodass ich für den Bereich Lebertransplantation bis auf ein Interview nur auf informelle Gespräche bei einem überregionalen Treffen der Selbsthilfegruppe zurückgreifen kann.

27 Nach Mayring (1992: 12) ist ein qualitativer Forschungsansatz ein Denkansatz und ein Wissenschaftsverständnis mit Schwerpunkt auf der deskriptiven und interpretativen Analyse des Subjekts im Alltag mit daran anschließendem Verallgemeinerungsprozess.

unterscheiden. Mit Foucault (1974: 7) gehe ich davon aus, dass der gesellschaftliche Diskurscharakter durch Verbot und Ausschließung geprägt ist. Dieser Aspekt zeigt sich deutlich in dem, was an Informationen über Organtransplantation in den öffentlichen Diskursen überhaupt vermittelt wird. Ich stelle dabei in meiner Analyse den dominanten, biomedizinisch geprägten öffentlichen Diskurs der individuellen Erfahrungsebene gegenüber, auf einem Spektrum von Gefühlen und Empfindungen geäußert werden, die mit dem ersten nicht (immer) übereinstimmen. Dennoch ist auch der individuelle Diskurs durch gesellschaftliche Verbote und Ausschließungen mit geprägt. Individuen benützen konkurrierende, widersprüchliche, aber auch stimmige Erklärungen, wobei sie auf ein interpretatives Repertoire aus kulturellen Vorstellungen zurückgreifen (Lupton 1996: 159).

Selbst innerhalb eines Gespräches können diese verschiedenen Diskurse in der Wirklichkeitskonstruktion der Betroffenen nebeneinander auftreten. In den Gesprächen mit beiden Seiten tritt deutlich das Spannungsfeld zwischen der individuellen Ebene – Trauer, Bewältigung von Lebenskrisen, Umgang mit der eigenen Endlichkeit – und der gesellschaftlichen Ebene mit ihren Zwängen und tabuisierten Bereichen hervor, die Negierung, Ausblendung oder Rechtfertigung zu fordern scheint. Damit nehmen die Schwierigkeiten auf der individuellen Ebene zu bzw. werden ihr gänzlich neue Dimensionen hinzugefügt. Das bedeutet, dass die Analyse der Thematik über die Erhebung der spezifischen Lebenswelten hinausgehen und die gesellschaftlichen Bedingungen hierfür mit einbeziehen muss.

Einen Teil meiner Daten erhob ich mit der Methode der teilnehmenden Beobachtung, die einen tiefen Einblick in den sozio-kulturellen Kontext und die spezifische Lebenswelt der Betroffenen ermöglicht. Teilnehmende Beobachtung bei Selbsthilfegruppen gibt Hinweise auf die gesellschaftliche Einbettung individueller Erfahrungen und den durch das soziale Umfeld empfundenen Handlungsbedarf. Als Forscherin wurde ich dabei durch die hautnahe Konfrontation mit dem Geschehen über meine Sinneswahrnehmungen selbst zum Analyseinstrument, darüber hinaus können meine eigenen Reaktionen ebenfalls als ›Datenmaterial‹ angesehen werden. Hierzu dienen meine Aufzeichungen aus der Erhebungszeit, die den Prozess der Analyse widerspiegeln (vgl. Coenen 1991: 330). Eine einmonatige Hospitation in einer Klinik ermöglichte mir, die täglichen Abläufe und die Organisation auf einer Transplantations- und Intensivstation besser kennen zu lernen. Die von mir geführten Gespräche mit Angehörigen und Organempfängern machten deutlich, wie zentral die Erfahrungen im Krankenhaus und die Beziehungen zum ärztlichen wie auch pflegerischen Personal für das Erleben und Verarbeiten für sie sind. Das medizinische Fachpersonal stellt die Vermittlungsinstanz für das medizinische Wissen dar. Gerade das Geschehen auf einer Intensivstation, von dem mir in den Gesprächen nur retrospektiv berichtet wurde und das zudem aufgrund der Ausnahmesituation nur schwer in Worte zu fassen war, wollte ich aus eigener Anschauung kennen lernen, da nur durch die eigene systematische Beobachtung eine detaillierte Beschreibung dieser Zusammenhänge in ihrem sozio-kulturellen Kontext möglich ist. Fragen, die meine Beobachtungen leiteten, waren unter anderem: Wie wird Organtransplantation erklärt und wie wird dieses Wissen von Patienten und Angehörigen aufgenommen? Wie laufen die Kontakte zwischen dem medizinischen Personal und den Patienten bzw. Angehörigen ab?

Durch teilnehmende Beobachtung bei öffentlichen Aufklärungskampagnen und Vorträgen von Organtransplantierten für ein allgemeines Publikum bekam ich besonders in den anschließenden Diskussionen ein gutes Bild von dem Wissen um und den Vorstellungen über Organtransplantation und Transplantierte von interessierten Nichtbetroffenen sowie von der Selbstdarstellung Organtransplantierter in der Öffentlichkeit. Dies galt auch für die Sportveranstaltungen Organtransplantierter. Darüber hinaus konnte ich dort wie auch in den Selbsthilfegruppentreffen die Diskurse der Betroffenen untereinander erheben. Dies ließ mich erkennen, was Betroffene beschäftigt, aber auch, was *überhaupt* thematisierbar ist und was nicht. Durch die teilnehmende Beobachtung erkannte ich, dass meine anfängliche Einschätzung der Mitglieder dieser Gruppen nicht richtig war. Die ›Zweifler‹ und diejenigen, die mit der Transplantation größere psychische oder seelische Schwierigkeiten haben, waren hier kaum vertreten.

Über die von mir gewählte Kontaktaufnahme zu Transplantierten hatte ich Zugang zu denjenigen, denen es verhältnismäßig gut bis sehr gut geht – insbesondere natürlich die sportlich Aktiven.[28] Ich habe also, bedingt durch die Auswahl meiner Gesprächspartner, Einblick in die ›Erfolgsgeschichte‹ von Organtransplantation bekommen. Dennoch – auch in diesen Gesprächen zeigten sich deutlich die Schwierigkeiten und Probleme, die eine Transplantation nach sich zieht bzw. ziehen kann. Es ist anzunehmen, dass sich die hier angeschnittenen Problemfelder bei denjenigen zugespitzt zeigen, die sowohl körperlich als auch psychisch größere Schwierigkeiten haben oder sich mit ihrem Erleben im Diskurs der Selbsthilfegruppen nicht wiederfinden.

Der Hauptteil meines empirischen Materials besteht aus qualitativen Interviews mit Betroffenen beider Seiten. Qualitative Interviews orientieren sich am Bedeutungssystem der Gesprächspartner. Mit dieser Methode lässt sich die Komplexität sozialer Wirklichkeit und individueller Erfahrung besser erfassen als mit strukturierten Fragebögen. Auf das Abfragen vorgefertigter inhaltlicher Untersuchungskategorien habe

28 Schwerstkranke können verständlicherweise an solchen Gruppentreffen nicht teilnehmen.

ich daher – dem Prinzip der relativen Offenheit folgend – weitgehend verzichtet. Die Relevanz von Themenkomplexen für die Betroffenen kommt durch die von ihnen gewählte Gesprächsstruktur zum Vorschein: Durch diese Methode ist es möglich zu erkennen, was die Gesprächspartner als »mitteilungswürdig«, aber auch als »mitteilungsfähig« empfinden (Honer 1994: 624-625).

Die Soziologin Kathy Charmaz weist darauf hin, dass Erzählungen über Krankheit und Trauer kontextuell unter der Frage betrachtet werden müssen: Wer erzählt was, zu welchem Zeitpunkt und an welches Publikum gerichtet? Dies verdeutlicht den diskursiven Charakter der Gespräche (vgl. Charmaz 1999). Uta Gerhardt führt den von Garetz William (1984) geprägten Begriff *narrative Rekonstruktion* für die rückwirkende Interpretation von Lebensgeschichten an, die für die Betroffenen von Bedeutung für ihr Selbst ist. Angesichts der plötzlich für alle Zukunft diagnostizierten chronischen Krankheit wird die frühere Lebensgeschichte völlig anders als bisher gesehen, und dies erlaubt, so Gerhardt, die eigene konsistente Selbstwahrnehmung wiederherzustellen (Gerhardt 1999: 135). Erzählungen über das Selbst chronisch Kranker, aber auch von Trauer und Verlust Betroffener, können dazu dienen, sich der neuen Realität anzupassen (vgl. Charmaz 1999: 225; Frank 1993, Kleinman 1988). Es gibt Ansätze, die sich ganz auf die Narration und deren Inhalt und Funktion für die Erzählenden konzentrieren (bspw. Frank 1995). Der Schwerpunkt meiner Analyse ist jedoch – wie dargelegt – ein anderer. Auf diesen Aspekt sei hier lediglich aufmerksam gemacht, da er beim Lesen mitgedacht werden sollte.

Ein weiterer Hinweis ist notwendig: Um die Geschichte eines bedrohten Selbst entstehen zu lassen, muss sich ein Erzähler oder eine Erzählerin sicher fühlen, dies zu tun (Charmaz 1999: 232). Außerhalb des klinischen Settings erhobene Krankheitserzählungen eröffnen deshalb einen anderen Wirklichkeitsbereich, welcher sonst aus dem medizinischen Bereich heraus verschlossen bliebe. Als narrative Konstruktionen erachtet auch Seale die Gespräche über Krankheit, Altern und Tod, die in der heutigen Gesellschaft (wie bspw. auch in der Psychoanalyse) quasi ein Ritual darstellen, mit dem man sich einer fiktiven moralischen Gemeinschaft zugehörig fühlen kann (Seale 1998: 33). Auf dieser Annahme aufbauend versucht Seale, die sozial konstruierte und verkörperte Erfahrung des Todes in der Spätmoderne zu verstehen. Dies werde ich in der Analyse des empirischen Materials berücksichtigen.

Insgesamt führte ich 43 qualitative Interviews von ein bis zu vier Stunden Dauer (insgesamt 66 Stunden Tonbandprotokoll). Die Gespräche fanden – mit drei Ausnahmen – bei meinen Gesprächspartnern zu Hause statt. Nachkontakt und Vertiefung der Interviews geschah z.T. durch Zusendung der Tonbandprotokolle und Telefongespräche. In drei Fällen konnte ich bei Angehörigen von »Organspendern« aufgrund der sensiblen Interviewsituation keine Tonbandaufzeichnungen machen. Aufseiten der Organempfänger sprach ich einmal primär mit der Ehefrau, bei zwei weiteren

Gesprächen waren die Ehefrauen anwesend, aufseiten der Angehörigen »hirntoter Organspender« führte ich zwei Paargespräche.

Wichtig bei der Durchführung narrativer Interviews ist die so genannte erzählgenerierende Einstiegsfrage. Mit ihr wird das thematische Feld für das Gespräch abgesteckt sowie eine gewisse Vorstrukturierung gegeben. Durch die Einstiegsfrage wird viel über die implizite Einstellung der Interviewerin deutlich. Ich stellte sie möglichst neutral und offen sowie mit großem Interesse an der individuellen Erfahrung. Im weiteren Gesprächsverlauf versuchte ich möglichst wenig zu intervenieren und stattdessen die Erzählstruktur der Betroffenen hervortreten zu lassen.[29] Der Verlauf der Gespräche gestaltete sich folgendermaßen: Nachdem ich das Forschungsprojekt vorgestellt, die Fragen des Datenschutzes und der Veröffentlichungen sowie des Tonbandmitschnittes geklärt hatte, wies ich meine jeweiligen Gesprächspartner und -partnerinnen darauf hin, dass sie bei psychischer Überlastung das Gespräch jederzeit ab- bzw. unterbrechen und Fragen meinerseits, die sie als zu persönlich oder schmerzhaft empfinden, auslassen könnten. Dann begann ich mit der Einstiegsfrage, die für die Seite der Angehörigen »hirntoter Organspender« wie folgt lautete:

Mich interessiert Ihre ganz persönliche Sicht der Dinge. Ich möchte gerne wissen, wie Sie die Organspende erlebt haben und inwieweit diese die Trauerverarbeitung eventuell beeinflusst hat. Dabei kommt es mir vor allem auf die folgenden Bereiche an:

- Was ist passiert / wie kam es dazu
- Intensivstation / Entscheidungsprozess
- Trauer / Abschied
- Gefühle für die Empfängerseite

Vielleicht könnten Sie mit dem beginnen, was passiert ist?

Für die Seite der Organempfänger sah sie folgendermaßen aus:

Mich interessiert Ihre ganz persönliche Sicht der Dinge. Ich möchte herausfinden, was es heißt, mit einem transplantierten Organ zu leben. Dabei kommt es mir vor allem auf die folgenden Bereiche an:

- Krankheitsgeschichte / Entscheidung zur Organtransplantation
- Die Zeit in der Klinik und kurz danach
- Das Leben nach einer Transplantation

Wenn Sie vielleicht mit dem Krankheitsverlauf, Ihrer Krankheitsgeschichte beginnen möchten?

Aus psychologischer Sicht problematisch ist für Organempfänger der Themenkomplex um die Auseinandersetzung mit dem transplantierten Organ und dem »Organspender«. Wurde dieser Bereich nicht von selbst angesprochen, ging ich auf diese Thematik erst nach individueller Einschätzung der Gesprächspartner im späteren

---

29 Fragen und Bemerkungen vonseiten der Interviewerin sind notwendig, wenn zu weit vom eigentlichen Thema abgeglitten wird bzw. inhaltliche Unklarheiten auftreten.

Verlauf des Gespräches ein, da ich mir gerade in diesem Bereich meiner Verantwortung bewusst war. Ich habe auf die Durchführung von Zweit- oder Drittgesprächen verzichtet, da es dadurch zu einem Aufbrechen latenter Konflikte hätte kommen können.

Nach jedem Gespräch erstellte ich eine Informationsdatei mit Hinweisen zur Person, Interviewsituation und meinen Reaktionen darauf. Hier konnte ich durch Supervision fehlerhafte Informationsverarbeitung und Vermengung von subjektiver Bewertung und Beschreibung vermeiden. Das heißt, dass diese Verzerrungsfaktoren[30] durch Reflexion zu einem gewissen Grad kontrolliert, wenngleich natürlich nicht ausgeschaltet werden können (vgl. Bourdieu 1998a). Durch erneutes Hören der Tonbandmitschnitte zu einem späteren Zeitpunkt vergegenwärtigte ich mir die Interviewsituation und -stimmung erneut, um diese Aspekte in die Analyse mit einzubeziehen. Um die implizite Ebene in der Analyse zu berücksichtigen, habe ich auf folgende Bereiche geachtet.

- Motivation für das Gespräch: Es zeigt sich, dass fast jedes Gespräch unter einem bestimmten ›Motto‹ steht (die subjektive Motivation für das Gespräch) und damit auch den Inhalt dessen, was mir mitgeteilt wird, bestimmt[31]
- Interaktion in der Gesprächssituation
- Rollenzuweisung in der Gesprächssituation
- Stimmung und Stimmigkeit von Gesprächsinhalt und Darstellung (bspw. Lachen bei der Schilderung bedrohlicher oder schmerzhafter Situationen)

Es stellte sich heraus, dass auch die von mir geführten Interviews mit Organempfängern stark vom öffentlichen Diskurs geprägt waren, die Ebene des privaten Diskurses leiblicher Empfindungen und Emotionen erschien diesem untergeordnet. Die von mir gewählte Methodik der Interviewanalyse und -interpretation ist in Anhang 1 dargelegt.

---

30 In der Psychoanalyse und also auch der Ethnopsychoanalyse spricht man hier von Übertragung und Gegenübertragung. Eine ausführliche Darlegung dieses Komplexes findet sich z.B. in Devereux' Abhandlung zu »Angst und Methode in den Verhaltenswissenschaften« (1992 [1967]).

31 »Es geht also darum, die Zensur zu begreifen, die bewirkt, daß bestimmte Dinge nicht gesagt werden, und die Beweggründe dafür zu erkennen, daß andere betont werden.« (Bourdieu 1998a: 781).

2.3 Subjektivität im Forschungsprozess

»Nicht die Untersuchung des Objekts, sondern die des Beobachters eröffnet uns einen Zugang zum *Wesen* der Beobachtungs*situation*.« (Devereux 1992 [1967]: 20)

Gerade bei einem gesellschaftspolitisch umstrittenen Thema, das zudem von Krankheit, Sterben und Tod handelt, liegt die eigene Identifikation und fehlende emotionale Distanz nahe. Der zum Teil sehr steinige Weg in und durch die Welt der Organtransplantation ist Thema dieses Abschnittes. Nach der Darlegung der methodischen Forderung von Reflexivität im Forschungsprozess möchte ich kritisch auf die Konstruktion des Fremden, der Differenz zu den Untersuchten eingehen, bevor ich zur Konfrontation mit Krankheit, Sterben und Tod komme.

Mit der Aufarbeitung der subjektiven Faktoren im Forschungsprozess möchte ich meine eigene Person in die Analyse mit einfließen lassen, um folgender, von Devereux aufgestellten Forderung näher zu kommen:

»Eine authentische Verhaltenswissenschaft wird es dann geben, wenn ihre Vertreter erkannt haben, daß eine realistische Wissenschaft vom Menschen nur von Menschen geschaffen werden kann, die sich ihres Menschseins bewußt sind, was vor allem bedeuten muß, daß dieses Bewußtsein in ihre wissenschaftliche Arbeit eingeht.« (Devereux 1992 [1967]: 22)

Das Einbeziehen der Subjektivität der Forschenden und des Forschungsgegenstandes in den Erkenntnisprozess wird schon seit längerem und häufig gefordert,[32] jedoch noch häufiger als narzisstische Selbstinszenierung kritisiert. Es erscheint mir für meine Thematik gleichwohl unumgänglich, da gerade bei Forschungsthemen, die Tod und schwere Krankheit betreffen, eigene Ängste besonders ins Gewicht fallen und den Forschungsverlauf wie auch die Interpretation der Daten beeinflussen können. Die folgenden Ausführungen dürfen nicht als Versuch verstanden werden, durch Ausschalten der subjektiven Einflüsse in der Forschung doch noch zu ›objektiven‹ Daten zu kommen. Vielmehr geht es um die Anerkennung und Offenlegung der subjektiven Ebene, damit eine Transparenz des Forschungsprozesses möglich ist. Das, was in der Beobachterin vorgeht, ist als wichtiges Datenmaterial zu erachten:

»Worauf es uns hier ankommt, ist, daß die Analyse der Gegenübertragung [das, was in der forschenden Person vor sich geht, Anm. VK], wissenschaftlich gesehen, mehr Daten über die Natur des Menschen erbringt.« (Devereux 1992 [1967]: 17)

---

32 Sie war Ausgangspunkt für Mario Erdheim und Maya Nadig zur Verknüpfung von Psychologie und Ethnologie (Reichmayr 1995: 203).

Wie auch Hunt (1989: 27) darlegt, können meine Reaktionen als Forscherin auf die Thematik weitere Aufschlüsse über die soziale und emotionale Welt der Betroffenen geben, was besonders dann wahrscheinlich ist, wenn man die Sozialisation in der gleichen Kultur durchlaufen hat und möglicherweise über ähnliche kulturelle Deutungsmuster verfügt.

Zu welchen Bereichen ich als Ethnologin Zugang bekam, was mir berichtet wurde und wie ich es interpretierte, war aufs Engste verknüpft mit meiner Person: Geschlecht, Alter, gesellschaftliche Stellung, aber auch bisher gemachte Lebenserfahrung, die, so der Ethnologe Renato Rosaldo, bestimmte Arten von Einsicht ermöglicht oder verhindert. Er führt in diesem Zusammenhang den Begriff der Positionierung des Subjektes ein:

»Als ›positioniertes Subjekt‹ kann der Ethnograph bestimmte ethnographische Phänomene besser verstehen als andere. Der Begriff der Position bezieht sich ganz einfach auf einen strukturalen Ort, von dem aus sich ein bestimmter Blickwinkel eröffnet.« (Rosaldo 1993: 398)

Diese Positionierung beinhaltet auch die relative Positionierung zwischen mir und meinen Gesprächspartnern (Alter, Geschlecht, formaler Bildungsgrad, gesellschaftliche Stellung). Die von mir geführten Gespräche spiegeln einen Diskurs, aber auch sehr individuelle Begegnungen wider, die meines Erachtens immer auch eine soziale Beziehung darstellten:

»Auch wenn sich die Befragungssituation von der Mehrzahl der Austauschbeziehungen des alltäglichen Lebens insofern unterscheidet, als sie sich die reine Erkenntnis zum Ziel setzt, bleibt sie doch unausweichlich eine soziale Beziehung, die ihre (entsprechend der verschiedenen Parameter, die wirksam werden können, variablen) Effekte auf die Ergebnisse ausübt, die man erhält.« (Bourdieu 1998a: 780)

Ein Gespräch über das gleiche Thema mit derselben Person zu einer anderen Zeit oder mit einer anderen Interviewerin wäre selbstverständlich anders ausgefallen. Die aufgenommenen Geschichten könnten in dieser Form also nicht – wie bspw. in einem naturwissenschaftlichen Experiment – durch Wiederholung der Interviewsituation auf diese Art und Weise erneut erhoben werden. Auch die von den Gesprächspartnern vermutete Einstellung meinerseits gegenüber Organtransplantation beeinflusste den Gesprächsinhalt, was vor allem vor dem Hintergrund des stark polarisierten Diskursfeldes von besonderer Bedeutung war. Die ›Gretchenfrage‹ (»Haben Sie eigentlich einen Spenderausweis?«) wurde mir in den einzelnen Gesprächen jedoch relativ selten gestellt. Auf Nachfragen erläuterte ich, wie sich meine persönliche Einstellung während des Erhebungsprozesses verändert hatte, und ich versuchte, mein Bemühen darzulegen, der starken Polarisierung in Befürworter- und Gegnerseite zu entgehen. Zum Abschluss ein Beispiel, das die Motivation, das Gespräch mit mir zu führen, deutlich macht. Am Ende unseres Gespräches sagte der mehrmals nierentransplantierte und wieder dialysepflichtige Hans Wegener:

Vielleicht hat es ja mal Auswirkungen auf die Spendebereitschaft. Denn das ist so zurückgegangen, das ist erschreckend. Und meiner Meinung nach durch die Medien. Denn wenn die Filme zeigen, wo Halbtote ausgeschlachtet werden, was ja bei uns gar nicht möglich ist, da kommt so eine Urangst, ich könnte noch nicht tot sein, und praktisch aufgemacht und ausgeraubt werden. [...] Eigentlich schade, es könnte so vielen Menschen geholfen werden. Denn es gibt Dialysepatienten, denen es wirklich schlecht geht, mir geht es ja noch gut! Die wirklich darauf angewiesen sind, weil das wirklich die letzte Chance ist! [X] Oder gucken Sie mal, bei Herz oder Leber, da ist ja keine Alternative. [X] Schade. [sehr leise, dann Pause] Na ja, vielleicht hilft es ja ein bisschen.

»Sich Tod und Krankheit vom Leibe halten«

Die Auswahl einer Untersuchungsgruppe kann dazu führen, diese als abgegrenzt und vom eigenen Umfeld distanziert erscheinen zu lassen. Die Möglichkeit der Grenzziehung zwischen den Anderen (den ›Unnormalen‹) und der restlichen Gesellschaft (den ›Normalen‹) ist ein Mittel, Angst machendes Chaos und Unordnung aus dem ›normalen alltäglichen Leben‹ fern zu halten und sich davor zu schützen. Die Definition und Abgrenzung einer bestimmten Gruppe ist einerseits notwendig, um eine spezifische Problematik wissenschaftlich zu untersuchen. Andererseits wird durch das Hervorheben der Andersartigkeit die Distanz zu dieser Gruppe erhöht, der eigene *Status quo* geschützt (vgl. Coenen 1991). Edith Wolber legt dar, wie es ihr in ihrem Dissertationsvorhaben unmöglich war, sich der Lebenswelt körperbehinderter Frauen anzunähern »ohne reflexiven Bezug auf Normalität und Normativität einerseits und Behinderung und Marginalisierung andererseits darzustellen« (Wolber 1996: 7).

Zwar hatte ich es nicht mit einer aufgrund äußerlich sichtbarer Merkmale diskriminierten Gruppe zu tun. Es war jedoch auch mir bei der Annäherung an die Lebenswelt der von Organtransplantation direkt Betroffenen nicht möglich, dies ohne Bezug auf das gesellschaftliche Ideal des gesunden und leistungsfähigen Körpers sowie der ›mangelnden Popularität‹ des Todes gegenüber dem Leben zu tun. Durch den direkten Kontakt mit Betroffenen wurde ich mit eigenen Ängsten und Abwehrmechanismen konfrontiert, in denen sich aber auch gesellschaftliche Umgehensweisen mit Krankheit und Tod erkennen ließen (vgl. Wolber 1996: 7). Eine Untersuchung dieser Thematik birgt demnach die Gefahr, sich den Angst machenden oder tabuisierte Bereiche enthaltenden Forschungsgegenstand durch die Konstruktion von Differenz (»So etwas passiert nur anderen«) vom Leib zu halten. Damit verbunden ist, dass – sowohl bei mir als auch bei den Lesern – das Gefühl des gänzlich Anderen und damit die Abgrenzung zum Fremden einsetzen kann.

Auch ich erlag zunächst dem Mechanismus, Organtransplantation und »Organspende« als Schicksal der Anderen zu begreifen. Allerdings ließ sich diese Trennung nicht lange aufrecht erhalten. Den ersten intensiven Kontakt mit Organtransplantierten hatte ich bei einer Informationsveranstaltung einer Selbsthilfegruppe Organtransplantierter im November 1996 in der Klinik einer mittelgroßen Stadt. Ich wollte zunächst Eindrücke sammeln, mir die Betroffenen erst einmal ›angucken‹, mich langsam an die Thematik herantasten. Ich wurde dem Forum mit meinem Forschungsprojekt kurz vorgestellt.

Im Laufe der Veranstaltung kam ein Pharmavertreter auf mich zu. Ob ich denn wüsste, auf was ich mich da einlasse?, fragte er mich. Diese Transplantierten seien schon sehr schwierig, meint er, da müsse man mit umgehen können. Wie arrogant, schoss es mir durch den Kopf, und ich dachte mir meinen Teil über die Spezies ›Pharmavertreter‹. So wollte ich auf keinen Fall mit den von mir Untersuchten umgehen, ist es doch auch ein Anspruch der Ethnologie, empathisch mit und für die untersuchten Gruppen zu sprechen! (Tagebuch VK)

Deutlich tritt in der Äußerung des Pharmavertreters die Abgrenzung zwischen Nichtbetroffenen und Professionellen versus Betroffenen und Nichtprofessionellen hervor. Doch trotz meiner guten Vorsätze erkannte ich bei nochmaligem Lesen meiner Notizen den Effekt der Abgrenzung auch bei mir:

Wie viel sicherer und ungezwungener ich mich in den Gesprächen mit Ärzten und Psychologen (und – ich gestehe – auch Pharmavertretern) fühlte als im Kontakt mit den Betroffenen, einerseits neugierig, dann aber auch wieder scheu, aus Angst, ihnen zu nahe zu treten oder mein durchaus auch eigennütziges Interesse zu offenbaren. Ich ging auf die Toilette. Eine Frau stand neben mir beim Händewaschen. So jung sei ich und so gut sähe ich aus, außerdem habe sie mich noch nie in dieser Gruppe gesehen, wann ich denn wohl transplantiert worden sei? Mein Lächeln erstarrte auf meinem Gesicht. Was?! Ich, transplantiert? Wie kann sie mich denn so etwas fragen? Das kann doch gar nicht sein, dachte ich schockiert und auch empört. (Tagebuch VK)

Erst im Nachhinein wurde mir durch das Entsetzen, das die Frau durch ihre Frage in mir auslöste, deutlich, dass auch ich bereits meine Untersuchungsgruppe als die ›Anderen‹ konstruiert hatte und wie ich mich dadurch vor der Angst der eigenen Erkrankung, des eigenen Todes zu schützen suchte.

Später unterhielt ich mich mit einer Frau, deren Tochter in meinem Alter ist: Wie es mir denn ginge, wie ich damit klar käme? Aber ich bin doch gar nicht! Ach so, denn ihre Tochter bekam nach einer Routineuntersuchung die Diagnose ›Irgendwann wird nur eine Lebertransplantation übrig bleiben.‹ Ich fühlte Angst in mir hochsteigen, die Kehle wurde mir eng. Verdammt, wurde mir plötzlich klar, es kann tatsächlich so schnell gehen. Dann würde ich hier als Mitglied der Gruppe sitzen. Würde ich tatsächlich? Würde ich nicht auch lieber weiterleben? Wie tief und ehrlich ist denn meine kritische Einstellung? (Tagebuch VK)

Bisherige Überlegungen zu meiner persönlichen Einstellung zu Organtransplantation wirkten nach diesem Erlebnis auf mich wie Trockenübungen. Auch im Rahmen anderer derartiger Treffen oder Sportveranstaltungen Organtransplantierter, bei denen mich nicht alle kannten, dauerte es nicht lange, bis ich selbst gefragt wurde, welches Organ ich denn transplantiert bekommen hätte. Immer wieder holten mich diese Fragen aus meiner distanzierten Forschungsposition heraus. Ein kleines Rütteln am Kaleidoskop – damit sind hier meine bisherige Weltsicht und Lebenserfahrung gemeint – eröffnete mir nicht nur ein neues Bild, sondern auch neue Empfindungsräume. Diese Reaktionen betrachte ich nicht nur als meinen individuellen Umgang mit der Konfrontation mit schwerer Krankheit und Todesangst, sondern darüber hinaus auch als Hinweis auf den von mir internalisierten gesellschaftlichen Umgang mit den dazugehörigen Ausgrenzungsmechanismen (vgl. Kleinman/Copp 1993: 31).

Die Konfrontation mit Krankheit und Tod mobilisiert zwangsläufig Abwehrmechanismen (Hunt 1989: 49; Devereux 1992 [1967]). Als körperliche Reaktionen hierauf können Schläfrigkeit, ein Gefühl des Betäubtseins, Ohnmachten oder eigene Erkrankung vorkommen (Hunt 1989: 51). Auch bei mir tauchten diese Symptome im Verlauf der empirischen Erhebung immer wieder auf. Im Dezember 1996 löste der Besuch der Weihnachtsfeier einer Selbsthilfegruppe tiefe Ängste und Zweifel in mir aus. Die Feier fand ebenfalls in einer Klinik statt. Hier wurde mir das ganze Ausmaß des Elends der Betroffenen und auch die Belastung, die diese Thematik für mich darstellt, deutlich:

Auf den in Hufeisenform arrangierten Tischen standen Kaffee, Sekt, Kuchen, Plätzchen, Brot und Wurst. Die Tische waren bereits gut besetzt, als ich ankam. Stärker als in den von mir bisher besuchten Gruppen stach mir der schlechte Gesundheitszustand der Teilnehmenden ins Auge. Einer der Patienten wurde gerade, als ich kam, in einem Rollstuhl von zwei Pflegern weggefahren: Er war wohl einfach umgekippt, wie man mir erzählte. Ein älterer Herr saß mit Mundschutz[33] *am Tisch, später kamen noch zwei weitere Patienten mit Mundschutz. Das hatte ich bisher noch nicht gesehen. Es wirkte befremdlich auf mich, irgendwie bedrohlich. Schräg hinter meinem Rücken zischte es leise und in regelmäßigen Abständen. Ich war irritiert, drehte mich um und sah eine Frau mit angsterfüllten großen Augen, in deren Nase Kanülen ihres Sauerstoffgerätes führten. Sie wartete auf eine Herz-Lungen-Transplantation. Todesangst! Der dünne Schlauch zum Sauerstoffgerät – wie eine Nabelschnur ans Leben! Wie kann ich denn da ein Interview führen über Organtransplantation und was sie davon hält, wenn es doch um's nackte Überleben geht? All meine Fragen kamen mir angesichts des drohenden Todes nichtig vor! Etwas später wurde noch eine ältere Frau in ihrem Krankenhausbett herangefahren. Aschfahl, eingefallen und zusammengekauert lag sie da, viel mitzukriegen schien sie nicht. Sie liege seit längerem mit einem Kunstherz auf der Wachstation in der Hoffnung, dass sich ihr erkranktes Herz dadurch erholen würde und auf eine Herztransplantation verzichtet werden könne,*

---

33 Der Mundschutz wird von Transplantierten in der Zeit kurz nach der Transplantation getragen, um sich vor Infektionen zu schützen, für die sie nun – aufgrund der Immunsuppression – sehr anfällig sind.

berichtete man mir. Schnell wurde sie wieder weggeschoben. Ein Herr am Tisch meinte zu mir, das war zu viel, so viele Leute auf einen Schlag nach so langer Isolation. Vielleicht sollte ihr Mut gemacht werden, indem sie die anderen Überlebenden sieht, die zusammen feiern? Mir gegenüber saßen Eltern mit einer jugendlichen Tochter. Dem Vater, der sich vor kurzem noch gesund wähnte, war nach einer Routineuntersuchung als einziger Ausweg eine Herztransplantation genannt worden: Ganz plötzlich steht der Tod direkt vor der Tür. Sie wollten andere Betroffene kennen lernen, Informationen sammeln, sich mit dem Gedanken an eine Transplantation vertraut machen und darauf vorbereiten, was alles auf sie zukommen wird. Drei ›alte Hasen‹, also seit mehreren Jahren herztransplantierte Männer, versorgten ihn mit Informationen über die Operation und das Leben danach. Ob er denn wisse, wie so eine Herztransplantation genau ablaufe?, fragte ihn einer der Herren. Kopfschütteln. Nein? Dann wurde es ihm genau erklärt: Wie man auf die Operation in der Klinik vorbereitet wird, wie das Brustbein aufgesägt werden muss, das Aufklappen, das ›Vernähen‹ mit Draht, den man danach immer auf dem Röntgenschirm sehen kann, und und und. Mir wurde mulmig, ich sehe die Szenen vor meinem inneren Auge ablaufen. Beruhigend können diese Schilderungen auf die Familie nicht gewirkt haben. Die Angst lag spürbar in der Luft. Ich sah das junge Mädchen an, ihre schreckgeweiteten Augen. Am liebsten hätte ich sie von hier weggebracht, an einen Ort, an dem sie Kraft und Hoffnung schöpfen kann. Wie unsensibel mir diese Schilderungen vorkamen. War das der Stolz der Überlebenden, der mutigen Männer?[34] *Ich war sprachlos und entsetzt. Diese Schilderungen im Ohr, das Zischen des Sauerstoffgerätes im Hintergrund, ich wollte nur noch weg. Wie kann ich Menschen in solch existenziellen Situation als ›Studienobjekte‹ für meine Fragestellung benutzen? Meine beruflich notwendige Neugier erschien mir hier unanständig und fehl am Platze. Nein, dachte ich, das kann ich nicht. Wenn dich nun jemand fragt, wie es mit deinem Ausweis steht? Was du vom »Hirntod« hältst? Die Angst, die Furcht kroch mir unter die Haut. Albträume, Angstzustände und Herzrasen quälten mich hinterher. So fühlt es sich also an, wenn die Auseinandersetzung mit Sterben und Tod fühlbar und konkret wird? (Tagebuch VK)*

Solche unangenehmen Zustände lassen ein Vermeidungsverhalten gegenüber derartige Gefühle auslösenden Situationen entstehen. Es kostete jedesmal viel Kraft, mich einer erneuten Begegnung mit Betroffenen zu stellen. Bevor ich zu einem Selbsthilfegruppentreffen oder zu einem Gespräch mit Angehörigen eines »Organspenders« aufbrach, überfielen mich meist bleierne Müdigkeit, Appetitlosigkeit und Kopfschmerzen. Wenngleich es mir sonst nicht so geht, kam ich oft ›auf den letzten Drücker‹ am Bahnhof an, fand die richtige Straße oder Hausnummer nicht (manchmal selbst in kleinen Ortschaften, wo sie mir ›direkt vor der Nase‹ lagen). Sowohl vor als auch nach einem Gespräch, einem Selbsthilfegruppentreffen oder einem Hospitationstag in der Klinik setzte bei mir der so genannte ›Käseglockeneffekt‹ ein, ein Gefühl des Betäubt- und Abgeschnittenseins. Noch einen weiteren Aspekt des Vermeidungsverhaltens gegenüber Krankheit und Tod konnte ich bei mir selbst beobachten: die Angst vor ›Ansteckung‹ im übertragenen Sinne, wie ich sie im dritten Kapitel genauer darlegen werde. Sie zeigte sich bei mir beispielsweise in dem Gefühl, auch

34 Mir kommen Assoziationen zu Initiationsriten anderer Kulturen, um in Männerbünde aufgenommen zu werden.

für mich und meine Familie Unheilvolles heraufzubeschwören. Zur Verdeutlichung möchte ich eine Situation aus dem Gespräch mit Fritz Gebhard heranziehen. Seine Lebensgefährtin verstarb im Alter von 34 Jahren nach einer Lungenembolie und wurde »Organspenderin«. Das Gespräch fand in ihrem alten Zimmer statt, in dem er bis dahin fast nichts verändert hatte.

Genau dort, wo ich saß, habe sie auch immer gesessen. So ein Aufnahmegerät habe sie auch gehabt, sie habe im Rahmen einer Studie Interviews zum Thema Tod und Sterben geführt. Und jetzt sei sie tot. Dies war mein drittes Angehörigengespräch in dieser Woche. Die Geschichten lassen mich nicht mehr los, verfolgen mich in meinen Träumen. Oh Gott, diese Parallelen! Lähmung macht sich breit. Immer wieder muss ich mir sagen, nein, Vera, du musst nicht sterben, es muss dich nicht sofort treffen. Es kann, aber noch ist alles in Ordnung! Du darfst leben! (Tagebuch VK)

Durch die Supervision konnte ich mir die in diesem Abschnitt geschilderten Mechanismen bewusst machen und sowohl einer Verzerrung der Daten entgegenwirken als auch persönliche Entlastung im Umgang mit dieser schwierigen Thematik erlangen.

Organtransplantation – eine polarisierte Welt

Zusätzliche Schwierigkeiten bergen die politischen und ethischen Aspekte bei der Bearbeitung eines gesellschaftlich brisanten Themas. Ich habe im Verlauf meiner Forschung den Eindruck gewonnen, dass die gesellschaftspolitische Debatte über Organtransplantation polarisiert und emotional stark aufgeladen ist, sodass ein Dialog zwischen der Befürworter- und Gegnerseite unmöglich scheint.[35] Diese Einschätzung wird von Linda Hogle, die in Deutschland im Zeitraum von 1993–1995 eine Forschungsstudie zur Transplantationsmedizin durchführte, bestätigt. Sie beschreibt die Atmosphäre, die sie bei öffentlichen Diskussionsrunden zu Organtransplantation und dem »Hirntod« erlebte, als oftmals feindselig (Hogle 1999: 16). Werner Schneider (1999) weist auf den »Zwang zur Selbstauskunft« beim Thema »Hirntod« und Organtransplantation hin:

»Diesem Anspruch, diesem Zwang läßt sich schwerlich entfliehen, und mich erinnerten solche Situationen, an mir selbst erlebt oder bei anderen beobachtet, immer fatal an jene Praxis der Gewissens- und Gesinnungsbefragung, welche – ›öffentlich‹ verhandelt – der jeweiligen historischen Situation entsprechend die Beurteilung der Argumente durch die Be- (bis hin zur Ver-) Urteilung der Person ersetzt.« (Schneider 1999: 306)

Dieser Mechanismus beeinflusste auch stark den Verlauf meiner Forschung: Dem Zwang, Position zu beziehen und sich dem einen oder anderen Lager zuzuordnen, ist

35 Zu den Ausgrenzungsmechanismen transplantationskritischer Stimmen und unbequemer Sichtweisen in den parlamentarischen Debatten zum Transplantationsgesetz vgl. Hauser-Schäublin et al. 2001. Zur Diskursanalyse der öffentlichen Diskussion um den »Hirntod« vgl. Schneider 1999.

nicht einfach zu entgehen. Dieser Zwang kann schnell zu einer Verkürzung der Argumente und Verhärtung der Fronten führen, wobei schwer einzuordnende Stellungnahmen häufig unter den Tisch fallen.

Meiner Ansicht nach liegt die Polarisierung auch in der Existenzialität der Thematik begründet. Anhand meiner Reaktionen auf die Konfrontation mit der gebenden wie der empfangenden Seite wurde mir deutlich, wie der Weg auf die eine oder andere Seite verlaufen kann und von diesen Positionen aus andere Sichtweisen kaum noch gesehen, geschweige denn nachvollzogen werden können. Bourdieu spricht bei solchen Konstellationen von »Äußerungen derselben Realitäten in unterschiedlichen, manchmal unvereinbaren Diskursen« (1998: 17). Ich bemerkte während der empirischen Erhebung, wie schnell der Versuch, das jeweilige Schicksal verstehen zu wollen, zu einer Identifikation mit dieser Seite bei mir führte und mir den Blick für die jeweils andere Seite verstellte. Dies wirkte auch auf der Ebene des Unterbewusstseins. In Träumen identifizierte ich mich mit einer Seite, sei es, dass ich träumte, selbst transplantiert zu sein oder eine Abstoßungsreaktion zu haben, oder sei es, dass ich von herumliegenden zerstückelten Leichen träumte, um die sich niemand kümmern wollte. Durch die wechselseitige Konfrontation mit der einen wie der anderen Seite sowie das Bemühen, mich eines definitiven persönlichen Standpunktes so lange als möglich, zumindest jedoch während der Erhebungsphase (die ich sonst nicht hätte durchführen können) zu enthalten, konnte ich diesem Mechanismus entgegentreten. Der Wechsel der Seiten wirkte wie ein Drehen am Kaleidoskop: Die einzelnen ›Fakten‹, aus denen die Welt der Organtransplantation besteht, setzten sich zu einem völlig neuen Bild zusammen und ließen das vorherige bis zur Unkenntlichkeit verblassen. Als Beispiel möchte ich meine Empfindungen während der Deutschen Sportwettkämpfe für Organtransplantierte in Wunstorf (08.–11.05.1997) wiedergeben:

Anders als bei den Selbsthilfegruppentreffen nehmen hier auch viele junge Menschen teil! Welche Freude und welcher Elan hier zu spüren war, welch' Teamgeist und Freude auch mit den letzten, die durch die Ziellinie kamen. Wie kann man denn Organtransplantation überhaupt in Frage stellen? Jede kostbare Minute, die sie durch die Transplantation bekommen haben, gönne ich ihnen. Und wenn es dir passiert? Guck mal, die sind doch sogar noch jünger! So spürte ich nach einem Gespräch mit einer jungen Transplantierten deutlich, dass ich die Nächste sein kann. Ich freute mich so mit ihr über ihre zweite Lebenschance, sodass in mir ein ›Man kann nur dafür sein!‹ entstand. Jeder Zweifel kam mir vor, als ob ich ihr damit das Lebensrecht absprechen würde. Und wenn mich jetzt jemand nach meinem Spenderausweis fragt? ›Ja, weil alle immer noch ›überlegen‹ müssen und sich nicht entscheiden wollen, sterben so viele, noch bevor sie ein passendes Organ bekommen. Wenn alle so denken würden wie Sie, dann wäre ich auch nicht mehr am Leben!‹, so fantasiere ich ein fiktives Gespräch mit einem Organempfänger. Die Offenheit, die mir entgegengebracht wird, die sehr persönlichen Schilderungen lassen mich als Verräterin zurück. (Tagebuch VK)

Die Gespräche mit Angehörigen von »Organspendern«, die traumatische Erfahrungen damit gemacht hatten, führten bei mir dagegen zu einem Umschwenken auf die ablehnende Seite. Nach meinem ersten Angehörigengespräch, das zeitlich hinter meiner ersten Interviewphase bei Organempfängern lag, fragte ich mich:

Was soll ich denn den Organempfängern erzählen, wenn sie mich nach den Erfahrungen der anderen Seite fragen? Mache ich es ihnen nicht allein dadurch schon schwer, auch wenn es nicht ihre Schuld ist, dass sie wissen, auf wie viel zusätzlichem Leid ihr »geschenktes« Leben beruht? (Tagebuch VK)

Betrügerfantasien steigen in mir hoch: Betrüge ich schon allein durch meinen Seitenwechsel, wird der Dialog- und Verstehensversuch bereits als Verrat angesehen? Eine (für mich beruhigende) Erklärung bietet Devereux, der darlegt, dass die in der Forschung eingenommene Beobachtungsposition gegenüber anderen Menschen für das Unbewusste als unsoziales Verhalten empfunden wird, was Schuldgefühle zur Folge haben kann:

»Für das Unbewußte ist die unparteiische Beobachtung eines Mitmenschen eine ›Sünde‹ – Voyeurismus und Aufkündigung der Solidarität –, die den Beobachter, zumindest zeitweise, aus dem Kreis der Menschheit exiliert. Dies Gefühl der ›Sünde‹ ist unvermeidbar, einfach weil jedes menschliche Wesen, einschließlich des Verhaltenswissenschaftlers, unsublimierte voyeuristische Impulse und ›a-soziale‹ Tendenzen hat, die eine solche Abseitsstellung befriedigt, wenn auch nur auf Kosten von Schuldgefühlen, die das Sammeln und Interpretieren von Daten in abträglicher Weise affizieren.« (Devereux 1992 [1967]: 186-187)

Hogle machte ebenfalls die Erfahrung, dass die Menschen, mit denen sie über ihre Arbeit sprach, starke Meinungen und hohe Erwartungen an ihre Arbeit hatten und wissen wollten, auf welcher Seite sie stehe (Hogle 1999: 18). Ein ›Sich-nicht-entscheiden-Können oder -Wollen‹, aber auch der Versuch einer ›neutralen‹, im Sinne einer nicht verurteilenden Betrachtungsweise, scheint, so mein Eindruck, sowohl für die Betroffenen als auch im gesellschaftspolitischen Kontext der Organtransplantation schwer zu akzeptieren zu sein. Den hier dargelegten ›verhärteten Fronten‹ und der stark polarisierten Diskussion möchte ich gerade durch die Darstellung auch der leisen und unpopulären Ansichten entgegenwirken. Damit erhellt meine Arbeit einen wichtigen gesellschaftlichen Aspekt: Die Art und Weise, wie dieses Thema gesellschaftspolitisch verhandelt und moralisch bewertet wird.
Um Distanz zu der direkten Konfrontation mit Organtransplantation zu schaffen und eine neue Sichtweise auf die belastenden und widersprüchlichen Bilder aus der Welt der Organtransplantation zu erlangen, möchte ich nun den theoretischen Rahmen meiner Arbeit darlegen. Mit dieser Drehung am Kaleidoskop soll vermeintlich Selbstverständliches als kulturell bedingt erkennbar werden. Hierzu ist es notwendig, kulturelle Vorstellungen zu Körper, Selbst und Tod detaillierter zu betrachten.

3 Körper, Selbst und Tod

Ethnologische Studien haben die kulturelle Prägung der Konzeptionen von Körper, Selbst und Tod belegt. Vor diesem Hintergrund sollen die euro-amerikanischen bzw. deutschen Vorstellungen erläutert werden. Darüber hinaus werde ich in diesem Kapitel die von mir als Analyseinstrument verwendete konzeptionelle Unterscheidung von ›Körper‹ und ›Leib‹ darlegen und auf den Zusammenhang von Körper und Selbst sowie die Bedeutung von Krankheit, vor allem chronischer Krankheit, in Bezug auf die Konstituierung des ›Selbst‹ eingehen. Besonders wichtig im Zusammenhang mit Organtransplantation ist jedoch auch die kulturelle Grenzziehung zwischen Leben und Tod, um die es im zweiten Teil dieses Kapitels geht. Um die Situation Angehöriger »hirntoter Organspender« zu verstehen, ist darüber hinaus auf den Bereich der Verabschiedung im Todesfall sowie auf den kulturellen Umgang mit Leichen einzugehen.

3.1 Die kulturelle Prägung des Körpers

»Societies regularly reproduce and socialize the kind of bodies that they need.«
(Scheper-Hughes/Lock 1987: 25)

Der menschliche Körper als Gegenstand der Ethnologie und Soziologie hat in den letzten Jahrzehnten an Gewicht gewonnen. In diesem Zeitraum erschienen vermehrt soziologische und ethnologische Arbeiten, die den Körper als Produkt spezifischer sozialer, kultureller und historischer Kontexte betrachten (Lock 1993: 134, Sharp 2000). Je mehr Aufmerksamkeit dem Körper in den unterschiedlichen Disziplinen jedoch geschenkt wird, desto flüchtiger und unkontrollierbarer scheint er zu werden.[36] Die Relativität und Vielfalt der Praxis erweckt den Eindruck, ins Unendliche zu gehen. Dennoch bietet der menschliche Körper mit seinem genetischen und physischen Potential eine den Menschen gemeinsame Grundlage für die kulturellen Ausformungen, die dadurch begrenzt sind. Das Paradox des Körpers ist es, so der Soziologe Arthur W. Frank, dass er nicht vollständig wissentlich erfassbar, aber dennoch eindeutig ist (Frank 1990: 160). Den Studien zum Körper fehlt jedoch bisher ein gemeinsamer einheitlicher theoretischer Ansatz. Stattdessen scheinen alle Kulturwissenschaftler und -wissenschaftlerinnen, die sich mit dem Körper und den Vorstellungen darüber beschäftigen, ihre eigenen Theorien aufzustellen (Synnott 1993: 263). Dieses Forschungsfeld ist so komplex und vielseitig, dass es hier nicht erschöpfend diskutiert werden kann.[37] Ich konzentriere mich im Folgenden darauf, die für meine Analyse relevanten Ansätze herzuleiten.

Bereits 1935 zeigte Marcel Mauss in seinem Aufsatz »Body techniques« (1979 [1935]), dass die Art und Weise, wie wir unseren Körper benutzen, zum größten Teil kulturell geprägt ist. Mary Douglas führt den Körper in den 1960er-Jahren als Thema in die allgemeine Ethnologie ein. Sie stellt die Wichtigkeit des Körpers als Symbol heraus und sucht nach den Zusammenhängen zwischen symbolischen und sozialen Systemen (Douglas 1973, 1978). Douglas unterscheidet zwei Körper, den individuellen Körper (*body self*) und den sozialen Körper (*body social*). Für Douglas sind die Wahrnehmung und Empfindung des individuellen Körpers vom sozialen Körper bestimmt. Zwar geht auch sie von einer dialektischen Beziehung zwischen individuellem und sozialem Körper aus, doch begreift sie den individuellen Körper als ein durch die Kultur stark eingeschränktes Ausdrucksmedium (Douglas 1973: 93). Das dem Körper eigene Verweigerungspotential (bspw. durch Krankheit) findet in ihrem Ansatz meiner Ansicht nach zu wenig Beachtung. Wichtig für die vorliegende Arbeit ist jedoch die Annahme von Douglas, dass physiologische Ereignisse nur in kulturellen Konzepten gedacht und wahrgenommen werden können. Sie werden mit Kategorien belegt und damit in den Bereich der Kultur gebracht (Douglas 1975: 186). Das Interesse von Douglas liegt primär auf der Verwendung des Körpers als Symbol für

36 Vgl. Lock (1993: 134), Frank (1990: 147) sowie Turner (1996 [1984]). Eine weitere Schwierigkeit besteht darin, dass der Körper – wie Villa sich ausdrückt – ›interdisziplinär‹ ist: »Er ist eine Schnittstelle vielfältiger Diskurse: Biologie, Philosophie, Soziologie, Geschichte und Anthropologie haben jeweils ›ihren‹ Körper« (Villa 2000: 15).

37 Zusammenfassende Darstellungen und Rückblicke geben Featherstone et al. (1995), Frank (1990) und Lock (1993). Eine neue Übersicht über den veränderten Status des Körpers in der Ethnologie stellt Csordas (1999) auf.

andere soziale und kulturelle Bereiche.[38] Michael Jackson (1989: 122) kritisiert die Tendenz, die sich auch in anderen Arbeiten zur Körperethnologie findet, nämlich körperliche Erfahrungen in kognitiven oder linguistischen Modellen zu interpretieren. Der Körper sollte nicht zu einem reinen Zeichen reduziert werden, so Jackson, da die Ebene der Empfindungen dadurch vernachlässigt wird. Mehr Beachtung verdient seiner Meinung nach daher die Frage der Wechselwirkung und gegenseitigen Bedingtheit von Körperkonzeptionen, Medizin und gesellschaftlichen Systemen. Hierzu ist es nach Auffassung der Medizinethnologinnen Nancy Scheper-Hughes und Margaret Lock (1987) notwendig, sich die kulturelle und historische Konstruktion der eigenen Vorstellungen bewusst zu machen und sich für eine Zeit von dualistischen Sichtweisen, wie der von Körper-Geist, natürlich-übernatürlich, rational-irrational und ähnlichen zu distanzieren. Scheper-Hughes/Lock wählen als Ausgangspunkt die Annahme, dass der Körper neben dem physischen auch ein symbolisches Artefakt ist, welches sowohl in der Natur als auch in der Kultur entsteht und in einem bestimmten historischen Kontext verortet ist:

»We will begin from an assumption of the body as simultaneously a physical and symbolic artifact, as both naturally and culturally produced, and as securely anchored in a particular historical moment.« (Scheper-Hughes/Lock 1987: 7)

Scheper-Hughes/Lock haben damit einen für die Medizinethnologie fruchtbaren erweiterten Ansatz entwickelt, der auch für die Behandlung meines Themas wichtig ist. Allerdings bemängeln sie, dass eine geeignete Terminologie fehle, diese Wechselwirkung auszudrücken:

»We are forced to resort to such fragmented concepts as the bio-social, the psycho-somatic, the somato-social as altogether feeble ways of expressing the myriad ways in which the mind speaks through the body, and the ways in which society is inscribed on the expectant canvas of human flesh.« (Scheper-Hughes/Lock 1987: 10)

Scheper-Huges/Lock unterscheiden drei verschiedene Körper: den individuellen Körper, den sozialen Körper und den politischen Körper (Scheper-Huges/Lock 1987: 7), die sie darüber hinaus mit unterschiedlichen theoretischen Herangehensweisen verknüpft sehen: der individuelle Körper, das gelebte Selbst mit einem phänomenologischen Ansatz; Strukturalismus und Symbolismus sind primär mit dem sozialen Körper beschäftigt und der Poststrukturalismus mit dem politischen Körper (Scheper-Huges/Lock 1987: 8).

38 Körpergrenzen und Körperöffnungen symbolisierten bspw. sehr häufig Gruppengrenzen, Vorstellungen zu gefährdeten Körpergrenzen könne man so als Gefährdung und Schutz der Gemeinschaft verstehen (Douglas 1978: 122).

Der Schwerpunkt meiner Arbeit liegt auf dem individuell gelebten und empfundenen Körper. Die Fokussierung auf den individuell gelebten Körper wird in der Körperethnologie vor allem unter dem Begriff *embodiment* gefasst. Der Ethnologe Thomas Csordas (1990) fordert die Einführung von *embodiment* als neues Paradigma in die Ethnologie. Er bezieht sich dabei stark auf den phänomenologischen Ansatz Merleau-Pontys und beginnt mit dem methodologischen Postulat, dass der Körper nicht nur ein Objekt ist, das in seiner Beziehung zur Kultur untersucht wird, sondern als das Subjekt von Kultur, als die existenzielle Basis von Kultur betrachtet werden sollte (Csordas 1994a: 5). Im Englischen wird in diesem Zusammenhang auch vom *lived body* oder sogar einer *carnal sociology of the body* gesprochen, um dem doppelten Aspekt des Körpers – nämlich dem, was mit ihm gemacht wird, und dem, wie es durch ihn konstituiert, gelebt und empfunden wird – gerecht zu werden (Crossley 1995: 43-63). In der deutschen Sprache ist die Differenzierung einfacher, da neben dem Begriff ›Körper‹ auch noch der Ausdruck ›Leib‹ zur Verfügung steht.[39]

Mutet die erneute Verwendung des Begriffes ›Leib‹ zunächst etwas altertümlich an, so ist festzuhalten, dass in manchen Häusern der Hospizbewegung z.T. explizit auf den Begriff ›Leib‹ rekurriert wird, um in Abgrenzung zur reinen Versorgung von Körpern auf die Wichtigkeit der subjektiv-empfindsamen Seite hinzuweisen.[40] Der Arzt und Medizinethnologe Thomas Ots, der seiner Dissertation über die chinesische Heilbewegung Kranich-*qigong*[41] ebenfalls die Körper-Leib-Unterscheidung zugrunde legt, setzt beide Begriffe wie folgt zueinander in Beziehung: »Der Körper ist der Leib aus der Sicht des Geistes – das stille Objekt« (Ots 1991: 28). Insofern gibt es, so veranschaulicht er, auch viele Ausdrücke, in denen ›Leib‹ nicht durch ›Körper‹ ersetzt werden kann, wie zum Beispiel die ›Leib- und Magenspeise‹, da damit unterschiedliche Assoziationen ausgelöst werden:

39 Wir haben die Unterscheidung von ›Körper‹ und ›Leib‹ in unserem Forschungsprojekt bereits als analytisches Mittel verwendet. Vgl. hierzu auch die Vorlesung von Prof. Hauser-Schäublin zu »Gender-Theorien: Geschlecht und Körperpolitik« im Sommersemester 2000, Universität Göttingen. Für kritische Hinweise zu diesem Abschnitt danke ich Gesa Lindemann.

40 Diesen Hinweis verdanke ich Christine Pfeffer. Workshop »Medizin – Technik – Körperlichkeit: Transformationen der Grenzen des Menschlichen.«, Universität Darmstadt, 16.–17.06.2000.

41 Ots zeigt in seiner Studie, wie sich der Leib in dieser Bewegung zurückmeldet. Diese besondere Art des *qigong*, die in den 1980er-Jahren in China auftrat, zeichnet sich durch so genannte spontane, also unkontrollierte und zum Teil tranceartige Körperbewegungen aus, die Ots als »Aufschrei der Leiblichkeit, der ganzen Person« interpretiert (Ots 1991: 160, vgl. auch Ots 1991a, 1996). Zur Analyse des Widerstandspotentials von Körpern in der ethnologischen Forschung siehe auch Lock 1993: 140-141.

»Leib ist persönlicher und lebendiger. Während der (gedachte) Begriff ›Körper- und Magenspeise‹ lediglich Assoziationen auf der Ebene der Nahrungsmittelaufnahme und -verwertung auslöst, tritt bei ›Leib- und Magenspeise‹ eine angenehme, wärmende, eben nur leiblich zu beschreibende Wahrnehmung in Kraft.« (Ots 1991: 26)

Der Philosoph Bernhard Waldenfels legt bei der Unterscheidung von Körper und Leib den Leib als Ausgangspunkt zugrunde und stellt dessen zwei Aspekte heraus: Der Leib tritt einmal als *fungierender Leib* auf, indem er als Wahrnehmungsorgan dient: »Der Leib ist das Medium, in dem die Welt als solche auftritt« (Waldenfels 2000: 249). Dagegen kann der Leib auch als in der Welt vorkommendes *Körperding* wahrgenommen werden, bspw. beim Betrachten und Messen von Körpersymptomen, wie Waldenfels erklärt (ebd.). Tatsächlich aber sind beide Aspekte nicht strikt voneinander zu trennen, denn »Ich *bin* mein Leib« und »Ich *habe* einen Körper« treten zeitgleich und miteinander verschränkt auf, weshalb Waldenfels von einer Selbstverdoppelung des Leibes in Leib und Körper spricht. Dies verweist seiner Ansicht nach nicht auf einen Parallelismus, sondern gerade auf die Verschränkung beider Dimensionen, denn der Leib ist auch – als wahrnehmendes Medium – im Aspekt des Körperdings mit vorhanden (Waldenfels 2000: 252-260). In der vorliegenden Arbeit verwende ich den Begriff ›Körper‹ im Sinne des objektivierten ›Körperdings‹, den Begriff ›Leib‹ als subjektives Wahrnehmungsorgan. Über den Aspekt des subjektiven Wahrnehmungsorgans hinaus, beinhaltet der Begriff Leib den vom Selbst durchdrungenen und damit nicht von diesem objektivierbaren Körper. So kann auch vom Leib einer Leiche oder eines »Hirntoten« gesprochen werden (vgl. Kap. 3.2).

Für die Analyse des Erlebens von Organtransplantierten ist genau zu untersuchen, in welchem Verhältnis der Körper zum Leib steht. Bei dieser weiteren Differenzierung beziehe ich mich vor allem auf Gesa Lindemann, die – basierend auf Hermann Schmitz und Helmuth Plessner – die Verschränkung von Körperwissen und leiblicher Erfahrung herausgearbeitet hat: »Das [...] Selbst ist Leib und erlebt zugleich, daß es den Leib als seinen Körper hat« (Lindemann 1994: 9). Lindemann geht davon aus, dass der Körper das Organisationsprinzip der modernen leiblichen Erfahrung darstellt, dieser aber nur in der leiblich-affektiv erfahrenen Wirklichkeit evident und sozial wirkmächtig ist. Sie fragt deshalb nach der Gegebenheitsweise des eigenen Leibes und dessen Prägung durch kulturelle Vorstellungen (Lindemann 1994: 8-10).

»Zumindest für die Moderne kann man sagen, daß es unmöglich zu sein scheint, den eigenen Leib ohne Bezug auf ein am Visuell-taktilen orientiertes Körperschema zu spüren, d.h., der Leib wird als der kognitiv konstruierte Körper gespürt mit [...] allem alltagsweltlich relevanten Körperwissen. In der Verschränkung wird der kognitiv konstruierte Körper also zum organisierenden Prinzip der Binnenerfahrung des eigenen Leibes. Körperwissen und leibliche Erfahrung entsprechen einander.« (Lindemann 1994: 9)

Diese Entsprechung wird jedoch – so meine These – durch die kulturelle Grenzüberschreitung von Selbst und Tod durch Organtransplantationen infrage gestellt. Die Historikerin Barbara Duden vertritt die Auffassung, unsere Leiberfahrung sei heute so stark vom biomedizinischen Körperwissen geprägt, dass wir unserer eigenen Leiblichkeit eine disziplinierte Objektivität entgegenbrächten, wodurch wir den Verlust des Leibes erleiden würden und stattdessen ›entsinnlichte Körper‹ hätten. Dies gehe einher mit einer gesellschaftlichen Taubheit gegenüber dem gelebten Soma (Duden 2000). Wäre dies in vollem Umfang der Fall, so würde die Problematik der vorliegenden Arbeit nicht existieren.

Lindemann stellt in Bezug auf die Konstruktion des Geschlechtermodells die Frage nach dem Zusammenhang und dem Vermittlungsschritt zwischen gesellschaftlichen sowie medizinischen Körpermodellen und der individuell empfundenen Leiblichkeit.[42] Dabei geht sie davon aus, dass durch die Verschränkung des Leibes mit dem Körper dieser in mehrfacher Weise zum »normativen Code« der leiblichen Erfahrung wird, da sich am Körper auch das sozial erwartete Verhalten und die soziale Positionierung festmachen:

»Zum einen wird der Leib im Sinne der Formen des Körpers gespürt, d.h., die Gestalt des Körpers, den ich habe, wird als der Leib erfahren, der ich bin. Der so hinsichtlich seiner Form bestimmte Leib ist durch die Verschränkung mit dem Körper zum anderen auf Empfindungsprogramme bezogen, die etwa festlegen, wie die Sensibilität für Berührungen beschaffen ist. Schließlich stellt der gemäß dem Körper erfahrene Leib eine Nötigung dar, sich so oder so zu verhalten, bzw. sich in dieser oder jener Weise sozial zu positionieren.« (Lindemann 1993: 196)

Lindemann erläutert, wie die Empfindungen und Selbsteinschätzungen, wer wir sind und wie wir sind, sozusagen von innen heraus – quasi ›natürlich‹ und damit unhinterfragbar – erwartet werden:

»Ein weiblicher oder männlicher Verhaltensstil entstünde demzufolge eher wie von selbst, da die Individuen ihre weibliche oder männliche Natur im wahrsten Sinne des Wortes innen erwartet, nämlich dort, von wo ihnen die gesellschaftliche Konstruktion als ihre intensiv erlebte leibliche Realität entgegenkommt, die sie sind.« (Lindemann 1994: 12)

---

42 Zwar hat auch Bourdieu auf die Prägung des Leibes über gesellschaftliche Vorstellungen bis hin zur Prägung aller Sinne hingewiesen (Bourdieu 1993 [1980]: 129). Diese Einverleibung wirkt nach Bourdieu im Leib außerhalb des Bewusstseins und vor der Reflexion: »Der Leib glaubt, was er spielt: er weint, wenn er Traurigkeit mimt. Er stellt sich nicht vor, was er spielt, er ruft sich nicht die Vergangenheit ins Gedächtnis, sondern *agiert* die Vergangenheit *aus*, die damit als solche aufgehoben wird, erlebt sie wieder. Was der Leib gelernt hat, das besitzt man nicht wie ein wiederbetrachtbares Wissen, sondern das ist man« (Bourdieu 1993 [1980]: 135, Hervorh. i. O.). Lindemann bemängelt jedoch, dass Bourdieu nicht konkret auf die Wechselwirkung und den Mechanismus, das Wie, eingeht, und auch unklar bleibt, wovon er spricht, wenn er vom Leib redet (Lindemann 1996: 151).

Am Beispiel der Erfahrungen transsexueller Frauen und Männer macht sie deutlich, wie auch das Empfinden – in diesem Kontext besonders der in unserer Kultur geschlechtlich relevanten Körperteile – vom Körper(wissen) in der Verschränkung mit dem Leib geprägt ist. Wie und was (in ihrer Studie als Mann oder Frau) empfunden werden ›soll‹, ist sozusagen gesellschaftlich als »Empfindungsprogramm« vorgegeben. Sie zeigt auf, wie die gesellschaftlich für die Geschlechterkonstruktion bedeutsamen Körperteile (Brust, Vagina, Penis) durch ihre kulturelle Signifikanz über den körperlichen Leib das Empfinden transsexueller Männer und Frauen beeinflussen. Über die unterschiedlich starke Signifikanz der geschlechtlich relevanten Körperteile bzw. -regionen werden die Empfindungen dieser Regionen beeinflusst, betont Lindemann. Dies sei aufgrund der Charakteristik von ›Leibesinseln‹[43], die sich ausdehnen, zusammenziehen, ganz verschwinden können oder gar – wie beim Phantomschmerz – dort in Erscheinung treten, wo kein Körperteil mehr vorhanden ist, möglich. Gerade der geschlechtliche Körper, der einen Menschen zum Mann oder zur Frau mache, verdeutliche die Signifikanz des physischen Körpers für das Selbst und die soziale Identität (vgl. Lindemann 1993).

Lindemanns Analyse macht sich stark an der Körperform, an der Wahrnehmung des Äußerlichen fest, ein Bereich, der bei Organtransplantierten bisher kaum von Bedeutung war.[44] Es ist jedoch zu vermuten, dass auch eine Veränderung der inneren körperlich-leiblichen Integrität durch den Austausch metaphorisch besetzter Organe als bedrohlich empfunden werden kann – sowohl vom sozialen Umfeld als auch von den Betroffenen selbst. In diesem Zusammenhang wird die Sichtbarmachung des Körperinneren, bspw. durch Ultraschall oder Röntgenbilder, eine Rolle spielen.

Für meine Analyse ist demnach die Verschränkung zwischen kulturell bedeutsamen Körperteilen mit dem leiblichen Empfinden wichtig. Der Körper ist stark mit kultureller Metaphorik belegt.[45] Besonders deutlich wird dies am Beispiel des Herzens, was die Literaturwissenschaftlerin Heide Hollmer, selbst herztransplantiert, dazu veranlasste, eine Anthologie mit Texten zum Herz herauszugeben. Sie spricht in diesem Zusammenhang von einer »emotional-sentimentalen Tiefenstruktur« und einer »schier überbordenden Sinn-Fracht« des Herzens (Hollmer 1997: 195-197, vgl.

---

43 Der Begriff Leibesinseln geht auf Hermann Schmitz zurück, der damit auszudrücken versucht, dass das Erspüren des Leibes konkret auf einen körperlichen Ort bezogen sein kann (bspw. ein schmerzhafter Stich in den Zeh) oder aber eher eine diffuse Empfindung darstellen kann, die sich nicht mehr konkret lokalisieren lässt (ausstrahlender Kopfschmerz, Hunger- oder Durstempfindungen), oder eben dort auftritt, wo kein Körper mehr vorhanden ist, wie beim Phantomschmerz (Schmitz 1965: 13-18).

44 Bei zunehmenden Transplantationen äußerlich sichtbarer Körperteile wie bspw. der Hände könnte sich dies verändern.

45 Vgl. hierzu etwa Benthien/Wulf (2001).

auch Berkemer/Rappe 1996). Wiebel-Fanderl geht so weit, in Anbetracht der kulturellen Bedeutung des Herzens von einem »Kulturschock Herztransplantation« zu sprechen (Wiebel-Fanderl 1997). Es ist zu vermuten, dass sich die kulturelle Signifikanz verschiedener Organe auf das Leibempfinden direkt davon Betroffener auswirkt. Die Akzeptanz kulturell weniger stark besetzter Organe, wie der Bauchspeicheldrüse oder der Leber, müsste demnach leichter fallen, da sie weniger Assoziationen hervorrufen. Das Herz als ›Sitz der Gefühle‹ und die Lunge, die mit dem ›Lebensodem‹ in Verbindung gebracht wird, sind sehr viel stärker mit der individuellen Existenz und Identität des Menschen verknüpft. Darüber hinaus stellt jeder Herzschlag und jeder Atemzug eine physisch spürbare Erinnerung an das transplantierte Organ und seine existenzielle Bedeutung dar. Es müsste demnach schwieriger sein, diese Organe auf der Wahrnehmungsebene auszublenden, dafür aber für Betroffene um so ›notwendiger‹, dies zu tun, da sie eine massive und spürbar existenzielle Bedrohung des eigenen Selbst darstellen.

Trotz der kulturellen Metaphorik sind in westlichen Gesellschaften Vorstellungen vom Körper stark von der biomedizinischen Sicht geprägt. Diese stellt somit auch den Erfahrungshintergrund für den Umgang Betroffener mit Organtransplantation und beherrscht die Diskurse, die darüber geführt werden. Um die Besonderheiten des daraus resultierenden Körpermodells geht es im nächsten Abschnitt.

3.1.1 Besonderheiten des euro-amerikanischen Körpermodells

Die Biomedizin[46] ist sehr heterogen und umfasst die unterschiedlichsten Disziplinen (von der Herzchirurgie bis zur psychoanalytischen Praxis). Basierend auf dem naturwissenschaftlichen Paradigma, das gemeinhin als objektiv und universell gilt, macht der kulturelle Vergleich biomedizinischer Praxis deren Prägung durch kulturelle Normen und Vorstellungen deutlich. Die Biomedizin ist neben ihrem eigenen theoretischen Anspruch auf Universalität und Neutralität eingebunden in westliche Kosmologien und Epistemologien (Gordon 1988: 19). Dies verleiht der Biomedizin, so der Medizintheoretiker Arthur Kleinman, spezifische Charakteristika, die es von den meisten anderen Medizinsystemen unterscheidet. Hierzu zählen seiner Ansicht nach ein extremes Insistieren auf dem Materialismus als Wissensgrundlage und das Unbe-

46 Der Begriff Biomedizin wird im Folgenden für das in Europa und den USA vorherrschende Medizinsystem verwendet, das auf dem naturwissenschaftlichen (kartesischen) Paradigma aufbaut und oft auch als Schulmedizin, kosmopolitische oder moderne Medizin bezeichnet wird (s.a. Rhodes 1990: 159, Kleinman 1995: 21-40). Auf die historische Entwicklung des auf dem kartesischen Dualismus beruhenden biomedizinischen Körpermodells kann hier nicht im Detail eingegangen werden.

hagen gegenüber dialektischen Denkweisen; des Weiteren zeichnet sich die Biomedizin durch ihre damit korrespondierende Forderung nach singulären Kausalketten zur Spezifizierung einer Pathogenese aus. Ganz besonders hebt er jedoch die Vorstellung von einer Natur ohne teleologische Aspekte hervor (Kleinman 1995: 29).

Scheper-Hughes/Lock erläutern diese im Materiellen verankerte biomedizinische Sicht auf Erkrankungen am Beispiel einer Medizinstudentin. Nach den eindrücklichen Schilderungen einer unter chronischen Kopfschmerzen leidenden Frau über ihre psychisch und körperlich belastenden familiären Lebensumstände, die bei den Studierenden zwar Sympathie hervorriefen, wurden viele jedoch ungeduldig, bis eine sich schließlich zu Wort meldete und nach den ›wahren‹ Gründen für die Schmerzen der Frau fragte (Scheper-Hughes/Lock 1987: 8). Die ›wirkliche‹ Ursache, so zeigt die Frage der Studentin, kann also anscheinend nur in biochemischen oder morphologischen Veränderungen liegen.

Auch Kleinman verweist darauf, dass nach biomedizinischer Definition die Natur als physisch betrachtet wird, und zeigt die Auswirkungen dieser Einschätzung auf: Unabhängig von der Perspektive oder Repräsentation ist die Natur als eine sichtbare ›Entität‹ zu erkennen, als eine Struktur, die in krankhaften Pathologien als pathologisches ›Ding‹ offen gelegt werden kann. Deshalb wird dem Sehen auch eine besondere Rolle in der Biomedizin zugewiesen. Biologie kann als letztendliche Basis der Realität sichtbar gemacht werden, notfalls unter dem Mikroskop, was aus dieser Sicht als substanzieller gilt als Beschwerden oder Krankheitserzählungen mit ihren psychologischen und soziologischen Komponenten. Das Psychologische, Soziale und Moralische, so hebt Kleinman hervor, sind in biomedizinischer Perspektive nur oberflächliche Schichten einer ›epiphänomenalen Hülle‹, die die wirklichen Ursachen verdecken, welche sich schließlich in der Biologie als architektonische Struktur und ihren chemischen Korrelate finden lassen (Kleinman 1995: 30). Dies lässt Organtransplantationen schon fast als zwangsläufige Entwicklung der epistemologischen und ontologischen Ausrichtung von Biomedizin erscheinen: Organe können als Bausteine ersetzt, die chemischen Korrelate durch Immunsuppression passend moduliert werden. Dank der raschen Entwicklung der Biomedizin in ihrer wissenschaftlich objektiven, aufgeklärten und rationalen Ausrichtung erscheinen Körper und Schicksal als kontrollierbar, manipulierbar, dem Willen und der Technik gehorchend. Durch die im kartesischen Dualismus angelegte Trennung des Körpers von Seele/Geist[47]

47 Seele und Geist werden im Zusammenhang mit dem kartesischen Dualismus – dies verdeutlichten auch die Diskussionen um den »Hirntod« in den Bundestagsdebatten und der Öffentlichkeit vor der Verabschiedung des Transplantationsgesetzes (TPG) 1997 – begrifflich nicht streng getrennt, sondern oftmals synonym verwendet. So wird wahlweise vom Körper-Geist-Dualismus oder vom Leib-Seele-Dualismus gesprochen, wenngleich beiden Begriffen eine unterschiedliche Konnotation zu eigen ist.

und Psyche des Menschen wird der Körper zu einem Objekt (vgl. Hauser-Schäublin et al. 2001: 80-81).[48] Die anderen Realitätsebenen sind nach Kleinman in der Logik der Biomedizin per Definition fragwürdig. Kleinman bezeichnet diese radikale reduktionistische Sichtweise als entmenschlichend (Kleinman 1995: 31). Diese Tendenz liegt sicherlich mitbegründet in der Auffächerung der Biomedizin in spezialisierte Disziplinen, die sich jeweils auf einen bestimmten Aspekt des Körpers konzentrieren.[49] Wie diese Beispiele verdeutlichen, ist es gerade die Ebene subjektiver Empfindungen (die Dimension des Leibes), aber auch die außerhalb des einzelnen Körpers liegenden sozialen Faktoren, die aus biomedizinischer Perspektive vernachlässigt werden. Der seelische Bereich wird dabei häufig ganz ausgeklammert.

Ein Blick auf andere Kulturen verdeutlicht, dass eine solche Sichtweise nicht selbstverständlich ist. Der Ethnologe Andrew Strathern verweist darauf, dass es viele Beispiele dafür gibt, wie die Einstellung und das Verhalten sowohl der lebenden als auch der toten Verwandtschaft die Gesundheit eines Menschen beeinflussen und demnach der Körper als Ort von Gesundheit und Krankheit auch Schauplatz sozial definierter und eingeschränkter Moralität ist. Genau dies aber wird von der Biomedizin ausgeblendet, die Krankheit als rein physisch und deshalb moralisch neutral ansieht, was laut Strathern nur funktionieren kann, wenn man vom kartesischen Dualismus ausgeht (Strathern 1996: 64). Aus den nicht-dualistischen Vorstellungen vom Körper, die Krankheitsursachen häufig in sozialen Konflikten vermuten, folgt, dass auch die Gemeinschaft in den Prozess der Heilung involviert, also zum Beispiel in Heilungsrituale mit einbezogen ist (vgl. auch Lévi-Strauss 1991 [1958]: 185-204; Scheper-Hughes/Lock 1987: 15).

Zur Schärfung des Blicks möchte ich nach Scheper-Hughes/Lock die von Manning/Fabrega zusammengefassten Unterschiede zwischen der Biomedizin und nicht-westlichen Medizinsystemen wiedergeben. Körper und Selbst[50] sind aus biomedizinischer Sicht oft voneinander unterscheid- und trennbare Entitäten. Eine Erkrankung findet entweder im Körper oder in der Seele bzw. der Psyche statt. Der Bereich der sozialen Beziehungen, der einen wichtigen Platz in den Krankheitsätiologien anderer medizinischer Systeme hat, spielt hier eine untergeordnete Rolle (Scheper-Hughes/Lock 1987: 21). Der Einfluss des kartesischen Dualismus, so die beiden Autorinnen Scheper-Hughes und Lock, ist bis heute in der klinischen Medizin spürbar und spiegelt sich in einem mechanistischen Körperbild wider, das erst langsam durch die

---

48 Allerdings weist Andrew Strathern darauf hin, dass Descartes selbst sich eher ambivalent und äußerst komplex zu der Thematik geäußert hat, wie zwischen Geist und Seele zu unterscheiden sei, und oftmals beide Kategorien vermischte (Strathern 1996: 41-42).

49 Für diesen Hinweis danke ich Gesa Lindemann.

50 Zur Definition des Selbst siehe Kap. 3.1.2.

schrittweise Entwicklung der psychosomatischen Medizin im beginnenden zwanzigsten Jahrhundert relativiert wird. Ihr Ziel ist es, Körper und Geist in der klinischen Theorie und Praxis wieder zusammenzuführen. Dennoch gibt es, betonen Scheper-Hughes/Lock, selbst in der psychoanalytisch orientierten Psychiatrie und in der psychosomatischen Medizin eine Tendenz, die Ursache für eine Erkrankung *entweder* im Kopf *oder* im Körper zu suchen (Scheper-Hughes/Lock 1987: 9).

Die biomedizinische Sichtweise auf den Körper ist auch in kulturellen Körperbildern und Metaphern wiederzufinden. Wir machen Anleihen an die Metapher des Körpers als Maschine, so Scheper-Hughes/Lock, wann immer wir unsere somatischen oder psychologischen Zustände in mechanistischen Ausdrücken beschreiben; zu diesen sind nun noch Rückbezüge an die Elektrizität und Computerterminologie hinzugekommen (Scheper-Hughes/Lock 1987: 22). So sprechen wir davon, dass ›unsere Kapazitäten ausgeschöpft‹ sind, ›unsere Festplatte voll‹ oder ›unser System überlastet‹ ist. Führt man die Maschinenmetapher weiter, so impliziert sie etwas Unbelebtes: Eine Maschine kann kontrolliert, repariert werden, und eine Maschine stirbt auch nicht, sondern kann vielleicht nicht mehr instand gesetzt werden (doch auch dieses Problem scheint mit fortschreitender technologischer Entwicklung lösbar). Eine Maschine ist zwar abhängig von äußeren Umständen (bspw. setzt sie in der Feuchtigkeit Rost an), aber sie steht mit der Umwelt nicht in einer lebendigen Beziehung. Der Metapher des Körpers als Maschine folgten bereits andere kulturelle Bilder. So ist besonders das Immunsystem reich an kultureller Metaphorik, wie kulturwissenschaftliche Studien deutlich machen (vgl. Haraway 1996, Martin 1994).[51] Das Immunsystem spielt eine bedeutende Rolle in der Transplantationsmedizin, da es – so heißt es in der Sprache der Immunologie – durch seine Aufgabe der »Differenzierung des *Selbst* und *Nicht-Selbst* zur Aufrechterhaltung des *Selbst* und der Abwehr von *Nicht-Selbst*« (Wassmuth 1995: 1) den Erfolg einer Transplantation bedroht. Es ›erkennt‹ das transplantierte Organ als ›fremd‹ und ›greift‹ es deshalb ›an‹ und ›zerstört‹ es. Dies wird als Abstoßungsreaktion bezeichnet, die ohne medikamentösen Eingriff für Organtransplantierte tödlich verläuft. Erst mit der Einführung des immunsuppressiven Medikaments Cyclosporin A Anfang der 1980er-Jahre konnten Abstoßungsreaktionen effektiv behandelt werden. Die Immunsuppression erhöhte die Überlebenschancen der transplantierten Patienten erheblich, nur deshalb konnte sich die Organtransplantation als Behandlungsmethode etablieren (vgl. Hauser-Schäublin et al. 2001: 30, Fußn. 21). Die notwendige Manipulation des Immunsystems der

51 Der Begriff des Immunsystems kam erst im 20. Jahrhundert auf. Das Immunsystem bezeichnet eine neue Art der biogenetischen Identität des Menschen, die sich nun auf molekularer Ebene verankert und damit einzigartig ist (Hauser-Schäublin et al. 2001: 264).

Organempfänger verweist jedoch darauf, dass die zu übertragenden menschlichen Organe mehr sind als ›reine‹ mechanische Ersatzteile und damit das ›Maschinenmodell‹ vom Körper an seine Grenzen stößt.[52] Dominant ist in dem von mir untersuchten Kontext immer noch das Bild vom Immunsystem als Abwehrsystem. Das Bild der Abgrenzung ist in den Erfahrungen der transplantierten Patienten zu finden und spiegelt sich bereits in der Bezeichnung ›Abstoßung‹ wider. Dies entspricht dem Diskurs, der gerade zu Beginn der Immunologie geführt wurde. Dieser war stark von einer Kriegsmetaphorik geprägt und definierte das ›immunologische Selbst‹ als klar von der Umwelt abgegrenzt:

»Das ›immunologische Selbst‹ verfügte demnach über klare Grenzen, deren Überschreitung bestimmte Zellen und Moleküle auf den Plan rief und zu einer koordinierten Abwehrreaktion veranlasste. Kurz gesagt, es war ein System, dem keine Toleranz gegenüber Fremdem eingeschrieben war.« (Hauser-Schäublin et al. 2001: 265-266)

Mittlerweile wird in diesem Diskurs ein komplexeres Bild, nämlich das eines vernetzten, flexiblen Körpers gezeichnet, in dem sich laut Donna Haraway (1996: 332) das Immunsystem nicht mehr klar verorten lässt und ihm damit auch eine neue Aufgabe zuteil wird:

»Die Funktion des Immunsystems besteht nicht mehr in erster Linie darin, eine kohärente biologische Individualität zu verteidigen, sondern den Körper im Gleichgewicht zu halten und seine Integrität zu regulieren. Die interdisziplinäre Psychoneuroimmunologie geht hier noch einen Schritt weiter, indem sie die Beziehungen zwischen dem ›immunologischen Selbst‹ und der Psyche – manche Forscher sprechen hier sogar von der ›Seele‹ – hervorhebt.« (Hauser-Schäublin et al. 2001: 266)

Der herztransplantierte Philosoph Jean-Luc Nancy (2000: 33) spricht in Zusammenhang mit der notwendigen Immunsuppression von einer Selbstentfremdung des Patienten, da die Identität seiner Immunität vermindert werde, die Nancy als etwas wie seine physiologische Signatur beschreibt:

»Identität steht für Immunität. Wenn man die Immunität schwächt, schwächt man auch die Identität. Fremdheit und Fremdsein werden alltäglich und gemein.« (Nancy 2000: 35)

Die symbolische Gleichsetzung zwischen Mensch und Maschine, die in unserer Sprache über unseren Körper und unsere Befindlichkeit immer wieder auftaucht, ist nach Scheper-Hughes/Lock mit ein Grund für die Entfremdung vom Körper. Eine Organtransplantation macht eine doppelte Entfremdung nötig: durch die Übertragung

52 Auf die komplexen Vorstellungen zum Immunsystem und ihre Wandlung gehe ich im Rahmen dieser Arbeit nicht weiter ein, da sie zum Verständnis der hier behandelten Problematik nicht notwendig sind. Die sich wandelnde Konzeption des Immunsystems im Zusammenhang mit der Transplantationsmedizin ist Thema des Dissertationsprojektes der Kulturwissenschaftlerin Sibylle Obrecht (vgl. Obrecht 2001).

eines Organs, das gemäß des ›Maschinenmodells‹ als Ersatzteil in den Körper eingepflanzt wird; darüber hinaus durch die Modulation des Immunsystems, das – auf feinerer Auflösungsebene – ebenfalls nach einem mechanistischen Bild, dem Schlüssel-Schloss-Prinzip, funktioniert und zwischen individuellen Körpern mit wenigen Ausnahmen nicht kompatibel ist.

Bisher nicht problematisiert habe ich, *was* denn nun eigentlich lebt und empfindet im Leib und von den historischen Bildern und kulturellen Konzeptionen geprägt wird: das *Selbst*.

3.1.2 Körper, Leib und Selbst

Beim ›Selbst‹ handelt es sich um ein kulturelles Konzept, das – so machen kulturvergleichende Studien deutlich (vgl. Csordas 1994) – mit unterschiedlichen Bedeutungen gefüllt ist. Als analytischer Begriff ist ›Selbst‹ zu unterscheiden von dem Begriff der ›Person‹. ›Selbst‹ verwende ich hier im Sinne von Eigenwahrnehmung eines individuellen Körper-Selbst, mit ›Person‹ wird die kulturelle Konzeption eines Menschen hinsichtlich seiner gesellschaftlichen und sozialen Identität bezeichnet (vgl. Scheper-Hughes/Lock 1987: 14).[53] ›Selbst‹ bezieht sich auf den Aspekt des eigenen Bewusstseins als individuell verkörpertes ›Ich‹, gerade auch in Abgrenzung zum Selbst von anderen. ›Selbst‹ hängt darüber hinaus mit ›Identität‹ zusammen, ein Begriff, auf den ich der Klarheit halber weitestgehend verzichten werde.[54] Es ist anzunehmen, so Scheper-Hughes/Lock, dass den Menschen generell eine Art intuitiver Annahme eines unabhängigen Selbst gegeben ist (Scheper-Hughes/Lock 1987: 14). Wenngleich diese Annahme als universell gilt, sind doch die Grenzen dessen, was jeweils unter ›Selbst‹ verstanden wird, also die Komponenten, die einem Selbst konstitutiv zugeordnet werden, kulturell determiniert (vgl. Lutz 1988, Lock 1999: 47, Marsella et al. 1985). Ein Vergleich mit nicht-westlichen Gesellschaften macht deutlich, dass soziozentrische Konzeptionen des Selbst weit verbreitet sind (vgl. Geertz 1983: 290). Das Individuum wird nicht als von sozialen Beziehungen getrennte Monade verstanden; stattdessen sind diese konstitutiv für das individuelle Selbst. Bruce Knauft analysiert zum Beispiel den Zusammenhang von Körperkonzept und Selbst in Melanesien, wonach der ideale Körper über soziale und spirituelle Beziehungen

53 ›Selbst‹ und ›Person‹ werden sehr unterschiedlich definiert. Für meine Zwecke ist die hier gegebene Arbeitsdefinition ausreichend. Zur Geschichte und unterschiedlichen Verwendung der beiden Begriffe im ethnologischen Diskurs vgl. Csordas 1994b: 331-349.

54 Für einen historischen Überblick und die Analyse der beiden Begriffe ›Selbst‹ und ›Identität‹ siehe Ashmore/Jussim 1997.

definiert ist (Knauft 1989: 200, nach Strathern 1996: 64) und damit vom individualistischen westlichen Konzept abweicht. Viele andere Kulturen, so betonen auch Scheper-Hughes/Lock, gehen also nicht von der Trennung zwischen Körper, Geist und Seele aus, sondern betrachten den Körper als integrierten Aspekt des Selbst und der sozialen Beziehungen. Der Körper ist abhängig von und empfänglich für Gefühle, Wünsche, Handlungen anderer, auch von Geistern und Vorfahren (Scheper-Hughes/Lock 1987: 21). Scheper-Hughes/Lock unterscheiden von westlich-industrialisierten Gesellschaften solche, in denen das individuelle Selbst fast vollständig im sozialen Körper aufgeht; weiter gibt es Gesellschaften, in dem einem Individuum – und in der vorliegenden Analyse müsste man korrekterweise von einem Körper sprechen – verschiedene Selbst zugeordnet sind (Scheper-Hughes/Lock 1987: 15-16). Im Gegensatz dazu ist in westlichen Vorstellungen ein und *nur ein* Selbst jeweils einem Körper zugeordnet. Abweichungen davon werden nach biomedizinischer Vorgabe als krankhaft erachtet: so genannte Schizophrene, die ihr Selbst nicht von anderen Selbst oder unbelebten Dingen unterscheiden können, also ihren körperlichen Leib nicht als die begrenzte Basis ihres individuellen Selbst wahrnehmen, oder aber auch die so genannte Multiple Persönlichkeitsstörung, bei der mehrere Selbst in einem Körper empfunden werden (Scheper-Hughes/Lock 1987: 16-17). Damit wird noch einmal deutlich, wie stark der physische Körper in euro-amerikanischen Gesellschaften als Basis des Selbst erachtet wird.

Um herauszufinden, welche Bedeutung der *kranke* Körper für das Selbst hat, muss man zunächst nach dem gesellschaftlichen Idealbild des Körpers und der damit verbunden Werturteile fragen. Euro-amerikanische Gesellschaften sind, so Scheper-Hughes/Lock, zunehmend gesundheits- und körperbewusst, was den schlanken, kräftigen und physisch ›fitten‹ Körper als gesellschaftliches Ideal zur Folge hat. Dadurch werden nach Ansicht der Autorinnen bereits die zentralen kulturellen Werte von Autonomie, Stärke, Konkurrenzfähigkeit, Jugend und Selbstkontrolle über den Körper manifest. Gesundheit wird in den USA (und dies ist von der Tendenz her durchaus auf unsere Gesellschaft übertragbar) als ein durch persönlichen Einsatz erlangter Status erachtet und dementsprechend Krankheit nicht mehr als zufällig und einer Laune der Natur entspringend gesehen. Krankheit wird stattdessen dem Versagen des Individuums zugeschrieben, richtig zu leben, gut zu essen oder sich körperlich zu ertüchtigen (Scheper-Hughes/Lock 1987: 25). Ein kranker Körper entspricht demnach nicht dem gesellschaftlichen Ideal, für ihn ist auch kein Platz in der Leistungsgesellschaft. Lock verweist auf Crawfords »cultural account of health« (1984) im heutigen Nordamerika, in dem diese zu dem Ergebnis kommt, dass die praktischen Aktivitäten der Gesundheitsförderung, die wiederum von biomedizinischen Konzeptionen geprägt wird, ein integraler Bestandteil der übergreifenden symbolischen Ordnung sind. Gesundheit wird dabei als Ziel erachtet, das es durch ein Verhalten zu erreichen gilt und das auf die Verbesserung biologischer Funktionen ausgerichtet ist. In der symbolischen Ordnung, in der der individuelle Körper vom Geist und der Gesellschaft getrennt ist, wird dieser nach biomedizinischen Kriterien ›gemanagt‹. Das medizinische Wissen, so Crawford, das über den alltäglichen Diskurs internalisiert und reproduziert wird, stellt eine ganz besondere Art und Weise dar, unsere ›Selbst‹, unsere Körper und unsere Welt zu erfahren (Crawford 1984, nach Lock 1999: 51). Der chronisch kranke Körper stellt dabei eine besondere Herausforderung an das Selbst dar.

Das Selbst und chronische Krankheit

Leventhal et al. (1999) haben den Einfluss chronischer Krankheit auf das Selbst untersucht und bezeichnen als chronische Erkrankung »[...] conditions that typically are multiply determined, slowly developing, incurable and degenerative« (Leventhal et al. 1999: 185). Als Beispiele nennen sie kardiovaskuläre Erkrankungen, viele Krebsarten oder Diabetes. Wichtig im Unterschied zu akuten Krankheiten ist, dass der zeitliche Verlauf chronischer Erkrankungen durch den Tod begrenzt ist, wobei sich der Zustand nicht verbessert, sondern verschlechtert und die Kontrolle über die Krankheit zumeist gering ist (wenngleich der Verlauf durch eigenes Verhalten durchaus beeinflusst werden kann). Dieser Definition nach handelt es sich beim Zustand nach einer Transplantation ebenfalls um eine chronische Krankheit.

Aufgrund der erläuterten Basis des Selbst im Körper und seine Wahrnehmung über den Leib wird das Selbst durch einen erkrankten Körper, vor allem einen chronisch erkrankten Körper, bedroht. Eine schwere chronische Erkrankung erschüttert nach Ansicht der Soziologin Kathy Charmaz vorherige, als selbstverständlich erachtete Annahmen eines reibungslos funktionierenden Körpers und die Beziehung zwischen Körper und Selbst, womit das Gefühl einer Einheit von Körper und Selbst unterbrochen wird (Charmaz 1995: 657, s. a. Charmaz 1991). Hermann Schmitz weist darauf hin, dass das Selbst auch als räumliche Ausdehnung im eigenen Leib empfunden wird. In der alltäglichen Erfahrung ist dies gewöhnlich nicht zu erkennen, tritt aber bspw. im Krankheitsfall deutlicher hervor:

> »Die kranken Inseln des körperlichen Leibes nehmen hiernach eine drohende, fremdartige Selbständigkeit in Anspruch und machen dadurch erst den Kranken darauf aufmerksam, daß er sonst, dort, wo ihm nun der Platz strittig gemacht wird, sich selbst ausdehnen kann.« (Schmitz 1965: 43)

Zur Verdeutlichung möchte ich ein von ihm zitiertes Beispiel wiedergeben:

> »Oft klagen die Patienten darüber, daß etwas in ihrem Oberbauch sei, das durch seine Ausdehnung, durch sein Angeschwollensein, Platz beanspruche. ›Meine Galle nimmt mir den Raum weg, den ich

sonst für mich habe‹; oder: ›Ich bin immer so voll im Bauch, daß für mich nichts mehr übrigbleibt.‹ « (Plügge 1958: 160, nach Schmitz 1965: 43)

Bereits an dieser Schilderung lässt sich erkennen, wie eng das Selbst über den Leib mit dem Körper zusammenhängt. Das bisher Gesagte zusammenfassend kann mit Charmaz festgestellt werden, dass das Erspüren eines durch Krankheit veränderten Körpers zu zwei Problemen führt: zum einen zu einer Entfremdung des Selbst vom Leib und zum anderen zu Schuldgefühlen, dem gesellschaftlichen Ideal nicht zu genügen.

Einen sehr eindrücklichen Bericht über seinen Weg in die vollständige körperliche Lähmung und wie sich damit sein Selbst und sein Bezug zur Umwelt veränderte, gibt der an einem progressiven Rückentumor erkrankte Kulturanthropologe Robert F. Murphy:

»From the time my tumor was first diagnosed through my entry into wheelchair life, I had an increasing apprehension that I had lost much more than the full use of my leg. I had also lost a part of my self. It was not just that people acted differently toward me, which they did, but rather that I felt differently toward myself. I had changed in my own mind, in my self-image, and in the basic conditions of my existence.« (Murphy 1990: 85)

Murphy schildert einprägsam, wie er sich mit zunehmendem Fortschreiten der Krankheit immer weiter von seinem Körper distanzierte, als ob er damit kompensieren könne, was er ansonsten als nicht tolerierbare Verletzung seines persönlichen Raumes empfinden müsse (Murphy 1990: 100). Charmaz erwähnt, dass chronische Krankheit bei Betroffenen auch zu dem Gefühl führen kann, vom eigenen Körper betrogen worden zu sein, und dazu, den Körper als fremdes Territorium zu empfinden. So die Erfahrung einer Asthmapatientin: »So I mostly felt like my body was sort of foreign territory – it was not the body that I knew« (nach Charmaz 1995: 662). Patienten äußerten weiter auch das Gefühl, so Charmaz, eine fremde Kraft hätte nun die Kontrolle übernommen.

Die Tatsache, dem kulturellen Standard des gesunden, alterslosen Körpers nicht zu entsprechen, und dem Versagen, diesen ›fitten‹ Körper nicht in Eigenregie hergestellt zu haben, kann Schuld und Scham bei chronisch Kranken hervorrufen (Charmaz 1995: 663). Denn gerade bei chronischer Krankheit werden die Ursachen laut Leventhal et al. eher mit innerer Schwäche (Vererbung, genetische Veranlagung) denn mit äußeren Faktoren in Zusammenhang gebracht (Leventhal et al. 1999: 185).

Chronische Krankheit bedeutet in westlichen Gesellschaft eine Veränderung des bzw. eine Herausforderung an das Selbst auch auf der Ebene des sozialen Umfeldes. Durch die chronische Erkrankung, so Leventhal et al., erfährt ein Mensch Einschränkungen auf physischer Ebene, sein Bewegungs- und Handlungsspielraum wird begrenzt. Diese physischen Veränderungen können zentrale Vorstellungen und Gefühle gegenüber dem verkörperten Selbst gefährden (bspw. wenn die Verrichtung alltäglicher Dinge oder grundlegende Körperfunktionen nicht mehr möglich sind) und zentrale Fragen aufwerfen wie ›Wer bin ich?‹ oder ›Kann ich noch als menschliches Wesen funktionieren?‹ (Leventhal et al. 1999: 196). Schwere chronische Erkrankungen resultieren häufig auch in Einschränkungen im sozialen Bereich (Beruf, Familie, Freizeitaktivitäten), die zu einer Redefinition des Selbst führen (können). Umgekehrt bewirken aber auch die Reaktionen des sozialen Umfeldes auf einen kranken Menschen eine Infragestellung seines oder ihres Selbst.[55] Diese beiden Bereiche werden darüber hinaus von den kulturellen Stereotypen, die einer Krankheit anhaften, beeinflusst (Leventhal et al. 1999: 186, vgl. auch Sontag 1978, 1989).[56] So wirken sich demnach auch die gesellschaftlichen Diskurse, bspw. die in den Medien verbreiteten Bilder um Organtransplantation, auf die Betroffenen aus.

Das Selbst empfindet sich im und durch den körperlichen Leib und ist – wie dargelegt – von diesem nicht zu trennen, wenngleich sie auch nicht deckungsgleich sind. Daraus erwächst ein Problem: Die Veränderung des Körpers stellt damit auch eine Bedrohung des Selbst dar. Das Paradox: Die zunehmende Kontrollierbarkeit des Körpers durch die Technik und die Biomedizin hat, so Scheper-Hughes/Lock, nicht zu einem verstärkten Vertrauen in den Körper geführt, sondern zu einer Verunsicherung gegenüber und Entfremdung vom Körper.

»The loss of the sense of bodily integrity, of wholeness, of continuity and relatedness to the rest of the natural and social world is surely the cumulative effect of forces we have discussed above: the Cartesian legacy and the materialism and individualism of biomedical clinical practice.« (Scheper-Hughes/Lock 1987: 22)

In der Auseinandersetzung mit einer Krankheit und dem direkten Kontakt mit dem medizinischen System erfahren Menschen das biomedizinische Körperbild am eigenen Leib. Nicht immer ist dabei das biomedizinisch geprägte Wissen um den Körper

55 Nicht näher behandeln werde ich das Konzept der Krankenrolle von Talcott Parsons (1951), in dem er darlegt, welche Rolle Patient und Arzt im sozialen System einnehmen. So hilfreich sein Konzept ist und vor allem bei akuten Krankheiten auch zutrifft, weist Charmaz nach, dass dieses theoretische Modell vor allem bei chronischer Krankheit weniger greift, da die Patientenrolle eine, aber durchaus nicht die überragende Rolle eines chronisch kranken Menschen sein kann. »Patienthood can confer a master status, which means that it overshadows all one's other statuses, identities and characteristics. However, people who have chronic illness are neither patients, nor occupants of the sick role, much of the time. [...] Unless illness consumes their lives, they likely identify themselves more with their ordinary roles than with the sick role.« (Charmaz 1999: 214)

56 Als weitere Faktoren kommen hinzu die Vorgeschichte des oder der Einzelnen sowie ihre Einstellung zu physischen und nichtphysischen Aspekten des Selbst, das sie vor ihrer Erkrankung hatten.

und die eigene Leiberfahrung in Einklang zu bringen. Dieses Spannungsfeld ist Thema des nächsten Abschnittes.

3.1.3 Zwischen biomedizinischem Wissen und Leiberfahrung

Gesellschaftliche und individuelle Diskurse sind, wie in Kap. 2.2 dargelegt, ihrem Charakter nach begrenzend. Sie schränken laut Seale die Möglichkeit ein, außerdiskursive Fragen zu stellen. So wird etwa nach dem Kuhn'schen Paradigma die Formulierung von Theorien, die grundlegende Annahmen von Wissenschaftlern in Frage stellen würden, verhindert. Das sozial Konstruierte erscheint so als natürlich, und infolge dessen werden abweichende Vorstellungen und Empfindungen im Rahmen dieser Diskurse als pathologisch erachtet – darin entfalten diese Diskurse ihre Wirkmacht. So scheinen auch zeitgenössische Konzepte von Körper und Selbst essenziellen und universellen menschlichen Eigenschaften zu entspringen (Seale 1998: 12-13). Mit Villa gehe ich davon aus, dass die leiblichen Empfindungen der ›Ort‹ sind, an dem sich die Kraft der Diskurse materialisiert (Villa 2000: 231). Auf die dominante Stellung der biomedizinischen Körperkonzeptionen habe ich bereits verwiesen. Über die Medien, vor allem die zahlreichen Krankenhausserien und Gesundheitsmagazine, wird dieses Körperbild weitervermittelt und geht damit in das Alltagswissen ein. Dies lässt sich als ›Einüben‹ des klinischen Blicks noch vor der eigenen Konfrontation mit ihm in einem Krankenhaus verstehen.

Patienten haben an dem in die Öffentlichkeit transportierten medizinischen Diskurs vor ihrer eigenen Betroffenheit teil. Im eigenen Krankheitsfall wirkt darüber hinaus auch die erlebte Krankenhausroutine und der Umgang von Ärzten mit Patienten auf deren Sichtweise und Befindlichkeit. Dazu gehören die Umklassifizierung von Menschen in Patienten, der Umgang mit den Körpern von Patienten, wie er in der biomedizinischen Ausbildung vermittelt wird, sowie der so genannte ›klinische Blick‹ auf den Körper. In der Interaktion mit Patienten kommen folgende Distanz schaffende Mechanismen zur Anwendung: bestimmte Formen sachlich-nüchterner Kommunikation, Berufskleidung (der ›weiße Kittel‹) und ritualisierte Abläufe in der Kommunikation bspw. bei Visiten (Hauser-Schäublin et al. 2001: 84-88). Patienten werden auf einer Krankenstation primär als Träger bestimmter Krankheiten behandelt, von denen ein bestimmtes Verhalten und eine Eingliederung in den Stationsalltag erwartet wird (Hauser-Schäublin et al. 2001: 85-86).

Die größte Schwierigkeit im Klinikalltag, so haben wir weiter dargelegt, liegt im Aufeinanderprallen zweier gegensätzlicher Erfahrungswelten, das Konfliktpotenzial in sich birgt. Dem klinischen Arbeitsalltag für Ärztinnen, Ärzte, Schwestern und Pfleger, in dem die Konfrontation mit Krankheit und Tod zur Normalität gehört, steht eine oftmals lebensbedrohliche Ausnahmesituation von Patienten und deren Angehörigen entgegen. Patienten und Angehörige benötigen in dieser Situation einfühlsame Zuwendung, die im Krankenhaus Tätigen müssen sich jedoch vor zu hoher emotionaler Beteiligung am Geschehen schützen, um die alltägliche und immer wiederkehrende Konfrontation mit Krankheit und Tod aushalten und in anstrengenden Situationen rational und effektiv handeln zu können (vgl. Hauser-Schäublin et al. 2001: 96-97).

Eine Diskrepanz zwischen der leiblichen Erfahrung der Patienten und dem ärztlichen Wissen um ihren Zustand liegt im so genannten ›klinischen Blick‹ begründet. Wir haben in unserer Projektpublikation den ›klinischen Blick‹ als das erweiterte Auge des Arztes bezeichnet. Zu ihm gehören zum einen körperliche Funktionen messende und kontrollierende Verfahren, wie Überprüfen des Blutdruckes oder des Sauerstoffgehaltes des Blutes, des Flüssigkeitshaushaltes oder andere labortechnische Untersuchungen, zum anderen sichtbarmachende Verfahren, wie Ultraschall, röntgenologische Darstellungen oder die Computertomographie. Natürlich sind der ›klinische Blick‹ und die Diagnosemethoden der Biomedizin auch für die Patienten von Nutzen. Die naturwissenschaftlichen Ergebnisse dieser Untersuchungen müssen mit der subjektiven Befindlichkeit von Patienten nicht unbedingt übereinstimmen, ja können sich sogar widersprechen. Eine begleitende Gefahr könnte sein, dass manche lebensbedrohlichen Zustände von den Patienten über ihre leibliche Wahrnehmung nicht erkannt werden, wie dies bei chronischen Transplantat-Abstoßungsreaktionen der Fall ist (vgl. Hauser-Schäublin et al. 2001: 87-88). dass Patienten übernehmen häufig die biomedizinischen Indikatoren und vernachlässigen damit ihre Sensibilität für ihre leibliche Befindlichkeit, was wiederum eine Distanzierung vom Körper bedeutet. Eine Intensivschwester berichtete mir, dass sie, um dieser Tendenz entgegenzuwirken, die Monitore am Bett der Patienten nach Möglichkeit ausschalte, sodass diese sich an ihrer subjektiven Befindlichkeit orientieren müssen (vgl. Hauser-Schäublin et al. 2001: 88). Allerdings kommt es häufig auch zur umgekehrten Situation, dass sich Patienten entgegen der ärztlichen Diagnose nicht gut oder auf dem Weg der Besserung fühlen und diese subjektive Befindlichkeit von ärztlicher Seite nicht genügend beachtet wird. Ein Beleg hierfür ist folgende Begebenheit aus meiner teilnehmenden Beobachtung in einer Klinik:

Bei der Visite. Wir stehen vor dem Bett einer Patientin. Der Stationsarzt berichtet dem Oberarzt, der Patientin gehe es gut, alle Werte seien hervorragend. Er deutet einen wahrscheinlichen weiteren positiven Genesungsverlauf an. Die Patientin, blass und tief eingegraben in ihr Kissen, lässt zaghaft verlauten, sie fühle sich sehr elend und es gehe ihr nicht besser, sondern schlechter. Was stimme denn nun, fragt der Oberarzt. Nein, hier seien die Werte, so der Stationsarzt, alles bestens. Allein, die Patientin lässt sich davon nicht überzeugen und versucht weiter, sich Gehör zu verschaffen. Der Oberarzt möchte solche Unstimmigkeiten bei der nächsten Visite bereinigt haben. (Beobachtungsprotokoll VK)

Robert M. Murphy stellt rückblickend auf seinen Krankheitsverlauf und sein Krankheitserleben erstaunt fest, dass die Ärzte ihn selten gefragt hatten, wie es sei, ein Tetraplegiker[57] zu sein:

»The full subjective states of the patient are of little concern in the medical model of disability, which holds that the problem arises wholly from some anatomic or physiological disorder and is correctable by standard modes of therapy – drugs, surgery, radiation, or whatever. What goes on inside the patient's head, is another department, and if there are signs of serious psychological malaise, he is packed off to the proper specialist.« (Murphy 1990: 88)

Dies ist wiederum die Auswirkung der im biomedizinischen System verankerten Arbeitsteilung unter den verschiedenen Disziplinen. Auch wir konnten in unserer Projektstudie feststellen, dass mit den Ärzten primär die medizinischen Fakten besprochen, persönliche, emotionale oder seelische Aspekte jedoch selten thematisiert werden, zumal die klinische Atmosphäre und die hierarchischen Aspekte im Verhältnis zwischen Ärzten und Patienten dies noch erschweren. Krankenschwestern der ambulanten Sprechstunde für Organempfänger einer Klinik schilderten mir, dass sich Patienten ihnen gegenüber emotional sehr viel mehr öffneten als gegenüber den Ärzten, weshalb sie über deren Nöte und Ängste oftmals besser Bescheid wüssten (vgl. Hauser-Schäublin et al. 2001: 95-96).

Mit den Ausführungen in diesem Abschnitt ist deutlich geworden, wie der dominante biomedizinische Diskurs sowohl über den öffentlichen Diskurs über Körper und Krankheit als auch im konkreten Kontakt mit seinen Repräsentanten im klinischen Alltag das Erleben der Patienten prägt. Darüber hinaus wurde dargelegt, wie insbesondere chronische Krankheit bei Betroffenen zu einer Entfremdung vom Körper und einer Veränderung des Selbst führen kann.

Das Problem der körperlichen Basis der menschlichen Existenz liegt nach Ansicht des Soziologen Clive Seale nicht allein darin, dass dieser Körper krank werden kann, sondern vor allem in seiner Sterblichkeit. Einerseits droht die Sterblichkeit, das Leben bedeutungslos zu machen, andererseits ist sie seiner Ansicht nach auch die Triebfeder für soziales und kulturelles Handeln, das eine ständige Verteidigung gegen den Tod darstellt (Seale 1998: 1).

Wenngleich man sich seinen eigenen Tod, die eigene Nichtexistenz nicht vorstellen kann, so Seale weiter, zeichnet den Menschen sein Wissen um seine Sterblichkeit aus, das ihm jedoch immer kulturell vermittelt wird, wie dies auch der Soziologe Jean Ziegler bestätigt:

---

57 Tetraplegie bezeichnet die vollständige Lähmung aller vier Extremitäten (Pschyrembel 1993: 1522).

»*Mein Bewußtsein macht nie die Erfahrung des Todes, aber es lebt ein Leben lang mit einer empirischen Gestalt des Todes*, wie sie von einer bestimmten Gesellschaft mit dem allmählichen Hinscheiden ihrer Mitglieder geprägt wird.« (Ziegler 2000 [1975]: 37, Hervorh. i. O.)

Die Vorstellungen von Sterben und Tod sind, so machen Seale und Ziegler deutlich, von der jeweiligen Kultur abhängig, wenngleich sie auch in der physischen Welt verankert sind (vgl. Ziegler 2000 [1975]: 40). Um den Blick für das Spezifische im Umgang mit dem Tod in der spätmodernen Kultur und unter den Bedingungen von Organtransplantation zu schärfen, gilt es zunächst darzulegen, welche Strategien andere Kulturen anwenden, um mit dem Problem der Endlichkeit umzugehen.

3.2 Der kulturelle Umgang mit dem Tod

> »Indeed, it is only in the context of the body's inevitable death that we can understand its full social importance.« (Shilling 1997: 175)

Ethnologische Studien[58] zum Tod in nicht-westlichen Gesellschaften machen deutlich, dass die Reaktionen auf das universelle Phänomen des menschlichen Sterbens eine große Variabilität aufweisen. Obwohl Tod und Sterben grundlegende Bedingungen der menschlichen Existenz sind, lassen sich keine ›natürlichen‹ und universellen Reaktionen in Bezug auf Trauer oder den Umgang mit einer Leiche feststellen. Der Religionssoziologe Robert Hertz wies bereits 1907 darauf hin, dass die Reaktionen auf den Tod eines Angehörigen einer Gemeinschaft nicht primär von individuellen Gefühlen der Trauer bestimmt, sondern die Vorschriften bei einem Trauerfall (Kleidung, Haare, Verhalten) davon unabhängig sind. Damit ist für ihn der Tod ein Objekt kollektiver Repräsentation (Hertz 1960 [1907]). Dies gilt, so Huntington und Metcalf (1979), auch für die gesellschaftlich akzeptierten emotionalen Reaktionen hierauf. Gemeinsam ist allen Kulturen jedoch der Versuch, den unkontrollierbaren, der ›Natur‹ entspringenden Tod in den Bereich der kulturellen Deutungsmuster und damit der kulturellen Kontrolle zu überführen, wie sich dies an Vorstellungen zu Todeszeitpunkt und Todesursache deutlich zeigt. Der physische Tod eines Menschen stellt alle Gesellschaften vor das Problem einer Umstrukturierung der sozialen Beziehungen. Der Tote muss einen neuen Status oder eine neue Rolle bekommen, da er die alte nicht mehr erfüllen kann bzw. diese von anderen Personen notwendigerweise besetzt werden müssen. Bei Vorstellungen vom Tod haben wir es demnach immer mit Vorstellungen sozialen Ausschlusses zu tun. Darüber hinaus ist der Umgang mit dem Tod und den vom Tod berührten Bereichen zumeist mit Ängsten besetzt, wie sich besonders im Umgang mit Leichen zeigt.

---

58 Auch über ethnologische Studien zum Tod kann hier kein umfassender Überblick und keine umfassende Diskussion erfolgen. Für die Zeit bis zu den 1980er-Jahren sei auf den Überblicksartikel von Palgi/Abramovitch (1984) verwiesen, die die Literatur hierzu sowohl chronologisch als auch nach den theoretischen Grundlagen und Implikationen untersuchen. Neuere kulturvergleichende Betrachtungen geben Barley (1998) und Irish et al. (1993). Zur Bedeutung kultureller Trauerriten vgl. Huntington/Metcalf (1979). Eine ausführliche historische Analyse zum kulturellen Umgang mit dem Tod im Abendland gibt Ariès (1997 [1978]).

3.2.1 Zur kulturellen Bedingtheit von Todeskonzeptionen[59]

> »Der technische Tod hat den Sieg über das Sterben davon getragen. Der mechanisierte Tod hat alle anderen Todesarten besiegt und vernichtet.« (Illich 1995 [1977]: 149)

›Natürliche‹ Phänomene wie Geburt oder Tod, also nicht der menschlichen Kontrolle unterliegende physiologische Prozesse, werden mit kulturellen Bedeutungen belegt und in soziale Ordnungssysteme eingefügt (vgl. Douglas 1973: 186; zum Tod s.a. Barley 1998: 11). Die Verstorbenen verlassen die Gemeinschaft der Lebenden und gehen in eine andere über, in die Gemeinschaft der Toten, der Ahnen oder Geister. Der Statuswechsel geschieht zumeist mit Hilfe von Ritualen, den so genannten Übergangsriten (van Gennep 1986 [1909]: 142-159). Der Tod ist nicht nur über Rituale in kulturelle Deutungsmuster eingebunden, vielmehr zeigt sich das Anliegen vieler Kulturen, den Tod zu kontrollieren, indem sie den Todeszeitpunkt definieren und damit die endgültige Ausgliederung bzw. den Statuswechsel eines Gemeinschaftsmitgliedes bestimmen. Die Ausgliederung einer Person als ›tot‹ und damit ihre letzte Statusveränderung muss nicht mit dem biologischen Tod zusammenfallen. Untersuchungen zum Tod in außereuropäischen Gesellschaften belegen eine häufig auftretende Diskrepanz zwischen dem physischen Tod und dessen sozialer Anerkennung (Bloch/Parry 1982: 12-13).

Die Kota Südindiens, so berichtet Mandelbaum, vollziehen zwei Bestattungsriten, einen ›grünen‹ und einen ›trockenen‹ Ritus. Die ›grüne‹ Bestattung findet kurz nach dem Tod statt und beinhaltet die Kremation der Leiche. Die ›trockene‹ Bestattung wird einmal im Jahr durchgeführt für alle bis zu diesem Zeitpunkt Verstorbenen. Erst die zweite Bestattung entlässt die Seele der Verstorbenen ins ›Mutterland‹, und erst dann ist die Seele gereinigt genug, ›um Gott zu erreichen‹ (Mandelbaum 1965: 190-198). Mandelbaum erkennt in dieser Vorstellung neben dem religiösen auch einen sozialen Grund: Wird die Witwe eines Mannes vor dessen zweiter Todeszeremonie schwanger, so zählt dieses Kind zu seinen und nicht zu den Nachkommen des biologischen Erzeugers. Wann ein Mann also ›endgültig‹ tot ist (im Sinne der vollkommenen Aufgabe seiner sozialen Rechte und Pflichten), wird von den Kota kulturell definiert und nicht allein der Natur überlassen. Dieser Prozess beginnt mit dem phy-

59 In Grundzügen habe ich Ideen aus diesem Kapitel sowie die Ausführungen zu den »Körperwelten« auf dem dritten Arbeitstreffen des »Netzwerk Gesundheit in der volkskundlichen Forschung« (Würzburg im März 2000) vorgestellt. Der Beitrag ist in einem Tagungsband veröffentlicht (Kalitzkus 2001).

sischen Tod, aber erst mit der Durchführung der Zweitbestattung ist der soziale Tod des Verstorbenen endgültig vollzogen (Mandelbaum 1965: 192).

Ein extremer Fall der Diskrepanz zwischen biologischem und sozialem Tod liegt vor, wenn ein allem Anschein nach lebendiger Mensch als tot betrachtet wird. So kann es laut Bloch/Parry bei den Dogon in Mali passieren, dass vermisste, für tot geglaubte Menschen, für die bereits Todesriten vollzogen worden waren, bei ihrer Rückkehr nicht einmal von ihren nächsten Verwandten wiedererkannt werden und bis zu ihrem physischen Tode zu einem Bettlerschicksal verurteilt sind (Bloch/Parry 1982: 13).

Wann ein Mensch in einer Gesellschaft als ›tot‹ erachtet wird, hängt eng mit den jeweiligen Körperkonzeptionen und dem Menschenbild zusammen.[60] Wie ich an anderer Stelle dargelegt habe (Kalitzkus 1996: 94-98), ist nach hinduistischer Vorstellung der Tod zwar als der Moment definiert, an dem *prana*, der ›Lebenshauch‹, den Körper verlässt, was in etwa mit dem biologischen Tod zusammenfällt, das *atman* (zwar ungenau, aber für den vorliegenden Kontext ausreichend mit ›Seele‹ übersetzt) jedoch verlässt erst bei der Verbrennung den Körper. Dies geschieht auch nicht im Verlauf eines ›natürlichen‹ Prozesses, sondern bedarf eines Rituals. Der Haupttrauernde, meist der erstgeborene Sohn, muss während der Verbrennung des Leichnams dessen Schädel mit einem Stock zerschlagen, um die Seele aus dem Körper zu befreien. Erst zu diesem Zeitpunkt verwandelt sich der oder die Verstorbene in einen Ahnengeist (*preta*). Und erst durch diesen gewaltvollen Eingriff, so Parry, wird das Leben, das in gewisser Weise im Körper noch vorhanden war, vollends beendet:

»Cremation, then, is an act of violence perpetrated by one's own son, whose subsequent isolation and purification is undertaken in atonement. The victim ›does not die but is killed‹.« (Parry 1989: 506)

Durch die Verlegung des endgültigen Todeszeitpunktes auf den Moment des Zerschlagens des Schädels gerät der Tod in den Bereich des sozial Kontrollierbaren. Gleichgesetzt mit dieser willentlichen und bedeutungsvollen Handlung wird der Tod aus der ›natürlichen‹ in die ›kulturelle‹ Dimension übertragen (Kalitzkus 1996: 96-97).[61]

Nach diesem Blick auf andere Kulturen ist nach der kulturellen Konzeption des Todes in euro-amerikanischen Gesellschaften zu fragen. Vorstellungen zu Sterben und Tod werden im euro-amerikanischen Kontext primär durch biomedizinische Konzeptionen geprägt. Sterben wird aus dieser Sicht mit dem Erlöschen der Lebensfunktio-

---

60 Vgl. hierzu Hallam et al. 1999.

61 Siehe auch Roelcke 2001: 71-72.

nen gleichgesetzt (Blumenthal-Barby 1997: 9).[62] Zur Verdeutlichung die Definition der »Sterbenden« aus den »Richtlinien für die Sterbehilfe« der Schweizerischen Akademie der Medizinischen Wissenschaften von 1976:

»Ein Sterbender ist ein Kranker oder Verletzter, bei dem der Arzt auf Grund einer Reihe klinischer Zeichen zur Überzeugung kommt, daß die Krankheit irreversibel oder die traumatische Schädigung infaust verläuft und der Tod in kurzer Zeit eintreten wird.« (nach Baust 1992: 33)

Bereits diese Aussage verdeutlicht, dass die Zuschreibung ›Sterben‹ eine Interpretation und damit soziale Handlung des Arztes, eine kulturelle Bedeutungszuweisung ist. Tatsächlich gibt es keine medizinisch oder rechtlich verbindliche Definition des Sterbebeginns (Feldmann 1997: 9). Aus biologischer Sicht tritt der Tod nicht in allen physischen Teilen des menschlichen Körpers zugleich ein, sondern in einer Abfolge, die sich bis auf zelluläre Ebene verfolgen lässt: »Es gibt also eine Chronologie des Sterbens der Organe und Gewebe, dabei stirbt auch jede Zelle ihren eigenen Tod« (Schellmann 2000: 33). Schellmann verweist darauf, dass das Verständnis von Sterben aus naturwissenschaftlicher Sicht die Festlegung entsprechender Kriterien des Lebens voraussetzt, die sich jedoch nur schwer von rein chemischen Reaktionen abgrenzen lassen (Schellmann 2000: 28).

Medizinisch wird der Todesprozess gemäß dem einschlägigen medizinischen Nachschlagewerk Pschyrembel (1993: 1541-1542) in vier Phasen eingeteilt: 1. klinischer Tod: völliger Kreislaufstillstand mit potenziell reversibler Aufhebung jeder zerebralen Aktivität;[63] 2. zerebraler Tod: auch kortikaler oder Großhirntod; 3. Hirntod: kortikaler Tod mit zusätzlicher Nekrose von Klein-, Mittel- und Stammhirn, gilt als Kriterium für den Tod eines Individuums; 4. biologischer Tod: Tod aller Organe. Dies verdeutlicht die Prozesshaftigkeit des Todes, der auch die biomedizinische Sichtweise Rechnung trägt und die, wie Foucault darlegt, mit zunehmendem medizinischen Erkenntnisgewinn zu einer immer weiteren Aufsplitterung des Todes führte.[64]

»Der Tod ist also vielfältig und zeitlich gestreut: er ist nicht jener absolute und privilegierte Punkt, an dem die Zeiten anhalten und kehrtmachen; wie die Krankheit hat er eine sich vielfältig verzweigende Gegenwart, deren verschlungenen Wegen die Analyse im Raum und in der Zeit nachgehen kann; ganz allmählich löst sich, hier und da, ein Knoten nach dem andern auf, bis das organische Leben,

62 Wobei sich aber, so Blumenthal-Barby, die Frage stellt, welches die wichtigen Lebensfunktionen sind (Blumenthal-Barby 1997: 9). Siehe hierzu auch Bonelli (1995) und Schwarz (1995).

63 Der Begriff des klinischen Todes kam mit der Reanimation und Intensivmedizin auf (Baust 1992: 203), siehe auch Schellong 1990.

64 Medizinische Diskussionen um die Unsicherheit von Todeszeichen ließen im 18. Jahrhundert den Scheintod zu einem öffentlich brisanten Thema werden, legt die Historikerin Martina Kessel dar (Kessel 2001: 133-166; vgl. auch Ariès 1997 [1978]: 504-517).

zumindest in seinen Hauptformen weicht; denn noch lange nach dem Tod des Individuums kommen kleine und partielle ›Tode‹, um die hartnäckigen Inselchen des Lebens aufzulösen.« (Foucault 1999 [1963]: 156)

Neue technische Entwicklungen in der Medizin, vor allem die Reanimation und künstliche Beatmung, ließen bereits in den 1950er-Jahren nach einer Neudefinition von Leben und Tod fragen (Schellong 2001: 187; vgl. auch Schellong 1990). Die früheren Zeichen beginnenden Sterbens (Aussetzen der Atmung und der Herztätigkeit) galten seitdem nicht mehr, da sie durch diese Möglichkeiten reversibel sein konnten.[65] Denn dadurch, dass die ›natürliche‹ Atmung, die bis dato als Ausdruck von Leben galt, ›künstlich‹ ersetzt werden konnte, war nicht mehr eindeutig, auf welcher Seite der Grenze zwischen Leben und Tod sich Patienten befanden:

»Mit dem diskursiven und technischen Gelingen der Langzeitbeatmung sah man sich Patienten gegenüber, für die nicht entschieden werde konnte, ob sie mehr auf der Seite des Lebens oder der Seite des Todes standen, d.h. ob sie weiter zu behandeln waren oder nicht.« (Schellong 2001: 205)

Die Unschärfen zwischen Leben und Tod auf der Intensivstation haben mit weiterer medizinisch-technologischer Entwicklung nicht abgenommen, aber sie haben sich, so Gesa Lindemann, in »eine eher beunruhigende Sicherheit verwandelt« (2002: 107). Diese Entwicklung geht einher mit der Entwicklung des so genannten Hirntodkonzeptes, das in Deutschland offiziell 1968 von der Deutschen Gesellschaft für Chirurgie festgelegt wurde.[66] Der »Hirntod« bezeichnet den »[...] Zustand der irreversibel

65 Allerdings setzte die Verunsicherung schon früher ein: »Im Gegensatz zu einer notwendigen zeitlich-punktuellen Fixierung der Grenze zwischen Leben und Tod aus sozialem und rechtlichem Bedürfnis heraus, weiß man schon spätestens seit der Mitte des 18. Jahrhunderts, dass der Übergang zum Tod aus biologisch-physiologischer Sicht Unschärfen hat« (Schellmann 2000: 28). Einen historischen Rückblick zur immer wiederkehrenden Kontroverse über die Todesdefinition und -diagnose gibt Pernick (1988).

66 Zur Entwicklung und Etablierung des »Hirntodes« in der Medizin bieten sich besonders die medizinhistorischen Arbeiten der Medizinhistorikerin Claudia Wiesemann (1995, 2000, 2001) an. Zur Problematisierung des »Hirntodes« aus unterschiedlichen Perspektiven sei auf den fundierten Sammelband von Zaner (1988) sowie die interdisziplinären Beiträge in Schlich/Wiesemann (2001) verwiesen. Der »Hirntod« war zentrales Thema in den vehementen bundesdeutschen Debatten zum Transplantationsgesetz. Auf die Argumentationen der befürwortenden und ablehnenden Seite, die sich vor allem um den »Hirntod« als definitiven Todeszeitpunkt drehten, gehe ich hier nicht näher ein (vgl. hierzu Hauser-Schäublin et al. 2001: 189-206, Petersen 2002, Schlich 2001, Schneider 1999, 2001: 291-295). Als charakteristisch sowohl für die Befürworter als auch die Gegner des »Hirntodes« stellt der Medizinhistoriker Thomas Schlich die Weigerung heraus, die Grenzziehung zwischen Leben und Tod als kulturell bedingt anzuerkennen und daran anschließend den »Hirntod« als »genuin ethisches Problem« zu behan-

erloschenen Gesamtfunktion des Großhirns, des Kleinhirns und des Hirnstamms. Dabei wird durch kontrollierte Beatmung die Herz- und Kreislauffunktion noch künstlich aufrechterhalten«.[67] Die Feststellung des irreversiblen Hirnversagens war zum einen ein Kriterium dafür, von nun ab unnötige weitere intensivmedizinische Maßnahmen einzustellen, da eine Rückkehr des Patienten ins Leben ausgeschlossen werden konnte. Zunächst lag also die Motivation in der Etablierung eines Kriteriums, diesen Zustand in der Intensivmedizin zu diagnostizieren und die von da ab unnötigen Behandlungen begrenzen zu können.

Für die Fragestellung meiner Arbeit ist von zentraler Bedeutung, dass mit der seit 1997 im Transplantationsgesetz gesetzlich festgelegten Definition des Todes Menschen als tot aus dem Bereich der Lebenden ausgeschlossen werden, die Betrachtern auf sinnlich wahrnehmbarer Ebene Zeichen des Lebens und nicht des Todes entgegenbringen und zuvor zwar den Sterbenden, damit aber dennoch der Gemeinschaft der Lebenden zugerechnet wurden.[68] Diese Entwicklung stellt zum einen eine Veränderung der bisherigen kulturellen Konzeption des Todes und zum anderen eine Verschiebung der Grenze zwischen den Lebenden und den Toten dar. Bis zum Aufkommen des Hirntodkonzeptes ging es in der medizinischen Diagnose vor allem darum, so Gesa Lindemann, nicht Menschen aus dem Sozialen auszuschließen, d.h. für tot zu erklären, die noch lebendig sind. Mit dem Begriff »Hirntod« kehrte sich diese Ausrichtung um: Nun steht im Vordergrund, nicht Menschen noch zu den Lebenden zu zählen, die bereits tot sind (Lindemann 2002: 107). Der Wunsch nach lebenden Organen zu Zwecken der Transplantation machte es notwendig, eine eindeutig definierte Grenze zwischen Leben und Tod zu schaffen.

> »Erst durch diese Liaison entsteht ein Zwang, die neue Begrenzung der Behandlungsmöglichkeiten definitiv im Sinne eines Todeskonzepts zu verstehen. Denn wenn Organe entnommen werden, muß zweifelsfrei feststehen, ob sie einem lebenden oder toten Körper entnommen werden. Das Anliegen der Transplantationsmedizin, Organe möglichst gut erhalten aus einem menschlichen Körper zu entnehmen, macht eine qualitativ neue Präzision in der Grenzziehung zwischen Lebenden und Toten erforderlich.« (Lindemann 2002: 107)

---

deln. Vielmehr argumentierten beide Seiten darüber, »wo die Grenze zwischen Leben und Tod ›in Wirklichkeit‹ liegt.« (Schlich 2001: 9).

67 Dritte Fortschreibung der »Richtlinien zur Feststellung des Hirntodes« des Wissenschaftlichen Beirates der Bundesärztekammer vom 09.05.1997 (zitiert nach Schlake/Roosen 2001: 14). Die klinischen Symptome des irreversiblen Hirnfunktionsausfalls sowie die notwendigen diagnostischen Maßnahmen zur Feststellung dieses Zustandes sollen hier nicht näher behandelt werden (vgl. hierzu Lindemann 2002; Vollmann 2001).

68 Den Personenstatus »hirntoter« Menschen, der in den Parlamentsdebatten zum Transplantationsgesetz verhandelt wurde, analysierte Imme Petersen (2002).

Die im Kontext der Transplantationsmedizin verankerte eindeutige Grenzziehung zwischen Leben und Tod ist jedoch mit der naturwissenschaftlich erfassbaren Wirklichkeit nicht zu vereinbaren, stellt der Rechtsmediziner Hans-Bernhard Wuermeling fest:

»Der Abgrenzung (Definition) von Leben und Tod, die sozial erforderlich ist, entspricht in der naturwissenschaftlich erfassbaren Realität keine scharfe Grenze. Sichere Todeszeichen können nur ex post den bereits eingetretenen Tod beweisen.« (Wuermeling 2000: 35)

Dass nun jedoch Menschen mit noch funktionierendem Kreislauf und schlagenden Herzen als tot gelten, stellt, so Lindemann, eine Verschiebung der Grenzen des Sozialen dar.

»Das Hirntodkonzept ist im Selbstverständnis der beteiligten Ärzte zunächst nicht mehr aber auch nicht weniger als die Annahme, daß den technischen Möglichkeiten der medizinischen Behandlung Grenzen gesetzt sind. Die Begrenzung der Behandlungsmöglichkeiten eröffnete zum erstenmal, seit in Europa die Grenzen des Sozialen anhand der Unterscheidung lebender Mensch–anderes gezogen wurden, die Möglichkeit, diese Grenzen so festzulegen, daß auch Menschen, deren Herz noch schlägt, aus dem Bereich des Sozialen herausfallen.« (Lindemann 2002: 107)

Die Festlegung des irreversiblen Hirnversagens (»Hirntod« oder *coma depassé*) als definitives Todeskriterium eines Menschen hat zweierlei zur Folge. Da seit etwa dem 18. Jahrhundert, der Zeit der Aufklärung, für unsere Gesellschaft die Koppelung sozialer Akteur – lebender Mensch spezifisch ist, wie Lindemann (2002: 105-106) darlegt, fallen Menschen, die zuvor noch (wenngleich auch sterbende) Mitglieder der Gemeinschaft waren, aus dem Bereich des Sozialen heraus.[69] Nur weil der Tod im abendländischen Verständnis den Ausschluss aus dem Sozialen bedeutet, können die Körper dieser Menschen zu Transplantationszwecken verwendet werden, da damit nicht mehr die Person berührt wird: »Erst mit dem Tod verliert ein Patient den Status einer sozialen Person, dies kann durchaus unabhängig davon sein, ob er noch Lebenszeichen von sich gibt [...]« (Lindemann 1999: 179). Andernfalls käme eine Organentnahme einer Verletzung der Person (was nur bei sich nahe stehenden Menschen im Rahmen einer Lebendspende erlaubt ist, vgl. § 8 TPG [DSO 1997: 34-35]), mehr noch einem Tötungsdelikt gleich. Mit der Grenzverschiebung des Sozialen tritt der Tod in neuem Gewand auf: Er zeigt sich nun nicht mehr in herkömmlicher Weise in einem toten, sondern biologisch noch lebendigen Körper.

---

69 Bis zu dieser Zeit gab es auch häufig gegen Tiere Strafprozesse, die im 13. Jahrhundert begannen, womit nicht nur Menschen als schuldfähige Akteure in Frage gekommen waren (Lindemann 2002: 105). Auch Tote, besonders Heilige konnten als deliktfähig gelten und bestraft werden, bspw. in rituell geregelten Heiligendemütigungen und Heiligenbestrafungen (vgl. Bräunlein 1995: 113, Fußn. 24).

In Zusammenhang mit der Gleichsetzung des »Hirntodes« als Tod des Menschen tritt die kulturelle Definition der Todeszuschreibung – und damit auch die kulturelle Prägung biomedizinischer Praxis – besonders deutlich hervor. In Japan wurde bspw. erst 1997 der »Hirntod« als Entnahmekriterium für Organe gesetzlich etabliert. Davor war in Japan nur die Transplantation von Organen lebender Menschen, also primär Nierentransplantationen, möglich. Dennoch ist der »Hirntod« in Japan nicht generell mit dem Tod des Menschen gleichgesetzt worden, sondern findet nur dort und für diejenigen Anwendung, die zu Lebzeiten einer Organentnahme zugestimmt haben. »Hirntote« Menschen, die nicht niedergelegt haben, dass sie Organe spenden möchten, werden gesetzlich nicht als tot angesehen – für sie gilt weiterhin die herkömmliche Definition des sogenannten Herztodes (Lock 2002: 3, s.a. Nickel 1999: 22 ff.). In der kontrovers geführten gesellschaftlichen Diskussion um den »Hirntod« und Organentnahmen in Japan sind laut Margaret Lock vor allem der frühe Eingriff in den Sterbeprozess eines Menschen durch die Organentnahme, die fehlende intuitiv/sinnliche Wahrnehmbarkeit des Todes und der Umgang mit den toten Körpern von Bedeutung. Nicht der biologisch exakte Todeszeitpunkt, sondern der Tod als soziales Ereignis stellt in Japan letztendlich das zentrale Problem dar (Lock 2002). Aber auch nicht alle europäischen Länder waren mit der Gleichsetzung des »Hirntodes« als Tod des Menschen einverstanden. Der dänische Ethikrat kam 1989 zu dem Schluss, das Versagen der Gehirnfunktionen mit dem irrversiblen Beginn des Todesprozesses zu identifizieren. Ein Mensch, heißt es dort weiter, sei jedoch erst dann tot, wenn sowohl Herz-Kreislauffunktionen, Atmung und Gehirntätigkeit zusammen vollkommen und irreversibel geendet haben (The Danisch Council of Ethics: Death Criteria: a Report, Copenhagen 1989, nach Bavastro 1994: 103).[70]

Zur kulturellen Konzeption des Todes gehören auch die möglichen Erklärungen der Todesursache. Vorstellungen anderer Kulturen weisen den für die spätmodernen westlichen Gesellschaften erstaunlichen Aspekt auf, den Tod nicht als zwangsläufig oder ›natürlich‹ zu sehen. Dies zeigt sich in verschiedenen Theorien zu möglichen Todesursachen und zur Existenz des Todes überhaupt, wie sie in Mythen und Glaubensvorstellungen der verschiedenen Kulturen auftreten. Viele Gesellschaften sehen ihren emischen Theorien nach die Todesursache in spirituellen Kräften wie bspw. Hexerei oder Magie.[71] Die Bambara in Westafrika, so erläutert Ziegler, empfinden den Tod eines Mitglieds ihrer Gemeinschaft als unbegreiflichen Angriff, da sie durch

70 Für eine Akzeptanz des »Hirntodes« als akzeptables Todeskriterium setzt sich der Philosoph Birnbacher (1997) ein.

71 Für Beispiele siehe etwa Evans-Pritchard 1988 [1937]: 68; Hertz 1960 [1907]: 77; Lévi-Strauss 1991 [1958]: 183-185; Mauss 1978 [1926]; Schmid 2000.

keine Vorstellungen von Regression im Alter darauf vorbereitet sind. Vielmehr gehen sie von einer Weiterentwicklung des Bewusstseins bis ins hohe Alter aus, und der allmähliche körperliche Verfall erscheint ihnen als Erklärung nicht hinreichend. Als mögliche Todesursache kommen für sie deshalb nur äußere Umstände in Frage wie nächtliche Angriffe oder das Böse, das durch die Welt zieht (Ziegler 2000 [1975]: 184-185).

Im vor allem durch christliche Vorstellungen geprägten Mittelalter herrschte in Europa noch das Bild des Todes als Folge göttlichen Willens vor. Die Menschen fürchteten damals nicht so sehr den leiblichen, sondern den ewigen Tod, legt Marianne Mischke dar. Deshalb hatten sie auch Angst »[...] durch einen jähen Tod im Zustand des unbußfertigen Sünderdaseins in die ewige Verdammnis gerissen zu werden« (Mischke 1996: 38-39). Erst ab Mitte des 15. Jahrhunderts setzte ein Wandel ein, der die Grundlagen für das Auftauchen des »natürlichen« Todes legte (Illich 1995 [1977]: 127).[72] Der »natürliche« Tod bezeichnet eine Beendigung des Lebens aus Altersschwäche am Ende des biologischen Alterungsprozesses (Condrau 1991: 355-358). Für Mitte des 19. Jahrhunderts erkennt Ariès für den europäischen Kontext eine große Veränderung in der sozialen Antwort auf den Tod. Damit einhergehend sieht er hier den Beginn der ›Lüge‹, nämlich das Vorenthalten infauster, d.h. hoffnungsloser Prognosen vor den sterbenden Patienten (Ariès 1997 [1978]: 717-726). Ariès hat jedoch den neuen Aufruhr um den Tod überhört, meint David Armstrong, der für diese Zeit den Beginn eines neuen Diskurses konstatiert: den medizinisch-wissenschaftlichen Diskurs über den Tod (Armstrong 1987: 653). Mit der Einführung der Todeszertifikate, der legalen Pflicht zur Meldung von Todesfällen und deren zentralen Dokumentation, nahm seiner Meinung nach die Medikalisierung des Todes zu, und mit ihr änderte sich insbesondere die Vorstellung von der Todesursache. Die Veränderung, so hebt Armstrong hervor, hat zugleich einen Wandel in den sozialen Handlungen, die den Tod betreffen, bewirkt. Stand zuvor eine relativ private Analyse des Lebens der Sterbenden im Vordergrund, gehört nun eine öffentliche Untersuchung des Körpers der Verstorbenen dazu, um die biologische Todesursache ausfindig zu machen. Dadurch hat sich die Aufmerksamkeit vom Prozess des Sterbens hin zur vorrangigen Beschäftigung mit den Toten verschoben (Armstrong 1987: 652). Ariès beklagt das Verstummen des subjektiven Diskurses über den Tod – also den leiblichen Diskurs über Sterben und Tod –, Armstrong setzt dem den aufkommenden biomedizinischen Diskurs zum Tod über den Körper entgegen: der in Todesursachen und Mortalitätsstatistiken dingfest gemachte Tod, der in dem geöffneten Leichnam für alle sichtbar zu sehen war (Armstrong 1987: 654-655).

---

72 Für eine genaue historische Betrachtung des Wandels siehe Mischke 1996: 26-140.

Den Traum von der Eindeutigkeit der Erkenntnisse machten jedoch Mitte der 1950er-Jahre bereits sich widersprechende wissenschaftliche Studien zunichte, die laut Armstrong auf große Diskrepanzen zwischen der Diagnose der Kliniker am Sterbebett und der der Pathologen in der Autopsie hinwiesen (Armstrong 1987: 655). Sudnow stellt eine weitere Besonderheit dieser Mortalitätsstatistiken heraus. »Der springende Punkt ist«, so Sudnow, »daß sie vom Gesetz und von der Gesellschaft hinlänglich akzeptiert werden, und zwar unabhängig davon, ob sie auch unter physiologischem Gesichtspunkt als hinlängliche Erklärungen akzeptabel sind« (Sudnow 1973 [1967]: 88). Jeder Tod muss durch einen Arzt oder eine Ärztin durch eine Todesbescheinigung bestätigt werden, die im so genannten Leichenschauschein die medizinischen Angaben zur Todesursache enthält. Auf diesen Angaben beruht die »[...] nahezu vollständig geführte, unikausal aufbereitete Statistik über Todesfälle und ihre Ursachen« (Pschyrembel 1993: 1542). Wenngleich es viele Fälle mit ungeklärter Todesursache, d.h. keinem pathologischen körperlichen Befund, auch nach einer Autopsie gibt, ist die kausale Verknüpfung einer physischen Ursache für den Tod fest in der medizinischen Sicht verankert (Schmid 2000: 137).[73] Jürgen Dahl spricht davon, dass mindestens ein Drittel aller Totenscheine fehlerhaft ausgefüllt seien (Dahl 1999: 237).

Noch wichtiger als das fehlerhafte Ausfüllen der Totenscheine, die in die ›korrekte akribische‹ Todesursachenstatistik übergehen, scheint mir der Hinweis von Dahl zu sein, dass das Versterben an hohem Alter nicht als Kategorie in der Statistik vorgesehen ist (Dahl 1999: 240). Dies widerspricht der Vorstellung des »natürlichen« Todes. Der Tod wird nun als unzeitiges Ereignis aufgefasst, so Illich, sofern der oder die Tote nicht alt und gesund gewesen ist. Der Tod stelle sich nun als Folge einer ärztlich attestierten Krankheit dar (Illich 1995 [1977]: 139). Auch die Einstellung der Menschen zum Tod hat sich verändert. Anders als früher wird heute der schnelle, leidlose Tod idealisiert, so Marianne Mischke. Die Menschen wünschen sich nicht mehr, den Sterbeprozess bewusst zu erleben, und haben zudem große Ängste vor Erkrankung an Demenz und langem Siechtum in Krankenhäusern und Altenheimen (Mischke 1996: 206-207).

»So wünschen sich viele ›im Schlaf zu sterben‹ oder während sie bewußtlos sind. Dieses Ideal ist auch von der Umwelt erwünscht: der Mensch soll, ohne Aufsehen zu erregen, abtreten. Der Tod darf und soll nicht aufregen.« (Mischke 1996: 207)

---

73 »Für den Pathologen und den Rechtsmediziner«, so erläutert Thomas Hardmeier, »ist die *Frage nach der Todesursache* ein ständiger Begleiter bei der täglichen Arbeit im Sektionssaal. Dabei sind wir uns stets bewusst, dass das Ereignis des Todes das Resultat einer Summation von Störeffekten [...] darstellt und dass es *die* Todesursache an sich nicht gibt [...]« (Geleitwort in Schmid 2000: ix, Hervorh. i. O.).

Die dargelegte Medikalisierung des Todes kann folgendermaßen interpretiert werden: Zum einen kann man sie als Versuch verstehen, den Tod zu analysieren, zu kontrollieren und ihm damit sein ›Geheimnis‹ zu entreißen. Dieses Wissen und Engagement bezieht sich rein auf die Ebene des objektiven ›Körperwissens‹, der physiologischen Vorgänge; die subjektive Ebene – also die Erfahrung Sterbender und ihrer Hinterbliebenen, das durch- und miterlebte Sterben wird in diesem Diskurs nicht thematisiert. Zum anderen ist mit der Todes- und Mortalitätsstatistik die Idee der Kontrollierbarkeit und die Vermittlung von Sicherheit und Beruhigung für die Gesellschaft verknüpft, wenngleich an deren Korrektheit viele Experten nicht glauben. Da der ›natürliche‹ Tod in der Statistik nicht mehr vorkommt, verliert der Tod seine Unausweichlichkeit, ja seine Daseinsberechtigung – er ist damit nur noch Folge medizinischen Versagens, das eines Tages hoffentlich überwunden sein wird.[74] Durch das Ausklammern von Altersschwäche als Todesursache muss man sich nicht mehr vor dem Tod, sondern vor den Risikofaktoren fürchten, die eine bisher von der Medizin nicht besiegbare Erkrankung auslösen kann.[75] Salopp gesagt, ›am Tod stirbt niemand mehr‹. All dies ist umso erstaunlicher, da »die Mortalität der Bevölkerung unterm Strich hundert Prozent beträgt«, wie Jürgen Dahl (1999: 249) treffend bemerkt.

3.2.2 Vom Leben zum Tod in das Danach

Vorstellungen davon, wann eine Person endgültig verstorben ist, beeinflussen den Umgang mit Sterbenden, aber auch die Handhabung von und das Verhalten gegenüber Leichen. Zunächst möchte ich die Aufmerksamkeit auf einen bisher nicht behandelten Aspekt richten: den Ablöseprozess des Geistes oder der Seele vom Körper

---

74 Besonders deutlich zeigt sich die Hoffnung auf Unsterblichkeit durch weiteren medizinischen Fortschritt bei den Menschen, die sich nach ihrem klinischen Tod kryokonservieren lassen, um eines Tages wieder aufgetaut zu werden und durch das in der Zukunft medizinisch Mögliche wieder geheilt zu werden. Initiiert wurde das Kryokonservieren 1962 von dem Physiklehrer Robert Ettinger, Michigan, USA. Nähere Informationen zum Kryokonservieren stellen kommerzielle Anbieter im Internet bereit, so z.B. die TransTime Inc., San Leandro, California < http://www.transtime.com>. Vgl. auch Halperin 1998.

75 Risikofaktoren werden häufig auf individuelle Verhaltensfehler zurückgeführt (ungesundes Leben, Rauchen etc.), selten jedoch werden als Risikofaktoren gesellschaftliche bzw. systemische Ursachen genannt: der mörderische Straßenverkehr, erhöhte Radioaktivität in der Nähe von Atomkraftwerken, Umweltverschmutzung generell und besonders in den Großstädten, vernachlässigte Schutzmaßnahmen in Betrieben etc. Die Verantwortung für die eigene Gesundheit wird dem Individuum übertragen.

sowie Vorstellungen von einer nachtodlichen Existenzform. Auch hier sind die Auswirkungen des im ersten Teil des dritten Kapitels geschilderten dominanten biomedizinischen Körperbildes, das die seelischen und psychischen Aspekte des Menschen vernachlässigt, zu spüren. Es zeichnet sich mehr und mehr die Tendenz ab, beklagt Ziegler, Menschen mit ihren geistigen und psychischen Qualitäten gleich zu setzen, die mit Wegfall des Gehirns nicht mehr gegeben sind, wie die juristische Definition des »Hirntodes« als Tod des Menschen zeigt. Über die Seele wird nicht mehr gesprochen, aber auch um das Bewusstsein der Sterbenden kümmert sich niemand mehr, da man es »dem Schicksal der Zellstrukturen unterworfen glaubt«, so Ziegler (2000 [1975]: 80). Eine jüngst durchgeführte Umfrage in Deutschland hat ergeben, dass 62 Prozent der Männer und 47 Prozent der Frauen nicht an ein Leben nach dem Tod glauben (Chrisma 2000: 6).[76] Das heißt aber umgekehrt, dass für beinahe die Hälfte der Bevölkerung der nachtodliche Bereich und damit auch der Übergang vom Diesseits ins Jenseits dennoch eine Rolle spielt. Problematisch ist, wie die Ethnologin Lilo Roost Vischer belegt, dass es keine kulturell verbindlichen Vorstellungen bezüglich des Sterbens und einem Leben nach dem Tod mehr gibt, sich jeder also sein eigenes Bild gestalten muss (Roost Vischer 1995: 224).

In meinen Gesprächen mit Angehörigen von »Organspendern« und Organempfängern wurden Fragen über Vorstellungen zum Tod und einem Danach eher dürftig beantwortet. Ich hatte häufig den Eindruck, dabei etwas Peinliches berührt zu haben, da der Glaube an etwas nicht rational zu Beweisendes zwar existiert, man sich aber nicht nachsagen lassen wolle, einem Irr- oder Kinderglauben anzuhängen. Einige wenige berichteten mir allerdings von übersinnlichen Wahrnehmungen, wie Engelserscheinungen oder Nahtoderlebnissen, die sie als tröstlich und beruhigend empfanden und die die Angst vor dem Tod und ein Hadern mit ihm milderten.

Was nun die christlichen Vorstellungen zum Ablöseprozess von Geist oder Seele vom verstorbenen Körper angeht, sind widersprüchliche Auffassungen zu finden. Martina Kessel belegt für Bayern und die Bretagne des 19. Jahrhunderts die Vorstellung, dass bis zur Verwesung des Leichnams noch eine Verbindung zu den Hinterbliebenen bestand und erst das Versenken ins Grab das Zwischenstadium zwischen Diesseits und Jenseits beenden würde:

> »In diesen Vorstellungen war weniger der Tod als die Trennung der Seele vom Körper ein Prozeß, der Zeit brauchte und bei dem die Lebenden viel falsch machen konnten.« (Kessel 2001: 155)

76 Die Umfrage wurde vom EMNID-Institut im Auftrag des evangelischen Magazins Chrisma (jetzt Chrismon) durchgeführt.

Zentral ist dabei die Frage des Zeitpunktes und die Bedeutung des verstorbenen Körpers für die Wiederauferstehung.[77] Um diese Frage für gläubige Christen im Zusammenhang mit Organentnahmen zu klären, haben die Deutsche Bischofskonferenz und der Rat der Evangelischen Kirche in Deutschland hierzu eine gemeinsame Erklärung abgegeben (1990). In ihr bezeichnen sie »Organspende« als Akt der christlichen Nächstenliebe, in der »noch über den Tod hinaus etwas spürbar werden [kann] von der ›größeren Liebe‹ (Joh. 15, 13), zu der Jesus seine Jünger auffordert« (1990: 23). Sie gehen weiter auf die Frage der Auferstehung ein:

»Leibliche Auferstehung bedeutet neue, durch den Geist Gottes verwandelte und verklärte Leiblichkeit. Diese zukünftige Wirklichkeit können wir uns nicht ausmalen. Sie ist nicht als Fortsetzung unseres irdischen Leibes vorzustellen, sondern bedeutet eine unaussprechliche Wirklichkeit, welche die irdische Leiblichkeit in eine neue Dimension überführt. So tief auch die Verwandlung reichen mag, es handelt sich nicht um einen totalen Bruch zwischen irdischem Leben und himmlischer Vollendung in der Auferstehung der Toten, sondern um die Verwandlung unseres jetzigen Lebens und um eine wesenhafte (nicht stoffliche) Identität auch des Leibes: ›Denn dieses Vergängliche muß sich mit Unvergänglichkeit bekleiden und dieses Sterbliche mit Unsterblichkeit‹ (1 Kor 15,53).« (Deutsche Bischofskonferenz/Rat der Evangelischen Kirche in Deutschland 1990: 23)

In dieser Erklärung stellen sich die katholische und evangelische Kirche hinter den »Hirntod« als Todeskriterium für den Menschen: »Der Hirntod bedeutet ebenso wie der Herztod den Tod des Menschen« (1990: 18). Papst Johannes Paul II. hat auf dem 18. Internationalen Kongress der *Transplantation Society* in Rom im Jahre 2000 die Einschätzung von »Organspende« als Akt der christlichen Nächstenliebe und die Aktzeptanz des »Hirntodes« als Todeskriterium bestätigt (Ärzte-Zeitung vom 31.08.2000). Trotz dieser befürwortenden Stellungnahmen melden sich christliche Stimmen zu Wort, die mit dieser Gleichsetzung nicht einverstanden sind.[78] So fragt Joachim Kardinal Meisner in der Frankfurter Allgemeinen Zeitung, wann sich Seele und Leib voneinander trennen:

»Wir Christen nämlich sehen den Menschen nicht bloß einseitig von seinem geistigen Aspekt her, wie es heute wieder gefährlich in Mode kommt. Für uns, die wir an die Fleischwerdung Gottes glauben, ist der Mensch leib-seelische Einheit. Der Tod des Menschen ist dann der endgültige Zusammenbruch dieser Einheit, die Trennung von Leib und Seele. Daß diese Einheit des Organismus in seiner funktionellen Ganzheit aber beim apparativ unterstützten hirntoten Menschen nicht mit der Sicherheit ausgeschlossen werden kann, die für eine Todesfeststellung gefordert ist, das ist inzwischen gut belegt. Daher ist das sogenannte Hirntodkriterium, das heißt letztlich die Identifikation des

77 Historisch hat u.a. die Mediävistin Carolyn Bynum die Bedeutung des Körpers für die Auferstehung im christlichen Glauben aufgearbeitet (Bynum 1995).

78 Auch aus der Sicht muslimischer und jüdischer Geistlicher ist die Gleichsetzung des »Hirntodes« mit dem Tod des Menschen nicht eindeutig geklärt, sondern Gegenstand andauernder Debatten (Krawietz 2001; Nordmann 2001, Rosner 1999).

Hirntods mit dem Tod des Menschen, beim heutigen Stand der Debatte nicht mehr zu halten.« (Meisner 1997)

Ausführlich behandelt fand ich das Problem des Ablöseprozesses der Seele vom Körper nach dem Tod in Untersuchungen zum Bestattungswesen in Deutschland und der Schweiz. Die von Roost Vischer befragten Bestatter gingen nicht davon aus, »[...] dass nach dem Tod alles aus sei« (Roost Vischer 1999: 34). Der Mensch bestand für sie sowohl aus einem Körper als auch »einem Etwas, das diesen verlässt und weiterexistiert« (Roost Vischer 1999: 35). Die in Elsbeth Kneupers ethnologischer Untersuchung befragten Bestatterinnen sind der Auffassung, dass die Trennung des Geistes vom Körper ein längerer Prozess von drei Tagen bis hin zu mehreren Jahren sein kann. Eine Bestatterin äußerte die Einstellung, dass sich Körper und Seele schwerer trennen, je mehr Schmerz dem Körper angetan wird, und ist deshalb der Meinung:

»[...] es findet in dem Menschen ein sehr intensiver Prozess statt. Nur weiß man eben nicht, wann die Ablösung stattfindet, aber man darf ihn nicht behindern, deswegen bin ich auch gegen Organspenden.« (zitiert nach Kneuper 1999: 58)

Gerade bei »Hirntoten«, deren Körper biologisch noch lebendig sind, liegt also die Frage nahe, in welchem Moment des Ablöseprozesses bei einer Organentnahme eingegriffen wird. In den vehement geführten Debatten zum Transplantationsgesetz, in der öffentlichen Diskussion, aber auch den vielen Schriften für oder gegen Organtransplantation ist es um dieses Thema erstaunlich ruhig.

Die Verabschiedung

Der Tod stellt die Menschen nicht nur vor das Problem, dass ein Verwandter oder Mitglied der Gemeinschaft auf einmal ›nicht mehr da ist‹ und seine Rolle nicht mehr erfüllen kann, sondern dass auch etwas von ihm zurückbleibt, was schlechterdings nicht ignoriert werden kann: eine Leiche. Diese Leiche weist immer noch (zumindest meistens) frappierende Ähnlichkeit mit dem Menschen zu Lebzeiten auf – wenngleich sie sich auch nicht mehr, wie der Philosoph Thomas Macho (1987) sagt, an die »Spielregeln« der Lebenden hält, sondern sich dergestalt »verweigert«, dass sie nicht einfach ohne Aufhebens entsorgt werden kann, sondern einer besonderen – soziokulturellen – Behandlung bedarf.

In der Vergangenheit, in der das Waschen der Leiche und eine Aufbahrung zu Hause üblich waren, kam fast jeder Mensch in Kontakt mit Leichen, in den letzten 50 bis 60 Jahren jedoch nicht mehr. Menschen wussten, so stellt die Kulturwissenschaftlerin Lynn Åkesson fest, wie eine Leiche aussah, sich anfühlte und wie sie roch. Die Abwesenheit solch konkreter sinnlicher Erfahrungen ist ihrer Ansicht nach typisch für unsere Zeit, doch sieht sie den kulturspezifischen Brauch des Abschiednehmens von der Leiche wieder zunehmen.[79] Sie glaubt, dass die Zeit der Gewohnheit, den Tod zu verschleiern, bald der Vergangenheit angehören wird (Åkesson 1996: 158). Ein Hinweis dafür kann in der Hospizbewegung gesehen werden. Dennoch ging viel kulturelles Wissen um den Umgang mit Leichen verloren. Direkter Kontakt mit Leichen ist heute selten, denn 1998 etwa verstarben im Durchschnitt 87,8 Prozent der Menschen in der EU in einem Heim, Krankenhaus oder einer Klinik (Ziegler 2000 [1975]: 18). Beim Sterben zu Hause werden die Aufgaben an Bestattungsunternehmen[80] übertragen; kaum jemand weiß um die Möglichkeit einer Aufbahrung zu Hause bis zu 36 Stunden nach Eintritt des Todes, und noch weniger Menschen nehmen diese Möglichkeit wahr.[81] Nach Carmen Thomas, Journalistin und Buchautorin, werde die Wichtigkeit der Verabschiedung von der Leiche für das Begreifen des Todes und die Verarbeitung des unweigerlichen, endgültigen Verlustes eines Menschen besonders an den Erfahrungen derjenigen deutlich, die dies nicht getan haben.

»Oft sind sie jahrelang mit einem Zweifel herumgeirrt, ob die betreffende Person überhaupt gestorben sei. Fast alle schildern einen besonders langen Trauerprozess mit all seinen Symptomen: Schlaflosigkeit, Depression, Unkonzentriertheit, Antriebslosigkeit, Gereiztheit und/oder Rückzug, Nahe-am-Wasser-gebaut-Sein in scheinbar unwichtigen Situationen und vor allem die Fata Morgana, den Toten oder die Tote dauernd irgendwo wiederzusehen.« (Thomas 1994: 22)

Die Erfahrungen der Menschen, die mit der Leiche in Kontakt kamen, zeigen auf, wie unterschiedlich hierzu die Einstellungen sein können: Manche empfanden es als tröstlich, andere wiederum konnten mit der veränderten Erscheinung der Verstorbenen nicht umgehen und hätten sie lieber so in Erinnerung behalten, wie sie zu Lebzeiten waren (Thomas 1994: 101-103). Schwere Entstellungen oder die Spuren des Todeskampfes im Gesicht der Leiche können als letztes Bild sehr belastende Nachwirkungen haben. Die Endgültigkeit des Todes wird jedoch durch den direkten Kon-

79 Für ein Wiederentdecken der Leichen und ihre Wichtigkeit für die Hinterbliebenen zur Verarbeitung von Trauer und Tod setzt sich bspw. die Journalistin Carmen Thomas mit ihrem Buch »Berührungsängste? Vom Umgang mit der Leiche« (1994) ein. Das zunehmende Interesse am Umgang mit Leichen und der Bestattungskultur schlägt sich auch in verschiedenen Ausstellungen nieder, wie z.B. »Memento Mori! Zur Kulturgeschichte des Todes in Franken«, Erlangen 1990 oder die Ausstellung »Last Minute. Sterben und Tod in unserer Gesellschaft«, die von Oktober 2000 bis Februar 2001 im Museum für Sepulkralkultur in Kassel zu sehen war.

80 Die Untersuchung der Veränderung der Bestattungsbräuche (Zunahme von Kremationen und anonymen Beisetzungen) in unserer Gesellschaft dürfte weitere wichtige Hinweise zu Vorstellungen vom toten Körper und wie mit ihm umgegangen werden sollte liefern. Vor allem die Zunahme von Kremationen ist unter der von Streckeisen et al. angebotenen Perspektive interessant, dass eine Einäscherung den bloßen Körper betone, eine Erdbestattung die eher ›leiborientierte‹ Variante darstelle (Streckeisen et al. 1992: 509).

81 Dies ist in den Bestattungsgesetzen der jeweiligen Bundesländer geregelt.

takt mit einer Leiche deutlich. Auch Schiller verweist in ihrer Studie zum modernen Bestattungswesen auf die Bedeutung des Abschiednehmens für die Angehörigen:

»Es gehört zur Realisierung des Todes eines Angehörigen, zu wissen, wo der Tote sich befindet. Die Aufbahrung des Toten und dabei insbesondere die offene Aufbahrung ist die sichtbare Darstellung seiner Person. Deshalb ist auch der Anblick des Sarges bei der Trauerfeier für die Angehörigen eminent wichtig. [...]

Einige Bestatter sind sogar dazu übergegangen, Eltern ihre verstorbenen Kinder selbst waschen und ankleiden zu lassen. Der Tod der Kinder wird so ›handgreiflich‹ bewusst, und durch die so erfahrene Realität lernen die Eltern, ihn anzunehmen. Der Trennungsschmerz kann sich in den Symbolhandlungen des Abschieds besser ausdrücken und so auf diese Weise die einsetzende Trauerarbeit erleichtern.« (Schiller 1991: 73)

Demgegenüber hat das Sehen und Berühren der Leiche beim Abschied von Verstorbenen im Krankenhaus nur einen marginalen Status. In Lehrbüchern zur Krankenpflege wurde laut Helmers ein Grundschema deutlich. Andere Patienten sollen vom Tod möglichst nichts bemerken, um nicht beunruhigt zu werden. Häufig wird in den Schriften darauf verwiesen, den Leichnam nicht mehr als unbedingt nötig zu berühren – auch von Seiten der Angehörigen –, mit der Begründung, dies sollte nicht nur aus hygienischen, sondern auch aus ethischen Gründen unterlassen werden (Helmers 1989: 37-40).[82] Die von Helmers geführten Interviews mit Krankenpflegepersonal ergaben, dass das Schließen der Augen mit die wichtigste Voraussetzung ist, um einen verstorbenen Menschen herzurichten. Angehörige sollten nicht durch das gebrochene, halb offen stehende Auge erschreckt werden, da dies bedrohlich wirkt und nicht mit dem angestrebten Ausdruck des friedlich Schlafenden korrespondiert (Helmers 1989: 41). Bei Analyse der weiteren Maßnahmen, die an einer Leiche vorgenommen werden, und den dazugehörigen Verhaltens- und Schutzmaßnahmen kommt Helmers zu dem Schluss, dass diese nicht allein hygienisch begründet sind, sondern der Eindruck entsteht, »[...] daß es weniger um nachweisbare Keime als vielmehr um die ›Krankheit Tod‹ selber geht, deren Spuren weggewischt werden sollen« (Helmers 1989: 41). Krankenschwestern vermeiden es, an Verstorbenen alleine zu arbeiten oder mit der Leiche ›eingeschlossen‹ zu sein, z.B. indem sie Türen oder Fenster öffnen. In den Institutionen wird ein möglichst unauffälliger Abtransport der Leichen angestrebt, damit niemand den Tod bemerkt (Helmers 1989: 45, s.a. Streckeisen 1992: 207-212).

---

82 Es werden auch Hinweise gegeben, deren Bedeutung heute nicht mehr klar ist, wie bspw. das Öffnen des Fensters im Sterbezimmer, das traditionell gemacht wurde, um die Seele der Verstorbenen entweichen zu lassen. Helmers weist darauf hin, dass im Handwörterbuch des deutschen Aberglaubens beschriebene Abläufe tradierter (Abwehr-)Bräuche zum Umgang mit Leichen sich auch im modernen Klinikalltag noch finden (Helmers 1989: 41).

Das Abschiednehmen von den Toten seitens der Angehörigen wird in den von Helmers untersuchten Lehrbüchern zur Krankenpflegeausbildung zwar erwähnt, doch eher kurz und am Rande. Die speziellen Aufbahrungsräume befinden sich oftmals im Keller oder abgelegenen Bereichen einer Klinik, in der Nähe zur Pathologie (Helmers 1989: 61). Roost Vischer berichtet aus ihrer Untersuchung zum professionellen Umgang mit Leichen, dass das Abholen der Leiche einem Gang in die Unterwelt gleicht (Roost Vischer 1999: 28).[83] Allein als Besucherin bis in diesen Bereich vorzudringen, so meine eigene Erfahrung, kann mulmige Gefühle hervorrufen. Der Teil des Aufbahrungsraumes, in dem der Sarg steht, ist heutzutage meist von dem den Angehörigen zugänglichen Teil durch eine Glaswand getrennt (s.a. Helmers 1989: 61). Wie mir eine Seelsorgerin erzählte, ist es auch auf dringenden Wunsch und ohne vom Leichnam ausgehende Infektionsgefahr für Betroffene nicht möglich, diese Sperre zu durchbrechen und die Verstorbenen noch einmal zu berühren. Von offizieller Seite werden hierfür Hygienevorschriften genannt, die weder weiter differenziert noch glaubhaft begründet werden.[84] Die Seelsorgerin setzt sich dafür ein, die Verstorbenen deshalb noch möglichst lange auf der entsprechenden Station zu belassen (was höchstens für ein paar Stunden möglich ist), um den Angehörigen diese unangenehme und zusätzlich belastende Situation ›im Keller‹ nicht zuzumuten. Natürlich ist dies bei knappen und teuren Intensivstationsbetten kaum möglich. Durch die Gestaltung der Aufbahrungsräume werden Angehörige nicht zum Abschiednehmen ermutigt, vielmehr wird es ihnen – so sie sich in diese Räume begeben – durch die abweisende Atmosphäre noch zusätzlich erschwert. Darüber hinaus haben die professionell mit Leichen Arbeitenden, so das Ergebnis der Studie von Streckeisen et al. (1992), die restliche Gesellschaft vor den vom Tod berührten Bereichen zu schützen und werden ihrerseits von dieser wiederum gemieden: »Unsere Gesellschaft reagiert also auf Inhaber von Leichenberufen so, wie sie es auch Leichen gegenüber tut: mit Scheu und Abscheu« (Streckeisen et al. 1992: 512).[85]

Die Erfahrungen Hinterbliebener sowie professionell mit Verstorbenen Umgehenden hat gezeigt, wie wichtig die Leiche für das Abschiednehmen und das Verständnis des Todes ist. Die entsprechenden Institutionen – Krankenhäuser, Kliniken oder Altenheime – verhindern den direkten Kontakt mit der Leiche jedoch mehr, als dass sie ihn fördern. Die Anwesenheit des Todes soll möglichst unsichtbar gemacht

---

83 Die Aufbahrungsräumlichkeiten seien zudem von einer kalten Atmosphäre geprägt: tiefe Temperatur, gekachelte oder in kühlen Farben gestrichene Räume ohne Tageslicht und ohne direkte Lüftungsmöglichkeiten (Roost Vischer 1999: 28).

84 Dazu Helmers: »Durch solche baulichen Maßnahmen unter dem Vorwand von Hygiene und Pietät wird das Abschiednehmen der Hinterbliebenen auf einen ›letzten Blick‹ beschränkt« (1989: 61).

85 Vgl. auch Roost Vischer 1999: 51, 103, 249.

werden. Aus dem Meidungsverhalten in der spätmodernen Gesellschaft gegenüber der Konfrontation mit Leichen, aber auch mit Trauernden wird häufig auf ein ›gestörtes‹ oder ›unnatürliches‹ Verhältnis zum Tod in diesen Gesellschaften geschlossen. Der Umgang mit den vom Tod berührten Bereichen ist aber in allen Kulturen spezifischen Regeln unterworfen. Häufig dürfen Hinterbliebene für gewisse Perioden nicht am öffentlichen gesellschaftlichen Leben teilnehmen (Barley 1998: 34, s.a. Douglas 1978).[86] Der Tod und die von ihm berührten Bereiche sind in den Vorstellungen vieler Kulturen mit einer infektiösen Potenz ausgestattet und oftmals mit besonderen Schutzmaßnahmen gegenüber den Leichen verbunden.[87] Es findet in nicht-westlichen Gesellschaften zum Teil ein explizites Meiden der vom Tod berührten Bereiche statt, das weit über das in unserer Gesellschaft festzustellende Meidungsverhalten hinausgehen kann. Im Unterschied zur spätmodernen Gesellschaft sind die Verhaltensregeln aber für alle Betroffenen explizit und nötigen keine eigene Entscheidung über ›richtiges‹ oder ›angebrachtes‹ Verhalten ab, da ein verbindliches und geteiltes Orientierungssystem existiert.

Das größte Problem, vor das uns der Tod stellt, liegt nach Ansicht Machos in der »Verweigerungshaltung« der Leichen: Sie lassen noch den früheren Menschen erkennen, verweigern aber jede Kommunikation, jeden Austausch. Bereits in der Sterbephase beginnt dieser Kommunikationsbruch; erst wenn die Leiche zurückbleibt, wird dieser Bruch unwiderruflich (Macho 1987: 408-409). Macho spricht von einer »unerklärlichen Verdoppelung«, da die Leiche einerseits ganz klar mit dem Verstorbenen identisch ist, andererseits aber auch eindeutig nicht (Macho 1987: 409). Die Leiche wird also als eng mit dem verstorbenen Menschen verbunden gedacht, was als Vorhandensein der leiblichen Ebene interpretiert werden kann (vgl. Kap. 3.1.2), und ist für die Verabschiedung vom Angehörigen und der Verarbeitung des Todes für die Hinterbliebenen von großer Bedeutung. Dabei ist jedoch festzustellen, dass der Umgang mit den Verstorbenen durchaus angstbesetzt ist und (nicht nur in westlichen Gesellschaften) häufig gemieden wird. Dieser Ambivalenz im Umgang mit Verstorbenen ist im nächsten Abschnitt weiter nachzugehen.

3.2.3 Die Leichen zwischen Leib und Körper

Nach Macho gibt es eine »tiefe Angst vor dem geheimen Leben der Leiche, vor ihrer infektiösen Potenz« (1987: 412). Minutiöse Vorschriften und Rituale zum Umgang

86 Die Dauer ist abhängig von ihrem Verwandtschaftsgrad zum Verstorbenen.

87 Beispiele hierzu finden sich in Kalitzkus 1996: 96-103; Mandelbaum 1965: 192; Paull Mines 1990; Ziegler 2000 [1975]: 185. Für den deutschsprachigen Raum vgl. Salis Gross 2001.

mit Leichen, wie sie in allen Kulturen zu finden sind, dienen den Lebenden dazu, sich vor den der Leiche innewohnenden Kräften zu schützen. Auch ist das ambivalente Verhältnis zu Leichen nicht auf einen universellen Horror vor Verwesung zurückzuführen, wie Hertz hervorhebt, da es in ein und derselben Kultur verschiedene Vorschriften im Umgang mit einer Leiche geben kann, die auf dem sozialen Status des oder der Verstorbenen beruhen (Hertz 1960 [1907]: 76). Unter der analytischen Trennung von Körper und Leib betrachtet, ist der besondere Umgang mit Leichen ein Hinweis darauf, dass der tote Körper (noch) in enger Verbindung zum Leib eines Menschen gedacht wird, ja in gewisser Weise dessen Fortsetzung und nicht nur materiellen Überrest darstellt. Ein Blick in die Vergangenheit soll verdeutlichen, welche Bedeutung Leichen im abendländischen Kontext zugeschrieben wurde.

Bynum verweist darauf, dass in der mittelalterlichen Eschatologie der Körper nicht nur wichtig war für das Leben nach dem Tod, sondern davon ausgegangen wurde, dass Leichen Kräfte innewohnten, positive wie negative. Sie gibt zwei Beispiele:

»Bekanntlich wurden die Leichname von Heiligen als Reliquien verehrt, als Orte, an denen übernatürliche Kräfte besonders präsent waren; man zerteilte sie absichtlich, um die Zahl der Gegenstände solcher Verehrung zu vergrößern. Nicht nur sie selbst, sondern auch Dinge, die die Heiligen berührt hatten (ihre Kleider, Gebrauchsartikel, sogar ihre Körperflüssigkeiten, Milch oder Speichel zum Beispiel – oder ihr Waschwasser) wurden verehrt. Seit dem 10. Jahrhundert zerteilte man in manchen europäischen Ländern auch die Leichname weltlicher Herrscher. Die Leichen von Königen und Edelleuten wurden zerschnitten, damit man sie an mehreren Stellen begraben konnte. Komplexe Argumente begründeten dieses Verfahren: man sprach von der Notwendigkeit, mehr Gebete für die Verstorbenen zu sammeln, und davon, daß die Macht der Person überall dort gegenwärtig sei, wo sich Teile des Körpers befänden.« (Bynum 1996: 22)

An diesen Beispielen wird deutlich, dass den Leichen noch Kräfte zugeschrieben wurden und sie mehr als nur tote Körper waren. Das heißt, auch bei einer Leiche kann man von einer Leibebene sprechen, von einer Ebene, die über die rein materiell-körperliche Ebene hinausgeht und mit dem verstorbenen Menschen, mit seinem Leib in enger Verbindung steht. Die Zerteilung der Leichen Heiliger oder Mächtiger stellte einen Akt der Verehrung der Verstorbenen und ein Anerkennen der leiblichen Ebene ihrer Leichen im Sinne ihrer ›belebten‹, mit Kräften ausgestatteten Eigenschaften dar. Hier findet sich die Aussage Machos wieder:

»Die Leiche muß etwa als lebendiges Individuum respektiert werden, das einem fremden Sozialkörper – dem Totenreich – angehört: jenseits der territorialen Grenze des von ihrer Zugehörigkeitsverweigerung betroffenen Sozialkörpers.« (Macho 1987: 220)

Auch Linda Hogle verweist darauf, dass Leichen in der abendländischen Vergangenheit eigenes Handlungsvermögen zugeschrieben wurde. Es wurde ihnen nachgesagt, dass sie schwitzen, beißen, sich drehen, an ihren Knochen nagen könnten, ihre Haare und Nägel noch weiter wachsen würden und andere körperliche Funktionen ausführten. Dies ›Handlungsvermögen‹, so Hogle, im deutschen Recht bis ins späte 17. Jahrhundert kodifiziert.[88] Neben dem Tod als ›ewiger Ruhe‹ tauchen also im so genannten Volksglauben erstaunlich aktive und rege Leichen auf. Das, was sie tun und was sie umtreibt, ist nur auf der leiblichen Ebene, der Fortsetzung ihres Selbst in anderer Form, zu erklären. So gibt es häufig die Auffassung, dass diejenigen, die eines ›frühzeitigen‹ oder ›unnatürlichen‹ Todes gestorben seien, wie bspw. Kinder, Wöchnerinnen, Ermordete, Selbstmörder oder Ertrunkene, nicht zur Ruhe kommen, »[...] daß diesen Toten noch ein gewisses Quantum Lebenskraft geblieben sei und daß sie darum umgehen müssen [...] bis zu der Zeit, da sie hätten sterben sollen« (Bächtold-Stäubli 1987 [1927], Bd. 8: 974). Der Volksglaube berichtet von den so genannten schmätzenden Leichen oder den Nachzehrern, die aufgrund ihres unruhigen Zustandes andere in ihr Grab mit hinein ziehen können (Bächtold-Stäubli 1987 [1927], Bd. 8: 812-823). Der Ethnologe Peter Bräunlein stellt fest, dass die Wiederkehr der Toten im christlichen Abendland eine Ausnahmeerscheinung ist, aber dennoch über Jahrhunderte niemand, mit Ausnahme einiger Gelehrter, an der Möglichkeit einer mehr oder weniger körperlichen Wiederkehr der Toten gezweifelt habe:

»Unbestreitbar ist gleichermaßen: Die Furcht vor der Wiederkehr der ›nicht richtig Toten‹ gehört(e) zum Repertoire kollektiver Ängste des Abendlandes, ohne damit eine Kontinuität germanischer Vorstellungen behaupten zu wollen. [...] Die kollektive Überzeugung gebildeter Kreise der Gegenwart, wonach es Untote selbstverständlich nicht gibt (außer in Hollywood) ist relativ neu.« (Bräunlein 1995: 118-119)

Der oben geschilderte Umgang mit den Leichen Heiliger verdeutlicht einen weiteren Aspekt: Das oftmals als universell beschriebene Konzept der Unversehrtheit der Leiche, das man mit dem Beginn der Sektionen durchbrochen sah, scheint hier nicht zuzutreffen. Hogle hebt hervor, dass vor allem von transplantationskritischer Seite in Deutschland, aber auch in anderen zeitgenössischen Arbeiten immer wieder dieser traditionelle, als universell erachtete Wert von der Unversehrtheit der Leiche in den Vordergrund gestellt wird. Sie führt diese Idee vor allem auf religiöse, primär westlich-christliche Vorstellungen vom Körper als Tempel, als heiliges Gefäß, als nicht in ein Objekt verwandelbares Ding zurück (Hogle 1999: 23).

Die Verwendung von Leichenteilen zu medizinischen Zwecken ist auch keine neue Erfindung der Transplantationsmedizin. Hogle, die in ihrer Studie dem Mechanismus der Verwandlung menschlicher Körperteile in Heilmittel nachgeht, legt dies für den deutschen Kontext dar: Gesetzestexte und medizinische Dokumente weisen

88 So nennt sie das ›Bierrecht‹ oder ›Bahrrecht‹, in dem festgehalten war, dass die Leiche eines ermordeten Opfers in der Anwesenheit des Mörders bluten würde, was als legaler Beweis zur Identifikation des Mörders galt (Hogle 1999: 32).

darauf hin, dass der Glaube an die heilenden und regenerativen Kräfte von Leichenteilen in Deutschland weit verbreitet gewesen ist. Dabei hatten die den Leichen entnommenen Materialien den ambivalenten Status, einerseits zu heilen, andererseits aber auch Übel bringend und gefährlich zu sein, was sich in Vorstellungen vom so genannten »Leichengift« festmacht. Diese Potenz zum Guten oder zum Bösen hing mit dem verstorbenen Menschen zusammen (Hogle 1999: 38-39).[89]

In der Verwendung von Leichen können diese – wie dargelegt – den Status von Leib haben und als Fortexistenz des Selbst der Verstorbenen verstanden werden. Im biomedizinischen System werden Leichen dagegen rein auf der Ebene des Körpers verwendet. Seit die Medizin mit der Begründung der Anatomie den diagnostischen Blick ins Innere des Körpers lenkt, der zu Beginn immer ein toter Körper war, sind Leichen begehrte Objekte und Material für die Medizin – und immer schon Mangelware (vgl. Bergmann 1996: 88). Zur Sektion konnte nicht jeder tote Körper verwendet werden. Bisher dafür verwendete Leichen von so genannten Personen am Rande der Gesellschaft, wie Verbrecher oder Suizidenten, konnten den neuen Bedarf nicht mehr decken. Der Bedarf an Leichen in der pathologischen Anatomie und der Anatomie zu Ausbildungszwecken nahm, so Prüll, zu Beginn des 19. Jahrhunderts stark zu, sodass man deshalb verstärkt auf Leichen von Armen aus den seit etwa 1800 entstehenden Krankenhäusern und anderen Fürsorgeeinrichtungen zurückgriff (Prüll 2000: 62).[90]

Bis in die Siebzigerjahre des letzten Jahrhunderts jedoch ist ein chronischer Leichenmangel in der Anatomie zu verzeichnen gewesen, der erst durch massive Öffentlichkeitsarbeit behoben werden konnte, so Prüll (2000: 64). An diesem historischen Rückblick wird deutlich, dass die Problematik des Mangels an ›menschlichem Biomaterial‹ (sei es tot oder lebendig) nicht erst mit der Transplantationsmedizin auf-

---

89 So sei eine junge Person oder eine Jungfrau deutlich weniger der Gefahr ausgesetzt gewesen, sich eine unerwünschte und übertragbare Krankheit zugezogen zu haben. Andererseits bedeutete ein plötzlicher Tod oftmals die Hinrichtung eines Kriminellen oder einer sozial randständigen Person, also eines Menschen, dem man unter normalen Umständen schon nicht gerne nahe gewesen wäre, und noch weniger wollte man ihn am oder im eigenen Körper (Hogle 1999: 39).

90 Mit zunehmendem Bedarf der Medizin an Leichen setzte Widerstand von Seiten der Bevölkerung gegen Sektionen ein, was sich unter anderem in Versuchen zur Regelung des anatomischen Sektionswesens ablesen lässt, die dieser Entwicklung entgegenwirken sollten (vgl. Prüll 2000: 62 sowie auch Bergmann 1996: 87 und Helmers 1989: 86-89). Es wurden häufig Leichen von gesellschaftlich am Rande stehenden Menschen verwendet, was sich bis heute fortsetzt. So wurde für das *Visible Human Project* der National Library of Medicine in Bethesda, Maryland, USA die Leiche eines Hingerichteten verwendet. Die Leiche des wegen Mordes hingerichteten Joseph Paul Jernigan wurde im tiefgefrorenen Zustand in millimeterdünne Scheiben geschnitten und digital fotografiert. Das Ergebnis ist im Internet unter <www.nlm.nih.gov/research/visible> zu betrachten.

kam. Vielmehr steht sie in untrennbarem Zusammenhang mit der objektivierten Betrachtung des Körpers mit dem klinischen Blick: Erst durch Loslösung des Körpers von Leib und Selbst eines Menschen kann dieser zu einer medizinischen Ressource werden. Die Anzahl der zur Verfügung stehenden Leichen ist also immer schon begrenzt und verringert sich zusätzlich durch die Tatsache, dass die Bevölkerung und medizinische Laien die Betrachtung der Leiche als von leiblichen Aspekten gelöster, toter Körper nicht mittragen (können oder wollen) und deshalb deren Verwendung verweigern.

Ein ›aufgeklärter‹ rationaler Umgang mit Leichen als reine Körper, die von der Medizin als Erkenntnisobjekte verwendet werden, ist immer noch keine Selbstverständlichkeit, sondern muss in der medizinischen Ausbildung ›eingeübt‹ werden. Bis heute wird das Hantieren mit und Verletzen von Leichen als tabuisiertes Tun wahrgenommen, wie Helmers in der Befragung von Medizinstudenten zu ihrem Präparationskurs belegt (1989: 66-67). Wenngleich bei weiterer beruflicher Tätigkeit in diesem Bereich sich eine zweckorientierte Ausrichtung verstärkt, die Leiche mehr zum Objekt wird, bleibt dennoch ein Empfinden und eine Achtung vor den Toten vorhanden (Helmers 1989: 73). Der Blick in den toten Körper steht in der medizinischen Ausbildung vor dem Kontakt mit lebenden Patienten. Das Einüben des ›klinischen Blickes‹ und die Sektionen im Präparationskurs in den ersten Semestern eines Medizinstudiums verwandeln Leichen in Objekte. Dennoch ist bei den Betroffenen zu Beginn ein Schaudern und etwas von einem Tabubruch spürbar, der jedoch mit zunehmender Routine abnimmt (vgl. Åkesson 1996).

Durch die Transplantationsmedizin verschärft sich die Problematik im Umgang mit Leichen, da sie ihrer eigenen Definition nach auf ›lebende Leichname‹ angewiesen ist, deren Objektivierung schwerer fallen, dafür umso notwendiger sein müsste. »Hirntote« sind der gesetzlichen Definition nach Tote, die jedoch mit allen (nichttechnisch vermittelten), über die Sinne wahrnehmbaren Anzeichen als lebendig erscheinen. Der Körper eines »Hirntoten« wird aus biomedizinischer Sicht als ›Objekt‹ im reinsten Sinne des Wortes und *ohne* die Identität des betreffenden Menschen aufrecht erhalten. Hogle verdeutlicht in einem Vergleich des US-amerikanischen und des deutschen Umgangs mit »hirntoten Organspendern« die besonders in Deutschland ausgeprägte Tendenz, den Körper des »Organspenders« konzeptionell von der Person des Versterbenden zu trennen. Die Schwierigkeit, der sich die Transplantationsmedizin gegenüber sieht, liegt darin, das benötigte körperliche Material zu bekommen, ohne dabei die Person des »Hirntoten« zu verletzen, analysiert Hogle. Sowohl in Deutschland als auch den USA sind besondere Maßnahmen und Verhaltensregeln des medizinischen Personals im Umgang mit »Hirntoten«, die für eine Organentnahme vorgesehen sind, zu beobachten, um eine weitere Objektivierung des »hirntoten« Körpers von der versterbenden Person zu erreichen (Hogle 1999: 140-

160). In Deutschland wird darüber hinaus sehr wenig an Informationen über die Lebensumstände des oder der »Hirntoten« gesammelt, auch beschränkt sich der körperliche Kontakt auf ein Minimum, was zur Folge hat, dass diese nie als individuelle Person wahrgenommen werden (Hogle 1999: 159). Es bedarf also auch im professionell-medizinischen Umgang besonderer Anstrengungen, den »hirntoten« Körper von der Person des Patienten zu trennen.

Auch bei der Betrachtung des *gesellschaftlich-sozialen Status* einer Leiche wird die bisher aufgezeigte Ambivalenz deutlich. Der Umgang mit Leichen ist aufs Strengste gesetzlich reglementiert. Zum einen ist dies auf Länderebene festgelegt in den Bestattungsgesetzen, die in ihren konkreten Bestimmungen variieren können. Diese gehen jedoch auf die im Grundgesetz verankerte Wahrung der Menschenwürde zurück (Art. 1 Abs. 1), die unter anderem dann verletzt wird, »[...] wenn der Mensch ›zum Objekt, zu einem bloßen Mittel, zur vertretbaren Größe herabgewürdigt wird‹« (Taupitz 1994: 41). Am Umgang mit den körperlichen Überresten lässt sich eine Aussage über den gesellschaftlichen Status eines verstorbenen Wesens treffen, auf den ich bereits im Zusammenhang mit dem »Hirntod« diskutierten Mechanismus des sozialen Ein- bzw. Ausschlusses aus der Gemeinschaft sozialer Akteure verwiesen habe. Laut gesetzlicher Bestimmungen werden Tot- und Fehlgeburten unter einer bestimmten Gewichtsgrenze nicht bestattet, sondern in den Kliniken als ›Sondermüll‹ (dazu zählen auch andere menschliche Körperteile, wie amputierte Gliedmaßen oder entnommene Organe etc.) entsorgt.[91] Demnach gelten sie laut Personenstandsgesetz als nicht geboren (vgl. Hogle 1999: 64). Auch dieser Punkt wird gesellschaftlich verhandelt. Das Bekanntwerden dieser Praktiken führte zu Protesten seitens betroffener Eltern, die sich einen ethisch sensibleren Umgang mit den Leichen ihrer Kinder gewünscht hätten (siehe u.a. Frankfurter Rundschau, 22.07.1998).[92]

---

91 Dies ist auf Länderebene in den Bestattungsgesetzen geregelt. Die Gewichtsgrenze ist in den Bundesländern nicht einheitlich, sie liegt zwischen 500 und 1000 Gramm.

92 Auf die Problematik der Tot- und Fehlgeburten war Sudnow (1973 [1967]: 141-150) bereits in den 1960er-Jahren in den USA aufmerksam geworden und hat in seiner Studie nachgewiesen, wie der Status dessen, was dort das Licht der Welt erblickt, abhängig ist von der Interpretation der am Geschehen Teilnehmenden. Auch in den USA hängt die Definition ›Mensch‹ von Länge und Gewicht ab, darüber hinaus bleibt noch Interpretationsspielraum, der unter anderem davon abhängt, wie ›erwünscht‹ das Kind von der Mutter ist oder welche ›Lebensäußerungen‹ es von sich gibt, aber auch von der religiösen Einstellung der Patienten und des Personals. »Es gab katholische Medizinalassistenten und Assistenzärzte, die darauf bestanden, Embryos, die von den übrigen Mitarbeitern auf der Entbindungsstation ohne weiteres als ›Sache‹ bezeichnet wurden, ordnungsgemäß zu registrieren und als verstorbene Patienten zu führen.« (Sudnow 1973 [1967]: 144-145)

Zum Schutz der Würde des Menschen über den Tod hinaus leiten sich hiervon zwei weitere Gesetze ab: das *Totensorgerecht* und die Paragrafen zur *Störung der Totenruhe*. Die physischen Überreste eines Menschen sind Objekt der Trauer für die Hinterbliebenen, denen ein Totensorgerecht zugesprochen wird. Was mit ihnen geschehen soll, regelt der zu Lebzeiten geäußerte Wille der Verstorbenen oder aber diejenigen, in deren Gewahrsam sich die Leiche befindet. Das *Persönlichkeitsrecht* wirkt über den Tod hinaus in Bezug auf die Leiche weiter, die auch als »Rückstand der Persönlichkeit eines Menschen«[93] bezeichnet wird und mit der deshalb pietätvoll umgegangen werden soll. Mit Ausnahme des eben dargelegten »Personenrückstandes« hat eine Leiche ansonsten den Status einer Sache (vgl. Taupitz 1994). Gesetzlichen Schutz für einen pietätvollen Umgang mit der Leiche bietet § 168 StGB über die *Störung der Totenruhe*.[94] Die ›Totenruhe‹ verweist auf die in unserer Kultur übliche Assoziation des Todes mit dem Schlaf; dieser letzte, ewige Schlaf soll nicht gestört werden. Die Störung der Totenruhe kann mit Freiheitsstrafe bis zu drei Jahren oder einer Geldstrafe belegt werden. Diese wurde bspw. verhandelt im Falle von drei Ärzten und einem Bestatter, die Augen von Leichen ohne Einwilligung der Hinterbliebenen entnommen hatten (Südwestumschau vom 23.11.1999).[95]

Das Konzept der Totenruhe ist jedoch gesellschaftlich umstritten. Ihr Schutz steht oftmals dem medizinischen Erkenntnisinteresse entgegen. Dies bietet Anlass zu gesellschaftlichen Kontroversen über das Verfügungsrecht über Leichen. In diesen Kontroversen werden das individuelle Persönlichkeitsrecht und der Schutz desselben gegenüber dem Anspruch der Gesellschaft auf die Körper ihrer Mitglieder verhandelt. Leichen befinden sich damit im Spannungsfeld zwischen dem ›individuellen‹ und ›sozialen Körper‹. § 168 StGB besagt, dass die Entwendung einer Leiche aus dem »Gewahrsam des Berechtigten« verboten ist. »Berechtigte« sind jedoch in den meisten Fällen nicht mehr die nächsten Angehörigen, sondern die Klinik oder das

---

93 Gesetzlich schlägt sich der besondere Status von Leichen z.B. auch darin nieder, dass sie bei der Bahn nicht in Güter-, sondern Personenzügen befördert werden und dabei einen Beförderungsschein und keinen Frachtbrief beigelegt bekommen (Thomas 1994: 58).

94 »(1) Wer unbefugt aus dem Gewahrsam des Berechtigten den Körper oder Teile des Körpers eines verstorbenen Menschen, eine tote Leibesfrucht, Teile einer solchen oder die Asche eines verstorbenen Menschen wegnimmt oder wer daran beschimpfenden Unfug verübt, wird mit Freiheitsstrafe bis zu drei Jahren oder mit Geldstrafe bestraft.

(2) Ebenso wird bestraft, wer eine Aufbahrungsstätte, Beisetzungsstätte oder öffentliche Totengedenkstätte zerstört oder beschädigt oder wer dort beschimpfenden Unfug verübt.

(3) Der Versuch ist strafbar.« (§ 168 StGB)

95 Die Totenruhe währt aber nicht ewig, sondern erlischt bei fortgeschrittenem Verwesungsprozess; Knochen, die etwa bei der Neubelegung einer Grabstätte gefunden werden, können als Sache frei angeeignet werden (Helmers 1989: 94).

Krankenhaus, in der jemand verstarb, da im Krankenhausaufnahmevertrag häufig eine Klausel enthalten ist, erklärt Taupitz (1994: 40), wonach einer Sektion oder der Weiterverwendung von Körpermaterialien nach dem Tode zugestimmt wird (s. a. Taupitz 1993). Die Sektion einer Leiche darf – wenn nicht gesetzlich vorgeschrieben – nur mit zu Lebzeiten gegebener Einwilligung der Verstorbenen respektive ihrer nächsten Angehörigen durchgeführt werden, wobei deren Wille immer Vorrang hat (Pschyrembel 1993). Kommen unerlaubte Nutzungen von Leichen an die Öffentlichkeit, rufen sie dort zumeist große Empörung hervor. So geschehen bei dem Skandal um Verwendung von Leichen als Crashtest-Dummys 1993 oder dem jüngst in England ausgelösten Skandal, nachdem verstorbenen Kindern ohne Wissen der Eltern Organe für medizinische Zwecke entnommen wurden (Frankfurter Rundschau vom 13.01.01).[96] Es wird deutlich, wie wichtig die Vorstellung eines unversehrten und mit Respekt behandelten Leichnams nach wie vor ist. Streckeisen arbeitete den grundlegenden Konflikt heraus, der in der Situation einer möglichen Autopsie zwischen der ärztlichen Sichtweise und der Sicht der Laien entsteht:

»Wenn der Arzt mit den Angehörigen über die Autopsie spricht, so treffen die zwei auseinanderweisenden Orientierungen direkt aufeinander. Für die Angehörigen kommt der konkrete Eingriff der Sektion der schmerzenden Verletzung eines kommunikativen Körpers gleich, für die Wissenschaft indes geht es um die Dekomposition eines eventuell interessanten naturhaften Gegenübers. Werden bei dieser Intervention für die Angehörigen Schamgrenzen verletzt, da das Gegenüber ein ›lebendiger‹ Leib ist, so stellt die Kategorie der Scham für Autoptiker als Autoptiker keine Bezugsgrösse dar, denn sie untersuchen lebloses Gewebe.« (Streckeisen 1992: 217-218)

Zusammenfassend lässt sich feststellen: Leichen befinden sich im Spannungsfeld von dem Status als Subjekt der Trauer und Fürsorge der Angehörigen einerseits und objektivierter Bioressource für die Medizin andererseits. Das Ausblenden der persönlichen Aspekte, die der Leiche anhaften, kann als Ausblenden der subjektiven Leibebene und Reduktion auf die Körperebene gelesen werden. Die Körper-Leib-Problematik bleibt also auch bei Leichen weiter bestehen und zeigt, dass die Leiche nicht nur Körper, sondern darüber hinaus die fortwirkende Verkörperung des Leibes eines Menschen ist. Die Ausführungen in diesem Kapitel haben weiter gezeigt, dass zur Verarbeitung des Todes eines Menschen der Kontakt mit einer Leiche im herkömmlichen Sinne hilfreich ist. Dieser wird von professioneller Seite nicht gefördert,

96 Der Aufschrei in der Öffentlichkeit gab Anlass zu einem Symposium der Akademie für Ethik in der Medizin »Zum Umgang mit der Leiche in der Medizin« (8.–9. Juli 1994 in Heidelberg). In der dazugehörigen Veröffentlichung wird u.a. dargelegt, warum traumato-mechanische Untersuchungen an Leichen medizinisch notwendig sind und weshalb diese nicht gegen deutsche Gesetze oder die Menschenwürde verstoßen. Ausführlich geht es in dieser Publikation auch um die Verwendung von »Hirntoten« zu Transplantationszwecken (Wellmer/Bockenheimer-Lucius 2000).

sondern tendenziell eher verhindert. Denn Leichen haben, so scheint es, ihre ›infektiöse Potenz‹ nicht verloren und werden so weit als möglich vom Bereich der Lebenden getrennt. Professionell mit Leichen Arbeitende haben im beruflichen Alltag eine objektivierte Blickweise auf den toten Körper. Dieser ›klinische Blick‹ auf die Leiche muss in der Ausbildung erst erlernt werden und lässt sich in der Praxis nicht immer durchhalten, sodass bspw. auch Bestatter vor den ›Leibaspekten‹ der Leichen glauben, sich schützen zu müssen. Roost Vischer zeigt in ihrer Studie zum Bestattungswesen auf, wie auch von Bestattern im Berufsalltag sich das Bild von einer Leiche als Ding nicht durchgängig halten lässt:

»In gewissen Momenten kann das Personenhafte überwiegen oder aber die Leiche wird zu einem Halbwesen gemacht, das potentiell (re)agieren könnte und damit Angst auslöst.« (Roost Vischer 1999: 33)[97]

Wie hat man sich vor diesem Hintergrund den sensationellen Erfolg der Ausstellung »Körperwelten«[98] zu erklären, bei dem sich die Besucher mit ›echten‹ Leichen konfrontiert sehen? Zum einen belegt der große Zuschauerandrang die Faszination, die von Leichen auch ausgehen kann (vgl. hierzu Helmers 1989). Bei näherer Betrachtung zeigt sich jedoch, dass die ausgestellten Plastinate sich dadurch auszeichnen, den Merkmalen herkömmlicher Leichen *gerade nicht* zu entsprechen. Sie seien, so der Initiator dieser Ausstellung, Gunther von Hagens, »erstarrt, gefangen zwischen Sterben und Verwesung. Ihnen ist der Ekel genommen, sie sind geruchlos, ästhetisch schön, dem Leben nahe«.[99] Es handelt sich also um Leichen, denen das »Menschen-

97 »Die Bestatter schätzen es beispielsweise nicht, wenn bei einer eingekleideten Leiche an der falschen Stelle, zum Beispiel am Halsausschnitt, nackte Haut sichtbar ist. Sie sagen dann, ›sie‹ oder ›er‹ friere. Chauffeur Conrad hatte am Anfang Mühe, die Leiche im Sarg am Kopf hochzuziehen, aus Angst, dem Toten weh zu tun. Chauffeur Brugger räumt ein, er habe beim Einsargen manchmal schon das Gefühl, irgendetwas umgebe ihn noch. [...] Im Krematorium, wo zwanzig und mehr Leichen gleichzeitig aufgebahrt sind, werden Todesvorstellungen aktiviert, bei denen die Leiche nicht als leblose Sache aufgefasst wird: Herr Conrad hat Angst, nachts allein ins Krematorium zu gehen, Herr Brugger spürt dort besonders viele Energien. Ein Bestatter sei einmal schreiend aus einem Aufbahrungsraum gerannt, als sich plötzlich ein Leichenarm löste, ein anderer Bestatter würde nie den Lift mit einem vollen Sarg benutzen, erzählt man sich im Krematorium.« (Roost Vischer 1999: 36)

98 In dieser Ausstellung werden Präparate toter menschlicher Körper und Körperteile gezeigt, die durch das Verfahren der Plastination (der Austausch der Gewebeflüssigkeiten durch Silikon) dauerhaft haltbar gemacht wurden. Nach Mannheim war die Ausstellung noch in Oberhausen, Köln, Basel, Wien und Japan zu sehen. Weitere Ausstellungen sind geplant (siehe <www.koerperwelten.com>). Für eine ausführlichere Analyse zu den »Körperwelten« siehe Kalitzkus 2001.

99 Gunther von Hagens, in: Die Leiche-Show, ARD 16.04.1998.

ähnliche« (s.o.) genommen wurde. Die plastinierten Leichen, die den Blick ins Innere ihrer Körper freigeben, ermöglichen den Besuchern der Ausstellung ein Einüben des ›klinischen Blicks‹ in den Körper. Die Ausstellung »Körperwelten« ist damit ein eindrückliches Beispiel für die Vermittlung des dominanten biomedizinischen Körperbildes. Die Übernahme dieser Sichtweise führte bei einem großen Teil zu einer höheren Bereitschaft zur »Organspende«, bei einem geringen Prozentsatz allerdings zu stärkerer Ablehnung derselben (Die Rheinpfalz, 22.01.1998).[100] Als folgerichtig erscheint, dass im Rahmen der »Körperwelten«-Ausstellung in Berlin (10.02.–02.09.2001) eine Podiumsdiskussion zu Organtransplantation mit Vertretern der Deutschen Stiftung Organtransplantation (DSO), der Transplantationsmedizin, aber auch Kritikern von Organtransplantationen stattfand (Medical Tribune 2001). Die Angehörigen auf der Intensivstation werden jedoch mit einem anderen Bild des Todes konfrontiert, der die objektivierte, distanzierte Betrachtungsweise, die beim Anblick der Plastinate möglich ist, nicht oder nur eingeschränkt zulässt, wie das nächste Kapitel zeigt.

Nach der Darlegung des kulturellen Umgangs mit dem Körper und dem Tod in euro-amerikanischen Gesellschaften, die die kulturelle Matrix darstellen, auf der die Konfrontation mit der Transplantationsmedizin beruhen, möchte ich nun den Blick auf die Welt der Organtransplantation richten.

---

100 38 Prozent von 2000 befragten Besuchern, die eine »Organspende« zuvor eher ablehnten, standen ihr nach dem Besuch der »Körperwelten« eher positiv gegenüber, bei acht Prozent hingegen hatten sich die negative Einstellung noch verstärkt (ebd.).

4 Die Welt der Organtransplantation

»Yet it is the horror that death arouses in us that drives our medical machine in its search for organ donations to forestall mortality.« (Sheperd/Lefcourt 1992: 57)

Die Welt der Organtransplantation stellt sich mit dem Wechsel zwischen der gebenden und empfangenden Seite sehr unterschiedlich, wenn nicht gar konträr dar. Wie bei einer Drehung des Kaleidoskops setzen sich die ›Fakten‹ zu unterschiedlichen Bildern zusammen, die sich durch die Spiegelungen und Brechungen im Kaleidoskop kaum noch als gemeinsame Tatsachen erkennen lassen. Gleiches gilt für das in der Öffentlichkeit gezeichnete Bild von Organtransplantation, das die Basis für die individuelle Auseinandersetzung mit ihr darstellt. Das möchte ich als Einführung zu diesem Kapitel zusammen mit weiteren Informationen zur Organtransplantation dem empirischen Teil voranstellen, um das Erleben der Betroffenen in einem soziokulturellen Kontext zu verankern.

Der öffentliche Diskurs über Organtransplantation

»Le discours officiel sur le don d'organes peint tout en rose.« (Godbout 2000: 131)

Vor der eigenen Betroffenheit wird das Wissen und die Einstellung zu Organtransplantation vom öffentlichen Diskurs geprägt. Die Aussage Godbouts (2000) über den offiziellen französischen Diskurs, wie auch die Einschätzung Fox/Swazeys (1992), die den US-amerikanischen Diskurs als ›romantisch‹ bezeichnen, treffen auch für Deutschland zu. Da die Transplantationsmedizin abhängig ist von den »gespendeten« Organen der Bevölkerung und deren Vertrauen und Akzeptanz benötigt, muss sie für ihr Anliegen in der Öffentlichkeit werben. Für die Vermittlung medizinischen Wissens in der Öffentlichkeit ist die Bundeszentrale für gesundheitliche Aufklärung (BzgA) zuständig. Aber auch der Arbeitskreis Organspende (AKO) der Deutschen Stiftung Organtransplantation (DSO) hat sich dies zum Ziel gesetzt. Die ›Aufklärungsschriften‹ über Organtransplantation dienen aber nicht nur der Wissensvermittlung, sondern auch dazu, Bedenken in der Bevölkerung zu vermindern und Vertrauen in die Transplantationsmedizin zu schaffen (Hauser-Schäublin et al. 2001: 233).

Konkret heißt dies, dass die schwierigen, belastenden sowie mit kulturellen Werten in Konflikt stehenden Aspekte häufig nicht oder nur am Rande erwähnt werden:

»Weder wird thematisiert, dass es sich bei einem ›Hirntoten‹ um einen ›lebenden Leichnam‹ handelt (mit allen daraus resultierenden Schwierigkeiten für die Angehörigen), noch werden die Worte ›Leiche‹, ›Leichnam‹ oder ›Leichenspende‹, von wenigen Gegenbeispielen abgesehen, benutzt.« (Hauser-Schäublin et al. 2001: 233-234)

Vor allem aber wird nicht darüber informiert, mit welcher Situation sich Angehörige von potenziellen »Organspendern« auf der Intensivstation konfrontiert sehen und welche Folgen eine Zustimmung zur Organentnahme für das Abschiednehmen von ihren Verwandten hat bzw. haben kann (vgl. Arbeitskreis Organspende o. J., 2000; BzgA o. J., 1996).[101]

Stattdessen wird mit der für Hinterbliebene tröstlichen Sinngebung für einen ansonsten ›unnötigen‹ Tod argumentiert. Dabei haftet dem öffentlichen Diskurs auch eine gesellschaftlich-wertende Konnotation an. Zwar wird in den öffentlichen Informationsschriften immer wieder angeführt, dass die Zustimmung zur »Organspende« eine sehr persönliche Entscheidung sei und eine Ablehnung aus ethischen, moralischen oder religiösen Gründen nicht verurteilt werden könne. Einen moralischen Beiklang haben diese Schriften dennoch. Denn die Bewertung einer »Organspende« als Akt der christlichen Nächstenliebe, als Beweis der Solidarität mit den Kranken der Gesellschaft, deutet ihre gesellschaftliche Bewertung an.[102]

Die Möglichkeit der Lebensrettung durch ein Organ lässt andere am Tod eines Menschen schuldig erscheinen, nämlich diejenigen, die einer »Organspende« nicht zugestimmt haben. Damit gewinnt die Frage nach der Todesursache, wie ich sie im zweiten Teil des dritten Kapitels dargelegt habe, noch eine weitere Dimension hinzu. Formulierungen wie »Tod durch Organmangel« oder »Tod auf der Warteliste« suggerieren, dass der Tod vermeidbar gewesen wäre und nicht mehr schicksalhaft bedingt durch eine schwere Erkrankung. Dies führte einen Sohn, dessen Mutter an einer schweren Lebererkrankung starb, zu folgendem Satz in der Todesanzeige: »Ein fehlendes Spenderorgan riss sie aus unserer Mitte...« (Kerst 2001), womit er bzw. die

---

101 Ausführlich habe ich diesen Aspekt, vor allem die Erläuterung des »Hirntodes« in den Aufklärungsschriften, bereits in unserer Projektpublikation dargelegt (vgl. Hauser-Schäublin et al. 2001: 234-236).

102 Siehe hierzu Hauser-Schäublin et al. 2001: 292-295. Eine ausführliche Analyse des Diskurses über den Tod und »Hirntod« sowie seine moralische Dimension in der Moderne gibt Schneider 2001: 302-309.

populäre Presse die spendenunwillige Bevölkerung für den Tod seiner Mutter verantwortlich machte. Dies übt moralischen Druck auf diejenigen aus, die sich vor der Entscheidung sehen, einer Organentnahme bei einem Verwandten zuzustimmen oder sie abzulehnen, denn sie wissen das Leben anderer Menschen von dieser Entscheidung abhängig.

Von den Organempfängern hört man in den Medien und in der Öffentlichkeit sehr viel mehr als von den Angehörigen der »Organspender«. Allerdings wird in der Darstellung der empfangenden Seite ebenfalls ein großer Bereich ausgeblendet: Gezeigt wird die lebensbedrohliche Situation schwer kranker Patienten auf der »Warteliste« vor einer Transplantation und Patienten nach einer Transplantation, denen ein »zweites Leben« geschenkt wurde. Man hört von der Freude am »neuen Leben« und der Dankbarkeit gegenüber den »Organspendern«, aber wenig von den Belastungen körperlicher, psychischer und seelischer Art, die eine Organtransplantation nach sich ziehen kann. Der gängige Diskurs ist geprägt von Machbarkeit und dem Vertrauen in Fortschritt und Medizin – und letztendlich deren angestrebtem Sieg über den Tod.[103] Verstärkt wird dies durch das in den Werbekampagnen zu »Organspende« vermittelte Bild vom »neuen Leben« nach Organtransplantation. Schneider (1999: 185) verweist auf die Veränderung der Wortwahl bei diesen Kampagnen: Früher hieß es »Organspende rettet Leben!«, heute »Organspende – Schenken Sie Leben!« (BzgA 1996). Neben der damit ausgedrückten Verantwortlichkeitszuschreibung Einzelner für das Leben anderer wird dadurch auch ein anderes Bild des Lebens nach einer Transplantation geprägt: ›Gerettetes Leben‹ kann durchaus Krankheit, Schmerz und Einschränkung bedeuten – Hauptsache, man hat *über*lebt! ›Leben schenken!‹ dagegen lässt Assoziationen zu Geburt und »neuem Leben«, einem »zweiten Leben« entstehen, das in der Vorstellung wenig mit chronischer Krankheit (dem tatsächlichen Zustand nach einer Organtransplantation) und auch nicht mit fortdauernder Lebensbedrohung (durch eine mögliche Transplantatabstoßung) zu tun hat.

In einer von der Deutschen Stiftung Organtransplantation (DSO) herausgegebenen Farbbroschüre mit vielen Fotos wird durchweg ein sehr positives, gesundes Bild vom Leben nach einer Organtransplantation vermittelt, und es werden dynamische und fröhliche Patienten gezeigt. Obwohl darauf hingewiesen wird, dass es für Organtransplantierte einige gesundheitliche Faktoren gibt, die sie besonders beachten müssen, überwiegt doch in der 30-seitigen Broschüre das Bild, nach einer Transplantation wieder ein »ganz normales Leben« führen zu können (DSO 1998a: 7, 12, 16, 28).

103 Und dieses Bestreben ist durchaus auch ein gesellschaftlicher Auftrag! »[...] the artificial kidney and the artificial heart [...] represent a continuity of a clinical dream, the totally replaceable body. Artificial organs and organ transplantation are key symbols of American medicine's progress against death.« (Plough 1986: 4)

Dies geht bis hin zu der Äußerung einer 37-jährigen Nierentransplantierten: »Krank? Ich bin kerngesund« (Überschrift ihres Einzelporträts), die auch einen Schwerbehindertenausweis ablehnt (DSO 1998a: 10). Diese Äußerungen werden verstärkt durch solche, die die Leistungsfähigkeit nach einer Organtransplantation besonders betonen (DSO 1998a: 13, 14, 15, 28). Bereits in dieser allgemein gehaltenen Werbebroschüre für Betroffene wird das Bild von Normalität nach einer Organtransplantation vermittelt, die Patienten gesund und leistungsfähig sein lässt.

Soweit zu dem in der Öffentlichkeit gezeichneten Bild von Organtransplantation. Wie aber sieht nun der konkrete Ablauf einer Organtransplantation aus, und wer wird zum »Organspender« oder einem Empfänger?

Bei einer Organtransplantation werden noch lebende Organe eines menschlichen Körpers in einen anderen Körper übertragen, um dort lebenswichtige Funktionen eines versagenden oder krankhaften Organs zu übernehmen. Nur durch den – unter besonderen Umständen stattfindenden – Tod eines Menschen kann das Leben eines anderen Menschen gerettet werden. Dadurch werden sowohl die »Organspender« als auch die Organempfänger in ein komplexes Netzwerk sozialer Beziehungen eingebunden, die eine Vielzahl individueller Schicksale miteinander verknüpfen. Die Verknüpfung der individuellen Schicksale findet über die Vermittlung eines professionell-logistischen Systems statt, das aus Krankenhäusern, Kliniken und Transplantationszentren besteht. Notwendig sind die Ärzte, die die Diagnosen sowohl für den »Hirntod« als auch die Option ›Transplantation‹ stellen; darüber hinaus werden biochemische Labors benötigt, die Blut- und Gewebeanalysen vornehmen, aufgrund derer kompatible »Spender«-Empfängerkonstellationen erstellt werden. Weiter ist die Koordination über nationale und internationale Organisationen per Computertechnologie und der entsprechenden Logistik zum Transport der Organe von den »Organspendern« zu den Organempfängern notwendig, die den regionalen und sogar nationalen Rahmen überschreiten.[104]

Der konkrete Ablauf einer Organtransplantation stellt sich im Modell, für das ich exemplarisch einen Unfalltod heranziehe, wie folgt dar: Ein Unfall ist passiert, das Opfer wird auf eine Intensivstation eingeliefert, kann aber allem Anschein nach nicht mehr gerettet werden. Der Verdacht auf die Diagnose »Hirntod« nimmt zu. Nicht in die Organübertragung involvierte medizinische Begutachter werden für die Hirntoddiagnose einbestellt. Soll eine Organentnahme durchgeführt werden, finden Laboruntersuchungen statt, um Blut- und Gewebewerte zu bestimmen und für eine Trans-

104 Eine Darstellung der technisch-wissenschaftlichen Voraussetzungen, aber auch der räumlich-zeitlichen Organisation von Organtransplantation findet sich im ersten Kapitel unserer Projektpublikation (Hauser-Schäublin et al. 2001: 23-77). Eine komplexe Analyse des Systems der Transplantationsmedizin gibt Feuerstein (1995).

plantation infrage kommende Organe auf mögliche Infektionen zu überprüfen, die den potenziellen Empfängern gefährlich werden könnten.[105] Die Transplantationskoordinierungsstelle DSO kontaktiert Eurotransplant[106], meldet einen möglichen »Organspender« und gibt die entsprechenden Laborwerte durch. Bei Eurotransplant beginnt über die dort zentral gesammelten Daten aller Patienten auf der so genannten »Warteliste« für eine Transplantation die Suche nach sowohl medizinisch als auch den Vergaberichtlinien entsprechenden Empfängern.[107] Diese werden sogleich von ihrem Transplantationszentrum verständigt und in die Klinik gebeten, um mögliche Zeitverluste auszuschließen. Sie müssen zu diesem Zeitpunkt in entsprechend guter gesundheitlicher Verfassung sein, um den schweren Eingriff zu überstehen, und dürfen zudem von keinen Infektionen betroffen sein. Denn durch die sofortige Immunsuppression nach (oder bereits vor) Einsetzen des Organs könnten sich solche ansonsten harmlosen Infekte als tödlich erweisen.

Zwischen Entnahme und Implantation eines Organs darf nicht viel Zeit verstreichen, da entnommene Organe nur wenige Stunden außerhalb eines Organismus ›haltbar‹ sind; je kürzer dieser Zeitraum, desto besser ist in der Regel die Funktion des Organs nach der Transplantation.[108] Die Haltbarkeit oder so genannte Toleranzzeit ist je nach Organ unterschiedlich und beträgt von nur vier Stunden beim Herz bis zu maximal 36 Stunden bei der Niere. Innerhalb dieser befristeten Zeit ist ein enor-

---

105 Organe werden u.a. auf HIV, Hepatitis und CMV (Cytomegalievirus) untersucht. Eine Infektion mit dem CM-Virus ist bei ›Gesunden‹ zumeist unauffällig, kann aber bei an AIDS Erkrankten oder Transplantatempfängern aufgrund der geschwächten Immunabwehr nach ein bis zwei Monaten tödlich verlaufen (Pschyrembel 1993: 1111, 1709).

106 Eurotransplant in Leiden, Holland, ist die zentrale Allokationsorganisation für die Länder Belgien, Holland, Luxemburg, Österreich, Deutschland und (seit Januar 2000) Slowenien. Alle in Deutschland entnommenen und übertragenen Organe müssen von den Transplantationskoordinatoren an Eurotransplant gemeldet werden. Die anderen europäischen Länder haben eigene Organisationszentralen (BDO-Blätter 2000: 17).

107 Zu den medizinischen Kriterien gehören: Blutgruppe, Gewebemerkmale, Körpergewicht und klinische Dringlichkeit. Dazu wird die Zeit auf der »Warteliste« gerechnet. Über diese medizinischen Aspekte hinaus spielen jedoch auch regionale Verteilungskriterien eine Rolle, bei denen die Größe des Transplantationszentrums und das regionale »Spenderaufkommen« berücksichtigt werden. Dies führt zu einem komplexen Punktesystem, auf das hier nicht im Detail eingegangen werden kann (vgl. Conrads 2000, Feuerstein 1995).

108 Man spricht in diesem Zusammenhang von der so genannten Ischämiezeit, die Zeit, in der ein Organ nicht durchblutet wird. Dabei wird noch eine warme Ischämiezeit, in der das Organ in seiner ursprünglichen Lage im Körper nur von der Durchblutung abgetrennt ist, und eine kalte Ischämiezeit außerhalb des Körpers unterschieden. Entnommene Organe werden gespült und, in einer besonderen Lösung gelagert, mit Eiswürfeln tiefgekühlt transportfertig gemacht (vgl. Hauser-Schäublin et al. 2001: 54-56).

mer organisatorischer Aufwand zu bewältigen (Largiadèr 1996; vgl. Hauser-Schäublin et al. 2001: 54-56).

Trotz dieses engen Zeitrahmens bedeutet eine Organentnahme eine zeitliche Veränderung des Sterbeprozesses bis zur Freigabe des Leichnams für die Bestattung. Nicht immer tritt ein Versagen des Gehirns in allen seinen Teilen zu annähernd gleicher Zeit auf. Solange noch rudimentäre Hirnstammaktivitäten nachzuweisen sind, kann der Todeszeitpunkt nicht festgelegt werden. Dies führt zu der paradoxen Situation, dass alles getan wird, den restlichen Körper am Leben zu erhalten, um das alleinige Absterben des Gehirns zu garantieren. Wäre keine Organentnahme geplant, würde man auch den Körper in den Sterbeprozess gleiten lassen. In einem mir geschilderten extremen Fall zog sich diese Phase bis zu einer Woche hin. Dieser Zeitraum, in dem der Sterbeprozess bereits *vor* der Hirntoddiagnose beeinflusst wird, ist nicht in der folgenden Statistik enthalten, die erst mit dem Zeitpunkt der Hirntoddiagnose beginnt. Nach Feststellung des »Hirntodes« war nach Angaben der DSO (1999: 15) für das Jahr 1998 bei elf Prozent die Organentnahme innerhalb von sieben Stunden abgeschlossen. In 48 Prozent der Fälle dauerte dies zwischen sieben und zwölf Stunden. Bei 35 Prozent betrug sie zwischen zwölf und 24 Stunden, und in sechs Prozent der Fälle wurden 24 Stunden sogar noch überschritten. An folgender Grafik aus einer Informationsschrift der DSO zur Erläuterung des »Hirntodes« wird deutlich nachvollziehbar, welche Phase des Sterbe- oder Absterbeprozesses durch eine Organentnahme verlängert wird. Diese Phase wird hier »intermediäres Leben« genannt, wenngleich die Autoren anfügen, dass diese Bezeichnung »missverständlich« sei (Schlake/Roosen 2001: 12). Ich werde sie als Phase ›zwischen Leben und Tod‹ bezeichnen (Abb. 1).

Der Übergang vom Leben zum Tod

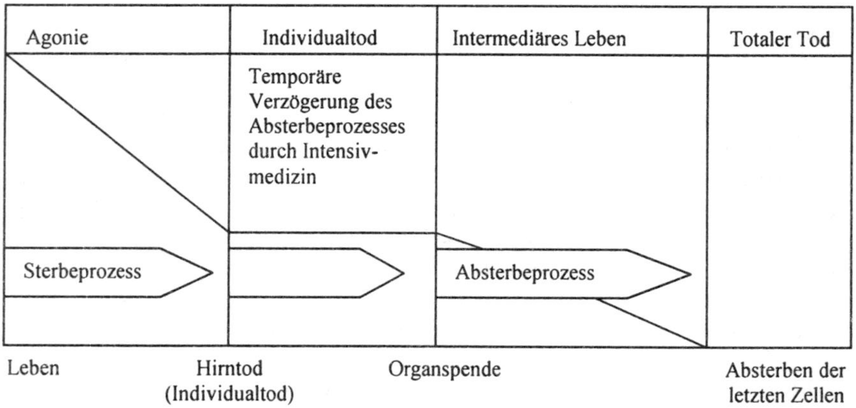

Abb. 1: Schematische Darstellung des Übergangs vom Leben zum Tod (entnommen aus Schlake/Roosen 2001: 13).

In diesen Stunden geht auf der einen Seite ein individuelles Schicksal zu Ende, und Angehörige müssen den Tod eines nahestehenden Menschen begreifen. Auf der anderen Seite setzt ein schwer kranker Mensch alle Hoffnung auf die Operation, die sein Leben retten soll. Diese Gleichzeitigkeit gilt es im Bewusstsein zu haben, begibt man sich in die Erfahrungswelt der einen oder anderen Seite.

Die »Organspender«

Der Weg aller potenziellen »Organspender«[109] führt über eine Intensivstation, da nur dort ein Mensch im Zustand des irreversiblen Hirnversagens in seinen restlichen Körperfunktionen aufrecht erhalten werden kann. Ohne intensivmedizinische Behandlung wie künstliche Beatmung und maschinelle Herz-Kreislauf-Unterstützung würden solche Patienten zwangsläufig den herkömmlichen Herztod sterben, was ihre Organe für eine Transplantation unbrauchbar machen würde. Jährlich melden Krankenhäuser und Kliniken knapp über 2.000 potenzielle »Organspender« der Organisationszentrale, wovon jeweils etwas mehr als 1.000 Organentnahmen realisiert werden.[110]

Um Organe entnehmen zu können, muss entweder ein sogenannter Organspenderausweis (eine zu Lebzeiten ausgesprochene Verfügung) vorliegen, oder aber es müssen die Angehörigen einer Entnahme zustimmen. Diese Regelung ist als so genannte *erweiterte Zustimmungslösung* im Transplantationsgesetz festgeschrieben (TPG § 3 und 4). Die *enge Zustimmungslösung*, die im Rahmen der Debatten um das Transplantationsgesetz ebenfalls diskutiert wurde, besagt, dass nur Organe entnommen werden können, wenn eine Absichtserklärung der betreffenden Person vorliegt. Diese Möglichkeit wurde verworfen, da angenommen wurde, dass sie die Zahl der verfügbaren »Organspender« massiv verringert hätte, denn die wenigsten besitzen einen Organspenderausweis. In der ehemaligen DDR wurde die so genannte *Widerspruchslösung* praktiziert (Hauser-Schäublin et al. 2001: 183; s.a. Petersen 2002). Wer sich zu Lebzeiten nicht gegen eine Organentnahme ausgesprochen hatte und seine Ablehnung in einem Register eintragen ließ, galt nach diesem Verfahren als potenzieller »Organspender«.[111] Der größte Teil der Organentnahmen – um die 30

109 Damit sind Patienten gemeint, die aus medizinischer Sicht für eine Organentnahme infrage kommen.

110 Diese Angaben beziehen sich auf die Jahre 1993–1999, wobei eine Zunahme der so genannten Spendermeldungen seit 1995, die dann 2.000 überschritten, zu verzeichnen ist (DSO 1996, 1999, 2000). Im Jahr 2000 meldeten die Krankenhäuser und Kliniken 2.410 potenzielle »Organspender«, wovon jedoch nur 1.026 Explantationen realisiert wurden (Presseinformation der DSO vom 30.01.2001).

111 Dies war im Gesetzesblatt der Deutschen Demokratischen Republik, Teil I, Nr. 32 vom 6. August 1975 niedergelegt (Hogle 1999: 207, Fußn. 8).

Prozent – wurde in den letzten Jahren durch Ablehnung einer Organentnahme seitens der Angehörigen verhindert. 1999 stieg die Ablehnung der Angehörigen von 32,5 Prozent des Vorjahres auf 37 Prozent, im Jahr 2001 auf 39,2 Prozent (DSO 2000: 13; DSO 2002: 12). Die Verabschiedung des Transplantationsgesetzes im Jahre 1997 hatte also nicht den erhofften Effekt, durch Rechtssicherheit das Vertrauen der Bevölkerung in die Transplantationsmedizin zu erhöhen und sie für die »Organspende« zu gewinnen. Um die 20 Prozent kamen aus medizinischen Gründen nicht für eine Organübertragung infrage, in weiteren Fällen verhinderten Kreislaufversagen der Patienten im irreversiblen Hirnversagen (zwischen vier bis fünf Prozent) oder andere Gründe eine Organentnahme.[112] Der größte Teil der Zustimmungen wird von den Angehörigen selbst oder entsprechend dem so genannten mutmaßlichen Willen der Patienten getroffen; nur zwischen drei bis vier Prozent der »Organspender« hatten in den Jahren 1997 bis 1999 zu Lebzeiten einen Organspenderausweis ausgefüllt (DSO 1998: 6, 1999: 7, 2000: 14). Die Zahl der schriftlichen Einwilligungen stieg zwar, jedoch lediglich auf fünf Prozent für das Jahr 2001 (DSO 2002: 15). Streng genommen sind nur diese wenigen als tatsächliche Spender zu bezeichnen.

Keine Aussage kann hier über die Zahl der Patienten getroffenen werden, die zwar zum Kreis der potenziellen »Organspender« gehören würden, aber von ihren Kliniken oder Krankenhäusern nicht gemeldet werden. Wurde zunächst die nicht ›aufgeklärte‹ und ablehnende Haltung der Bevölkerung als größtes Hindernis angesehen, die Zahl der »Organspenden« zu erhöhen, verlegte sich die Aufmerksamkeit zunehmend auf die Verweigerung der Zusammenarbeit von ärztlicher Seite, die sich in der im Transplantationsgesetz festgeschriebenen Meldepflicht potenzieller »Organspender« niederschlug (TPG § 11, Abs. 4 [DSO 1997: 40]; DSO 2000: 60). Gründe für die zurückhaltende Mitarbeit können hoher organisatorischer Aufwand, zusätzliche Belastungen des medizinischen Personals oder aber eine transplantationskritische Haltung der behandelnden Ärzte sein, wenngleich letztere nur selten in der Öffentlichkeit zu vernehmen sind.[113]

Zunehmend wurden und werden vonseiten der Deutschen Stiftung Organtransplantation Schulungen und Krankenhausberatungen durchgeführt, die die Ärzte und das Pflegepersonal in folgenden Bereichen schulen und unterstützen sollen: gesetzli-

---

112 Hierzu zählen organisatorische Gründe, keine Freigabe durch die Staatsanwaltschaft oder das Fehlen von Angehörigen (DSO 2000: 13).

113 Hierzu gehört zum Beispiel das Buch »Unliebsame Betrachtungen zur Transplantationsmedizin« des seit mehreren Jahren nicht mehr praktizierenden Herz-Thorax-Chirurgen Kurd Stapenhorst (1999) oder die von britischen Anästhesisten im August 2000 ausgelöste medizinische Debatte zu möglichem Schmerzempfinden bei »hirntoten« Patienten (Boseley 2000, 2000a).

che Verpflichtungen aus dem TPG, Spendererkennung/Spender-Konsil[114], Feststellung des »Hirntodes«, Aufrechterhaltung der Homöostase, Betreuung der Angehörigen sowie weitere Unterstützungsangebote zur Durchführung einer Organentnahme (DSO 2000: 11). Dies hat 1999 gegenüber den Vorjahren zu einer Erhöhung der Zahl gemeldeter potenzieller »Organspender« geführt (DSO 2000: 5).[115] Nach den Beobachtungen Hogles zur Transplantationsmedizin in Deutschland werden so gut wie nie Ausländer und nicht-ethnische Deutsche zu »Organspendern«. Zumeist fragen Transplantationskoordinatoren in solchen Fällen nicht nach einer »Organspende«, so das Ergebnis Hogles, da sie eine Ablehnung aus religiösen Gründen antizipierten, wenngleich dies nicht durch Studien belegt sei, wie Hogle betont (Hogle 1999: 143-144).[116] Statistische Angaben zur ethnischen Zugehörigkeit der »Organspender« in Deutschland liegen nicht vor.

Zum irreversiblen Hirnausfall, der eine Organentnahme möglich macht, kann es etwa durch folgende Erkrankungen kommen: Schädelhirntraumen, Hirnblutungen, Hirninfarkte, Tumore und Missbildungen sowie Geburtsschäden. Der Anteil der durch Unfälle (z.B. Schädelhirntraumata) ausgelösten irreversiblen Hirnausfälle ist in den letzten Jahren gesunken, sodass die so genannten atraumatischen Ursachen im Jahr 1999 bereits 71,6 Prozent aller »Organspender« ausmachen. Das Durchschnittsalter der »Organspender« betrug 1999 45,1 Jahre, acht Jahre mehr als noch im Jahre 1991. Der Statistik der DSO ist zu entnehmen, dass dies vor allem an der Zunahme der »Organspender« über 55 Jahre liegt, deren Zahl sich seit 1991 mehr als verdoppelt hat, und zugleich an einer Abnahme der »Organspender« im Alter von 16 bis 54 Jahren, die jedoch immer noch über die Hälfte der »Organspender« ausmachen (DSO 2000: 16). Diese Tendenzen setzen sich weiter fort (DSO 2002: 15). Die Abnahme in der mittleren Altersgruppe ist bedingt durch den Rückgang der traumatischen Ursachen für den »Hirntod«. Dies ist zum einen mit verbesserten Sicherheitsmaßnahmen im Straßenverkehr (Airbags, Fahrradhelme) zu erklären, zum anderen durch Fort-

114 Ein Konsil bezeichnet die Beratschlagung mehrerer Ärzte zur Einschätzung eines Krankheitsfalles (Pschyrembel 1993: 810).

115 Nach Einschätzung des Vorstandsvorsitzenden der DSO Prof. Dr. Martin Molzahn gebe es Hinweise darauf, dass nicht alle potenziellen »Organspender« von den Kliniken und Krankenhäusern mit Intensivstationen gemeldet würden und, so glaubt er, dass die Zahl der »Organspenden« durch bessere Zusammenarbeit um 20 Prozent zu erhöhen sei (Ärzte-Zeitung vom 01.02.2001).

116 In der ehemaligen DDR, in der die Widerspruchslösung praktiziert wurde, wurden Ausländer, aber auch in der DDR Wohnhafte anderer ethnischer Zugehörigkeit wie Vietnamesen oder Osteuropäer, explizit als mögliche Organgeber ausgeschlossen. Auf Nachfragen wurde Hogle gegenüber erwähnt, dass damit zu viele bürokratische Probleme verbunden wären (Hogle 1999: 144).

schritte in der medizinischen Behandlung. Um die Zahl der zur Verfügung stehenden Organe zu erhöhen, wird die Altersbeschränkung möglicher »Organspender« immer weiter nach oben ausgedehnt. Der männliche Anteil an »postmortalen Organspendern« ist mit 60 Prozent höher als der weibliche (DSO 1999: 3).[117] Dies hängt mit der statistischen Verteilung von Todesursachen bei Männern und Frauen in unserer Gesellschaft zusammen. Mehr als doppelt so viele Männer als Frauen sterben bei Verkehrsunfällen oder durch Suizid.[118] Dieser Auflistung nach entspricht das Bild vom jungen verunglückten Motorradfahrer als dem ›klassischen‹ »Organspender« nicht der Realität.[119] Zum potenziellen »Organspender« kann demnach fast jeder werden.

Das Verhältnis zwischen der »spendenden« und der empfangenden Seite ist geprägt durch den so genannten Organmangel. Dieses Thema ist beherrschend im öffentlichen Diskurs um Organtransplantation. Die zur Verfügung stehenden Organe decken nie den von der Transplantationsmedizin ermittelten ›Bedarf‹ an Organen, was zum so genannten »Tod auf der Warteliste« führt. Für Herztransplantationen fasst die DSO zusammen:

> »212 Patienten starben 1999 während der Wartezeit, 155 mussten wegen des schlechten Allgemeinzustandes von der Warteliste genommen werden. Die kumulierte Zahl der letzten 6 Jahre belief sich auf 1.996 Patienten (1.461 Todesfälle, 535 Abmeldungen).« (DSO 2000: 39)

Da sich Deutschland im Verbund mit Eurotransplant befindet, konnten Organe aus anderen Ländern mit einer höheren Zahl an »gespendeten« Organen ›importiert‹ werden. 1997 wurden nach Angaben der DSO 313 Organe mehr übertragen als entnommen (DSO 1998: 43). Für das Jahr 1999 ermittelte die DSO den mehr als doppelten ›Bedarf‹ an Organen für Transplantationen, als zur Verfügung standen (DSO 2000: 20).

Die Organempfänger

Oftmals geht einer Transplantation eine chronische Krankheit voraus, die je nach Krankheitsbild die Patienten unterschiedlich prägt und beeinträchtigt und damit unterschiedliche Voraussetzungen für eine Transplantation schafft. Eine Transplantati-

117 Dagegen liegt bei der Nierenentnahme von Lebenden der Anteil der Frauen mit 59 Prozent deutlich über dem der Männer (bei acht Prozent – den nicht verwandten und anderen Familienangehörigen – wurde kein Geschlecht angegeben) (DSO 2000: 34).

118 Im Jahr 1995 starben 6.842 Männer und 2.623 Frauen bei Verkehrsunfällen und 9.222 Männer und 3.666 Frauen an Suizid/Selbstbeschädigung (Gesundheitsbericht für Deutschland 1998, Kap. 3.3 des Statistischen Bundesamtes <www.gbe-bund.de/gbe>).

119 Vgl. die Informationsbroschüre vom Arbeitskreis Organspende »Kein Weg zurück... Informationen zum Hirntod« (1998).

on wird dann in Erwägung gezogen, wenn das Leben des Patienten durch das Versagen des Herzens, der Leber, der Lunge oder der Niere bedroht ist.[120] Allerdings gibt es Faktoren, die einer Transplantation entgegenstehen. Dazu gehören medizinische Kontraindikationen (erhöhtes Lebensalter, aktive Infektionen, andere schwere Organerkrankungen), aber auch psychosoziale Faktoren, die den Erfolg einer Transplantation gefährden könnten (Bunzel 1993a: 129). Letztere spielen vor allem bei der so genannten *Compliance*, der aktiven, selbstverantwortlichen Mitarbeit der Patienten bei der Medikamenteneinnahme, verantwortungsbewusstem Verhalten im Alltag (Infektionsvermeidung, entsprechende Ernährung) und Wahrnehmen der medizinischen Nachkontrollen, eine Rolle. Diese wird unter anderem durch folgende Faktoren als bedroht angesehen: Abhängigkeiten (Alkohol, Drogen, Medikamente), länger dauernde Geschichte psychiatrischer Erkrankungen, Persönlichkeitsstörungen, aber auch mangelnde familiäre Unterstützung oder deutliche Instabilität im Berufsleben (Bunzel 1993a, Bunzel/Laederach-Hofmann 2000). Das heißt jedoch nicht, dass solche Patienten generell von einer Transplantation ausgeschlossen werden, denn die Berücksichtigung dieser Kontraindikatoren in der Vergabepraxis ist umstritten und problematisch (Bunzel 1993a). Bunzel hat vor allen auf die große Bedeutung hingewiesen, die die Unterstützung eines Ehepartners für den anhaltenden Erfolg einer Transplantation hat (Bunzel 1993: 25-26). Die psychosozialen Kontraindikationen verdeutlichen zweierlei: zum einen, dass die Vergabe der ›knappen Ressource‹ nicht nur basierend auf rein medizinischen Informationen erfolgt,[121] zum anderen, dass Patienten psychische Stärke und Stabilität benötigen, um eine Transplantation verarbeiten und gut mit ihr leben zu können.

Der Zustand nach einer Transplantation ist als chronische Krankheit einzuschätzen (vgl. Kap. 3.1.2) und weist – auch bei unterschiedlicher Ausgangslage der verschiedenen Organerkrankungen – bestimmte, für alle Organempfänger gültige Gemeinsamkeiten auf. Die Übertragung eines Organs macht es notwendig, das Immunsystem der Empfänger zu unterdrücken, damit der Körper das Transplantat nicht als ›fremd‹ erkennt und über die körpereigene Abwehr zerstört. Dies wird als so genannte Abstoßungsreaktion bezeichnet, die den Erfolg jeder Transplantation bedroht. Eine

120 Mit zunehmendem Ausbau der für Organtransplantationen zur Verfügung stehenden Kapazitäten, der Weiterentwicklung der Immunsuppression sowie der Ausweitung der Altersgrenze potenzieller Organempfänger wird die Indikation für eine Transplantation immer häufiger gestellt (Grewel 1994: 48, vgl. Hauser-Schäublin et al. 2001: 60). Das immer weitere Auseinanderklaffen von ›Angebot‹ und ›Nachfrage‹ in der Transplantationsmedizin ist, wie Feuerstein betont, demnach auch systemimmanent (Feuerstein 1995: 170).

121 Thomas Schlich weist darauf hin, dass es zwar rein medizinische Informationen gibt (bspw. die HLA-Übereinstimmung), die der Organverteilung zugrunde gelegt werden, ihre Anwendung als Entscheidungskriterium jedoch ethischer und politischer Natur ist (vgl. Schlich 1998a: 80-87).

Abstoßungsreaktion bedeutet – Nierentransplantierte, die an die Dialyse zurückkehren können, ausgenommen – den Tod der Patienten, wenn ihnen nicht rechtzeitig eine Retransplantation zur Verfügung steht. Die Funktionsrate nach Lungentransplantationen liegt nach fünf Jahren bei 45 Prozent (DSO 2000: 48), bei Lebertransplantationen um 58 Prozent (DSO 2000: 42).[122] Nach einer Herztransplantation funktionieren noch 60 Prozent der verpflanzten Herzen nach den ersten fünf Jahren (DSO 2000: 39). Wenngleich sich die Überlebenszeiten für Transplantierte mit zunehmendem medizinischen Fortschritt, vor allem mit der Weiterentwicklung klinischer Immunsuppression, weiter erhöhen, benötigen Organempfänger lebenslange immunsuppressive Therapie (Yu et al. 2001). Darüber hinaus birgt eine Transplantation und die damit verbundene starke Medikation eine Reihe von Nebenwirkungen und Folgeerkrankungen, die Transplantierte gesundheitlich zum Teil schwer belasten und ebenfalls zum Tod führen können.[123] Trotz medizinischer Fortschritte bleibt eine Organtransplantation zumeist nur eine Lösung ›auf Zeit‹, da die Funktionsdauer eines transplantierten Organs in der Regel begrenzt ist.

4.1 Die gebende Seite: Wenn der Tod sein Gesicht verliert[124]

Den Verlust eines geliebten Menschen zu ertragen ist schwer. Ein plötzlicher und unerwarteter Tod, auf den sich Hinterbliebene gedanklich und emotional nicht vorbereiten konnten, ist besonders schwer zu verarbeiten und kann den Trauerverlauf belasten.[125] Eine große Schwierigkeit birgt der Tod eines Kindes für die Eltern in sich. Der Tod von Kindern vor dem ihrer Eltern wird in unserer und anderen westlichen Kulturen mittlerweile als ›unnatürlich‹ empfunden, der Verlust ist deshalb besonders schwer zu ertragen (vgl. Dijkstra 2000, Layne 1996).[126] Ein Todesfall mit

---

122 Dies gilt für die erste Transplantation. Bei einer Retransplantation der Leber sinkt die Funktionsrate im ersten Jahr unter 50 Prozent, nach fünf Jahren unter 40 Prozent (DSO 2000: 42).

123 Zu den häufigen Folgeerkrankungen nach einer Organtransplantation gehören (oftmals als Nebenwirkungen der Medikamente) unter anderem: Bluthochdruck, Herz-Kreislauf-Störungen, Infektionen, Osteoporose, Nierenfunktionsstörungen, Diabetes mellitus II, Malignome (Largiadèr 1996).

124 Alle Namen meiner Interviewpartner und –partnerinnen, die in dieser Arbeit zitiert werden, sind zum Schutz ihrer Anonymität geändert.

125 Wenngleich ein Trost darin liegen kann, dass die Verstorbenen sich einen plötzlichen Tod gewünscht hatten und keine lange quälende Krankheit erleben mussten.

126 Indiz hierfür sind auch Trauergruppen für verwaiste Eltern oder Selbsthilfegruppen für Frauen mit Fehl- oder Totgeburten, die sich dieser besonderen Problematik annehmen (vgl. Nijs 1999).

durchgeführter Organentnahme hält für die Hinterbliebenen jedoch zusätzliche Schwierigkeiten bereit, um die es in diesem Kapitel geht.[127]

Bevor ich auf die allen gemeinsame Problematik eingehe, soll noch auf zwei Faktoren hingewiesen werden, die das Erleben eines Todesfalls mit »Organspende«, die Morton/Leonard (1979) als ›Operation an der Familie des Organspenders‹ bezeichneten, beeinflussen. Für die Verarbeitung ist wichtig, in welchem verwandtschaftlichen Verhältnis der oder die Verstorbene zu den Angehörigen stand und wie die emotionale Verbindung zwischen ihnen aussah. War die persönliche Beziehung konfliktgeladen oder ambivalent, kann dies sowohl bei der Entscheidung ›im Sinne der Verstorbenen‹ zu Schwierigkeiten führen als auch in der späteren Verarbeitung der Zustimmung bzw. Ablehnung einer Organentnahme.[128] Ferner ist das Wissen um Organtransplantation wichtig: Haben sich die Angehörigen oder der »Hirntote« vorher mit dem Thema »Organspende« beschäftigt und haben sie zu einer eigenen Entscheidung gefunden? Oder werden sie – wie in den meisten Fällen – auf der Intensivstation zum ersten Mal konkret mit dieser Thematik konfrontiert und sind dann zu einer Auseinandersetzung gezwungen?

Die unterschiedlichsten Situationen führten in den mir geschilderten Fällen zu dem Zustand, der eine Organentnahme zu Transplantationszwecken bei den Patienten möglich werden ließ. Neunmal berichteten mir Angehörige von einem plötzlichen und unerwarteten Tod mit *traumatischer* Todesursache (vor allem bei Kindern): fünf Verkehrsunfälle, davon ein verunglückter Motorradfahrer, ein Skiunfall, ein Bergunfall, ein Arbeitsunfall sowie ein Suizid. Bei den *atraumatischen* Todesursachen ist ebenfalls zwischen den plötzlich eintretenden und denen mit langer Vorgeschichte zu unterscheiden. Die plötzlichen und kurzen Verläufe überwiegen.[129] Nur zweimal war in den Schicksalen, die mir berichtet wurden, der Tod vorher abzusehen: bei der 82-jährigen Mutter von Judith McLarren (46), die an Lungenkrebs starb und dem 39-jährigen Thomas Reese, Sohn von Wolfgang Reese (66) und Ehemann Frau Chengs (36), der einem Hirntumor erlag. Zehn der »Organspender« gelangten durch *atraumatische* Ursachen in das irreversible Hirnversagen: vier durch ein Hirnaneurysma und jeweils einer bzw. eine durch Hirntumor, Herzinfarkt, Schlaganfall, Asthmaanfall, Lungenembolie und Lungenkrebs (bei einer Corneaspende) (vgl. Anhang 4). So unterschiedlich die Umstände des Todes der späteren »Organspender« auch waren,

127 Als grundlegende Werke der Trauerliteratur und -psychologie seien hier nur Jerneizig (1992, 1994), Ochsmann (1993) oder Worden (1987) genannt.

128 Zu all diesen Bereichen wären detaillierte Studien gefragt, um den Einfluss dieser Faktoren auf die Verarbeitung einer »Organspende« von den Hinterbliebenen genauer einschätzen zu können.

129 Dies hat medizinische Gründe, da bei lang andauernden Krankheiten die Organe nicht mehr in transplantierbarem Zustand sind bzw. durch Infektionen oder Tumore für die Empfänger gefährlich wären.

brachte sie ihre Krankheit oder schwere Verletzung auf eine Intensivstation, auf der alles getan wurde, um ihr Überleben zu retten.

Der Eindruck ›Intensivstation‹ ist von Angehörigen – besonders bei erster Konfrontation – nicht leicht zu verkraften: der Geräuschpegel, die anderen Schwer- und Todkranken, die Betriebsamkeit und Hektik (vor allem in Notsituationen), die auf Intensivstationen herrschen. Hinzu kommen das Wissen um die Brisanz der Situation und Berührungsängste mit den schwer kranken, an Maschinen angeschlossenen Patienten (vgl. Hermanns/Salomon 1993). Eine von mir besuchte Klinik versucht in einem Faltblatt für Besucher der Anaesthesiologischen Intensivstationen, den Fragen und Ängsten der Angehörigen zu begegnen. Erklärt werden die künstliche Beatmung sowie weitere Geräte zur Unterstützung, Ersatz (bspw. Dialyse) oder Überwachung von Körperfunktionen.[130]

»Für die meisten Besucher sind die vielen Schläuche und Maschinen irritierend und vermitteln den Eindruck einer unmenschlichen ›Apparatemedizin‹. Für Ihren Angehörigen sind diese jedoch lebensnotwendig.« (Informationsbroschüre der Klinik)

Robert Eilert (39), dessen Lebensgefährtin nach einem geplatzten Gehirnaneurysma intensivmedizinisch behandelt werden musste, berichtete, wie der Eindruck der Intensivstation immer noch bei ihm nachwirkte, obwohl er dort einen sehr einfühlsamen und respektvollen Umgang von Seiten des Personals erlebt hatte.

Ich muss sagen, dass ich diese Bilder immer noch vor Augen habe [holt Luft] und das für mich schon etwas Erschreckendes hatte ... [X] und auch behalten hat, dieser Eindruck ›Intensivstation‹. Auf der anderen Seite aber, wohl durch die Art und Weise, mit der die Ärzte und auch die Pfleger mit den Kranken umgegangen sind, mir irgendwie den Eindruck vermittelt haben, dass das eine sehr humane Umgehensweise ist.

Verständlicherweise tauchen bei den Angehörigen viele Fragen auf über den Zustand und die Chancen des Patienten. Unklar ist jedoch vielen, wen sie fragen können, wer zuständig ist. Wie ich selbst während meiner Hospitation auf einer Intensivstation erleben konnte, ist die Anzahl der dort arbeitenden Personen äußerst verwirrend, zumal auf einer Intensivstation die Schwestern und Pfleger an ihrer Kleidung nicht von Ärzten zu unterscheiden sind (Namensschilder mit Funktionsbezeichnung wurden dort nicht getragen). Die oftmals herrschende Betriebsamkeit und Hektik macht es Angehörigen noch schwerer, eine Dienst habende Person anzusprechen. Die Belastung des medizinischen Personals auf einer Intensivstation ist zum einen enorm, zum anderen liegt ihre erste Verantwortung bei den Patienten, wie auch das Faltblatt den Besuchern mitteilt:

---

130 Vgl. hierzu Hauser-Schäublin et al. 2001: 23-24.

»Denken Sie aber bitte daran, daß wir in erster Linie für die Patienten da sind und deswegen für Gespräche mit den Besuchern nicht immer viel Zeit ist.« (Informationsbroschüre der Klinik)

Vor allem nachts sahen sich die Angehörigen mit dem Problem konfrontiert, keinen zuständigen Arzt sprechen zu können. Elisabeth Böhm (56), deren 21-jähriger Sohn vor 14 Jahren eines Nachts schwer mit dem Auto verunglückte, schilderte die Schwierigkeit, überhaupt Informationen zu bekommen. Zu Beginn hatte noch nicht einmal seine Identität von der Dienst habenden Schwester einwandfrei bestätigt werden können:

Man hatte keine Auskunft, man sollte abgefertigt werden, man sollte möglichst dem Pflegepersonal zu Gefallen wieder nach Hause fahren und abwarten, was eigentlich in dieser Situation unmöglich ist. Mein Mann war sehr nervös, wir zwangen uns zur Ruhe, wir saßen da, wir waren in diesem schlecht erleuchteten Raum, uns gingen tausende Gedanken durch den Kopf, aber man sprach dann immer weniger, wir mussten ja abwarten. Irgendwann erschien ein Arzt, es müssen zwei Stunden vergangen sein, die ganze Geschichte spielte sich innerhalb [von] vier Stunden ab, gegen Morgen um vier Uhr sind wir dann mit der Nachricht entlassen worden, unser Sohn sei gestorben.

Dem Vertrauen der Angehörigen ist es nicht zuträglich, mit schlecht informierten oder immer wieder wechselnden Auskunftspersonen konfrontiert zu sein. Strittig ist zudem auch der Punkt, wann Angehörigen der Anblick eines Patienten nicht zuzumuten ist: Ist das Nichtwissen besser, oder hilft die Klarheit der Fakten, falsche Hoffnung zu vermeiden und der Realität ins Auge zu sehen?[131] Ein Abraten kann von Angehörigen leicht in Richtung ›wir durften nicht zu ihm‹ interpretiert werden und Misstrauen darüber schüren, ›was denn zu dieser Zeit dort gerade abgelaufen ist‹.

Eine weitere Problematik stellt sich bei (auch künstlich) komatösen Patienten. Angehörige fragen sich, was diese von ihrer Umwelt wahrnehmen können und ob ihnen ihre Nähe und körperlicher Kontakt helfen könnten. Das Informationsfaltblatt der Intensivstation nimmt hierzu ganz klar Stellung und verneint dies:

»Ein beatmeter und in künstlichen Tiefschlaf versetzter Patient kann keinen Kontakt zur Umwelt aufnehmen. Während dieser – unterschiedlich langen Phase – profitieren die Patienten nur wenig von den Besuchen der Angehörigen, die diesen Zustand zudem häufig als sehr belastend empfinden.« (Informationsbroschüre der Klinik)

Die Schilderungen meiner Gesprächspartner und -partnerinnen zum Umgang mit den komatösen oder sich schon im irreversiblen Koma befindlichen Patienten belegen jedoch, dass die Zeit dieses Kontaktes, auch die Mithilfe bei pflegerischen Maßnahmen, retrospektiv als sehr positiv erinnert wird. Denn: Es ist die letzte Zeit, die sie mit ihrem Verwandten verbringen können, in der sie ihm nahe sind; das kann ihnen das tröstliche Gefühl geben, noch etwas für ihn oder sie getan zu haben.

---

131 Diese Problematik stellt sich erneut beim Abschiednehmen von der Leiche.

4.1.1 Die Konfrontation mit dem »Hirntod« und die Frage nach einer Organentnahme

Während der medizinisch-diagnostischen Vorgänge, die zum Nachweis des »Hirntodes« notwendig sind, werden die Angehörigen zumeist weggeschickt. Ist die Diagnose des »Hirntodes« gestellt, bezeichnet dies den Zeitpunkt des Todes, der in einem Protokoll festgehalten wird. Weiterhin sind nun medizinische Maßnahmen zur Aufrechterhaltung der Homöostase der potenziellen »Organspender« notwendig, die aber nur noch zum Nutzen der potenziellen Empfänger durchgeführt werden. Es herrscht große Betriebsamkeit am Krankenbett eines potenziellen »Organspenders«. Diese Patienten befinden sich in einem Zwischenstadium zwischen Leben und Tod, sie bzw. ihre Körper werden auf dem Weg des biologischen Sterbens aufgehalten. Ihnen kommt in dieser Zeit mindestens ebenso viel medizinische Aufmerksamkeit zu wie anderen Intensivpatienten (vgl. Hauser-Schäublin et al. 2001: 118-129, Striebel/Link 1991).

Der »Hirntod« ist nur anhand medizintechnischer Ableitungen nachzuweisen, also rein auf der Ebene des Körperwissens. Das sinnlich, über den Leib wahrnehmbare Erscheinungsbild des »Hirntoten« bringt den Angehörigen jedoch die Zeichen des Lebens entgegen. Sie sehen sich mit einem ›lebenden Leichnam‹ konfrontiert, der sich nicht von der Leiblichkeit des ihnen nahe stehenden Menschen zu Lebzeiten zu unterscheiden scheint: Sein Körper ist warm, die Brust hebt und senkt sich, man kann das Herz schlagen fühlen – wenngleich auch nur durch apparative Unterstützung. Auch die Schwere der Verletzung ist von außen oftmals nicht zu erkennen. Es stellt sich die Frage, wie die Grenzverschiebung zwischen Leben und Tod, nach der Patienten im irreversiblen Hirnversagen nun zu den Toten gehören, von den Angehörigen wahrgenommen wird. Denn der biologisch lebendige Körper der »Hirntoten« stimmt mit dem in Kap. 3.2 dargelegten kulturell überlieferten Bild des Todes und einer Leiche nicht überein.

Häufig stellt sich bei den Angehörigen ein Gefühl ein, wie dies Gabriele Fischer (60) bei ihrem nach einem Skiunfall verletzten 15-jährigen Sohn empfand, dass er »bestimmt wieder die Augen aufmachen« würde. Christine Menge (35) brachte die Diskrepanz des intellektuellen Verstehens auf der Ebene des Körperwissens gegenüber der sinnlichen Erfahrung auf Leibebene deutlich zum Ausdruck. Ihre Mutter war vor sechseinhalb Jahren im Alter von 52 Jahren nach einem schweren Asthmaanfall auf die Intensivstation eingeliefert worden:

> *Ich war zweimal [bei der Mutter auf der Intensivstation, Anm. VK]. Ja, und es war schrecklich, weil sie war schon da, du konntest sie anfassen, aber irgendwie wusstest du, dass sie tot ist. Und das hat nicht zusammengepasst. [...] Andererseits, klar, du hast es gewusst, aber irgendwie hätte sie da auch nur schlafen können. Ja, das war schon schlimm.*

Auf diese Situation konnten sich auch die Angehörigen nicht vorbereiten, die sich zuvor mit dem Thema »Organspende« befasst hatten, da dieser Punkt in der öffentlichen ›Aufklärung‹ kaum problematisiert wird. Die mir von Hinterbliebenen geschilderten Erfahrungen verdeutlichen, dass die Leiblichkeit des »hirntoten« Menschen auf der Intensivstation von ihnen nicht ausgeblendet werden kann.[132] Sehr eindrücklich legte Tanja Deneke (28) ihre Wahrnehmung auf der Intensivstation dar. Sie brachte die Unmöglichkeit zum Ausdruck, ihr atmendes (wenngleich nur *beatmetes*) Kind als tot zu begreifen und beschrieb, wie dies den Abschied und die Verarbeitung des Todes erschwerte:

Sicherlich, ein Hirntoter atmet nicht mehr. [...] Das ist auch das, woran ich mich halte. Wenn man die Geräte abschaltet, dann wäre Michael auch gestorben. Aber das letzte Bild, das ich von meinem Kind habe, ist ein atmendes Kind. Das ist ganz schwer später, damit zu leben. [...] Der Tod wird, das klingt jetzt vielleicht komisch, nicht mehr sinnlich erfahrbar. Man kriegt ihn nicht mehr zu fassen. [...] Man kann es nicht begreifen. Ich habe noch eine Stunde mit meinem Sohn auf dem Schoß gesessen oder noch länger. Und man wusste, er ist jetzt tot, aber er hat ja geatmet. Und er muss ja atmen, sonst kann man die Organe nicht mehr verwenden. [...] Ich meine, dass das nicht geht, dass man es eigentlich nicht tun kann. Denn es macht, es entzieht uns den Tod, die Erfahrung des Sterbens. [...] Das macht es sehr viel schwerer, den Abschied, den man nehmen muss, wirklich zu gehen.

Sie brachte damit zum Ausdruck, dass zum Verständnis des Todes die sinnliche Erfahrungsebene, die leiblich spürbaren Zeichen des Todes am anderen notwendig sind. Fritz Gebhard (38) bemerkte zu dieser Schwierigkeit,

dass der Hirntod letztendlich meiner Meinung nach eine falsche Definition ist, die vielleicht auch um der Organentnahme Willen so definiert worden ist. Für Hinterbliebene ist das eine sehr schwere Sache.

Seine Wortwahl »eine falsche Definition« verweist darauf, dass er die definitorisch vorgenommene Grenzverschiebung zwischen Leben und Tod nicht nachempfinden konnte. Die meisten der von mir interviewten Angehörigen erlebten den Patient oder die Patientin im irreversiblen Hirnversagen nicht als verstorben, sondern als noch lebend. So nahm auch Robert Eilert (39) seine im irreversiblen Hirnversagen auf einer Intensivstation liegende 47-jährige Lebensgefährtin nicht als Tote, sondern als Lebende wahr: „Im Grunde genommen hat für mich der Tod eigentlich erst irgendwo in der Grauzone mit dieser Organentnahme begonnen." Betroffene versuchen, über eine Rationalisierung durch intellektuelle Erklärungen die Diskrepanz zwischen ihren

132 Schwierigkeiten mit der Wahrnehmung von »Hirntoten« als Tote stellen sich auch bei Krankenschwestern/-pflegern ein, die die intensive Behandlung »hirntoter« Patienten oftmals als sehr belastend empfinden (Baureithel/Bergmann 1999: 93-113, Hauser-Schäublin et al. 2001: 118-129, Striebel/Link 1991).

Empfindungen und der medizinischen Diagnose ›Tod‹ zu überbrücken, wie die Worte Christine Menges (35) verdeutlichen:

Obwohl das dann so nebeneinander steht. Dies Gefühl, man kann ihre Hand halten und sie ist warm und man sieht sie atmen und alles. Ja, und trotzdem ist sie tot. Das ist, glaube ich, auch das Komische. Wenn sie nicht die Geräte hätte, wäre sie ja einfach schon tot gewesen. Also diese Sache, die Kombination, warum hat sie daran gehangen? Natürlich auch aus diesem Grunde einer möglichen Organspende. Das ist so dies... was es einem selber so schwierig macht, das zu verstehen.

Eine vollständige Rationalisierung des Erlebten, die die Ebene der sinnlichen Wahrnehmung an Bedeutung verlieren lassen würde, kann jedoch nie vollends gelingen, wie sich im weiteren Verlauf zeigen wird. Bevor ich auf die Erfahrungen Angehöriger mit der Bitte um »Organspende« eingehe, möchte ich zunächst die Einschätzung dieser Problematik aus transplantationsmedizinischer Sicht schildern.

Die transplantationsmedizinische Sicht

Angehörige befinden sich auf der Intensivstation in einer psychisch äußerst belastenden Situation. Zugespitzt wird diese durch die Übermittlung der Todesnachricht.[133] In den Schriften der DSO und dem EDHEP-Schulungsseminar (s.u.) für Ärzte und Pflegepersonal im Umgang mit Angehörigen potenzieller »Organspender« wird immer wieder darauf hingewiesen, dass zwischen der Nachricht des eingetretenen bzw. absehbaren Todes und der Frage nach einer Organentnahme den Angehörigen genügend Zeit gelassen werden sollte, um die erste Nachricht zu verarbeiten und zu verstehen, dass ihr Verwandter »endgültig und unwiederbringlich« verstorben sei (DSO o. J.: 31).

Die Übermittlung der Todesnachricht und die Frage nach der Zustimmung zu einer Organentnahme stellen eine heikle Aufgabe für das klinische Personal dar und sind die unangenehmste Aufgabe für einen Arzt oder eine Ärztin. Auf einer Intensivstation setzen sie sich für die Rettung von Leben in höchster Gefahr ein, weshalb »Organspender« ein Zeichen ihres Versagens sind. Sie müssen hiermit ihr Versagen im Kampf gegen den Tod eingestehen (Prottas/Levine Batten 1989: 265).[134] Die Situation stellt das medizinische Personal auf einer Intensivstation vor ein Dilemma. Ihre Rolle wandelt sich vom »Lebensretter« zum »Organgewinner«, dessen Handeln

---

133 Passagen aus diesem Abschnitt wurden – sinngemäß und z.T. wörtlich – bereits in Hauser-Schäublin et al. (2001: 245-248) dargestellt.

134 Wissenschaftliche Studien bestätigen, wie unangenehm diese Aufgabe von professioneller Seite empfunden wird: »Mehrere Untersuchungen in Europa und Nordamerika haben gezeigt, daß die Betreuung trauernder Angehöriger und die Bitte um Organspende sowohl physisch als auch psychisch als sehr schwere Belastung empfunden wird.« (DSO o. J.: 13).

nicht mehr zum Nutzen des eigenen Patienten, sondern einem anderen, unbekannten Patienten gilt (Tymstra et al. 1992: 142). Eine noch größere Herausforderung stellt die Übermittlung und das Erklären des so genannten »Hirntodes« dar, der (wie geschildert) *äußerlich wahrnehmbar* nicht dem Tod entspricht, sondern einem tiefen Koma gleicht und zudem noch mit einer Aufforderung an die Angehörigen, nämlich der Frage nach einer Organentnahme, verbunden ist. Studien aus anderen Ländern belegen:

»Aus einer Untersuchung, die in Kanada durchgeführt wurde, geht hervor, daß ca. 50 % der Ärzte und Schwestern Hemmungen hatten, die Familie in ihrer Trauer und ihrem Leid zu stören. In Großbritannien gaben 55 % des befragten Personals von Intensivstationen an, daß die Tatsache, daß man den ohnehin stark belasteten Angehörigen keine weiteren Entscheidungen zumuten wolle, einer der Hauptgründe dafür sei, gar nicht erst darum zu bitten.« (DSO o. J.: 13)

Die Schwere und Problematik der Entscheidung in einem solchen Moment ist aus medizinisch-professioneller Sicht durchaus anerkannt, wird jedoch in der breiten Öffentlichkeit und in den so genannten ›Aufklärungsschriften‹ nicht thematisiert. Dort wird vom Trost gesprochen, den die Angehörigen aus der »Organspende« ziehen könnten. Eine Klinikseelsorgerin berichtete mir dagegen aus ihrem Alltag, dass manche Ärzte aufgrund der großen Belastung, die dies für die Angehörigen bedeuten kann, die Frage nach einer Organentnahme nicht stellen:

Ich begleitete Eltern eines Mädchens, das noch nicht ›hirntot‹ war. Der Vater stellte die bange Frage: ›Werden sie uns diese Frage stellen nach der Organspende? Werden wir damit konfrontiert werden?‹ Ich meinte ja. Ich sprach dann mit einem Arzt, der meinte, er wird es nicht machen, aber er wüsste genau, irgendwen gäbe es hier, der fragen würde. Wo man merkte, er in der Situation hätte gesagt, ›Ich frage die Eltern nicht. Ich kann das nicht, ich mache das nicht, ich halte das nicht für richtig‹. Aber er sagt, so, wie er den Laden hier kennt, wird irgendeiner auf die Idee kommen zu fragen.

Um dieser Problematik entgegenzuwirken, wurde von Eurotransplant ein Schulungsprogramm zu »Organspende« und dem Umgang mit Trauernden entwickelt, das *European Donor Hospital Education Programme* (EDHEP), bei dem folgende Themen behandelt werden: Überbringen der Todesnachricht, Umgang mit Trauerreaktionen, Bitte um »Organspende« (vgl. hierzu auch Muthny 1995). Die Fallbeispiele, die in dem von mir besuchten Schulungsprogramm[135] in Videosequenzen vorgeführt wurden, machten deutlich, welches Ausmaß ein Schockzustand nach übermittelter Todesnachricht haben kann. Die Reaktionen reichten von Nichtwahrhabenwollen über Aggressionen bis hin zu körperlichen Zusammenbrüchen. In den EDHEP-

135 Im November 1996 konnte ich an einem dieser Seminare teilnehmen, worauf sich meine Beobachtungen stützen. An dieser Stelle sei hierfür der Transplantationskoordinatorin Frau Vogelsang und Herrn Höflich (Sandoz, Projektmanagement Organtransplantation) gedankt.

Unterlagen werden einige ›Vorurteile‹ genannt, die für das »zögerliche Vorgehen der Ärzte/Schwestern« verantwortlich gemacht werden, unter anderem »daß die Bitte um Organspende als Eindringen in die ohnehin schwer belastete Privatsphäre verstanden wird und damit den Kummer und die Trauer verstärkt« (DSO o. J.: 14). Es stellt sich die Frage, ob Angehörige in einer derartigen Ausnahmesituation mit der Frage nach einer Organentnahme nicht zwangsläufig überfordert sein müssen. So haben laut eines Artikels in einer medizinischen Fachzeitschrift zu »Organtransplantation und Menschenwürde« von 1994

»Ärzte und Ethiker bis Mitte der 70er Jahre die Belastung der Aufklärungsarbeit am Sterbebett als unakzeptabel eingeschätzt. Eibach, ein Seelsorger, sprach 1976 davon, daß das Aufklärungsgespräch eine emotionale Überforderung darstelle, die aus seelsorgerlicher Sicht abzulehnen sei.« (Bardenheuer et al. 1994: 498)

Der folgende Abschnitt legt dar, wie Angehörige die Frage nach einer Organentnahme erlebt haben.

Die Sicht der Angehörigen

Aufgrund der oben dargelegten verkürzten Darstellung dieser Problematik in der Öffentlichkeit ist die Möglichkeit der Auseinandersetzung vor der eigenen Betroffenheit zwangsläufig eingeschränkt. Nur fünf meiner Gesprächspartner hatten sich vorher mit dem Thema »Organspende« beschäftigt, was sich in der konkreten Situation trotz der vielen fehlenden Informationen als hilfreich herausstellte. Wozu sie eigentlich ›Ja‹ sagen und wie dann der konkrete Ablauf einer Organentnahme aussieht, war den meisten Betroffenen zuvor nicht klar. Ihre emotionale Reaktion auf die Übermittlung der Todesnachricht schildern sie häufig als Schock. »Wir standen absolut unter Schock«, berichtete Tanja Deneke, damals 23 Jahre alt, als ihr dreijähriger Sohn bei einem Verkehrsunfall schwerste Schädelverletzungen davontrug. Auch die Geschwister Horst (30) und Christine Menge (35) erzählten mir, dass sie sich nach der Nachricht, ihre 52-jährige Mutter werde den Asthmaanfall nicht überleben, unter Schock standen. Ebenso erinnerte Fritz Gebhard (38) seine Gefühle am Bett seiner Lebensgefährtin auf der Intensivstation, die aufgrund einer Lungenembolie in den Zustand des irreversiblen Hirnversagens geriet:

Ich saß da, [Pause] war [Pause] völlig erschlagen mit dem Hammer. Das heißt, alles spielte sich durch so einen Nebel ab. Das war gar nicht ich, der da saß. Das war nicht Marion, die da lag. Das war gar nicht die Situation, das stimmte alles natürlich gar nicht, dachte ich. [X] Da war alles wie durch so einen Schleier, eine Schocksituation letztendlich.

Auch Maria Deinert (47) empfand es als einen »Mordsschock«, ihren damals 42-jährigen Bruder so hilflos an den Maschinen zu sehen, und fühlte sich in dieser Situation unfähig, eine klare Entscheidung zu fällen:

Das ist ja keine sachliche Entscheidung. Man ist ja gefühlsmäßig so belastet, das ist doch alles verfälscht. Man kann da nicht in Anführungszeichen ›normal‹ reagieren. In dieser kurzen Zeit. Ja? Das geht nicht. Man braucht viel länger. Und das ist aber nicht möglich. Weil man kann eine Leiche nicht lange am Leben erhalten, beatmen, dass die Organe am Leben erhalten bleiben. Das ist das Furchtbare.

Retrospektiv fühlte Martin Nowak (38) sich auf der Intensivstation angesichts der Todesnachricht seines verunglückten achtjährigen Stiefsohnes nicht entscheidungsfähig:

Zumal man in der Situation, wenn man einen Angehörigen ver...liert, vielleicht ein bisschen kopflos handelt oder gar nicht richtig nachdenken kann: ›Was hast du da jetzt entschieden?‹

Die geschilderten Empfindungen sind ›typische‹ Reaktionen auf die Nachricht eines Todes und verweisen auf die eingeschränkte Aufnahmefähigkeit der Betroffenen in diesem Moment (vgl. Jerneizig 1992). Das Erleben von Gabriele Fischer (60) zeigt eindrücklich, wie sich der Schock der Todesnachricht auswirkte und die Frage nach einer Organentnahme in diesem Moment für sie eine zusätzliche Belastung darstellte. Deutlich wird in ihrer Geschichte auch, dass in einem solchen Gespräch ›zwischen Tür und Angel‹ die weitere Schwierigkeit der Nichterfahrbarkeit des irreversiblen Hirnversagens zum Tragen kommt. Die Übermittlung der Todesnachricht wird von ihr zwar gehört, ist aber in diesem Schockzustand »sofort wieder weg«, da sie an ihrem 15-jährigen Kind keine Veränderung in Richtung Tod wahrnehmen konnte.

Gabriele Fischer: *Ich weiß nicht, ob die vielleicht nur zehn Minuten oder eine viertel Stunde, konnte ich nicht sagen, wie lange sie da drin waren, nicht so schrecklich lange. Mein Mann war jedenfalls noch nicht wieder da. Dann kamen diese beiden Ärzte wieder raus, und das weiß ich noch, das hat sich mir richtig so eingeprägt, kamen die so raus, gingen nach links und standen da und besprachen sich. Ich guckte schon hin zu ihnen, dann räusperte sich dieser ältere Arzt so und kam auf mich zu und sagte, ›Ich muss Ihnen leider sagen›, der sprach deutsch, ›Ich muss Ihnen leider sagen, Ihr Kind ist tot. Die Schweizer Gesetze sind so und so, dass wir morgen um acht Uhr die Apparate abstellen, und bis dahin überlegen Sie doch bitte mal, ob Sie Organe spenden können? Gebraucht werden Augen, Nieren‹ ... Dann hat er alles mögliche aufgezählt, und ... damit hat er mich stehen gelassen. Dann ist er weggegangen.*
VK: *Also alles im Prinzip mit einem Satz.*
Gabriele Fischer: *Alles in einem Satz. Das war so ein Moment, ich weiß noch, dass ich ..., das kam wie so ein Zittern über mich. Ich lehnte mich nach hinten an diesen Tresen an ... Das war aber so schlimm, dass das direkt wieder weg war bei mir. [...] [X] Ich kann das gar nicht beschreiben. Ich habe dann nachher auch gar nicht mehr drüber nachgedacht. Ich habe absolut das Gefühl gehabt, ich habe das keinen Moment geglaubt, dass das Kind ... Das war ja wie wir a..., an dem Montag-*

abend ankamen, so sah es auch am Dienstagmittag aus, hatte immer noch nicht die Augen aufgemacht, aber da war überhaupt keine Veränderung ... [X] wahrzunehmen. Also, gar nichts. Der war ja, wir saßen ja, hielten seine Hand, wir streichelten ihn. Der war ja warm, nicht? Wie sollten wir eigentlich wahrnehmen, dass der tot sei? Für mich war das so, dass das direkt weg war wieder. Ich habe da weiter gesessen und innerlich gebetet und geglaubt, der wird bestimmt wieder die Augen aufmachen, [X] das kann gar nicht anders sein.

In diesem Schockzustand, so zeigen meine Gespräche, fühlten sich viele Betroffene nicht mehr in der Lage, Informationen zu verarbeiten, und waren mit der Entscheidung für oder gegen eine Organentnahme überfordert.

Die Problematik der Frage nach einer Organentnahme ist nicht von der fehlenden sinnlichen Wahrnehmbarkeit des irreversiblen Hirnversagens als Tod des Menschen zu trennen, die zu der paradoxen Situation führt, dass – wie es Maria Deinert formulierte (s.o.) – »eine Leiche am Leben erhalten wird«. Die Grenze zwischen Leben und Tod verschwimmt. Auch die folgenden Beispiele machen deutlich, dass das intellektuelle Verständnis vom »Hirntod« als dem Tod des Menschen von Angehörigen auf der Intensivstation nicht mit ihrem tatsächlichen Empfinden in Einklang gebracht werden kann. Diese Diskrepanz äußerte sich in der Befürchtung, er oder sie könnte noch etwas wahrgenommen haben. Viele Angehörige empfanden es deshalb als verkehrt, wenn ihnen die Frage nach einer Organentnahme *direkt am Bett* des oder der »Hirntoten« gestellt wurde. Angehörigen kamen Zweifel, ob mit der Diagnose »Hirntod« tatsächlich jegliche Wahrnehmungsmöglichkeit der Patienten erloschen war. Die folgende Textpassage aus dem Gespräch mit Maria Deinert (47) illustriert die Rationalisierungsversuche Betroffener angesichts des »Hirntodes«, der nicht mit dem Erscheinungsbild des ›herkömmlichen‹ Todes vereinbar ist, und veranschaulicht die Diskrepanz zwischen rationalem Verstehen des Hirntodkonzeptes und dem, wie der sich im irreversiblen Hirnversagen befindliche Patient von seinen Angehörigen über ihre Sinne wahrgenommen wird. Die Zeichen der Lebendigkeit des »hirntoten« Körpers lassen bei den Angehörigen Fragen nach einem vielleicht doch noch vorhandenen Wahrnehmungsvermögen der Patienten aufkommen:

Das lässt mich nicht los, dass das in diesem Krankenzimmer so wie zwischen Tür und Angel hat passieren müssen, weil ich nicht sicher bin, ob mein Bruder das nicht doch noch gehört hat. Ich hab die Röntgenaufnahmen gesehen. Ich habe gesehen, dass sein Hirn total voller Blut war, und dass da wahrscheinlich nichts mehr funktioniert hat, dass er vielleicht schon tot war. Aber man hat ja schon die tollsten Sachen gehört, dass Menschen, die monatelang im Koma waren, trotzdem noch was empfunden haben. Das ist ein Ding, was ich angreife. Wenn man solche Dinge anspricht, dann soll man das mit mehr Fingerspitzengefühl machen, für die Angehörigen und außerhalb des Raumes. [weint] [X] Das ist wirklich eine oder die Sache, die mir am meisten zu schaffen macht: Hat er das mitgekriegt? [Pause] Es war einmal so ein kleines Lidzucken, als ich mit seiner Tochter an seinem Bett saß, und sie guckt mich an, sagt: ›Guck mal, da ist doch noch was.‹ [X] Und ich, um sie zu beruhigen: ›Du, das war nur ein Reflex.‹ Im Nachhinein dachte ich, vielleicht war da noch was, ich hätte vielleicht jemanden rufen sollen. Es ist blöd, ich weiß, das waren nur Gefühle. Ja, rational weiß ich, es war so wie ich es gesagt habe. Aber meine Gefühle waren eigentlich anders. [X] Das ist eine Sache, die ich sehr wichtig finde, dass man da taktvoller rangehen müsste.

Maria Deinert bemängelt das fehlende Taktgefühl seitens der Klinik, diesen Zwiespalt, in dem sich die Angehörigen befinden, nicht zu berücksichtigen. Dass die Frage nach einer Organentnahme direkt am Bett gestellt wurde, quälte auch Martin Eisenberg (44) nach dem Tod seiner 40-jährigen Ehefrau, die einem Schlaganfall erlag:

Was mich anfangs ein bisschen irritiert hat, ... was ich mittlerweile auch nicht weiß, [atmet ein und aus] ob's richtig oder falsch war, ... er hat mich das direkt am Krankenbett gefragt. [X] [Pause – atmet laut ein] Auf der einen Seite, denke ich, gibt es vielleicht die Möglichkeit, das ... nicht am Krankenbett zu machen, auf der anderen Seite, weil man ja nicht, z.B. sagte mir der eine Arzt, der diese Untersuchung gemacht hat, dass das Gehör eigentlich noch am längsten funktioniert ... [X] bei Schlaganfallpatienten ... Wenn ich mir jetzt vorstelle, dass Elke das mitgekriegt hat. Ich weiß nicht, ob der Gedanke realistisch ist, ich kann das ... nicht sagen. Auf der einen Seite ist es natürlich ... ein Stück Ehrlichkeit. ... Dass sie da meinen Zwiespalt oder [atmet aus] meine Gedanken mitkriegt, auf der anderen Seite ist es vielleicht auch, also, ich sage mal, wenn sie jetzt doch nicht einverstanden war, eine Belastung. [...] Ich denke mal, es wäre besser, wenn man es nicht so machen würde. ... Ich hätte es [ihr] hinterher ja noch selbst sagen können. ... Die Möglichkeit hat man ja immer noch. Und so, wenn der Arzt das am Krankenbett fragt und wenn ich mir denke, ›Ja, Elke hat das so mitgekriegt‹, ... wär's vielleicht schöner gewesen, wenn ... mich der Arzt woanders gefragt hätte. Und ich hätte Elke dann gesagt, ›Wir machen das so‹ oder ›Ich habe das so entschieden‹. Und ... ich habe es ja auch so entschieden. ... Wenn ich gewusst hätte, dass sie nicht einverstanden wäre, dann hätte ich es natürlich nicht gemacht. [X]

Auch Martin Eisenberg hatte also Zweifel, ob seine »hirntote« Frau schon ›so weit tot‹ war, dass sie kein Wahrnehmungsvermögen mehr hatte. Seine Befürchtung, dass seine Frau die Frage »mitgekriegt hat«, aber vielleicht mit seiner Entscheidung nicht einverstanden gewesen war, verweist auf die Schwierigkeit, eine Entscheidung von solcher Tragweite gemäß des vermuteten Willens eines Verwandten zu entscheiden: Die verbleibenden Zweifel wirken sich belastend für die Hinterbliebenen aus. Die Komplexität der Problematik, die in diesen Beispielen angesprochen wird, ist besonders deutlich in der Schilderung und Einschätzung der Frage nach einer Organentnahme, wie sie Franz Deneke (30) beim Tod seines verunglückten Sohnes erlebt hatte. Franz Deneke schilderte, wie verletzend er es empfunden hatte, dass der zuständige Arzt sich nicht mehr zu einem Gespräch einfand, nachdem feststand, dass sein Sohn nicht mehr zu retten war. Die Todesnachricht und die Frage nach einer Organentnahme wurden ihm und seiner Frau unmittelbar hintereinander gestellt, was ihnen ihrer Einschätzung nach nicht die Möglichkeit gegeben hatte, die Todesnachricht zu verarbeiten. Zudem wurde vonseiten der Klinik erwähnt, dass ihre Zustimmung den Tod eines anderen, auf ein Organ wartenden Kindes verhindern könnte.

Dies geschah, so mutmaßte Franz Deneke, in der Annahme, die Eltern damit zu einer Zustimmung zu motivieren. Ihnen war damit jedoch die Verantwortung für ein anderes Menschenleben zugetragen worden, weshalb das Ehepaar Deneke nicht das Gefühl hatte, eine freie Entscheidung gefällt zu haben:

Franz Deneke: *Wir saßen in so einem Besprechungszimmer und warteten da auf den ... Wir nahmen an, auf den Professor, also offenbar den Leiter dieser Abteilung, mit dem wir vorher gesprochen hatten. Der kam nicht mehr. [Pause] Worüber ich heute noch sauer bin, wenn ich das so überlege, also, nach vier Jahren bin ich noch sauer, dass der nicht gekommen ist. Dann kam also sein Assistenzarzt und eine Frau, die wir vorher noch nicht gesehen hatten. [...] Dann hat er gesagt, was wir schon gedacht hatten, nämlich dass der Michael tot ist. Und hat aber wirklich [kurze Pause] nach meiner Wahrnehmung ... so zwei Atemzüge später ... ich weiß auch noch genau, wie er es gesagt hatte. Er hat gesagt, ›Ja, wir müssen Sie jetzt etwas fragen, wir sind als Ärzte dazu verpflichtet, Sie das zu fragen. Würden Sie denn die Organe ihres Sohnes zur Organspende freigeben? Sie können sich das überlegen, Sie müssen das nicht jetzt sofort entscheiden, aber wir müssen das wissen.‹ [X] Also ganz klar,› ihr habt fünf Minuten Zeit‹, so hörte sich das an. Vielleicht war es nicht so gemeint.*
VK: *Einen Zeitrahmen hat er Ihnen nicht angegeben?*
Franz Deneke: *Nein.*
VK: *Die ganze Zeit über nicht?*
Franz Deneke: *Er hat gesagt, er hat an dieses [...] Sozialgefühl sofort appelliert: ›Denken Sie daran, dass es viele Eltern gibt, die kranke Kinder haben und die dringend Organe brauchen, um weiterzuleben‹.*
VK: *Das hat er auch gesagt?*
Franz Deneke: *Das hat er gesagt. Ja, und ich meine, wenn man so was hört, und das eigene Kind ist gerade gestorben, [kurze Pause] also, ich habe spontan ›Ja‹ gesagt. [X] Aber das war also ... Was soll man denn sonst sagen?*
VK: *Ja, in dem Sinne, also eigentlich keine Wahl, wenn einem das so gesagt wird ...*
Franz Deneke: *Jedenfalls hatte ich nicht das Gefühl, dass ich die ... Natürlich hatte [ich] die Wahl, ich hätte ›Nein‹ sagen können, aber ... durch die Art des Fragens hatte ich im Prinzip keine Wahl. [lange Pause von ca. 7 sec.] Dann wäre ich ja derjenige gewesen, der verhindert, dass andere Kinder weiterleben. Das ist ja die ganz unmittelbare Schlussfolgerung daraus. ... Irgendwie muss es auch eine Technik des Fragens sein, um das Ziel zu erreichen.*

Wie diese Textpassage verdeutlicht, gerät die Beteuerung, die Entscheidung sei freiwillig, zur Farce, wenn bei der Bitte um »Organspende« direkt Bezug zum Schicksal anderer, vom Tode bedrohter Menschen hergestellt wird. Tanja Deneke (28) empfand dies genauso wie ihr Mann:

Tanja Deneke: *Es war so, dass die Ärzte uns im Grunde in einem Atemzug gesagt haben, dass er tot sei, dass sie uns in Kenntnis gesetzt haben vom Ergebnis ihrer Untersuchung, und die nächste Frage war, ob wir ihn zur Organspende freigeben könnten. [...] Meine erste Frage war, ob ich, wenn sie jetzt die Geräte abschalten, ihn noch in den Armen halten könnte. Da kam dieses: ›Ja, das könnten Sie natürlich, aber Sie könnten ihn auch zur Organspende freigeben, überlegen Sie sich das.‹ Das war wirklich innerhalb von einer Minute, diese zwei Sachen. Und zwar ganz schnell hintereinander.*
VK: *Hat man Ihnen vorher den Hirntod noch ausführlicher erklärt oder ...?*

Tanja Deneke: *Nein. Man hat uns schon erklärt, dass man das irgendwie messen kann, aber man hat es nicht [ausführlicher] erklärt. In dem Moment, wo klar war, dass [unser Sohn] das nicht überlebt, gab es einen sehr starken Rückzug von Seiten der Ärzte. Es blieb dann im Grunde einer übrig, dem man diese Aufgabe wohl angetragen hatte, uns das mitzuteilen. [...] Dieser Wunsch, diesem Tod, den man nicht begreifen kann, irgendeinen Sinn abzutrotzen, das ist vielleicht das, was im ersten Moment dann doch sehr stark ist. Dann müssen das andere Eltern nicht erleben, gerade bei so einem kleinen Kind und gerade auch bei Herztransplantationen, wo es einfach auch akut ist für die Kinder, die Herzen brauchen, und wir dann zugestimmt haben. [...]*

Franz Deneke: *Also, in dem Moment, wo sie einem den Tod mitteilen und dann ... nach der Organspende fragen. Und da fängt eigentlich an, dass dieses ja wirklich sehr individuelle Schicksal missachtet und sofort in so ein soziales Wir-Gefühl erklärt wird [...]*

Tanja Deneke: *Ja: ›Ihr Kind ist doch sowieso tot, und jetzt können Sie doch noch anderen helfen dadurch.‹ Das ist im Grunde genommen [...] eine Frage, die da überhaupt nicht hingehört.*

Franz Deneke: *Ja. Das ist was ganz Grundsätzliches, das steht am Anfang dieser Kette. Und dann geht es ganz konsequent so weiter. [...] Bei diesem ärztlichen Anspruch, anderen Menschen helfen zu wollen, zu müssen, ist das im Grunde genommen ganz schön grausam ...*

Tanja Deneke: *Es geht eben um das Leben-Erhalten.*

Die Erfahrung des Ehepaars Deneke ist ein Hinweis auf das Spannungsfeld, in dem sich ein »hirntoter« Körper befindet: Einerseits ist er individuelles Objekt der Trauer für Hinterbliebene, andererseits wird er von der Gesellschaft zur Lebensrettung Todkranker beansprucht. Das individuelle Schicksal konfligiert mit der moralischen Verpflichtung zur Solidarität, dem ›Wir-Gefühl‹. Darüber hinaus verweist dieses Beispiel auf die enge Verbindung der Schicksale sich fremder Menschen: Die mögliche Lebensrettung Dritter ist abhängig von dem Tod eines Menschen, der unter besonderen Bedingungen sterben muss, die wiederum massive Folgen für das Abschiednehmen der Hinterbliebenen haben. Tanja Deneke spricht diesen Wunsch des Begleitens, des Abschiednehmens vom Versterbenden an, das ihr mit der Freigabe zur Organentnahme genommen wurde. Auf diesen wichtigen Punkt ist im weiteren Verlauf noch genauer einzugehen.

Angehörige berichteten, im ersten Schock nach der Übermittlung der Todesnachricht spontan ablehnend reagiert zu haben, da sie die Unversehrtheit des Körpers nicht zerstört sehen wollten. So schilderte Maria Deinert (47):

Und ich habe ›Nein!‹ gesagt, ganz spontan. Nein! [...] Das ist mir ein Unding gewesen, so einen Menschen zu zerschnippeln.

Erst dann – mit etwas Abstand – überlegte Maria Deinert, »dass es eine falsche Reaktion war, so spontan«. Auch Martin Eisenbergs (44) erste Reaktion war, wie geschildert, zunächst ablehnend. Die Assoziationen, die Martin Eisenberg und Maria Deinert hatten, als ihnen die Frage nach einer Organentnahme gestellt wurde, hängen mit der kulturellen Vorstellung von der Unversehrtheit des Leichnams zusammen (vgl. Kap. 3.2.3), die mit einer Organentnahme bedroht wird. Martin Eisenberg äußerte zwar nicht das Gefühl, von ärztlicher Seite moralisch unter Druck gesetzt worden zu sein – ein Arzt hatte seinem Empfinden nach sehr vorsichtig und zurückhaltend versucht, das Thema »Organspende« anzusprechen – dennoch war einer seiner ersten Gedanken das ›Ausschlachten‹ gewesen:

Als ich wieder bei Elke saß, kam ... ein Arzt [Räuspern] zu mir und ... stellte sich auf die andere Seite von Elkes Bett. [kurze Pause] Und ... fing dann so an: Ja, ob mir jetzt die Situation bewusst wäre, in der ... meine Frau wäre und ja, ich würde jetzt sagen, stammelte so herum. ... Ich wusste nach dem ersten Satz, was er wollte. Das, ... [Pause] das schoss mir gleich in den Kopf. [X] Er hat sich ein bisschen umständlich ausgedrückt und wollte scheinbar nicht gleich mit der Tür ins Haus fallen. [...] Ich habe noch gesagt, als er die ersten zwei Sätze sagte, ich wüsste, worauf er hinaus wollte. Weil mir das sofort ... in den Kopf schoss. [Pause] Dann war mein zweiter Gedanke, als er sagte, ›Ja, ja, Organspende‹ ... war ›Jetzt wollen sie die Elke ausschlachten.‹ ... Das war das, was mir als zweites durch den Kopf ging. [X] ... Der Gedanke, dass sie da jetzt irgendwo liegt und man ihr Sachen entnimmt, der Gedanke ist natürlich, ... der ist noch fürchterlich. ... Er hat mich damit erst mal alleine gelassen, weil ich ihm da nicht, ... ich wollte ihm da nicht ›Ja‹ oder ›Nein‹ [X] sagen. Dann habe ich gesagt, ich würde auf alle Fälle mal mit jemandem reden wollen.

Martin Eisenberg empfand die Auflistung der einzelnen Organe, die entnommen werden könnten, als äußerst belastend. Er nahm zwar die unangenehme Tatsache in Kauf, dass in den Körper seiner Frau massiv eingegriffen wird, wollte diesen Gedanken jedoch lieber beiseite schieben:

Ich hab dem Arzt gesagt, dass ich mich dafür entscheide. [kurze Pause – atmet aus] Dann fragt er nach, ›Ja, welche Organe? Leber? Nieren?‹ Fing er dann so an. Da ... habe ich die Augen verdreht oder, da merkte er dann, ... dass er es mir damit nur schwer gemacht hat. [X] Ich denke mir, wenn ich entscheide, ... dass einem Anderen vielleicht ein Stück Leben ... geben kann, dadurch, ... dass Elke gesunde Organe, die sie selber nicht mehr braucht, ... spendet, ... dann macht er mir es nur schwer, wenn er anfängt, irgendwas aufzuzählen, und ich zu dem einen oder anderen ›Ja‹ oder ›Nein‹ sagen soll. Warum soll ich jetzt entscheiden, das eine oder das andere nicht? ... Dann habe ich gesagt, ich will's nicht wissen. [X] Das ... hilft mir nicht. ... Mir hilft nur der Gedanke, ... dass ich einem anderen das ersparen kann. Ob jetzt einem oder zwei oder damit oder damit ... Dann habe ich gesagt: ›Ich habe ›Ja‹ gesagt, und mehr sage ich dazu nicht.‹ Da hat er gemerkt, dass das ... blöd war oder ... Dann fängt man wieder an, denkt man wieder ›Ja, das rausnehmen und das rausnehmen und das rausnehmen‹. ... Das ist ja die Vorstellung oder das ist ja ..., das ist ja. Er sagte auch noch: ›Ja, das ist wie eine Operation und es wird dann alles wieder zugemacht‹. ... Aber das ist ja nicht der Gedanke, den ich jetzt, ... mmh, ... den ich mir in meinem Kopf ausmalen will. ... Das ist ja das, wo ich sage, gut, das nehme ich in Kauf oder das akzeptiere ich, dass das nicht so eine schöne Vorstellung ist, aber der andere Gedanke, der ... mich hat dafür entscheiden lassen, der ist mir viel wichtiger. [X] ... Ja, das war nochmal fürchterlich, wo er anfing aufzuzählen.

Die Vorstellung einer Entnahmeoperation fand er »fürchterlich«, dennoch lehnte Martin Eisenberg nicht sofort ab, sondern konnte von sich aus das Bedürfnis nach Unterstützung bei dieser Entscheidung ansprechen. Auch in anderen Gesprächen äußerten Hinterbliebene, wie wichtig eine neutrale Auskunftsperson bei der Entscheidung in dieser Situation für sie gewesen wäre. Selten wird dies jedoch von Seiten der Klinik angeboten. Martin Eisenberg führte ein längeres Gespräch mit einem Psychologen und weitere Gespräche mit Schwestern auf der Intensivstation, was er bei der Entscheidungsfindung als sehr hilfreich empfand.

Nachdem ich gesagt habe, ich wollte mit jemandem länger darüber reden, kam am Nachmittag ... ein Psychologe. Mit dem habe ich mich eine Stunde oder eineinhalb unterhalten. [Pause] Was ich da ganz wichtig fand, oder was ... für mich erleichternd war, dass er gesagt hat, ... jede Entscheidung, die ich treffe, ist richtig. [X] Er hat nicht gesagt, ... er bevorzugt die oder die Entscheidung oder die liegt ihm näher oder die liegt ihm näher, sondern er hat gesagt, die Entscheidung, die ich treffe, das ist die richtige Entscheidung! Und das fand ich ... gut.

Martin Eisenberg äußerte in unserem Gespräch, dass seine Entscheidung, einer Organentnahme zuzustimmen, von dem Gedanken getragen war, anderen Menschen ähnliches Leid zu ersparen. Da Angehörigen bewusst ist, dass von ihrer Entscheidung das Leben anderer Menschen abhängt, kann Unterstützung der Art, wie sie Martin Eisenberg erfuhr, den moralischen Druck auf die Angehörigen vermindern und ihnen Raum geben, eine für sie stimmige Entscheidung zu treffen.

Um zu einer für sie tragbaren Entscheidung zu kommen, müssen die Angehörigen darüber informiert werden, wie der weitere Ablauf der Organentnahme aussehen würde und welche Veränderungen im Abschiednehmen und mögliche Belastungen damit auf sie zukommen könnten. Martin Eisenberg (44) mahnte an, »auch an die zu denken, die da zurückbleiben«, und darauf hinzuweisen, »welche Konsequenzen auf das Abschiednehmen und das Trauern« eine »Organspende« haben kann. Erst dann kann von einer *informierten Einwilligung* gesprochen werden. Angehörige schilderten mir häufig, dass ihnen Informationen über den Ablauf einer Organentnahme gefehlt hatten. Einige wussten nicht, dass dazu die Patienten bis zur Entnahmeoperation an den Maschinen gehalten werden müssen. Es war ihnen häufig auch nicht klar, wie viele Untersuchungen vor der Entnahme noch durchgeführt werden müssen. Oftmals wurde auch nicht erwähnt, wie lange sich das Prozedere hinziehen kann, bis der Leichnam zur Bestattung freigegeben wird. Geschieht dies nicht, wirkt sich das – so belegen die von mir geführten Gespräche – belastend auf die Hinterbliebenen aus. Gabriele Fischer (60) erläuterte diese Situation wie folgt:

Wir haben gesagt ›Ja, die Nieren.‹ Da sind wir aber davon ausgegangen, dass die Apparate in unserem Beisein abgestellt und danach die Nieren entnommen werden. Als wir das so sagten, sagte der Arzt, ›Nein, so geht das nicht.‹ Wir wurden gar nicht informiert, wie das abläuft. Nein, wir wurden gefragt, und in dieser Unwissenheit, in der, ich sage mal, 99 Prozent der Menschen sind, die dann sagen ›Ja, dürfen Sie haben‹, von ganz anderen Voraussetzungen ausgehen. Da erfährt man dann ›Nein, so geht es nicht, sondern die Apparate müssen an bleiben.‹ Das war wieder eine furcht-

bare Situation, wo wir dachten, was machen wir denn jetzt? Und wie das? Ich weiß auch nicht, warum wir da nicht gesagt haben, ›Nein, das kommt nicht in Frage‹.

Einigen Angehörigen war ferner nicht klar, dass die Möglichkeit besteht, die Zustimmung zur Organentnahme auf bestimmte Organe einzuschränken, oder sie hatten das in der Schocksituation wieder vergessen. Tanja Deneke (28) berichtete, wie ihnen zunächst gesagt wurde, sie hätten die Möglichkeit, die Organentnahme einzuschränken, diese jedoch später nicht mehr erwähnt wurde. Auch weil sie zu dem Zeitpunkt unter Beruhigungsmitteln stand, empfand sie sich retrospektiv nicht entscheidungsfähig:

Der nächste Punkt war, dass sie uns gesagt hatten, man könnte diese Organe beschrän..., festlegen, und dass man dann mit dem Zettel kam, mit dieser Einverständniserklärung, die wir unterschreiben mussten und haben, da von den Organen nichts mehr draufstand, sondern das eine ganz allgemeine Formulierung war: ›Wir geben unseren Sohn zur Organspende frei.‹ [X] Er [der Arzt, Anm. VK] auch sagte, das ginge nicht anders. Ich meine, [man ist] in so einer Situation nicht in der Lage, sich auf Diskussionen und Formulierungen im Text einzulassen. [...] Ich bekam sofort eine Valium in der Klinik und die wirkt verhältnismäßig schnell. Man ist dann ... nicht in der Lage, selber in so einer Situation, wenn man sich vorher darüber keine Gedanken gemacht hat.

Das Ehepaar Deneke haderte zum Zeitpunkt unseres Gespräches – über vier Jahre nach dem Tod ihres Kindes – noch immer damit, wie mit ihnen in der Klinik umgegangen wurde und äußerte, dadurch das Vertrauen in die Ärzte verloren zu haben:

Tanja Deneke: *Mit diesem Text, den wir unterschrieben haben, das ist was, was mir wirklich nachgeht, weil wir später gelesen haben, die haben zum Beispiel auch die Milz entnommen. Das steht einfach, diese Sachen, die für mich heute immer noch ungeklärt sind. Wo ich immer noch das Gefühl habe, ich muss da nochmal hin und muss mit den Ärzten reden, warum es nicht möglich war zu sagen, ›Gut, wir spenden das Herz, die Leber und die Nieren‹, und das auch vertraglich festzulegen.*
VK: *Das erstaunt mich, da ich bis jetzt gehört habe, dass das möglich ist.*
Franz Deneke: *Ich denke auch, dass das möglich gewesen wäre. Ich denke mir, dass sie es nicht möglich haben wollten.*
Tanja Deneke: *Nein, ich denke, die haben [*Franz Deneke *gleichzeitig] wirklich ihr ...*
Franz Deneke: *Ich denke, dass die versucht haben, die Situation maximal auszunutzen.*
Tanja Deneke: *Für sich auszunutzen. [X]*
Franz Deneke: *Ich meine, die Uniklinik ist ein Lehrkrankenhaus. Da sind offenbar ganz viele Menschen, die noch Ärzte werden wollen, oder gerade Assistenten sind, und dass [man] es halt mal durchgezogen hat. [X] Da kommt eins zum andern. [X]*
Tanja Deneke: *Man ist einfach, ich meine, das ist jetzt über vier Jahre her. Ich war gerade 23. Wir waren beide noch sehr jung. ... Woher soll man das in so einer Situation nehmen? [X] Dieses Standvermögen und dann auch noch diese Geistesgegenwärtigkeit, wo man wirklich mit anderen Dingen beschäftigt ist, das überhaupt zu begreifen. [X] Was war eigentlich passiert?*

Franz Deneke (30) sah diese Einverständniserklärung retrospektiv negativ und stellte fest, dass er in dem Moment nicht wusste, was er eigentlich unterschrieb. Zwar kann eine schriftliche Einverständniserklärung eine Absicherung für die Angehörigen darstellen, wie mir berichtet wurde, Franz Deneke empfand es jedoch wie einen »Pakt mit dem Teufel«:

Franz Deneke: *Dann kam dieses Formular, von dem meine Frau schon erzählt hatte. ... Ich habe mir das überhaupt nicht, eigentlich habe ich erst hinterher erfahren, was da drin stand. [X] Ich habe das in dem Moment überhaupt nicht wahrnehmen können. [lange Pause – ca. 44 sec. – weint] Das finde ich im Nachhinein wirklich grausam, da unterschreiben zu* müssen. *[lange Pause – ca. 16 sec.]*
VK: *Oh, ich habe hier welche. [reicht Taschentücher, Pause]*
Franz Deneke: *Ja, unterschreiben, so was unterschreiben zu müssen, ich meine, das ist ja rechtlich bestimmt notwendig, aber das ist wieder so ein Pakt mit dem Teufel. [lange Pause – ca. 46 sec. weint] Das ist so, als hätte ich ... [Tonbandwechsel]*

So wichtig wie die vertragliche Absicherung für beide Seiten ist, zeigt die Aussage Franz Denekes doch, dass sich die schriftliche Zustimmung in einer Situation, in der man sich nicht entscheidungsfähig fühlt, auch negativ aufgefasst werden kann. Anders als Martin Eisenberg, den die Auflistung der einzelnen Organe (wie geschildert) belastete, bemängelte das Ehepaar Deneke, nicht ausreichend auf die Möglichkeit der Einschränkung der Organentnahme hingewiesen worden zu sein. Während sie – wenn auch nicht zufriedenstellend – die Zustimmung zur Entnahme bestimmter Organe in einem persönlichen Gespräch mit dem Arzt besprochen hatten, musste Fritz Gebhard (38) die Erfahrung machen, dass die Klinik zweimal telefonisch nachfragte, ob er seine eingeschränkte Zustimmung nicht doch erweitern wolle. Er empfand es als Zumutung, dass seine einmal gegebene Entscheidung von medizinischer Seite nicht respektiert wurde und gleich zweimal der Versuch unternommen wurde, ihn umzustimmen:

Fritz Gebhard: *Ich hatte allerdings noch unterschieden, nach schlechten Erfahrungen mit meinem Vater, dass ich sagte, ›Die Niere, die kann entnommen werden.‹ Weil dieses Organ nicht in so einem Prozess von Anonymität irgendwo in der Weltgeschichte herumgeschickt worden wäre. [X] Am Sonntag um ein Uhr riefen die Ärzte hier an und fragten, ob sie nicht die Augen entnehmen könnten. Abgesehen davon, dass das einfach menschlich ... taktlos war, ich habe das zumindest so empfunden, wie so'n, so'n, so'n Ausschlachten und ja, der Begriff passt da. Also ich sagte ihm ›Nein!‹. Um 14 Uhr riefen sie wieder an, ob sie nicht die Augen und das Herz doch entnehmen könnten. Das Herz auch noch!*
VK: *Also sie haben zweimal nachgefragt?*
Fritz Gebhard: *Mmh, ja genau. Und ich sagte: ›Nein, das will ich auf keinen Fall.‹ Hatte das auch noch einmal betont, die Niere sei OK.*

Deutlich klingt in den zitierten Gesprächen das hierarchische Verhältnis zwischen Ärzten und Angehörigen durch: Einerseits in dem Verhalten von Ärzten, Einfluss auf die Entscheidung der Angehörigen zu nehmen, andererseits darin, dass sich die Angehörigen selbst als nicht handlungs- und durchsetzungsfähig gegenüber der medizinischen Seite fühlten. Gabriele Fischer (60) führte dies neben der an sich schon belastenden Situation und ihrer Angst, etwas falsch zu machen, auf ihr Gefühl zurück, von den Ärzten abhängig zu sein. Deutlich empfand sie die moralische Verpflichtung, zuzustimmen, weshalb auch sie nicht das Gefühl hatte, eine freie Entscheidung getroffen zu haben.

Ich habe das so schlimm in Erinnerung, wieder diese Entscheidung. Und was jetzt? Wir hatten ja zwei Nächte zu dem Zeitpunkt durchwacht, man ist irgendwo gar nicht, man ist ja so abhängig auch von den Ärzten. Ich glaube, wir haben uns gar nicht getraut. Irgendwo denkt man, ... man muss da noch was Gutes tun, sonst verliert man da. Ich weiß auch nicht, was das ist, das ist ein ganz merkwürdiges Verhältnis. [X] [Pause] Kein freies, weil wir nicht in der Lage waren, richtig frei zu entscheiden. Das war diese Anforderung, der wir uns ... doch verpflichtet fühlten, nachzukommen. [X] Und kein Mensch, der wirklich unsere Seite vertritt. ›Wie ist das denn für euch? Was erlebt ihr denn? Was verändert sich dann?‹

Auch Gabriele Fischer wünschte sich, wie andere Hinterbliebene auch, in der Entscheidungssituation auf der Intensivstation eine neutrale, nicht in die Organentnahme involvierte Ansprechperson zu haben, um zu dem Gefühl der Abhängigkeit und der moralischen Verpflichtung gegenüber den betreffenden Ärzten Distanz zu gewinnen. Diese Person, so der deutliche Wunsch Tanja Denekes, sollte den Angehörigen vermitteln, welche Rechte sie selbst in dem Moment haben und welche Aspekte sich retrospektiv als wichtig für sie herausstellen könnten.

Es hat jemand gefehlt, der von außen gekommen wäre und der sich auf unsere Seite gestellt und gesagt hätte, ›Wenn Sie das tun wollen, dann bedenken Sie bitte, das und das und das‹ [...] und der dann seinen Text gesagt hätte, ›Beharren Sie darauf, dass da reinkommt, nur das Herz, die Leber und die Niere. Das ist Ihr gutes Recht, sonst sagen Sie einfach, dann verweigern Sie es ganz. Dann werden sie schon sehen, dann schreiben sie es ganz schnell rein.‹ Also jemand, der wirklich von außen kommt, der diese Betroffenheit nicht hat, [X] der die Erfahrung hat und sagt, ›Ihnen steht‹ ... Im Grunde ist es ein Vertrag. Es hätte einem ein Rechtsbeistand oder wie man das auch immer sieht, zugestanden. Wir sind völlig übertölpelt worden. [...]

Es mag sein, dass es geht mit der Organspende, wenn man weiß, was man tut, wenn man sich damit vorher auseinandergesetzt hat. [X] Wir haben nicht gewusst, was wir tun. Man kann auch nicht sagen, das ist alles schlecht, das darf es nicht geben. Das gibt es ja nun mal und ist auch nicht mehr wegzudenken. [...] Aber es gibt auch ein Recht auf der anderen Seite, nämlich der Seite des Todes. Und wenn der [der Anwalt für die »spendende« Seite, Anm. VK] nicht da ist, dann können die Ärzte es eben nicht machen.

Dieser ›Anwalt‹ als neutrale Person – ggf. ein Medizinethiker – müsste zudem deutlich machen, welche Veränderungen in der Verabschiedung von einem Versterbenden die Zustimmung zur Organentnahme haben kann. Zugleich müsste den Angehörigen das Gefühl vermittelt werden, dass ihre Entscheidung akzeptiert wird, wie auch immer sie ausfällt, und sie ist richtig, so wie es Martin Eisenberg in dem Gespräch mit einem Psychologen auf der Intensivstation erlebt hatte. Allerdings vertraten Hinterbliebene mit negativen Erfahrungen in der Klinik die Ansicht, dass eine *neutrale*, nicht in die Organentnahme involvierte Anlaufstelle notwendig sei. Das Angebot, sich bei Fragen oder Problemen mit der Klinik in Verbindung zu setzen, kann von Hinterbliebenen, denen dort emotionale und seelische Verletzungen zugefügt wurden, nicht angenommen werden.

Die von mir geführten Gespräche mit Hinterbliebenen zeigen, dass es äußerst schwierig ist, das Thema Organentnahme angemessen an sie heranzutragen. So die Angehörigen nicht von sich aus die Möglichkeit einer »Organspende« angesprochen hatten, was selten war,[136] empfanden sie die Frage nach einer Organentnahme mehrheitlich negativ. Als Gründe wurden genannt: insgesamt traumatische Erfahrung, von ärztlicher Seite hergestellter Bezug zum Schicksal auf der Empfängerseite, Fragen zwischen ›Tür und Angel‹ und Zeitdruck, Schock und Entscheidungsunfähigkeit angesichts der Todesnachricht, direkt am Sterbebett gefragt zu werden sowie erneutes Nachfragen, der Entnahme auch weiterer Organe zuzustimmen. Zwei Angehörige bemängelten die zeitgleiche Übermittlung mit der Todesnachricht und standen dem Gespräch ansonsten neutral gegenüber, weitere zwei empfanden das Gespräch nicht als problematisch. Nur drei Angehörige äußerten sich positiv zu diesem Gespräch.

Deutlich zeigen die Gesprächsausschnitte die Diskrepanz der Wahrnehmung des »hirntoten« Menschen aus Sicht der Ärzte und der Angehörigen. Klingt von professioneller Seite immer wieder die biomedizinische Sichtweise auf den Körper durch, was sich an der Aufzählung einzelner Organe und nochmaligem Nachfragen nach weiterer Zustimmung zeigt, dominiert bei den Angehörigen die Ebene der Leiblichkeit, denn der ›lebende Leichnam‹ wird noch immer als Person wahrgenommen. Dies zeigte sich in der Sorge darüber, dass mit dem Körper nicht achtsam umgegangen wurde, der oder die »Hirntote« nicht als tot wahrgenommen werden konnte (vielleicht hat er oder sie »noch was mitgekriegt«) und das Zurückschrecken vor der tatsächlichen Vorstellung der Organentnahme.

Welche Gründe die Angehörigen dazu führten, in dieser schweren Situation einer Organentnahme zuzustimmen und welche Fragen sie dabei beschäftigten, ist Thema des nächsten Abschnitts. Hierzu möchte ich den Entscheidungsprozess, den sie auf der Intensivstation durchliefen, näher beleuchten.

---

136 Dies kam in meinen Gesprächen nur viermal vor. Wolfgang Reese bereute seine Entscheidung retrospektiv dennoch, was vor allem mit der Tatsache zusammenhing, für einen anderen Menschen in dieser letzten Situation entschieden zu haben (s.u.).

Der Entscheidungsprozess

Da der Ablauf einer Organübertragung von hohem Zeitdruck geprägt ist, liegen in der Praxis die Übermittlung der Todesnachricht und die Frage nach einer Organentnahme zeitlich eng zusammen. Doch gerade die erste Zeit nach der Übermittlung der Todesnachricht ist für den Verlauf des Trauerprozesses von großer Bedeutung, eine Störung in dieser Phase ist durch nichts im späteren Verlauf auszugleichen (vgl. Jerneizig 1992).

Die Zeit, während der sich die Angehörigen mit der Entscheidung für oder gegen eine »Organspende« befassen müssen, ist ihnen unwiderruflich von der Verarbeitung der Todesnachricht und einem ungestörten Abschiednehmen genommen. Bereits zu diesem Zeitpunkt stellt eine mögliche Organentnahme einen Eingriff in den sehr persönlichen Bereich der Trauerverarbeitung und des Abschieds dar. In meinen Gesprächen konnten sich nur vier Angehörige auf die schriftliche Fixierung der Bereitschaft zur »Organspende« ihres Verwandten beziehen, die anderen mussten diese Entscheidung selbst fällen. Einige Angehörige berichteten (wie dargelegt), dass sie in einer ersten Reaktion eine Organentnahme spontan verweigerten. Erst bei Nachlassen des ersten Schocks waren ihnen weitergehende Überlegungen möglich. Von größter Bedeutung war für die Angehörigen, wie sich ihr »hirntoter« Verwandter selbst entschieden hätte. Milena Gerke (38) dachte, nachdem sich der erste Schock gelegt hatte, an den Charakter ihres Bruders und seine mögliche Einstellung zu einer Organentnahme:

Da war wieder das Meer und die ruhige Welle, meine erste innerliche Reaktion war nein. Als die Welle sich aber zurückzieht, werde ich ruhiger und überlege, wie du bist (warst). Immer liebenswert und hilfsbereit, ich komme zu der Überzeugung, du wärst und bist damit einverstanden. Wir sagen ja![137]

Angehörige versuchten, aus Gesprächen über dieses oder angrenzende Themen mit dem potenziellen »Organspender« zu Lebzeiten dessen Einstellung zu einer Organentnahme zu rekonstruieren. Als Hinweis wird auch verstanden ob er oder sie bspw. zu Lebzeiten Blutspender gewesen war. Hilfsbereitschaft, gerne etwas verschenkt zu haben und ähnliche Eigenschaften werden erwähnt. Als erleichternd und tröstlich stellt es sich für Angehörige heraus, über die Einstellung der Versterbenden Bescheid zu wissen, im günstigsten Fall durch das Vorliegen eines Organspenderausweises.

Eine weitere Motivation, einer Organentnahme zuzustimmen, war, anderen das Leid ersparen zu können, das ihnen selbst gerade widerfuhr. Die Erfahrung des Ver-

137 Zitat aus einem Brief, den sie an ihren Bruder nach dessen Tod schrieb und mir freundlicherweise zur Verfügung stellte.

lustes eines geliebten Menschen sei so schmerzhaft, dass man alles täte, so schilderte Martin Eisenberg (44), um anderen ein ähnliches Erlebnis zu ersparen:

Der Gedanke: Ich fahre jetzt nach Haus. Meine Frau ist gestorben. Die Mutter der Kinder ist nicht mehr da [Zittern in der Stimme] und ich komme nach Hause und muss den Kindern sagen, ›Ihr werdet die Mama nicht mehr wiedersehen, die kommt nicht mehr. Die ist tot.‹ [weint] Das war so schlimm, ... dass ich gedacht habe, ... wenn ich das irgendeinem ersparen kann, dann kann ich nicht ›Nein‹ sagen. [X] ... Das war eigentlich der ... wichtigste Gedanke, der das entschieden hat. Ich habe dann gedacht, die Vorstellung, dass man Elke jetzt Organe entnimmt, ... ich habe gedacht, das kriege ich irgendwie auf die Reihe. ... Sicherlich ist das ... ein Punkt, der auf der anderen Seite steht. [X] Aber ich habe gedacht, damit ... kann ich leben, das tut Elke nicht mehr weh.

Auch Tanja Deneke (28) erzählte, dass »im ersten Moment doch sehr stark ist, dieses ›Dann müssen das andere Eltern nicht erleben‹«. Mit in die Entscheidung fließt häufig der tröstende Gedanke ein, dass jemand dafür weiterleben darf, wenngleich das Ehepaar Deneke diesen Gedanken nur während des Entscheidungsprozesses in der Klinik tröstlich empfand. Im weiteren Verlauf der Trauer konnte dies den ihnen durch die Organentnahme zugefügten zusätzlichen Schmerz und den fehlenden Abschied nicht aufwiegen. Durchaus in die Überlegungen mit einbezogen wird die Möglichkeit, selbst oder ein weiteres Familienmitglied könnte irgendwann ein Organ benötigen, wie Andrea Voigt (49), die ihren Ehemann nach einem Schlaganfall im Alter von 54 Jahren verlor, es bedachte:

Jeder hängt doch an seinem Leben. Wenn Sie wissen, auf einmal, da ist eine Spenderniere oder, davon hängt soviel ab, da würden Sie doch auch die Hoffnung nicht aufgeben, weil Sie wissen, die Medizin ist so weit.

Die Äußerungen der Angehörigen machen die altruistische Einstellung und Motivation deutlich, die einer Zustimmung zugrunde liegt. Auch das persönliche Verhältnis zwischen dem »Hirntoten« und den Angehörigen fließt in besonderer Weise in den Entscheidungsprozess mit ein. Birgit Steinmann (54) bekannte, dass ihr die Zustimmung zu einer Organentnahme bei ihrem heutigen Ehemann sehr viel schwerer fallen würde als bei ihrem ersten Ehemann, von dem sie sich damals scheiden lassen wollte:

Ich habe mir überlegt, nachdem ich Ihre Anfrage sah, ob es mir ähnlich, ... also die Ehe war kaputt, ich wollte mich trennen. Das ist vielleicht wichtig, dass ich relativ neutral habe antworten [können]. Sie haben mich gefragt, mein jetziger Mann, da würde ich wahrscheinlich etwas schlucken. Das wäre sehr viel emotionaler, belastender, jemanden, mit dem man eine gute Beziehung hat, freizugeben. Ich würde es machen, aber es würde mir schwerer fallen.

Christine Menge (35) bedauerte die fehlende Auseinandersetzung in der Familie, da dadurch eventuell neue wichtige Aspekte in den Entscheidungsprozess hätten einfließen können.

Christine Menge: *Als wir dann alle Geschwister zusammen waren, sagte mein Vater, dass die Ärzte ihn angesprochen hätten. Wegen einer Transplantation, also einer Organspende ... Da gab es keine Diskussion bei uns. Es war eigentlich klar, dass das in Ordnung ist. [X] Manchmal denke ich, vielleicht hätten wir mehr drüber reden sollen in dem Moment, aber wir waren alle so unter Schock. Das finde ich sehr schwierig. [...] Das ist mir viel zu schnell gegangen. Haben wir uns da eigentlich wirklich entschieden, haben wir eine getroffen oder haben wir nur gesagt, ›Ja, ist ja eigentlich klar.‹ [X] Da vermengt sich so einiges.*
VK: *Also dass in dem Moment mehr Austausch innerhalb der Familie nötig gewesen wäre und mehr Zeit darüber nachzudenken?*
Christine Menge: *Ja, das denke ich auf jeden Fall. Mehr Zeit wäre auf jeden Fall gut gewesen. [X] Vielleicht wäre es auch gut gewesen, wenn es einen gegeben hätte, [der gesagt hätte] ›Das will ich aber nicht. Ich will das nicht, dass sie aufgeschnitten wird oder irgendwas. Das will ich nicht!‹ Dann wäre vielleicht bei uns etwas anderes entstanden, eine Auseinandersetzung darum. Ob sie das gewollt hätte, ist eine Sache, aber ob wir das eigentlich wollen, denn wir müssen damit leben. Das denke ich, was wir wollen, ist bei uns zu kurz gekommen. [X] Ja, dass das Gefühl, wir treffen eine Entscheidung und sagen, ›Klar, das ist in Ordnung. Und das wäre auch in ihrem Sinne.‹ Wo wir uns nicht darüber bewusst sind, was bedeutet das eigentlich für uns?*

Auf die Beziehungen innerhalb der Familie kann sich die Zustimmung zu einer Organentnahme verheerend auswirken, wenn die Entscheidung nicht im Konsens gefällt wurde, so wurde es mir in zwei Fällen berichtet.[138]

Nicht darüber im Klaren, wie sich seine Zustimmung zu einer Organentnahme bei seinem Sohn für ihn persönlich auswirken wird, war sich Walter Reese (66). Er machte die Erfahrung, dass die Tatsache, im Moment des Todes als Vater über seinen erwachsenen Sohn verfügt zu haben, ihn in seiner Beziehung zu seinem Sohn immer noch belastete.

Ich habe den Charakter und das Verhalten meines Sohnes in seinem Leben dahingehend interpretiert. Aber letztlich haben wir entschieden über ihn. [X] Es erfüllt mich mit zusätzlicher Trauer. Das ist eine Sache, die mich nach wie vor in der Beziehung zu meinem Sohn belastet. Man kann hundertmal sagen, dass wir ja letztlich andere Menschenleben damit gerettet haben und dass dies doch einen sehr positiven Abschluss seines Lebens darstelle. [X] Aber für mich persönlich ist es wieder, dass die Autorität des Vaters bis in die letzten Sekunden seines Lebens eine Rolle gespielt hat.

Aufgrund seiner Erfahrung empfand es Wolfgang Reese als falsch, diese Entscheidung für einen anderen Menschen zu treffen.

Ich würde niemandem raten, aus meiner Erfahrung, für einen anderen Menschen solche Entscheidungen von dieser Tragweite zu treffen.

---

138 Dem möchte ich den Ratschlag für Professionelle zum Umgang mit Angehörigen, um sie doch noch zu überzeugen, gegenüberstellen: »Negatively minded members of the family should, if possible, be separated from the rest of the group« (Marinero et al. 1996: 105).

Robert Eilert (39) meldete sich bei mir explizit mit dem Anliegen, auf die Problematik der engen oder erweiterten Zustimmungslösung hinzuweisen.[139] Seine Lebensgefährtin hatte sich aufgrund eines Hirnaneurysmas frühzeitig mit dem Thema »Organspende« auseinandergesetzt und sich im Falle ihres Todes damit einverstanden erklärt. Er berichtete, wie wichtig es für ihn gewesen war, in der Situation ihres Sterbens diese Entscheidung nicht treffen zu müssen:

Denn ich weiß heute sicher, ganz sicher, dass ich wohl schwerlich in dieser Situation darüber hätte entscheiden wollen, [X] ich also der ganz, ganz festen Überzeugung bin, dass das jeweils jeder Mensch für sich entscheiden muss. Muss! Das ist auch das Anliegen gewesen, warum ich dies Gespräch mit Ihnen führe. [...] Es ist für einen Außenstehenden, wie nah er dem Organspender auch immer sein mag, nicht zuzumuten, über diese Situation zu entscheiden. [...] Die Situation, da Abschied nehmen zu müssen, das ist, denke ich, der härteste Augenblick gewesen, aber dadurch ... erträglicher, dass ich diese Entscheidung nicht getroffen habe. Deshalb ist es heute leichter für mich, damit umzugehen.

Er sah eine gesellschaftliche Verpflichtung, das Thema »Organspende« auf verschiedenen Ebenen zu diskutieren, und setzte sich explizit für eine enge Zustimmungslösung ein.

Ich finde, [...] dass möglichst viele Menschen, sofern sie dazu bereit sind, einer Organentnahme zustimmen [sollten]. Wie viele das sein mögen, vermag ich nicht zu beurteilen. Ich denke mehr, als heute auf eine andere Art gewonnen werden. Wenn ich sage ›gewonnen werden‹, dann bedeutet das eine sehr zweifelhafte Geschichte, dass zum Beispiel Angehörige zustimmen sollen, die meiner Meinung nach nicht zustimmen können, weil sie in dieser Situation zwangsläufig überfordert sein müssen.

Das bisher Dargelegte zusammenfassend lässt sich festhalten: Die Angehörigen müssen die Entscheidung für oder gegen eine Organentnahme in einer Schocksituation fällen, in der sie mit der Nachricht des Todes ihres Verwandten konfrontiert werden. Angesichts der Schwierigkeit, den »Hirntod« als den Tod des Menschen zu begreifen, wenn sie sich einem noch warmen, beatmeten Körper gegenüber sehen, sowie aufgrund der Tatsache, dass von ihrer Entscheidung das Überleben anderer Menschen abhängt, kann nicht von einer freien Entscheidung gesprochen werden. Da sie mit ihrer Entscheidung zudem über den Sterbeprozess ihres Verwandten verfügten, äußerten einige Angehörige die Auffassung, dass diese Entscheidung nicht Dritten überlassen werden kann und setzten sich deshalb für die enge Zustimmungslösung ein. Eine »Organspende« bleibt jedoch auch bei Vorliegen eines sie entlastenden Spenderausweises eine zusätzliche Belastung für die Hinterbliebenen, wie die folgenden Abschnitte zeigen.

---

139 Vgl. hierzu die Einleitung des vierten Kapitels.

4.1.2 Zwischen Leben und Tod: Von der Hirntoddiagnose bis zur Beendigung der Organentnahme

Die Zeit zwischen der Hirntoddiagnose und der Beendigung der Organentnahme, die Zeit ›zwischen Leben und Tod‹, birgt für die Angehörigen große Schwierigkeiten. Sie stellt eine der Hauptbelastungen dar, die ihnen durch eine Organentnahme zugemutet und auf die in den öffentlichen Informationsschriften nicht eingegangen wird. Dieser Zeitraum kann – wie eingangs dargelegt – einige Stunden, in Ausnahmefällen bis zu ein, zwei Tage dauern. Bei den am Körper der »Hirntoten« durchzuführenden Behandlungen und der Diagnostik sind die Angehörigen meist nicht zugegen. Ihnen soll damit einerseits diese Belastung nicht zugemutet werden, andererseits ist ihnen damit aber Zeit zum Abschiednehmen genommen.

Nur Elke Hildebrandt (49) wurde von ärztlicher Seite bis ins Detail aufgeklärt und hatte die Möglichkeit, bei der Diagnose des »Hirntodes« dabei zu sein. Anders als Martin Eisenberg empfand sie das Wissen um die tatsächlichen Abläufe nicht als belastend, sondern als hilfreich. Nicht viele der Angehörigen hätten sich solch einer Erfahrung aussetzen wollen, Elke Hildebrandt war jedoch der Auffassung, dass genau dieses Offenlegen aller Einzelheiten ihr einen guten Umgang und eine gute Verarbeitung im Nachhinein ermöglicht hatte.

Mir war wichtig, das habe ich dem Arzt gesagt, direkt von Anfang an: Ich gebe gerne die Organe meines Mannes her, aber ich möchte bis zum letzten Augenblick, bis er in den OP muss, hier sein können und alles miterleben, was getan wird an ihm. Er hat mir nur gesagt: ›Ich kann Ihnen aber nicht sagen, was dann noch alles auf Sie zukommen wird.‹ Das habe ich natürlich auch nicht gewusst und geahnt, in dem Moment, als ich das sagte. ›Ich hoffe nur, dass Sie stark genug sind, das alles durchzustehen.‹ Er hat seinen anderen Ärzten gesagt, ›Wenn irgendetwas passiert, wenn Sie irgendeine größere Veränderung bei der Frau Hildebrandt feststellen, dann rufen Sie mich, wenn ich nicht da sein sollte.‹ [X] Aber das war nicht der Fall. Zum Schluss, an dem letzten Tag, als mein Mann in den OP geschoben werden sollte, ist er nochmal zu mir herübergekommen auf die andere Seite vom Bett und hat gesagt, ›Frau Hildebrandt, ich fahre jetzt mit Ihrem Mann in den OP. Ich begleite ihn. Sie wissen alles, was jetzt läuft, ich habe Ihnen das alles gesagt, und ich möchte mich bei Ihnen nochmal ganz herzlich bedanken. Ich habe Sie bewundert. Was Sie hier mitgemacht haben und wie Sie durchgehalten haben. Ich hätte es nicht geschafft. Und ich hätte auch nicht geschafft, wie Sie ›Ja‹ zu sagen. Ich bin noch nicht soweit.‹

An ihrem Beispiel wird deutlich, wie offen, einfühlsam und respektvoll der Umgang mit Angehörigen von medizinischer Seite sein kann. Für Elke Hildebrandt war es wichtig, lange Zeit am Krankenbett zugebracht zu haben und sich mit dem auseinander zu setzen, was mit ihrem Mann geschehen wird. Vor allem aber die Tatsache, dass ihre Wünsche vom Klinikpersonal respektiert wurden, ließ bei ihr keine Zweifel und schlechten Gefühle aufkommen und war für sie wichtig, die schmerzhafte Erfahrung retrospektiv positiv sehen zu können:

Dass man alles erklärt bekam, was man wissen wollte. Dass man nicht abgeschoben wurde, so als würde man überhaupt nicht zu dem gehören, sondern da ist ja ein anderer, und auf den haben wir jetzt unser Recht, den pflegen wir ja, und so weiter. Das wäre das eine, und das andere, was wichtig wäre, dass eben den Leuten dieser gesamte Prozess, was da ablaufen muss, klar gemacht wird. [X] Dass gar nicht falsch gehandelt werden kann nach den Richtlinien, nach denen die sich richten müssen, bis diese ganzen Untersuchungen abgelaufen sind. Dass diese Hauptuntersuchungen an dem Tag dreimal hintereinander im Abstand von jeweils zwei Stunden [stattfinden], [X] bis dann der eigentliche Hirntod medizinisch diagnostiziert wird. Da war es Montag, 16 Uhr und noch was und Donnerstags war es passiert. Er hatte mir damals schon gesagt ›Ihr Mann ist hirntot.‹ In seinem Sinne, aber amtlich kann das erst dann bestätigt werden, wenn das alles mit allen Untersuchungen, mit allen Nachwirkungen durch Medikamente usw. Die mussten ja so lange warten, bis das alles über die Bühne ist. Wenn das die Leute wüssten, ... [X] dann glaube ich auch eher, dass sie bereit wären dazu.

Die Erfahrung Elke Hildebrandts zeigt die Bedeutung, die ein Bereitstellen ausreichender Informationen über den Ablauf einer Organentnahme sowie die Beachtung der Bedürfnisse der Hinterbliebenen nach Raum und Zeit zum Abschied von dem Patienten für eine positive Einschätzung einer Organentnahme haben. Eine solche Erfahrung machten jedoch die wenigsten meiner Gesprächspartner und -partnerinnen, wie das folgende Unterkapitel belegt.

»Abschied« auf der Intensivstation

Die Problematik der fehlenden sinnlichen Wahrnehmbarkeit des »Hirntodes« als Tod des Menschen spitzt sich im Moment des endgültigen Abschiednehmens vor der Entnahmeoperation zu. Falls die Zeit zur Organentnahme drängt, ist den Angehörigen ein selbstbestimmter Zeitpunkt des endgültigen Abschieds nicht möglich, ja, manchmal wird er ihnen ganz verwehrt. Bei retrospektiver Betrachtung der Entscheidung in der Klinik wird immer wieder von den Hinterbliebenen bemängelt, zu wenig Zeit gehabt zu haben. Diesen Zeitdruck beanstandete Martin Nowak (38) wie folgt:

Was mich an der Sache noch [...] sehr arg gestört hat, das war erst die Äußerung vom Arzt, wir hätten alle Zeit der Welt, wir können uns verabschieden. Dann war die Situation, erst waren meine Frau und ich drin, dann kam der leibliche Vater, dann waren sie zusammen drin. Dann sackte mehrfach der Kreislauf ab und dann hatte ich nachher gar nicht mehr die Möglichkeit reinzugehen, obwohl es hieß, wir hätten alle Zeit der Welt. Ich konnte mich gar nicht mehr verabschieden. Das hat regelrechte Aggressionen in mir hervorgerufen und eigentlich diese Einstellung, das machst du kein zweites Mal, so eine Organspende. ... Da kam es mir so vor, jetzt nur noch um alles in der Welt den Kreislauf stabil zu erhalten, um die Organe zu retten und die Angehörigen, die lass' Angehörige sein. Als ob die Organe zu retten jetzt derart in den Vordergrund gestellt wurde, weil wir ihn freigegeben hatten, und dadurch wir die Möglichkeit nicht mehr hatten, uns zu verabschieden. Das hat mich ganz arg gestört, muss ich ganz ehrlich sagen.

Wie positiv sich für das Empfinden der Angehörigen ein respektvoller Umgang und genügend Zeit auswirken, schilderte Robert Eilert (39), der auf der Intensivstation sowohl von Schwestern und Pflegern als auch von den Ärzten sehr einfühlsam behandelt wurde. Er stellte heraus, wie wichtig dies für ihn auch in Bezug auf die weitere Verarbeitung des Todes seiner Lebensgefährtin war.

Ich hatte im Grunde genommen 24 Stunden Gelegenheit, auf der Intensivstation Abschied zu nehmen. Das war für mich eine sehr entscheidende Situation, die auch unmittelbar mit dem Tod verbunden war, ganz, ganz wichtig. Ich habe mir gesagt, wie wäre es gewesen, das nicht erleben zu können? Das war für mich etwas ganz Einschneidendes. Ich bin über Nacht in der Klinik geblieben. Das war auch überhaupt kein Problem auf der Intensivstation. [...] Ich muss sagen, dass ich diese Bilder immer noch vor Augen habe und das schon für mich ein bisschen was Erschreckendes hatte ... und auch behalten hat, dieser Eindruck ›Intensivstation‹. Auf der anderen Seite aber, wohl durch die Art und Weise, mit der die Ärzte und die Pfleger mit den Kranken umgegangen sind, mir den Eindruck vermittelt haben, dass das eine sehr humane Umgehensweise ist. Das mag sicherlich mit der Situation zusammengehangen haben, in der ich da war, und mit der Form, wie mit mir umgegangen wurde.

Annähernd die Hälfte der Angehörigen, mit denen ich gesprochen habe, vermissten es, den Versterbenden nicht mehr angefasst, gehalten, gebettet oder gestreichelt haben zu können. Es kam bei vielen das Gefühl auf, ab dem Moment der Zustimmung zur Organentnahme sei ihnen der oder die Versterbende bzw. Gestorbene[140] entzogen worden. Tanja Deneke (28) zum Beispiel hätte ihren kleinen Sohn gerne gewaschen, gebettet, noch länger im Arm gehalten, um ihm zum Abschied ein letztes Mal ihre Fürsorge zukommen lassen zu können und den Übergang in den Tod mitzuerleben. Sie suchte später nach der Erfahrbarkeit des Sterbens, die ihr durch die Zustimmung zur Organentnahme genommen war, um den Tod in herkömmlicher Weise zu erleben. Bei dem Tod einer ihr nahestehenden älteren Frau konnte sie die Veränderungen, die im Sterben auf körperlicher Ebene vor sich gehen, miterleben, womit der Tod für sie an Schrecken verlor.

[...] nach Michaels Tod habe ich das eine Zeitlang richtig gesucht, bei anderen Menschen, bei älteren Menschen, die gestorben sind. Da habe ich mir angeguckt, wie sieht ein toter Mensch aus. ... Und habe dann auch gesehen, gerade bei einer Frau, an der ich sehr gehangen habe, die nun im hohen Alter verstorben ist, das ist sie gar nicht mehr. Also das ist, was der Tod mit dem Menschen macht. Ja, und wie das eben ist, wenn nur noch der physische Leib zurückbleibt und die Seele eben nicht mehr da ist, das Leben einfach aus dem Menschen 'rausgegangen ist. Und das hat es für mich bei anderen Menschen so viel leichter gemacht, zu kapieren.

140 Die Bezeichnung ›Versterbende‹ oder ›Gestorbene‹ bezieht sich jeweils auf den Zeitpunkt *vor* bzw. *nach* der endgültigen Hirntoddiagnose, die – wie dargelegt – sowohl juristisch als auch medizinisch den Todeszeitpunkt markiert.

Auch Gabriele Fischer (60) und Maria Deinert (47) berichteten von Erfahrungen mit dem Miterleben herkömmlichen Sterbens von Verwandten, das für sie längst nicht den Schrecken an sich gehabt hat, wie sie es beim Sterben mit Organentnahme erleben mussten.

Falls die Entnahmeoperation nicht relativ rasch erfolgt, müssen die Angehörigen selbst entscheiden, wann sie ihren Verwandten endgültig verlassen. Die Tatsache, dass sie dabei einen biologisch lebenden und keinen toten Körper in der Klinik zurücklassen, kann Zweifel und Schuldgefühle nach sich ziehen. Wie schwer es für ihn war zu gehen, wo doch äußerlich keine Veränderung wahrzunehmen war, berichtete Robert Eilert (39):

Die schwierigste und die schmerzhafteste Situation war weggehen zu müssen. Das war sehr hart, hat wahnsinnig weh getan. [...] Das ist sicher ein Stück Trauer, die ganz anders abläuft in dieser Situation, als das ein Sterbeprozess sonst bedeutet. [X] Ich glaube, dass das etwas sehr Außergewöhnliches ist. Für mich hat diese Situation unmittelbar bedeutet, stark sein zu müssen.

Die Erfahrung Martin Eisenbergs (44) stimmt mit Robert Eilerts Erleben überein:

Dann habe ich da gesessen und habe überlegt, ›Wie lang willst du jetzt hier?‹ ... [Pause] Was schwierig war, ... auf der einen Seite den Eindruck zu haben, dass sie lebt und dann wegzugehen. ... Auf der anderen Seite ... das Bewusstsein, ich muss in dem Zustand irgendwann weggehen, weil sie sie in dem Zustand zur Organentnahme fahren, irgendwann, je nachdem. [X] [...] Tot sein verbindet man ja damit, dass jemand nicht mehr atmet. ... Aber das war ja nicht, sie hat ja geatmet, also die Maschine hat für sie geatmet. ... [X] Und da jetzt zu sagen, ›Jetzt, ja, jetzt bist du tot. Und jetzt ..., jetzt lebt da nur noch dein Körper, und der braucht mich nicht mehr. Jetzt kann ich beruhigt gehen. Jetzt habe ich drei Tage neben dir verbracht, mehr kann ich nicht machen und jetzt kann ich gehen. Jetzt kann ich dich loslassen.‹ Das war schwer. [X] ... Weil ich denke, weil das nicht so war. ... Also, ich habe Elke nicht in dem Zustand gesehen, dass sie kalt war oder nicht mehr geatmet hat.

Erneut wirkt sich in diesem Moment die Diskrepanz zwischen intellektuellem Verstehen des »Hirntodes« als Tod des Menschen und der leiblich empfundenen Wahrnehmung eines lebend erscheinenden Körpers aus. Sich von einem warmen, lebendigen Körper, der jedoch als tot bezeichnet wird, verabschieden zu müssen, kann bei den Hinterbliebenen auch das Gefühl auslösen, ihren Verwandten im Stich gelassen zu haben. Bei Brigitte Nowak (34) blieben deshalb Zweifel, ob ihr Sohn nicht vielleicht doch noch gelebt hatte:

Ja, dass ich auch nicht genau weiß, als ich mich verabschiedet habe, lebte er da noch? Oder war das nur durch die Maschine? Hat er danach gelebt und ich war schon weg? Und habe ihn da liegengelassen und er hat irgendwas empfunden? Das ist für mich schwer einzuordnen eben, dieses Nicht-fassen-können.

Vor allem in den Fällen einer Eltern-Kind-Bindung kann sich dies traumatisierend auswirken. Tanja Deneke schilderte den schwierigen Weg, mit der von ihr empfundenen Schuld, ihr Kind in seinem hilflosesten Zustand verlassen zu haben, zu leben:

Dieser Weg mit der Organspende, das war mehr der Weg zu lernen, mit den eigenen Fehlern oder auch diesem Gefühl, also, ich habe, ich habe immer das Gefühl, ich habe ihn letztlich alleine gelassen. [X] Und das bleibt. [X] [Zittern in der Stimme] Man lernt irgendwie, das zu akzeptieren, ... man findet auch für sich selber ... [weint] man lernt Entschuldigen.

Ingrid Meissner kam aufgrund ihrer Erfahrung zu dem Schluss, dass die Zustimmung zur Organentnahme bei einem Kind grundsätzlich nicht mit dem Gefühl von Müttern, ihre Kinder beschützen zu wollen, zu vereinbaren ist:

Organspende geht gegen die Gefühle aller Mütter, nämlich ihre Kinder im Stich zu lassen, gerade in einem Moment, wo sonst kein anderer mehr da ist und sie ausgeliefert sind.

Aber auch Fritz Gebhard machte deutlich, wie sehr sich dies auf die persönliche Beziehung zwischen ihm und seiner Lebensgefährtin ausgewirkt hat:

Fritz Gebhard: *Das war das Schlimmste überhaupt, und ich könnte mir vorstellen, dass es anderen auch so geht. Man selbst muss gehen, überlässt das, was einem das Liebste ist, einer anonymen Struktur, kennt die Ärzte nicht, weiß nicht, was die machen. Die Vorstellung ist ja da, dass da jetzt an einem organisch noch lebenden Menschen ... Organe entnommen werden. Eine Organbank. Irgendwann werden Automaten abgestellt. ... Man kann es nicht kontrollieren, man kann nicht einmal dabei sein. Ob man es kann, weiß ich gar nicht, aber hat mir zumindest von den Ärzten niemand gesagt. ... Ist wahrscheinlich auch nicht vorgesehen. Das sind Dinge, die sehr, sehr schwer wiegen und die Leute sicherlich mit sich herumtragen. [Pause] Unter der Fragestellung, wie ich es eben auch habe: Habe ich sie da jetzt alleine gelassen? Hätte ich nicht noch insistieren müssen? Irgendwas versuchen, fragen, das Ganze zurückhalten. Das Apparate-Abstellen zurückhalten oder verlegen lassen in ein anderes Krankenhaus. Hätten die mehr gewusst, auch wenn das wahrscheinlich unter rationalen Gesichtspunkten illusionär gewesen wäre. Aber es sind dennoch Fragen und Zweifel, die schon so ein bisschen, nicht ein bisschen, die durchaus ziemlich stark nagen, manchmal.*
VK: *Mit darin begründet, dass das Empfinden und das Erleben in dem Moment, mit der Aussage ›sie ist tot‹ einfach nicht zusammenpasst?*
Fritz Gebhard: *Genau. Mmh. Ganz genau. Da ist diese Schizophrenie da, sie ist nicht tot. Es ist eine künstliche, synthetische Definition dessen, was tot ist, die für mich nicht nachvollziehbar war. Natürlich, wie gesagt, an den Augen ja, aber organisch lebte sie noch.*[141] *Und das, das sind ganz einfach Dinge, mit denen ich mich da natürlich schwer tat ... Wichtig war auch [...] Marion hatte manchmal Angst, ich würde sie verlassen, oder allein lassen und sie sagte dann oftmals ›Du verlässt mich aber nicht?‹ oder ›Verlasse mich nicht!‹ Und natürlich hatte ich den Eindruck, dass ich genau das gemacht habe, als ich um zwei, drei Uhr morgens gegangen bin, und dann am nächsten Morgen um sechs, sieben, acht ist sie da 'runtergeschoben worden. Und ich bin gegangen, ich habe sie auf eine*

141 Er schilderte zu einem anderen Zeitpunkt unseres Gesprächs, wie er durch den ›gebrochenen Blick‹ seiner Lebensgefährtin realisiert hatte, dass sie ›nicht mehr da‹ war.

Art verlassen. Das zusammen mit dieser Schizophrenie, was ist Tod? Ist sie tot? Ist sie nicht tot? Das ist der Knackpunkt, an dem wirklich vieles hängt. Das ist kein Frage.

Seine sowie die zuvor wiedergegebenen Erfahrungen verdeutlichen die soziale Bedeutung, die die Verabschiedung von dem Versterbenden oder Toten[142] für die Hinterbliebenen und ihre Beziehung zu diesem hat. Dem Aspekt der individuellen sozialen Beziehung – dem Anspruch auf nicht von außen gestörtes Miterleben des Sterbens und Abschiednehmens – steht das Interesse der Medizin und der Gemeinschaft an transplantierbaren Organen zur Lebensrettung Dritter entgegen.

Der Verabschiedung auf der Intensivstation schließt sich die Zeit des Wartens auf das Ende der Organentnahme an, was bei Angehörigen zu dem Gefühl führte, dass es einen Tod *vor* der Entnahme und einen *nach* der Entnahme gibt.

Wie viele Tode stirbt ein Mensch?

Die Zeit des Wartens auf einen Anruf aus der Klinik, dass der Leichnam nun überführt werden kann, wird von vielen Hinterbliebenen ebenfalls als sehr belastend erlebt. Als Todeszeitpunkt ist offiziell der Moment festgehalten, an dem die zweite Hirntoddiagnostik abgeschlossen und für richtig befunden wurde. Der offiziell festgehaltene Todeszeitpunkt liegt also *immer vor* der Entnahmeoperation, denn einem noch zu den Lebenden zählenden Menschen könnten keine Organe entnommen werden, da dies juristisch einem Tötungsakt gleichkäme (vgl. Kap. 3.2.1). Dieser Moment ist abhängig von organisatorischen Kriterien: Wann steht medizinisches Personal zur Verfügung, das entsprechend qualifiziert ist, um die Hirntoddiagnostik durchzuführen? Kommt eventuell ein anderer Notfall dazwischen? Die Soziologin Gesa Lindemann schildert aus der klinischen Praxis:

»Die erste Hirntoddiagnostik findet etwa Freitags um 13.00 Uhr statt. Auf Grund von Personalmangel sind am Wochenende keine apparativen Untersuchungen möglich (es kann z. B. weder ein EEG noch eine zerebrale Angiographie gemacht werden); vielleicht ist auch einfach nur ein Apparat defekt. Wenn außerdem wegen der anfallenden Arbeit nie ausreichend lange zwei Ärzte auf der Station sind (eine Hirntoddiagnostik muß immer von zwei Ärztinnen durchgeführt werden), kann die zweite Hirntoddiagnostik erst am Montag durchgeführt werden. In diesem Fall kann der Zustand des Hirntodes erst am Montag festgestellt werden, d. h., die Patientin wird erst am Montag versterben. Wäre die zweite Untersuchung in der Nacht von Freitag auf Samstag erfolgt, hätte der Tod vielleicht schon dann eingetreten sein können und wenn eine apparative Untersuchungsmethode zur Verfügung gestanden hätte, wäre der Tod evtl. schon am Freitag Nachmittag eingetreten. Schließlich bleibt noch

142 Die Bezeichnung ›Versterbender‹ oder ›Toter‹ bezieht sich jeweils auf den Zeitpunkt *vor* bzw. *nach* der endgültigen Hirntoddiagnose, die – wie dargelegt – sowohl juristisch als auch medizinisch den Todeszeitpunkt markiert.

eine weitere Möglichkeit, daß der Patient von sich aus stirbt. In diesem Fall wird sein Tod unabhängig von den Wahrnehmungsexperten und den organisatorischen Problemen der Klinik.« (Lindemann 2002: 371)

Es sind demnach personale, logistische und technische Faktoren, die den Todeseintritt bestimmen, Bedingungen, die *außerhalb* des versterbenden Körpers liegen. Damit wird die – wie im dritten Kapitel dargelegt *immer* – soziale Handlung der Todeszuschreibung besonders offensichtlich. Es stellt sich die Frage, wie Angehörige dies empfinden, da der Todeszeitpunkt gemeinhin als feststellbar, wenn eingetreten, nicht aber als von äußeren Faktoren abhängig gilt.

Die Angaben meiner Gesprächspartner, wie viel Zeit zwischen Hirntoddiagnose und Beendigung der Organentnahme lag, sind nicht sehr exakt, was unter anderem mit der psychisch belastenden Situation zu tun haben mag, in der die Zeitwahrnehmung unwichtig oder verzerrt zu sein scheint. In vier Gesprächen wurden keine Angaben zur Dauer der Entnahme gemacht. Sechsmal war die Entnahme innerhalb von 24 Stunden beendet. In weiteren sechs Fällen vergingen zwischen 24 und 48 Stunden. Einmal zog sich die Zeit bis zur endgültigen Hirntoddiagnose mit anschließender Organentnahme eine Woche hin, worauf ich gesondert eingehen werde.[143]

Die Unsicherheiten, die sich für die Angehörigen daraus ergeben, werden am Beispiel der Familie Nowak sehr deutlich. Ihnen war eigentlich schon bei Einlieferung ihres Sohnes (8), der von einem Auto angefahren worden war, bewusst, dass er nicht überleben würde, denn Brigitte Nowak (34) hatte keine Zweifel, dass »so was nicht reparabel sein [kann], wenn da Hirnmasse aus Nasen und Ohren fließt, obwohl ich Laie bin und nichts mit Medizinischem zu tun habe«. Da sie nicht darüber informiert wurden, wie der organisatorische Ablauf einer Organentnahme aussehen würde, waren sie und ihr Ehemann erstaunt, dass sich dies über eine längere Zeit hinzog.

Brigitte Nowak: *Wir haben gedacht, es würde jetzt sofort losgehen. Uns war gar nicht richtig der Ablauf klar. Es muss ja erst mit Leiden [dem Sitz von Eurotransplant, Anm. VK] alles abgestimmt werden. Und dass es Stunden dauern würde, auch Tage dauern könnte, bis diese Organentnahme stattfindet, und dann erst das Todesdatum, der Zeitpunkt bestimmt würde.*
Martin Nowak: *Das war ein Punkt, der uns sehr arg gestört hat, dass der Todeszeitpunkt nicht das Unfalldatum war, an dem auch der Hirntod festgestellt wurde, sondern ein Tag später. Dann kamen wir nämlich in diesen Konflikt, dass wir eigentlich das mit der Organspende bis auf den Verwandt-*

---

143 Bei zwei mir geschilderten Fällen lag kein »Hirntod« vor, da nur die Augenhornhäute entnommen wurden, was nach dem ›herkömmlichen‹ Tod geschehen kann.

schaftskreis, aber im Freundeskreis gar nicht großartig erzählt hatten,[144] *aber dann Erklärungen abliefern sollten, wieso ist er denn erst einen Tag später gestorben?*

Brigitte Nowaks Äußerung verdeutlicht die Schwierigkeit für Angehörige, die verschiedenen Phasen der Todesfeststellung zu unterscheiden. Es kann dauern, bis Ärzte zur Durchführung der Hirntoddiagnose (und dies muss zweimal in zeitlichem Abstand geschehen) verfügbar sind, womit sich auch der offizielle Todeszeitpunkt verschiebt. Dennoch war den Eltern in dieser Zeit bewusst, dass ihr Kind ›eigentlich‹ bereits tot ist. Auch Martin Nowaks Äußerung lässt auf Unklarheit über den Zeitpunkt des offiziellen Todes schließen, der mit Beendigung der zweiten Hirntoddiagnose zusammenfällt, und verdeutlicht die Schwierigkeit, eine solche Diskrepanz dem sozialen Umfeld zu erklären. Brigitte Nowak kam im Verlauf des Gesprächs noch einmal darauf zurück, wie sehr sie das Nichtwissen um den ›tatsächlichen‹ Todeszeitpunkt belastete:

Aber ich muss sagen, in diesem Nicht-zu-Wissen, wann ist er wirklich gestorben? Das hat mich ... da habe ich immer noch Schwierigkeiten mit, das nicht einordnen zu können.

Ihre Äußerungen verdeutlichen, welche Bedeutung dem Todeszeitpunkt beigemessen wird. Auch wenn sie nicht an dem unmittelbar bevorstehenden Tod ihres Sohnes zweifelte, wäre es für sie wichtig gewesen, zu wissen, wann der Übergang vom Leben in den Tod stattgefunden hatte.

Auch die Zeit des Wartens auf den Anruf aus der Klinik, dass die Organentnahme beendet ist und der Leichnam vom Bestattungsinstitut abgeholt werden kann, wird als sehr belastend geschildert. Christine Menge (zum damaligen Zeitpunkt 29 Jahre alt), deren Mutter im Alter von 55 Jahren den Folgen eines Asthmaanfalles erlag, berichtete:

Christine Menge: *Es war dann so, ich kann mich an den zeitlichen Ablauf nicht mehr ganz erinnern, dass meine Mutter im Prinzip tot ist. Das war so Montagmittag, -nachmittag. Jetzt müssen aber noch zwei Ärzte kommen und das abschließend beurteilen [die Hirntoddiagnose, Anm. VK]. Und dann müssen ihr noch die Organe entnommen werden. Und irgendwann ist sie dann richtig tot. Das hat zwei Tage gedauert. Das war schon belastend. Ich glaube, für meinen Vater am belastendsten: Dies Gefühl, auf einen Anruf zu warten, dass sie jetzt wirklich tot ist. Für mich war es, glaube ich, nicht so schlimm, weil ich das Gefühl hatte, sie ist schon irgendwie tot.*
VK: *Weil Sie das Gefühl hatten, es wird immer weniger...?*
Christine Menge: *Ja, für mich war das in dem Moment schon klar. Es ist natürlich schon so was Komisches, sie zu sehen an diesen Geräten, und sie atmet. Und man hat das Gefühl, sie lebt, und sich gleichzeitig zu sagen, das ist eine Maschine und da ist nichts mehr. Aber diese Abläufe haben bei mir*

144 Dies geschah aus Rücksicht auf ein weiteres Kind, dem von der Tatsache der »Organspende« zunächst nichts berichtet wurde, und nicht aus Sorge vor Anfeindungen aus dem sozialen Umfeld.

ganz gut funktioniert, hatte ich das Gefühl. Einerseits zu denken, sie lebt doch noch und andererseits zu sehen, nein, sie lebt nicht mehr. Also dieses Rationale, das so von außen zu beurteilen.

Auch dieser Gesprächsausschnitt verdeutlicht die Schwierigkeit, die aus der Diskrepanz zwischen »Hirntod« und endgültigem Tod resultiert. Christine Menge hatte zwar den »Hirntod« ihrer Mutter als Tod rational verarbeitet, in der Konfrontation mit dem noch lebendig scheinenden Körper an den lebenserhaltenden Maschinen konnte jedoch auch sie dieses Bild in ihrem Empfinden nicht mit dem Tod vereinbaren. Dies kommt in ihrer Wortwahl »im Prinzip ist meine Mutter tot« gegenüber dem »dann ist sie richtig tot« zum Ausdruck.

Ingrid Hoffmeister (45), die der »Organspende« positiv gegenübersteht, erklärte mir, sie habe keine Zweifel bezüglich des tatsächlichen Todeszeitpunktes, da für sie ein Mensch tot sei, wenn sein Gehirn nicht mehr funktioniere. Dennoch hatte sie den Arzt, der sie vom Ende der Organentnahme bei ihrem Mann unterrichtete, gefragt:

›Wann war denn nun der genaue Todeszeitpunkt?‹ ›Wieso?‹, sagte er, ›der war gestern Nachmittag um 15.00 Uhr.‹ Ich sage, ›Ich habe gedacht, wenn die fertig sind. Wenn die Maschinen wirklich abgestellt sind und sie sind fertig. Das ist dann der Todeszeitpunkt.‹ ›Nein, nein‹, sagt er, ›also, mit der Feststellung des Hirntodes und wenn ein zweiter Arzt die Diagnose bestätigt hat, das ist der offizielle Todeszeitpunkt.‹ Ich sage, ›das habe ich auch nicht gewusst.‹ Darum habe ich immer gewartet, irgendwann sagen die mir Bescheid, dann und dann ist er wirklich gestorben.

Trotz ihrer Akzeptanz des »Hirntodes« verdeutlicht ihre Frage nach dem »genauen Todeszeitpunkt« und ihr Warten auf den Bescheid, wann er »wirklich gestorben« ist, dass der Tod in ihrer Wahrnehmung in mehrere Phasen zerfällt, der ›wirkliche‹ Tod jedoch erst – analog der tradierten kulturellen Todeskonzeption – in Zusammenhang mit einem leblosen Körper wahrgenommen wird. Auch bei positiver Einstellung der »Organspende« gegenüber bleiben aus diesem Grund manchmal Zweifel und Ängste zurück. Bei Christine Menge (35) führte dies dazu, dass sie bisher keinen eigenen Organspenderausweis ausgefüllt hat:

Ich sage auch, dass ich das eigentlich sinnvoll finde, aber ... der Schritt, so einen Ausweis in mein Portemonnaie zu tun, den habe ich noch nicht geschafft. [X] Und was ist es? Es ist schon die Angst, ... vielleicht, dass man doch nicht so behandelt wird wie ohne den Ausweis. Ich glaube, das sind auch die Ängste, die damals da waren. [X] Ist sie wirklich tot und sowas? Wo ich aber ganz rational das Gefühl hatte, ich sage ›Nein, das kann nicht sein, das machen die nicht‹. ... Aber die letztendliche Gewissheit ist nicht da. ... Deshalb habe ich das Gefühl, wird es wieder auf einen zurückgeworfen mit diesem ›Ein Stück weit haben wir über ihren Tod entschieden‹. Obwohl ich weiß, das ist wahrscheinlich Quatsch und ich habe sie auch gesehen und ich glaube das eigentlich nicht. Es bleibt so ein Stück Misstrauen, muss ich sagen.

Zum Schluss möchte ich die Erfahrungen der Familie Reese schildern, die eine Woche darauf wartete, dass die endgültige Diagnose »Hirntod« gestellt werden konnte.

Der Tod von Thomas Reese im Alter von 39 Jahren kam nicht plötzlich und unvorbereitet. Er litt seit langem an einem Gehirntumor. Seine Frau und seine Familie wussten um die Bedrohlichkeit der Erkrankung und waren darauf vorbereitet, dass es jederzeit zu Ende gehen konnte. Die Familie hatte ursprünglich geplant, dass er zu Hause sterben sollte und schon alles dementsprechend vorbereitet. Sein Zustand verschlimmerte sich jedoch so, dass keine häusliche Versorgung mehr möglich war und er in ein Krankenhaus überwiesen werden musste. Der Tod traf diese Familie also nicht – wie in vielen anderen Fällen von Organentnahme – unvorbereitet. Auch die Bitte um »Organspende« wurde ihnen nicht von ärztlicher Seite gestellt, sondern Schwiegertochter und Vater kamen beide unabhängig voneinander auf den Gedanken einer »Organspende« und berichteten beide von einem sehr einfühlsamen und würdigen Umgang mit ihnen vonseiten der Klinik. Wolfgang Reese schilderte die Schwierigkeit, über so einen langen Zeitraum zu wissen, sein Sohn sei ›eigentlich‹ tot, aber noch nicht ›wirklich‹. Dies führte bei ihm zu dem Gefühl, dass sein Sohn »zwei Tode« gestorben sei. Die Familie kam zu dem Schluss, dass sie diesen Zustand nicht sehr viel länger würden ertragen können. Doch von ihrer Entscheidung Abstand zu nehmen, gelang ihnen auch nicht, da sie das Gefühl hatten, zu der Verantwortung gegenüber ihrem Sohn/Ehemann zusätzlich die Verantwortung für weitere Menschenleben – die Leben der potenziellen Organempfänger – auf sich genommen zu haben.

Bis zum Tode meines Sohnes ... hatte ich eigentlich mit dieser Entscheidung keine Probleme. Noch nicht. [X] Ich habe die erst mit Beginn ... Er ist ja, wenn Sie so wollen, zwei Tode gestorben. Einmal den klinischen Tod. Das ist für uns wirklich, wenn Sie so wollen, der Todestag. Acht Tage später ist er dann juristisch gestorben, weil noch das Stammhirn, so genannte Primitivreflexe ... [X] überlebt hatten. So etwas kann, das wussten wir eben auch nicht, Wochen dauern. [X] Dann haben Sie dann einen Sohn, ... der tot ist, und der nur in der Intensivstation über ... angeschlossen ist. Und das Blut zirkuliert. ... Das ist eigentlich der schlimmste ..., schlimmsten Tage für uns gewesen. In dieser Phase, wo Sie den warmen Körper gehabt haben und gewusst haben, dass er tot ist. Und dass er hier quasi als ... Organspender ... am Leben erhalten wird. Das hatten wir uns nicht vorgestellt, muss ich sagen. [X] [redet schneller] Das heißt, ich hatte mir gar nichts vorgestellt. Ich hatte geglaubt, er würde sterben, man würde ihn nehmen, würde ihn sofort zur ... explantieren. Das war nicht der Fall. Wir haben acht Tage gehabt, die für uns eine unglaubliche Zumutung gewesen sind. Die Ärzte waren sehr verständnisvoll, muss ich sagen. [X] Die haben immer gesagt, ›Wenn Sie der Auffassung sind, dass Sie es nicht mehr ertragen, dann werden wir in den ... ganzen, Apparaturen abklemmen.‹ Dann wird, ... dann wird er sofort sterben, [sehr leise] wenn wir zustimmen würden. [X] Und das wiederum konnten wir auch nicht. Wir hatten uns mit dieser Entscheidung in eine Situation manövriert, wo wir dann nicht nur die Verantwortung für unseren Sohn übernommen hatten, sondern gleichzeitig auch die Verantwortung für vier potenzielle ... [X] ... Patienten, die eben auch ..., wenn sie nicht rechtzeitig ein Organ gespendet bekämen, lebensgefährlich gefährdet waren, [X] sodass auf uns die Last nicht nur ... praktisch die Entscheidung für unsern Sohn und gleichzeitig auch noch die Belastung ..., bestand für drei bis vier andere Patienten. Dann hatten wir uns einen ... Termin gesetzt, am Montag, dann ist eine Woche vergangen. ›Montag‹, haben wir gesagt, ›werden wir diese Entscheidung treffen und ihn eventuell in Ruhe sterben lassen‹. Aber am Sonntag ist er dann verstorben und man hat ihn dann ... explantiert.

Wolfgang Reese und seine Familie hatten ihren Sohn und Ehemann in dieser Zeit keinen Moment alleine gelassen, auch nachts nicht.

Man kann ja Empfindungen schwer vermitteln, aber, ... das ist einfach furchtbar, wenn Sie wissen, dass Ihr Sohn klinisch tot ist, und er ist dann mit einmal so ein Forschungsobjekt. [X] Das hat uns alle entsetzt, ... und wir haben eigentlich sehr bedauert, dass wir diese Entscheidung getroffen haben.

Die Erfahrung der Familie Reese verdeutlicht, dass die altruistische Tat der »Organspende« das Sterben, das Abschiednehmen verändert und von den Angehörigen viel Kraft und Stärke erfordert. Rückbezogen auf meine Thesen ist an diesem Gesprächsausschnitt Folgendes zu erkennen:

1. Der Tod als »Hirntod« ist nicht als tatsächlicher Tod wahrnehmbar. Wolfgang Reese hatte deshalb den Eindruck, sein Sohn sei »zwei Tode« gestorben.
2. Eine Organentnahme stellt eine Veränderung und – besonders in diesem Fall – eine Verlängerung des Sterbeprozesses dar. Ohne das für eine Organentnahme notwendige eindeutige Vorliegen des vollständigen »Hirntodes« wären die medizinischen Bemühungen, den restlichen Körper am Leben zu erhalten, frühzeitiger eingestellt worden. Diese eine Woche dauernde Phase diente nicht dem Versterbenden. Sie stellte eine große Belastung für die Familie dar und veränderte massiv den Prozess des Abschiednehmens.
3. Deutlich wird die Verantwortung, die Familie Reese für die empfangende Seite verspürte. Aufgrund der gefühlten Verantwortung gegenüber Dritten, deren Leben von ihrer Entscheidung abhing, waren sie nicht in der Lage, ihre Entscheidung rückgängig zu machen und für eine für sie tragbare Situation zu sorgen.

Letztlich – so zeigen die zitierten Gesprächsausschnitte – geht es den Angehörigen um den Zeitpunkt, zu dem sich auf sinnlich erfahrbarer Ebene der »hirntote« Mensch in eine Leiche verwandelt hat. Die Empfindungen der Betroffenen machen erneut deutlich, dass die medizinische Definition des Todes nicht oder nur schwer mit der kulturellen Definition des Todes, auf der das Erleben und Empfinden der Angehörigen beruht, in Einklang zu bringen ist. Verbunden mit der offensichtlich zutage tretenden soziokulturellen Bestimmung des Todeszeitpunktes – in dem Sinne, dass dieser Zeitpunkt nicht vom ›natürlichen‹ Verlauf, sondern von organisatorischen Faktoren abhängig ist – führt dies zu massiver Verunsicherung und Belastung aufseiten der Angehörigen. Auch bei rationaler Akzeptanz des »Hirntodes« und einer retrospektiv positiven Einschätzung der »Organspende« tritt immer wieder eine Ambivalenz um den Todeszeitpunkt auf. Bei sechs meiner Interviewpartner, die nicht auf der

Intensivstation am Krankenbett anwesend waren (sei es, dass sie erst später vor Ort eintrafen, ihnen abgeraten wurde, sich den Verunglückten anzusehen, oder sie dies von sich aus nicht wollten) und also nicht mit dem »Hirntod« konfrontiert waren, existiert die in diesem Abschnitt geschilderte Problematik nicht.

Die Leiche

> »Schließlich bleibt eine Leiche zurück. Und erst ab diesem Moment entfaltet sich der unüberholbare Schrecken des Todes. Die Leiche, und mehr noch das Gesicht der Leiche, bilden den Anfang jener erschreckenden, fürchterlichsten Grenzerfahrung [...]; erst jetzt ist der Kommunikationsabbruch wirklich zur unwiderruflichen Faktizität geworden.«
> (Macho 1987: 408-409)

Wie ich in Kapitel 3.2 dargelegt habe, kommt dem direkten Kontakt mit dem Leichnam eine bedeutende Rolle in der Verarbeitung eines Todesfalls zu: Erst über eine Leiche ist der Tod begreif- und erfahrbar. Über zwei Drittel der Hinterbliebenen thematisierte mir gegenüber die Verabschiedung von der Leiche und ihren Zustand. Eine Organentnahme kann unter Umständen das Aussehen der Leiche beeinträchtigen. In der Hälfte der Fälle meiner Gespräche befanden sich die Körper nach der Organentnahme in keinem guten Zustand, weshalb den Angehörigen oftmals davon abgeraten wurde, sich die Leiche noch einmal anzusehen. Doch auch wenn die Hinterbliebenen die Leiche nicht gesehen hatten, kann allein das Wissen um deren schlechten Zustand als äußerst belastend erlebt werden, da stattdessen Bilder in der Vorstellung entstehen können. Dem Ehepaar Deneke wurde von zwei engen Freunden, die vor der Trauerfeier alleine einen Blick in den Sarg geworfen hatten, davon abgeraten, ihren Sohn vor der Beerdigung noch einmal anzusehen, berichtete Franz Deneke (30). Die Freunde schilderten ihm und seiner Frau den Zustand der Leiche:

Die hatten das wohl so richtig lieblos gemacht, dass man noch die Operationswunde am Kopf sah und ihm keine Mütze aufsetzten. Das muss wohl wirklich ein ganz trauriger Anblick gewesen sein. Wir haben ihn dann nicht gesehen. Im Nachhinein denken wir, es wäre trotzdem richtig gewesen, zu gucken. Einfach um ihn nochmal tot zu sehen. [...] Das Gemeine ist, es wird einem der tatsächliche visuelle Eindruck vom Michael nach der Organentnahme vorenthalten. Aber es werden einem andere Bilder geliefert in der Fantasie. [X] [Pause] Und da wäre schon die Frage, was schlimmer ist.

Maria Deinert (47) wurde in einem anderen Fall von der Bestatterin abgeraten, ihren verstorbenen Bruder noch einmal anzusehen. Zum Zeitpunkt des Interviews, ein Jahr nach dem Tod ihres Bruders, berichtete sie von andauernden quälenden Schreckensvorstellungen, die sie häufig auch in Träumen heimsuchen würden. Sie fragte damals die Bestatterin:

›Sieht er nicht gut aus, dass er verändert ist und dass man den letzten Eindruck nicht so mitkriegt?‹ Da sagt sie, nein, so ist es nicht, er würde gut aussehen. [Pause] Es wäre alles richtig gemacht worden. Sie hat mich darauf hingewiesen, dass das kontrolliert wird von den Bestattern. [X] [Pause] Aber ... dass ihm auch die Augen entnommen worden sind. [Pause] Er hatte ganz schlechte Augen, er hatte so eine dicke Brille [weint – Pause] Das ist bei vielen, dass man [es], wenn man das nicht weiß, kaum bemerkt, [Pause] diese Höhle. Aber dass es passieren könnte, dass sich ein Auge öffnet und dass man dann in die leere Höhle reinguckt. [Pause] Ich weiß nicht wie, wahrscheinlich ist es passiert beim Einsargen ... Ich weiß es nicht. Jedenfalls, das war so eine Schreckensvorstellung. Ich dachte ›Um Gottes Willen‹, ja? ›Um Gottes Willen.‹ [laut] Das wäre ... Also, nein, das war nicht mehr, wir haben ihn nicht mehr gesehen danach, ja? [weint stark] Wir haben ihn nicht ... [holt Luft] es ist furchtbar.

Gerade eine Entstellung des Gesichts und der Augen, an denen die Individualität eines Menschen besonders deutlich zum Ausdruck kommt, war für sie eine Schreckensvorstellung, die sie dauerhaft beeinträchtigte. Martin Eisenberg (44) empfand es als unfair, über die mögliche Veränderung der Leiche durch eine Organentnahme nicht unterrichtet worden zu sein und bemängelte weiter, dass er auch nicht darauf hingewiesen wurde, wie wichtig die Verabschiedung von der Leiche nach der Organentnahme sein kann.

Was mir keiner gesagt hat, ... was ich allerdings ein Versäumnis fand, und bei dem, was ich heute weiß, ... ist das ein Punkt, wo mir Zweifel kommen, dass durch die Organentnahme ... der Tote, ... ich sage das jetzt mal so, nicht mehr so gut aussieht. [X] Ich weiß nicht, in welchem Maße das war, oder ob das auch normalerweise ist. Das hat mir keiner gesagt. Das fand ich nicht ganz fair. ... Es ist auch im Krankenhaus keiner da, der dir sagt, dass es für die Hinterbliebenen wichtig ist, den Toten nochmal tot zu sehen, wie er im Sarg liegt. Das sagt einem auch keiner. ... In dem Moment, wo das passiert, steht man so sehr neben sich, ... dass man da nicht daran denkt oder das auch nicht weiß. ... Es war nachher so, dass der Bestatter sagte, ... Ich war mir unsicher, wie es für die Kinder ist, wenn sie ihre Mutter nochmal ... so sehen. Ich dachte mir, ich habe sie jetzt drei Tage gehabt, drei Tage lang neben ihr gesessen, auch wenn sie noch am Leben war. Das war schon so ein Stück Abschiednehmen. [X] War mir aber unsicher wegen der Kinder. Der Bestatter sagte, er würde sich nochmal ein Bild machen, ... ob man sie aufbahren sollte zum Angucken oder eben nicht. [X] Dann sagte er, als er zurückkam, in der Klinik hätte man ihm empfohlen, es nicht zu machen. Jetzt ... weiß ich nicht, ob es, ... ob sie das entschieden haben anhand des Kopfverbandes oder... anhand der Verschlechterung durch die Organentnahme. Das ... kann ich nicht beurteilen. ... Das ist der Punkt, wo ich am Überlegen war, ob es richtig war? [X] Wenn ich wüsste, dass sich durch die Organentnahme ... ihr Aussehen so verschlechtert hat, dass sie gesagt haben, das kann man nicht empfehlen, ich gewusst hätte, wie wichtig das für die Kinder ist, die Mutter nochmal zu sehen, dann ... weiß ich nicht, wie ich entschieden hätte. Dann wäre es schwieriger geworden. [...] Ich muss es auch nicht überlegen, ... die Frage stellt sich mir nicht mehr. Aber das ist ein Punkt, wo ich denke, das sind Versäumnisse. Das sind echte Versäumnisse. ... Das kann man im Nachhinein [Zittern in der Stimme] nicht korrigieren und das ist falsch. ... Ich denke auch, dass ein Bestatter dann sagt, das ist nicht empfehlenswert, das ist auch falsch.

Martin Eisenbergs Äußerungen zeigen, wie wichtig der Zustand des Leichnams für die Hinterbliebenen sein kann und dass dieser Aspekt in die Entscheidung für oder gegen eine Organentnahme einfließen müsste. Diejenigen Angehörigen, die sich nach der Organentnahme noch einmal vom Leichnam verabschiedeten und dessen Zustand als negativ empfanden, betonten, wie wichtig ein guter Zustand der Leiche für die Hinterbliebenen ist und dass der Aspekt einer möglichen negativen Veränderung der Leiche durch eine Organentnahme vorher in der Familie besprochen werden sollte. Es stellte sich in diesem Zusammenhang die Frage, so wurde immer wieder betont, wem ein solcher Abschied zuzumuten ist. So unterstrich Fritz Gebhard (38):

Es lässt sich leicht sagen, mir ist es völlig egal, was mit mir nach meinem Tod passiert, ich merke davon ja nichts. Man lässt dabei die Hinterbliebenen völlig außer Acht. Und für die kann es wichtig sein, [X] dass sie wissen, da liegt kein ausgeweideter Kadaver, sondern da liegt der Mensch, den wir kannten, wie er zumindest äußerlich jetzt auch noch so in etwa erkennbar war. Ich denke, das ist eine Sache, die viele sehr stark ausblenden. Sie sehen diesen rein materiellen Teil und alles andere ist ihnen egal. Nur o.k., dann ist jemand tot und die anderen müssen damit weiterleben ihr ganzes Leben. Das kann ganz schnell zu so einer Art Fluch werden.

Fritz Gebhardt brachte hier die Diskrepanz zwischen dem Blick auf die Leiche als »rein materiellen Teil« und der Sichtweise der Hinterbliebenen, für die der Leichnam eng verbunden ist mit dem Verstorbenen und als deren Fortexistenz wahrgenommen wird – »da liegt der Mensch, den wir kannten« – zum Ausdruck. Diesem kulturell verankerten Aspekt von der Unversehrtheit des Leichnams, so machen die wiedergegebenen Gesprächspassagen deutlich, müsste, um einen für die Angehörigen tragbaren Ablauf der Organentnahme zu gewährleisten, Rechnung getragen werden. Fritz Gebhard hatte aufgrund negativer Erfahrungen beim Tod seines Vaters, der seinem Empfinden nach in der Klinik »ausgeschlachtet« wurde, bei seiner Lebensgefährtin nur der Entnahme der Nieren zugestimmt, um damit »zumindest den Anschein zu haben, einer gewissen Art von einer begrenzten Unversehrtheit«. Bei seiner Lebensgefährtin wollte Fritz Gebhard deshalb eine offene Aufbahrung. Sie aufgebahrt zu sehen, empfand er als hilfreich, um »eben etwas anderes zu sehen und zu haben als dieses Erlebnis mit meinem Vater«. Er ist davon überzeugt, »dass auch ein Verstorbener das Recht hat, nicht auseinander gefleddert zu werden. [...] Nicht über die Grenzen hinaus, die er selbst festsetzt«, weshalb auch er für die enge Zustimmungslösung plädiert. Die Leiche seiner Lebensgefährtin war in gutem Zustand. Er führte eine offene Aufbahrung bei sich zu Hause durch, die ihm sehr in der Verarbeitung des Todes geholfen hatte.

Gabriele Fischer (60) dagegen hatte den Abschied vom Leichnam ihres Sohnes in sehr schmerzhafter Erinnerung, da sein Gesicht nicht mehr so ›friedlich schlafend‹

ausgesehen hatte wie auf der Intensivstation im Zustand des irreversiblen Hirnversagens. Vielmehr, so berichtete sie, hatte sein Gesicht mit zusammengebissenen Lippen einen schmerzverzerrten Ausdruck gehabt, sodass sie sich gefragt hatte, was ihr Sohn noch hatte erleiden müssen. Diese Frage hatte sie seither nicht mehr losgelassen und war verknüpft mit Schuldgefühlen, da sie und ihr Mann als Eltern die Zustimmung zur Organentnahme gegeben hatten.

Wie entstellt ist dann so ein Mensch, das ist auch die Frage? [Pause] Was mutet man da den Angehörigen zu? Das können Angehörige eigentlich nur tragen, mittragen, wenn sie wissen, ja, der hat das so gewollt. [X] Ich denke, das ist etwas, was zum Beispiel in der Familie abgesprochen werden muss. [X] ›Wollt ihr das? Könnt ihr das mittragen, was da auf euch zukommt?‹ Damit muss man sich vorher auseinander setzen. [Pause] Und dann kann ich das mittragen, unter Schmerzen.

Die enge Zustimmungslösung wird – so verdeutlichen meine Gespräche – von vielen Hinterbliebenen aufgrund der Schwere der Problematik als einzig gangbarer Weg empfunden.

Auch Frau Cheng (36) empfand den Anblick und erneuten Abschied von ihrem verstorbenen Mann als sehr unangenehm, da das Bild, das sich ihr bot, in krassem Gegensatz zu dem friedlichen Anblick ihres Mannes auf der Intensivstation vor der Entnahme stand.

Das Bild ist immer noch bei mir ... Ich wollte eigentlich nicht mehr ... ihn nochmal besuchen. [X] Ich weiß, dass er nicht mehr wie auf der Intensivstation war, der ganze Körper warm. Wenn er nun ... natürlich gestorben wäre, [X] der Körper ist nicht sofort eiskalt oder ... [X] Das ist ... Aber die ganze Familie hatte hier gewartet und ich wollte nicht. Aber ich bin trotzdem hingegangen, habe meinen Mann in der Kapelle hier gesehen. Es war ... es war sehr, sehr ... es war nicht schön. Dann sind sie eiskalt, wie aus einem Museum, wie Wachs und eiskalt und sein halbes Gesicht war ein bisschen blau geworden. Wahrscheinlich Blut oder ... Er sah irgendwie ganz anders aus. Nicht mehr so friedlich wie im Krankenhaus. ... [X] Ich versuche immer, diese Bilder ein bisschen weg ... aber das ist so schwer. [X] Ich dachte erst, ich habe doch einen Fehler gemacht, dass ich ihn nochmal ... besuchte, aber diese Sehnsucht, kann man auch nichts dagegen machen. [...] Da habe ich nur dieses Bild von der Kapelle, obwohl das Bild, da, ... [X] war da. Ich versuche immer, das Bild im Krankenhaus bei der Intensivstation, dass er keine Stelle auf dem Gesicht hatte und er so zehn Jahre jünger aussah. Es war so friedlich. [X] Aber bei dieser Kapelle ..., eiskalt und ein bisschen dunkler und das Gesicht war anders auch. Es war nicht schön. [Stille] Nicht, [dass ich ein] schlechtes Gewissen hatte, aber ich dachte, da haben wir wirklich alles versucht, alles gemacht und dann, ... alles, alles muss ich jetzt sagen, diese [X] Verzweiflung, ob ich wirklich, [X] Nur dieser kleine, Punkt, ... ob ich auch richtig oder ... [Pause] Aber das Bild werde ich nie vergessen. Ein Glück, dass meine Tochter nicht dabei war.

Aber nicht nur das äußere Erscheinungsbild der Leiche, auch ihr sinnlich erfahrbarer Körper, so zeigt Frau Chengs Äußerung, kann für die Angehörigen bedeutend sein. An dem spürbaren Erkalten des Körpers lässt sich die Übergangsphase vom Leben in den Tod nachvollziehen. Statt des Übergangs war Frau Cheng mit einem Bruch konfrontiert: dem lebendwarmen Körper im Zustand des »Hirntodes« einerseits und dem tiefgekühlt kalten Körper bei der Aufbahrung andererseits. Wolfgang Reese (66) bestätigte die negative Erfahrung seiner Schwiegertochter Frau Cheng. Er empfand die Veränderungen am explantierten Körper im Vergleich zum »hirntoten« Körper als Schock:

Wolfgang Reese: *Dann hatte ich gedacht, lass' es uns nochmal bevor wir ihn beerdigen, bevor er verbrannt wird, ›Sehen wir ihn uns nochmal an‹ ... [X] Das war der ganz entscheidende Fehler, den wir gemacht haben. Da hat sich dann so ein doppeltes Schockerlebnis [eingestellt]. Ich wollte ihn sehen einerseits, um zu kontrollieren, wie sie ihn behandelt haben ... [X] Das war eigentlich das vordergründige Motiv. Zum anderen wollte ich noch einmal Abschied von ihm nehmen. Bei der Explantation verändert sich der Körper total. [X] Es war schockierend, ihn noch so zu sehen.*
VK: *Da hat man Sie nicht darauf vorbereitet, dass das passieren kann?*
Wolfgang Reese: *Nein. Die Ärzte selber wussten nicht, dass wir es machen würden. [X] Und ich hatte es ganz bewusst nicht gesagt. Der ... Beerdigungsmann, der hat uns gesagt: ›Das ist normal, dass die Menschen nochmal den Toten ansehen würden.‹ Dann haben wir ihn auch noch angefasst und er war eben tiefgekühlt. [X] Das ist etwas, was ... das ist, empfinde ich als einen großen Verlust, dass ich eben nicht diese langsame 'rübergleitende Temperatur von 37 Grad dann 20 Grad, [...?], dann wird er ja auch abgeholt. Das ist etwas völlig anderes.*

Wie andere Hinterbliebene auch kam Wolfgang Reese aufgrund seiner Erfahrung zu dem Schluss, dass eine Organentnahme den Angehörigen die Erfahrung der Anteilnahme am Sterben nehme, was er sehr bedauerte.

Da ist uns etwas genommen worden. Es wird Ihnen als Angehöriger eines zur Transplantation freigegebenen Menschen ... sehr viel genommen, was die Beziehung zum Tode anbelangt. [X] Des Sterbens, [X] gerade des Sterbens. Sie nehmen eben keinen Anteil an einem wichtigen Teil für Sie, an wichtigen Momenten. Das ist etwas, was ich sehr bedauere.

Für Wolfgang Reese ist der Abschied von den Toten zum Begreifen und Verarbeiten des Todes äußerst wichtig. Ein Trost Wolfgang Reeses ist lediglich die Gewissheit, dass die Organentnahme pietät- und respektvoll abgelaufen war, wie ihm ein in diesem Krankenhaus arbeitender befreundeter Arzt, der bei der Entnahmeoperation anwesend gewesen war, wissen ließ. Dennoch, dem Leichnam wird durch die Organentnahme etwas zugefügt, was sich, so die Worte Wolfgang Reeses, im positiven Sinne als reine Explantation, im negativen Sinne aber als Missbrauch interpretieren lässt. Auch Wolfgang Reese klagt über Bilder in seiner Vorstellung, die ihn bis zum Zeitpunkt unseres Gespräches nicht mehr verlassen hatten und die Erinnerung an seinen Sohn schmerzhaft beeinträchtigten.

Warum kennen wir die Totenwache? Das ist doch aus einer Erkenntnis von Bedürfnissen des Menschen entstanden. [X] Man braucht ein längere Zeit zum Abschiednehmen, zum Begreifen ... Zu diesem Abschied gehört auch diese Wärme einerseits und das Hinübergleiten, ... das langsame Erkalten ... das ist eine Erklärung des Todes. [X] Damit nehmen Sie den Tod an. Und das ist uns genommen worden. Wir sind brutal mit dem Tod konfrontiert worden. [X] Denn es ist etwas anderes, ob Sie den Tod geistig annehmen, wenn Sie wissen, der Sohn lebt nicht mehr... [X] Und Sie sehen den nach 14 Tagen mit einmal ... Er ist dann eben ... der Körper ist missbraucht worden, im bösen Sinne ... oder aber ... im guten Sinne... explantiert. Aber deformiert auf jeden Fall, und das zerstört Ihr Bild. Sie haben ein Bild mit einmal im Kopf, das die Erinnerung an den Sohn in ganz bestimmten Phasen verfälscht. [X] Ich kriege dieses Bild nicht mehr aus dem Kopf raus. Das ist der Punkt. Ginge es raus, hätte ich damit keine Probleme. [X] Aber ich habe das Bild im Kopf. [X] Nun ist es schon ein halbes Jahr drin, dann wird es auch ewig drin bleiben.

Die Erfahrungen der Hinterbliebenen zeigen, wie wichtig und einprägend dieses letzte Sehen des Verstorbenen sein kann, und dass es einen dauerhaften Eindruck hinterlassen kann, der ihr weiteres Leben überschattet. Vor allem wird deutlich, dass durch den technisch notwendigen Ablauf einer Organentnahme die Erfahrung des Sterbens, vor allem des Hinübergleitens vom Diesseits ins Jenseits, nicht miterlebt werden kann. Dies wird von vielen als individuelles Recht empfunden, dessen Aufgabe nicht von der Gesellschaft eingefordert werden könne, wie ich abschließend mit den Worten Tanja Denekes (28) zeigen möchte:

Ich würde mein Recht mir erhalten wollen von dem Menschen, der mir da sowieso verloren geht, in Würde Abschied zu nehmen. Dazu gehört zu sehen, wie es ist, wenn er tot ist. Und wie es nach zwei Tagen ist, wenn er tot ist? Erfahren zu können, spüren zu können, wie das ist.

4.1.3 »Organspende« im Spannungsfeld von Körper und Leib

Da Organe ›lebend‹, im medizinischen Vokabular ›vital‹ genannt, entnommen werden und damit biologisch weiterleben, war mit der Bestattung, so wurde in meinen Gesprächen deutlich, der Tod für viele Angehörige noch nicht vollständig abgeschlossen. Sie machten sich Gedanken über den Verbleib der Organe und darüber, wie mit ihnen umgegangen wurde. Drei Themen wurden dabei immer wieder angesprochen: zum einen die Angst bzw. Abneigung vor einer Kommerzialisierung des Körpers und seiner Teile, zum zweiten die Vorstellung von einem Weiterleben eines Teils der Verstorbenen und zum dritten die Auseinandersetzung mit der Seite der Organempfänger (auf die ich erst im fünften Kapitel eingehen werde).

Wie dargelegt, wurde zum Teil schon die Frage nach einer Organentnahme an sich von manchen Betroffenen als ein das individuelle Schicksal missachtender Akt gewertet, da sie an das ›soziale Wir-Gefühl‹ appelliert, wie sich das Ehepaar Deneke ausdrückte (s.o.), und ein Aufgehen des individuellen Körpers im ›Gesellschaftskörper‹ impliziert. Verletzend und belastend für die Angehörigen war vielfach, dass nicht nur einem Körper Organe (»die niemand mehr braucht«) entnommen wurden, sondern die Bedürfnisse der nächsten Angehörigen angesichts der möglichen Lebensrettung unbekannter Dritter nicht mehr zählten. Das Vorgehen bei einer Organentnahme wird dem Erleben der Angehörigen nach nur von den Bedürfnissen der Medizin und durch deren Logik des objektivierten Blicks auf den Körper bestimmt, womit der Trauer und dem Abschied vom Leichnam nur ein marginaler Status zugewiesen wird. Andere Auffassungen und Gegenstimmen, aber auch der Schutz der Hinterbliebenen scheinen mit dem Argument der Lebensrettung an Wichtigkeit zu verlieren. Die Ebene der subjektiven Empfindungen und Gefühle hat hier wenig Platz. Viele Angehörige empfanden sich von dem Moment an nur noch als störend. Diese Erfahrung sprach das Ehepaar Nowak an:

Martin Nowak: *Jetzt zählen nur noch die Organe. Das war mein Gefühl, was ich in dem Moment hatte, ja?*
Brigitte Nowak: *[gleichzeitig] Ja, dass wir eben gar nicht Abschied nehmen können.*
Martin Nowak: *Es mussten nur mit aller Gewalt, ich hatte es vorhin ja schon mal gesagt, nur noch diese Organe funktionsfähig gehalten werden, und das andere war dann auf einmal nebensächlich, wo ich mir im Nachhinein sage, hätten wir uns nicht dafür entschieden, wäre der Abschied dann ein anderer gewesen?*

Der medizinische Umgang mit Patienten im irreversiblen Hirnversagen erscheint den Angehörigen zweckgebunden und fremdnützig, da alle Behandlungen nun nicht mehr zum Wohl der Patienten durchgeführt werden, sondern nur zum Erhalt der Organe. Ängste und Befürchtungen, die mit der Kommerzialisierung des Körpers zu tun haben, zeigen sich in den Assoziationen vom ›Ausschlachten‹, wie sie oben bereits erwähnt wurden. Für Fritz Gebhard (38) ist der verdinglichte Umgang mit dem Körper, der sich in der Anonymität und Kommerzialisierung von »Organspende« niederschlägt, mit ein Grund für eine ambivalente Einstellung bezüglich Organtransplantation.

Die Hemmschwelle ist die Anonymität. Einer begrenzten Organspende würde ich zustimmen. Nieren, Leber, Herz, Augen, würde ich ... bislang sagen ›Nein‹. Es sei denn, ich könnte das meinetwegen testamentarisch oder sonstwie festlegen, dass das im Klinikum Heidelberg verwendet wird und eben nicht einmal um die Welt geht. [X] Vielleicht wäre das noch eine Möglichkeit, eine Brücke zu schlagen, die mir das erleichtern würde.

Als hilfreich würde Fritz Gebhard eine regionale Begrenzung empfinden, die ihm in gewisser Weise einen persönlicheren Bezug vermitteln würde. Dies könnte seinem Empfinden, dass entnommene Organe primär auf der Ebene des Körpers als rein physische Ersatzteile behandelt werden, entgegenwirken und den Umgang mit der »Organspende« erleichtern. Auch Maria Deinert empfand die in der Klinik vorherrschende Betrachtung des »Hirntoten« als reinen Körper gefühllos. Damit wird deutlich, dass in der Durchführung von Transplantationen der Aspekt ›Körper‹ dominiert und die von den Angehörigen auf der Ebene des Leibes gegebene Gabe von Organen als »geschenktes Leben« zu wenig Beachtung finden. So stimmen Angehörige zumeist in dem Gefühl zu, ein lebensrettendes Geschenk an ihnen Unbekannte zu geben, müssen in der Praxis jedoch häufig feststellen, dass das System primär auf der Ebene des Körpers operiert und ihre Bedürfnisse vernachlässigt werden. In einem Brief eineinhalb Jahre nach unserem Gespräch teilte mir Maria Deinert noch einmal rückblickend ihre Erfahrung mit:

Es gab so gut wie keine Aufklärung und Erklärung in Sachen Organspende, man hat sich keine Zeit genommen. Mir wurde das Gefühl vermittelt, als ob da ein ›Ersatzteillager‹ läge. So mehr oder weniger mit diesem einen *Satz: Er ist doch tot und noch so jung, andere Menschen brauchen seine Organe. Ich empfand die ganze Sache absolut gefühllos und überhaupt nicht einfühlsam.*

Ihre Kritik »man hat sich keine Zeit genommen« und die Äußerung seitens der Klinik »andere Menschen brauchen Organe« lassen erkennen, dass sie sich im Ablauf der Entnahme mit ihrem und ihres Bruders individuellem Schicksal vernachlässigt fühlte. Deutlich tritt hier das in Kapitel 3.2.3 dargelegte Spannungsfeld zwischen individuellem und sozialem Körper hervor, in dem sich Leichen und mehr noch ›lebendige Leichen‹ befinden, die von den Angehörigen nicht als Tote, sondern Sterbende wahrgenommen werden. Traumatisch wirken sich die Fälle aus, in denen tatsächlich mehr Organe entnommen wurden als zuvor von den Angehörigen freigegeben, wie die Erfahrungen Fritz Gebhards und Gabriele Fischers belegen. Darin zeigt sich deutlich eine Missachtung des individuellen Schicksals und die (in diesen Fällen) von transplantationsmedizinischer Seite für sich beanspruchte Verfügungsgewalt über die Körper der »Hirntoten«.

Sehr deutlich wird die Nichtloslösbarkeit leiblicher Aspekte von transplantierten Organen in der Vorstellung Hinterbliebener, dass etwas von der Person der »Organspender« in den Organempfängern noch weiterlebt. Durch die Entnahme vitaler Organe von »Hirntoten« wird diesen noch ein Rest Leben oder Lebendigkeit entrissen und für ›diese Welt‹ bewahrt. In der Vorstellung vieler Angehörigen, dass noch etwas von dem »Organspender« weiterlebt, kann man auch den Wunsch erkennen, dem Tod etwas von seiner unausweichlichen Endgültigkeit zu nehmen. Da der »Organspender« nach dieser Vorstellung noch nicht vollständig gestorben ist, kann das bei Angehörigen dazu führen, dass sie den Tod dieses Teils beim Versterben der entsprechenden Organempfänger betrauern würden. So bezeugte Milena Gerke (38):

Ich würde auch trauern, wenn das Herz meines Bruders aufhört zu schlagen. [...] Vielleicht würde ich mich ja auch freuen, weil die Person zumindest noch ein paar Jahre gelebt hat.

Eng damit verbunden war das Gefühl, dass mit dem Organ noch andere Teile des Verstorbenen übertragen wurden. Elke Hildebrandt (49) hatte sich gefragt, so berichtete sie mir, »was von ihm da alles noch mitlebt«:

Ich habe gedacht, wenn wenigstens ein paar Organe von ihm weiterleben können, dann ist ja immer noch etwas von ihm da. Auch wenn er in anderen Körpern weiterlebt, aber es sind seine Organe. Und wer weiß, was von ihm da alles noch mitlebt? Das hat mir schon geholfen.

In diesem Zusammenhang äußerte sie die Vorstellung, dass ein Treffen bspw. mit der Herzempfängerin sie noch glücklicher machen würde:

Glaube ich einfach, weil ich denke, dass ist doch wiederum dieser Gedanke: Du willst nicht, dass alles tot ist, dass alles auf einmal vorbei ist. [...] Vielleicht ist das auch mit ein Grund, warum man so unbedingt möchte, dass es den Leuten, die die Organe bekommen haben, gut geht, dass sie sie einmal angenommen haben und dass sie auch jahrelang hoffentlich noch damit weiterleben? Weil man selbst in dieser fürchterlichen Ungewissheit gestanden ist. [X] Ist es Tod, ist es nicht Tod? Du willst es nicht, dass es Tod ist, also dann soll wenigstens etwas weiterleben. [X] Dem Tod so richtig etwas abringen.

Deutlich wird in diesen Aussagen, dass Angehörige ihre Erfahrung mit Organtransplantation nicht rein auf der Ebene des Körpers, sondern auch auf der Ebene des Leibes interpretieren. Der Tod nach der Organentnahme stellt für sie nicht wirklich den endgültigen Tod der Person dar, denn von dieser lebt nicht nur körperliche Materie, sondern ihrem Empfinden nach auch ein Teil des mit dem Selbst verbundenen Leibes weiter, dessen ›Tod‹ sie erneut betrauern würden.

Allerdings kann dieser Gedanke auch als belastend empfunden werden. Gabriele Fischer (60) zum Beispiel empfand die Vorstellung, dass Organe ihres Kindes in einem anderen Menschen weiterleben als zu schmerzhaft. Sie berichtete, wie ihr auf einem Kirchentag bei einem Stand für »Organspende« eine Frau sagte, »hier steht auch jemand, der mit einem neuen Herz lebt«:

Ich stand dahinter und versuchte mir zu sagen, ›Ja, und was ist, wenn da jetzt Achims Herz in ihm weiterschlägt?‹ [X] Das ist so, ... so was Schweres. [X] Ich glaube diesen Angehörigen nicht, die sagen können, einen Sinn drin zu sehen. [...] [X] Oder es ist für sie selber wie ein Strohhalm, um das Schmerzhafte überhaupt auszuhalten, dass sie sich an so was halten. Ich glaube nicht, dass das was hergibt. [X] Das kann ich mir nicht vorstellen. Dazu ist es einfach zu ... grotesk. Was hat das Herz von Achim, sein Herz, was hat das in jemand anderem zu tun? [X] [...] Das ist für mich ungeheuer schmerzhaft. Da kann ich auch nicht denken, das kann jetzt jemandem helfen oder so. Das geht einfach über meine Möglichkeiten hinaus. [...][X] Ich habe da früher anders drüber gedacht, als ich nicht davon berührt war. Da dachte ich wie viele andere auch, wenn man da jemandem helfen kann. Aber wenn man das konkret erlebt, kommt einem das so grotesk vor, dass das einfach austauschbar sein soll, was zu einem Menschen ganz individuell und ganz persönlich gehört. Ich habe auch von einem Arzt gehört, dass die Organe, obwohl mich das überhaupt nicht wundert, einen ganz individuellen Charakter haben, auch in der Form. [X] Für mich ist das sooo schmerzhaft, die Vorstellung, die Leber von Achim lebt da irgendwo, seine Augen, seine Hornhäute oder was die davon verwerten. Das ist für mich absolut schmerzhaft, da kann ich mich nicht mit trösten.

Die Äußerung Gabriele Fischers, es als »grotesk« und »schmerzhaft« zu empfinden, dass Organe ihres Sohnes in einem anderen Menschen weiterexistieren, in dem sie »nichts zu suchen haben«, verweist auf das kulturelle Deutungsmuster eines mit einem Körper eng verbundenen Selbst, das von anderen abgegrenzt konzipiert ist (vgl. Kap. 3.1.2). Ihre Auffassung, dass die Organe »ganz individuell und ganz persönlich« zu einem Menschen gehören, macht deutlich, dass diese für sie nicht vom Selbst des Menschen und seiner Individualität zu trennen sind, sondern auch der tote Körper vom Selbst des Verstorbenen durchdrungen ist. Die Organentnahme stellte für sie einen Eingriff auch in die Integrität und Würde des Leichnams dar.

Fazit

Die medizinisch vorgenommene und rechtlich verankerte Gleichsetzung des »Hirntodes« mit dem Tod des Menschen ist gerade von medizinischen Laien und direkt Betroffenen nicht nachvollziehbar und widerspricht ihren Gefühlen und Empfindungen. Bei Angehörigen führt die Veränderung eines so existenziellen Konzeptes oftmals zu traumatischen Erlebnissen. Eine »Organspende« stellt für Angehörige eine große psychische Belastung dar, die in der akuten Situation auf der Intensivstation ein ungestörtes Verarbeiten der Todesnachricht und ein ungestörtes Abschiednehmen erschwert, wenn nicht gar verhindert. Wie wichtig die Zeit zum Abschiednehmen für die Hinterbliebenen ist, zeigten auch die Erfahrungen der »Organspender«-Angehörigen der Selbsthilfegruppe in Tübingen (Fischer-Fröhlich/Kulil 1996: 4). Die Entscheidung für oder gegen eine Entnahme muss rasch erfolgen, die Möglichkeit der Sterbebegleitung im Sinne des Miterlebens des Hinübergleitens in den Tod ist im Falle einer »Organspende« nicht gegeben. Mir wurde berichtet, wie sehr Angehörige gerade diese Erfahrung des Sterbens und Abschiednehmens auf der sinnlichen, im wahrsten Sinne des Wortes be-greif-baren Ebene[145] im Nachhinein vermissten.

Die Analyse meiner Gespräche zeigt, dass 17 der 23 Angehörigen mit dem »Hirntod« auf der Intensivstation konfrontiert waren. Davon schätzen nur sechs Angehörige die Zustimmung zur Organentnahme retrospektiv positiv ein. Sieben Angehörige dagegen bereuten ihre Entscheidung und sind aufgrund ihrer Erfahrung einer Organentnahme gegenüber negativ eingestellt. Zwei Angehörige waren sich noch unklar über ihre Einstellung, was sich unter anderem in Zweifeln am »Hirntod« äußerte, weitere zwei waren nicht prinzipiell dagegen, bemängelten jedoch stark den Ablauf im Krankenhaus, den Umgang mit ihnen sowie den Zustand der Leiche nach der Explantation. Aufschlussreich ist, dass fünf von sechs der Angehörigen, die nicht mit dem »Hirntod« konfrontiert wurden, einer Organentnahme positiv gegenüber-

145 Vgl. Thomas 1994: 189.

standen und keiner dieser sechs Angehörigen Zweifel am Todeszeitpunkt äußerte. Dies verdeutlicht, dass das kulturell überlieferte und geprägte, sinnlich wahrnehmbare Erscheinungsbild des Todes notwendig ist, um den Tod als Tod anerkennen zu können. Wie die Interviewausschnitte zeigen, besteht das Dilemma der gebenden Seite in dem Widerspruch zwischen der subjektiven Leiblichkeit, die von den Angehörigen sinnlich erfahrbar ist, und der durch den »Hirntod« objektivierten Körperlichkeit.

Die Zustimmung zu einer Organentnahme kann, so wurde es mir gegenüber in zehn Gesprächen geäußert, für Angehörige auch tröstlich sein, da für sie – wie es auch im öffentlichen Diskurs betont wird – der Tod dadurch einen Sinn erhält, indem er der Lebensrettung Dritter dient. Sechs Angehörige erwähnten jedoch, dass diese Gedanken lediglich zu Beginn vorherrschend waren. Die Vorstellung, allgemein zu etwas Nützlichem ›Ja‹ gesagt und damit ›Leben geschenkt‹ zu haben, benannten weitere sechs Betroffene. Drei Angehörige empfanden es trotz ihres Schmerzes positiv, wenngleich auch nicht als tröstlich, ›dass es etwas genützt hat‹. Sechs Hinterbliebene legten dar, den Gedanken an die »gespendeten« Organe nicht als tröstlich zu empfinden.

Mit einer Organentnahme bei Patienten im irreversiblen Hirnversagen ist für die Angehörigen der Bereich des Abschiednehmens von einem geliebten Menschen massiv betroffen: Ihnen wird das Nachvollziehen des Sterbens ihres Verwandten genommen. Stattdessen sehen sie sich mit einem ›neuen Gesicht‹ des Todes konfrontiert, das nicht mit den herkömmlichen kulturellen Deutungsmustern zu Tod und Sterben übereinstimmt. In ihrer Wahrnehmung zerfällt der Tod in drei verschiedene Phasen:

1. Den »*Hirntod*«, den sie rational als Tod verstehen, nicht aber in der Konfrontation mit dem ›lebenden Leichnam‹ als tatsächlichen Tod nachempfinden können. Für sie zählt der »hirntote« Verwandte demnach noch zu den Sterbenden.
2. Den *tatsächlichen Tod* nach der Organentnahme, wenn über die Leiche erfahrbar wird, dass kein Leben mehr im Körper ihres Verwandten ist, er also ›tatsächlich‹ verstorben ist.
3. Den *endgültigen Tod*, wenn auch die entnommenen Organe ihre Funktion im Körper der Empfänger eingestellt haben, von dem sie aber nie wissen, ob und wann er eingetreten ist.

Mit der Vorstellung, ein Teil der »Organspender« lebe noch weiter, stellt sich – wie schon die Aussage Elke Hildebrandts zeigte – zwangsläufig die Frage nach den Menschen, in denen die Organe weiter existieren. Um die Vorstellungen beider Seiten voneinander wird es im fünften Kapitel gehen. Zunächst möchte ich nun das Erleben von Organtransplantation auf der empfangenden Seite untersuchen.

4.2 Die empfangende Seite: Erkämpftes Leben

In diesem Kapitel geht es um die Menschen, deren Leben davon abhängt, dass das Organ eines »Spenders« in ihnen ›weiterlebt‹. Darauf, ob die Organempfänger dieses Bild, das in der Vorstellung von Angehörigen existiert, teilen können, werde ich im Verlauf dieses Kapitels wieder zurückkommen. Zunächst gilt es darzulegen, in welcher Situation sich mögliche Organempfänger in der Entscheidungssituation für oder gegen eine Transplantation befinden.

Eine schwere, lebensbedrohliche oder chronische Krankheit verändert nicht nur das Selbstbild, sondern auch den Lebensplan und den Status in der Gesellschaft. Innerhalb des familiären Systems kann es zu einer Veränderung der Rollenzuweisungen (finanzieller Unterhalt der Familie versus Hausarbeit) und der Familienplanung (Kinderwunsch) kommen.[146] Dies sind Bereiche, die neben der individuell gewünschten Lebensgestaltung auch den Platz in der Gemeinschaft, also die soziale Rolle (als Vater, Mutter) berühren und damit das eigene Selbst-Verständnis infrage stellen können. Auch die Berufstätigkeit ist wichtig für das Selbstbild und das Gefühl, etwas für die Gesellschaft zu leisten und dafür Anerkennung zu bekommen. Finanziell bedeutet gerade eine frühe chronische Erkrankung massive Einbußen, sei es durch geringere Rentenansprüche oder – wie bei jungen Transplantierten – durch die Schwierigkeit, überhaupt den Einstieg in die Berufswelt zu finden. Dies sind schwer wiegende Probleme, mit denen sich chronisch erkrankte Menschen auseinander setzen müssen und die – wie in Kap. 3.1.2 dargelegt – eine Herausforderung an das Selbst darstellen. Eine Organtransplantation stellt zudem durch die Überschreitung der Körpergrenzen zwischen Individuen und der unausweichlichen Abhängigkeit vom Tod eines anderen Menschen eine Verschärfung dieser Herausforderung dar. Die Behandlungsmethode ›Organtransplantation‹ hat sowohl in körperlicher, psychischer, seelischer als auch ethischer Hinsicht Konsequenzen für die Betroffenen, die im öffentlichen Diskurs selten thematisiert werden. Auf diese transplantationsspezifische Problematik werde ich mich im Folgenden konzentrieren.

146 Zur schweren Belastung, die eine Transplantation auch für die Familie – vor allem die Ehefrauen und -männer – darstellt und häufig zu Trennungen führt, siehe Wiebel-Fanderl 2000: 292-295.

4.2.1 Eine Entscheidung im Angesicht des Todes

Um die Situation Organtransplantierter und von Patienten vor der Entscheidung über eine mögliche Transplantation zu verstehen, ist es notwendig, sich ihre gesamten Lebensbedingungen zu verdeutlichen, unter denen dies geschieht. Eine Entscheidung im Angesicht des Todes, nach langem Leiden oder in sehr krankem Zustand ist etwas anderes als die rein intellektuelle Auseinandersetzung mit einer Möglichkeit, wie sie sich für nicht Erkrankte darstellt. Der Umgang mit einer lebensbedrohlichen Krankheit ist von vielen Variablen abhängig, zum Beispiel der physischen und psychischen Verfassung, dem Wissen um die Dimension der Entscheidung, der Kenntnisse um weitere Handlungsoptionen, dem sozialen und familiären Hintergrund oder dem Krankheitsverlauf und der subjektiv empfundenen Schwere der Erkrankung. Zudem hängt die Verarbeitung stark von der individuellen Persönlichkeit der Erkrankten ab.[147] Hinzu kommt, dass die verschiedensten Krankheiten zu der Indikation ›Organtransplantation‹ führen können. Hier wären Detailstudien gefragt, um die Bedeutung und Auswirkung dieser einzelnen Variablen einschätzen zu können. Ich werde diese Aspekte in meiner Arbeit nur am Rande behandeln und stattdessen herausarbeiten, worin die übergreifende transplantationsspezifische Problematik begründet liegt.

Befindlichkeit der Betroffenen

Es ließe sich zwar vermuten, dass die Diagnose einer tödlich verlaufenden Erkrankung und der einzigen Rettung durch Transplantation einen jungen Menschen, der am Anfang seines Lebens steht, schwerer trifft als einen älteren, der schon viel (er)leben durfte und sich bereits einen bestimmten sozialen Status geschaffen hat (Partnerschaft, Kinder, Beruf). Aber die Angst um das eigene Leben, die lebensbedrohliche Erkrankung trifft einen Menschen zumeist unvorbereitet, ›immer zu früh‹ und ›zum falschen Zeitpunkt‹. Die Verzweiflung und Todesangst kann von älteren Menschen ebenso stark empfunden werden wie sich auch ein Jugendlicher oder ein Kind ›reif für den Tod‹ fühlen kann und sich damit möglicherweise aussöhnt (vgl. Wellendorf 1993: 163-177). Die Nachricht der Option ›Transplantation‹ wurde mir häufig als Schock beschrieben. So liegt für Eva Vogt (65), die mit 52 Jahren schwer nierenkrank wurde und innerhalb eines viertel Jahres an die Dialyse musste, die Schwierigkeit in der Plötzlichkeit ihres Erkrankens:

147 Es ist anzunehmen, dass es auch genderspezifische Bewältigungsstrategien von Krankheit in Zusammenhang mit Organtransplantation gibt. Anhand meines erhobenen empirischen Materials lässt sich dies jedoch nicht nachweisen, weshalb ich auf diesen Punkt nicht detaillierter eingehen werde.

Für mich war das so, [ich] war nie krank gewesen. Deswegen dachte ich wohl, die Welt bricht zusammen. Was Schlimmeres wie ich hatte, hat kein Mensch auf deutsch ges..., also, konnte ich mir nicht vorstellen.

Grundsätzlich müssen die Art der Erkrankung sowie der Krankheitsverlauf berücksichtigt werden, zwei Faktoren, die auch in der Verarbeitung der Transplantation und der Einschätzung der eigenen Befindlichkeit nach einer Transplantation eine Rolle spielen. Bei plötzlichen Erkrankungen oder so genannten Zufallsbefunden bei Routineuntersuchungen entsteht das Paradox, dass der Patient sich zwar ›immer noch gut fühlt‹, aber sich mit einer tödlichen Diagnose und der Nachricht ›nur eine Transplantation kann Ihnen noch helfen‹ konfrontiert sieht. So beschrieb es der herztransplantierte Uwe Lüdecke (58):

So fuhr ich denn, die Sonne schien, zum Internisten, stellte mein Fahrrad unten ab, marschierte die Treppen hoch. Dann wurde ein EKG gemacht und der Arzt kam dazu, sah sich das EKG an und sagte: ›Um Gottes willen, gleich runter, Stöpsel ab, gar nichts mehr machen. Sofort, Sie setzen sich nur in meinen Stuhl und rufen Ihre Frau an. Ich ruf' die Feuerwehr an, sie müssen sofort ins Krankenhaus. Das ist überhaupt nicht mehr zu verantworten, dass Sie hier noch etwas machen.‹ Da war der Herzinfarkt durch.

Anders ist die Situation bei chronischer Krankheit mit langem bzw. langsamem Verlauf, deren – bis zur Transplantation – fast zwingend tödliches Fortschreiten den Erkrankten bewusst ist, wie zum Beispiel bei der Mukoviszidose, und damit auch Anlass zur Auseinandersetzung mit der eigenen Endlichkeit gibt. Das bekannte Leid steht dem ungewissen Ausgang einer Transplantation gegenüber, die immer ein großes Risiko in sich birgt. So schilderte Martina Mecke (38) ihre damalige Reaktion auf die Nachricht, nur noch eine Herztransplantation könne ihr helfen:

Ich hatte gedacht, das ist mein Todesurteil, die können mich eigentlich gleich umlegen. Denn ich hatte relativ wenig Ahnung. Damals ist der Fürst von Thurn und Taxis während meines Studiums krank gewesen und ist zweimal transplantiert worden, zweimal erfolglos. Das war die eine Geschichte, die ich kannte. Die andere Geschichte, die ich nur ganz rudimentär im Kopf hatte, waren die Erfolge von Barnard in Südafrika. [X] Da hatte ich in Erinnerung, dass die auch alle schief gegangen sind. Das war alles, was ich wusste.

Walter Meinhardt (30), der mit 21 Jahren eine Herz-Lungen-Transplantation bekam, merkte an, dass viele Mukoviszidosepatienten, deren Leben seit Anbeginn von ihrer chronischen Erkrankung und der Perspektive eines frühen Todes geprägt ist, oftmals erst dann zu einer Entscheidung für eine Transplantation kommen, wenn sich ihr körperlicher Zustand schon so verschlechtert hat, dass zum einen eine Transplantation oftmals abgesagt werden muss, da der medizinische Eingriff von ihnen physisch nicht zu verkraften wäre. Auf der anderen Seite könnte aber auch die »Wartezeit« auf ein ›neues‹ Organ zu lange sein, um bis dahin zu überleben.[148]

Die Mukoviszidose-Patienten hören das heute schon sehr früh, weil es jetzt das Thema [die Herz-Lungen-Transplantation, Anm. VK] seit acht Jahren gibt. Deswegen wissen viele längst, bevor sie schlecht werden, dass das geht. Es gibt einige, die sagen, für mich kommt das nicht in Frage. Die allermeisten ändern ihre Meinung dann, wenn es ihnen richtig schlecht geht.

Wolfgang Wirth (55), Herzempfänger, der selbst im Rahmen seiner Selbsthilfegruppenarbeit »Wartepatienten« betreut, erzählte:

Ich habe schon Leute gehabt, Wartepatienten betreut, der hat zu mir gesagt ›Herr Wirth, ich lasse das doch nicht machen. So kann ich noch vielleicht ein Jahr lang leben. Aber wenn ich in einem halben Jahr mein Herz kriege, sterbe ich bei der Transplantation, dann hab ich nur ein halbes Jahr gelebt.‹

Die nierenkranke Gisela Lemke (46) blieb auch einige Zeit lieber an der Dialyse, als das Wagnis einer Transplantation einzugehen, zumindest solange zu Beginn der 1980er Jahre die Überlebensstatistik von Transplantierten noch nicht so überzeugend war: »Ich habe lange von der Transplantation nicht viel wissen wollen. Weil ich dachte, was du hier hast, weißt du, und was dann kommt ... [lacht] Das habe ich als hohes Risiko eingeschätzt.« Nierenübertragungen stellen das Gros der Organtransplantationen dar und weisen viele gemeinsame Faktoren auf, die die Entscheidung für eine Transplantation sowie das Erleben danach beeinflussen, weshalb ich sie hier ausführlicher behandele.[149]

Ein Leben ›an der Maschine‹

Oftmals herrscht die Meinung vor, mit der Dialyse als Alternative gehe es bei einer Nierentransplantation ›nur‹ um eine Verbesserung der Lebensqualität, was den Anklang von ›Luxus‹ hat. In meinen Gesprächen mit Nierenerkrankten nahm das Thema Dialyse sehr viel Raum ein. Durch den Ersatz einer Organfunktion vermittels medizinischer Technik – der so genannten ›Blutwäsche‹ außerhalb des Körpers – wird das Überleben gesichert. Ein Auslassen der Dialyse würde den sofortigen Tod bedeuten. Die Dialyse ist also kein Heilverfahren im eigentlichen Sinne, sondern stellt – ebenso wie eine Organtransplantation – nur eine ›Ersatzfunktion‹ auf Dauer zur Verfügung. Durch die Dialyse wird der bereits chronisch kranke Körper der Patienten zusätzlich sehr belastet, sodass sie unter massiven Einschränkungen und Folgeerkrankungen

---

148 Vgl. Wellendorf 1993: 72-83. Zu fragen ist hier, ob ein immer weiteres Hinauszögern der Entscheidung nicht auch als verstecktes Nein zur Transplantation zu deuten sein könnte.

149 1999 stellten sie 58,4 Prozent aller Organtransplantationen in Deutschland (DSO 2000: 24).

leiden. Um zu wissen, was es heißt, nierentransplantiert zu sein, muss man also wissen, welche Auswirkungen die Dialyse als Behandlungsmethode für das Leben der Betroffenen hat.

Viele, gerade jüngere Patienten wissen zu Beginn nicht, was sie an der Dialyse erwartet. Der erste Eindruck der kranken Menschen an den Dialyseapparaten kann erschrecken. Gisela Lemke (46) hatte vor ihrer ersten Dialyse im Alter von 26 Jahren noch keine Angst: »Dann habe ich mit Erschrecken gesehen, wie die Menschen da an der Maschine liegen, keiner sprach, alle waren blass.« Um an das Dialysegerät angeschlossen werden zu können, brauchen die Patienten einen so genannten Shunt, d.h. »[...] es wird ein Zusammenschluss von der Arterie und Vene gemacht, dass die Blutgefäße sich stärker ausbilden, damit man dann später mal vernünftig stechen kann«, wie es Matthias Heise (54) ausdrückt. »Vernünftig stechen« heißt, einen guten Zugang für die Blutentnahme durch die Dialysemaschine zu haben, die einen Blutkreislauf außerhalb des Körpers ermöglicht. Ein gut funktionierender Shunt ist für Dialysepatienten überlebenswichtig. Es können aber Komplikationen in Form von Shuntverschlüssen durch Thrombosen, Shuntinfektionen oder Aneurysmabildung vorkommen. Den Ablauf einer Dialyse beschrieb mir Martina Roth (49):

Wir kommen mittags an, werden nacheinander angeschlossen. Das heißt, dass hier jedesmal zwei Nadeln reingeknallt werden. ... Dann wird das Blut 'rausgezogen, durch eine Maschine ... gewaschen mehr oder weniger ... die Giftstoffe 'rausgezogen und hier wieder 'reingeleitet. Je nachdem, wie es eingestellt ist, [sind es] ... in diesen vier Stunden 56 Liter, die gewaschen, immer wieder 'rausgezogen und dann wieder 'reingepumpt werden. Die werden von den Giftstoffen befreit, aber auch von Vitaminen und so. Die können das ja nicht so ausfiltern, es geht sehr viel verloren.

Ihre drastische Wortwahl (»zwei Nadeln werden reingeknallt«) macht deutlich, wie schwierig die Routine des ›Anstechens‹, wie es in der Sprache der Dialysepatienten heißt, auszuhalten ist. Dieses ›Anstechen‹ bedeutet bei jeder Dialyse erneut eine Verletzung der körperlichen Grenzen, der körperlichen Integrität und ein Öffnen des Innersten, indem das Blut außerhalb des Körpers durch eine Maschine geführt wird. In fünf meiner neun Gespräche mit Patienten, die an der Dialyse sind bzw. waren, wurde das ›Anstechen‹ thematisiert. Manchen bereitete es nur zu Beginn Schwierigkeiten und war angstbesetzt. Andere können sich sogar ›selber stechen‹ und wollen dies niemand anderen mehr machen lassen, wie bspw. Matthias Heise (54). »Niemand anders stechen lassen wollen«, wie er sich ausdrückte, deutet meiner Einschätzung nach darauf hin, wieviel Vertrauen notwendig ist, immer wieder diese körperliche Grenzverletzung zuzulassen. Anderen Dialysepatienten wiederum bleibt es auf Dauer ein Problem. Die angstmachende Grenzverletzung kann sich noch verstärken, wenn Bluttransfusionen notwendig werden, was z.B. bei Gisela Lemke (46) häufig der Fall war. Sie erzählte von der Zeit, als ihre Angst an der Dialyse noch nicht so groß war und sie ab und an auch einschlief:

Ich wurde wach, und da hing das Blut oben und mir ging es so schrecklich. Hauptsächlich im Kopf. Ich konnte es gar nicht beschreiben, was es war. Ich fühlte mich nicht mehr normal und richtig. Ich dachte, ich wäre am Sterben. [Pause] Da habe ich gesagt, das Blut sollten die wegnehmen, ich will das nicht haben. Ich dachte, das schadet mir. [Pause] Obwohl ich vorher auch Blut gekriegt hatte, da hatte ich die Angst nicht. Aber ich dachte, dieses Blut ist es, was meinen jetzigen ... Zustand so macht.

Neben der körperlichen Entgrenzung ist es aber auch die vollkommene Abhängigkeit von der Dialyse sowie das Gefühl, an die Maschine gefesselt zu sein, die sich belastend auswirken. Vor allem an der Maschine von den Schwestern und Pflegern kaum noch als Individuum wahrgenommen zu werden, hatte sie schwer verletzt, schilderte Gisela Lemke:

Dieses Abhängigkeitsgefühl, dieses Festgebunden-Sein. Man kann nur mit rechts essen, wenn man dann links den Shunt hat. Man kann nur in einer gewissen Richtung liegen oder schlafen, wenn man überhaupt schlafen kann. Ja, man ist irgendwie gefesselt. Nicht nur, weil man an einer Maschine ist, weil man ganz konkret die Nadeln da mit dem Schlauch dran [hat], sodass man körperlich sich nicht so regen kann, weil man Angst hat, dass die Kanüle durchsticht. [Pause] Ja, die Maschine wird behandelt. Da wird immer dran gedreht und gemacht, ganz eifrig. Das Gefühl habe ich sehr oft, besonders am Anfang, gehabt, dass ich da gar nicht wahrgenommen wurde. [...] Man sprach kaum mit mir. Die Maschine wurde bedient und die Schwestern rennen dann eifrig hin und her. Ich dachte, das wäre eben Können, deswegen hatte ich auch volles Vertrauen [...] zu allen. Nur, dass man nicht mit mir sprach. Das fand ich schon befremdlich.

Wie diese Gesprächsausschnitte deutlich machen, stellt die Zeit ›an der Maschine‹ einen schweren Eingriff in das Selbstbild und das Selbstwertgefühl eines Menschen dar. Neben den körperlichen Belastungen und Einschränkungen, die eine Dialysebehandlung für das restliche Leben mit sich bringt, erfahren Patienten, wie Gisela Lemke beklagte, manchmal zudem eine Abwertung ihrer Person.

Dass ich so unheilbar, nicht mündig, nicht als Person gesehen wurde, sondern als jemand ›an der Maschine‹. [...] Es war verpönt, sich mal ans Bett zu setzen und sich mal zu unterhalten. Wenn man so jahrein, jahraus da ist, und die reden nicht mit einem mehr als zwei Sätze, dann fühlt man sich verachtet.

Oftmals ist diese Zeit auch von Todesbedrohung und Todesangst geprägt (vgl. Engelke 1998: 16), sei es durch das Miterleben von Todesfällen bei Mitpatienten oder durch eigene körperliche Zusammenbrüche während der Dialyse. Seit sie den Tod einer Frau an der Dialyse miterlebt hatte, dachte Gisela Lemke jeden Tag an ihren eigenen Tod:

Die Ängste wurden am größten, als ich erlebt habe, wie eine Frau in der Dialyse behandelt wurde. Es ging ihr sowieso nicht gut und sie wurde dann reanimiert. [...] Die Anästhesisten wurden gerufen. Man stellte mir eine Spanische Wand vor die Augen, damit ich nur noch hörte, wie es dann so knallt, bei diesen Gerätschaften. Na ja, für mich war die Frau tot. Sie starb aber erst am nächsten Tag. Da war für mich die Angst auf einmal total da. Da stirbt man ja, das war für mich ganz neu. Ich habe gar nicht gedacht, dass man in der Dialyse so dahinsiecht, wie es mir dann auch passiert war und dass man ganz konkret da sterben kann. [...] Einmal dachte ich, als diese Frau schon tot war, dass ich jetzt sterben würde. Und von da ab, von diesem Tag, habe ich alle Tage in meiner Dialyse-Zeit an meinen Tod gedacht. Ich habe den Tod so in mein Leben einbezogen, dass ich [Pause] jeden Tag daran dachte, weil es mich auch furchtbar erschreckt hat.

Auch der seit 1972 dialysepflichtige Hans Wegener (47) berichtete, wie sehr ihn die Todesfälle von Mitpatienten in seinem Dialysezentrum belasteten.

Es ist eine sehr große Belastung. Ich habe es körperlich eigentlich ganz gut vertragen. Bloß damals war die Technik noch nicht so weit. Ich habe mehrere Leute an der Dialyse sterben sehen. Das geht einem psychisch ziemlich nahe. Dann habe ich mir immer Ziele gesetzt, zum Beispiel, ich will das erste Jahr überleben, oder ich will 25 werden oder ich will 30 werden. Ich habe psychisch ziemlich Probleme gehabt.

Die Dialyse nimmt viel Zeit in Anspruch. In der Regel müssen dreimal die Woche bzw. jeden zweiten Tag mit jeweils drei bis fünf Stunden gerechnet werden. Gisela Lemke beschrieb, wie ihr ganzes Leben danach ausgerichtet und auch ihr körperliches Empfinden davon geprägt war. Ihrer Meinung nach führte sie ein Doppelleben mit zwei getrennten Bereichen:

Das Leben bestand aus zweierlei Tagen, Dialyse-Tage und andere. Ich wusste immer, ob Montag oder Dienstag war. Als ich transplantiert war, habe ich die Tage nicht mehr so klar gehabt, weil dieses [Lachen] ›eins, zwei, eins, zwei‹ nicht mehr stattfand. Das Zeitgefühl war absolut durch diese Dialyse-Tage vorgegeben. Der Körper sagte ständig, heute ist Dialyse-Tag oder heute war Dialyse-Tag.

Rechnet man die An- und Abfahrt noch hinzu, so ist ein Dialysetag »wie ein richtiger Arbeitstag«, wie es Martina Roth (49) formulierte. Auch das Privatleben verändert sich stark, da die Dialysepatienten einerseits oft sehr schwach sind, andererseits eine strenge Diät einhalten müssen und vor allem fast nichts mehr trinken dürfen. Besonders der Durst wird von vielen als sehr quälend erlebt: »Immer Durst, Durst, Durst. Und Diät. Kalium-Diät. Das fiel mir unheimlich schwer. Musste auch öfter mal eine Dialyse machen, weil ich zu viel eingelagert hatte«, beschrieb Matthias Heise (54) seine Situation. Das Leben an der Dialyse ist also geprägt von Abhängigkeit, Kontrolle und Verzicht. Es kommt durch diese Belastung häufig auch zu familiären Problemen. Ein weiteres Problem ist die veränderte Sexualität, die durch die Dialyse stark nachlässt. Acht der neun Nierenerkrankten mit Dialyseerfahrung äußerten sich mir gegenüber zu sexuellen Problemen im Sinne fehlender Lust während der Zeit an der Dialyse. Hans Wegener betonte den diesbezüglichen Unterschied zwischen der Dialysezeit im Vergleich zum transplantierten Zustand:

Was nicht zu vergessen ist, das Sexuelle! An der Dialyse ist die Libido praktisch gleich Null [X] Und dann ist, als wenn man, ... [lacht]. Ich weiß gar nicht, wie ich das ausdrücken soll. Das überholt einen [nach der Nierentransplantation, Anm. VK].

Die Belastung der Dialyse kann so groß sein, dass Patienten an Selbstmord denken und die seelischen Wunden der Dialysezeit lange nicht verheilen. Gisela Lemke fühlte sich zum Zeitpunkt unseres Gespräches, elf Jahre nach ihrer neunjährigen Dialysezeit, immer noch davon traumatisiert:

Dass man mal drüber nachdenkt, wann man nicht mehr leben möchte. Wie man sich wohl umbringen würde. Man kann als Dialyse-Patient das ja nett machen, mit Obst und allerlei, mit Nüssen, Bananen, Rosinen und so. Kann man dran sterben. [...] Man muss Kalium meiden, weil sonst das Herz nicht mehr schlägt, zu hoch gedreht. Kalium wird von den Nieren normalerweise ausgeschieden. Mit hohem Kalium, auch im Orangensaft und einem Apfelsaft, da kann es sein, dass es dann stehen bleibt. [...] Da habe ich ziemlich viel erlebt, nervlich bedingte Zustände. Man sagt so, ich krieg' Zustände. Das ist mir auch wörtlich so gegangen. Ich saß zitternd im Bett vor Nervenstress und wollte von der Maschine ab, aber es waren noch fünf Minuten. Dann sagte der Pfleger, ›Ach, die fünf Minuten brauchen wir doch noch.‹ Da habe ich mir gedacht, so jetzt weiß ich, wie Folter sein kann. Obwohl, Folter ist schlimmer, aber ich dachte ja, das ist Folter. Das kann man sich gar nicht vorstellen, fünf Minuten, was ist das schon. Aber so schlimme fünf Minuten! Können eine Ewigkeit sein! Ich habe insgesamt wirklich das Gefühl, dass ich durch manches in der Dialyse traumatisiert worden bin. Das brennt immer noch in mir.

Christian Lorenz (45) empfand das Leben nach der Nierenübertragung tatsächlich als »neues Leben«, was seiner Ansicht nach nur jemand begreifen kann, der die Dialyse kennt. So berichtete auch Hans Wegener, der nach einer vergeblichen Transplantation (die übertragene Niere nahm nie ihre Funktion auf) die Veränderungen bei seinen Mitpatienten beobachten konnte:

Ich habe auf der Transplantationsstation gesehen, wie die Leute sich erholt haben innerhalb von Tagen. Wie die ganz andere Menschen geworden sind, wenn eine Transplantation klappt. Man hat ja als Dialysepatient trockene Haut, die juckt, man hat Knochenschmerzen und andere Gebrechen. Innerhalb von Tagen wandelt sich der Körper so, die Haut ist wieder glatt und richtig feucht oder jedenfalls normal, so wie bei Ihnen. [X] Die Knochenschmerzen sind von einem Tag auf den anderen weg, was überhaupt nicht zu begreifen ist. [X] Deswegen habe ich gesagt, ich will nochmal eine neue Niere.

An den hier dargelegten Erfahrungen wird deutlich, mit welchen Problemen und Belastungen die Nierenersatztherapie für die Betroffenen verbunden ist. Durch den künstlichen Ersatz einer isolierten Organfunktion wird zwar das Überleben der Patienten gesichert, es ist jedoch keine Heilmethode, sondern lediglich ein Überbrücken der körpereigenen Funktionen, die mit massiven Nebenwirkungen und Belastungen auf physischer, psychischer und sozialer Ebene einhergeht. Ihre Logik entspricht dem biomedizinischen Körperbild, dass die Krankheitsursache isoliert in bestimmten

Organsystemen lokalisiert. Der künstliche Ersatz einer Funktion ist logische Folge, die in der Organtransplantation, aber auch in der Entwicklung weiterer künstlicher Organe wie Herz oder Leber, ihre Fortsetzung hat. Die völlige Abhängigkeit von der ›Maschine‹ und der Medizin, den Schwestern und Pflegern greift – wie dargelegt – tief in das Selbstbild und Leibverständnis der Betroffenen ein. Viele Dialysepatienten entscheiden sich aufgrund der sowohl physisch als auch psychisch extrem belastenden Situation an der Dialyse schnell für einer Transplantation.

Der Entscheidungsprozess

Zu Beginn meiner empirischen Erhebungsphase im Winter 1996 sprach ich auf einem Selbsthilfegruppentreffen mit der resoluten Leiterin der Gruppe, die selbst herztransplantiert ist. »Die Entscheidung für eine Herztransplantation ist sicher nicht einfach gewesen?«, fragte ich vorsichtig nach, selber noch sehr unsicher auf meinem Gebiet. »Überhaupt nicht! Das war gar keine Entscheidung, das war einfach klar!«, konterte sie. Ich zuckte zusammen: Hatte ich die Frage falsch gestellt oder darf man diese Frage nicht stellen? Ist diese Entscheidung wirklich keine Entscheidung? Kann diese Frage nur von unwissenden Außenstehenden aufgeworfen werden, denen die existenzielle Bedrohung Schwerkranker im Angesicht des Todes nicht nachvollziehbar ist? Im weiteren Forschungsverlauf wurde mir deutlich, dass nicht meine Frage verkehrt war, sondern die Reaktion der Gruppenleiterin zum einen die Antwort der Selbsthilfegruppen gegenüber der Öffentlichkeit darstellte. Zum anderen wehrte sie damit einen heiklen Themenbereich ab: die Auseinandersetzung mit dem transplantierten Organ und seiner Herkunft. Glücklicherweise fielen die Antworten zum Entscheidungsprozess für oder gegen eine Transplantation in meinen Interviews nicht immer so knapp aus. Im Folgenden zeige ich auf, welche Konflikte diese Entscheidung mit sich bringt und welche Tabus sie anrührt.

Von meinen 20 Gesprächspartnern stand Günther Ewald (37) noch vor der Dialyse und hatte sich deshalb noch keine Gedanken bezüglich einer Transplantation gemacht. Uwe Lüdecke (58) kam gar nicht in die Situation, eine Entscheidung zu fällen, da er nach einer missglückten Bypassoperation ein so genanntes Notherz[150] transplantiert bekam und davon erst erfuhr, als er von der vermeintlichen Bypassoperation wieder erwachte.[151] Als Faktoren, die die Entscheidung zur Transplantation beeinflussen bzw. beeinflusst haben, wurden von allen Nierenkranken die Einschrän-

150 Ein solcher Patient wird sofort auf die höchste Dringlichkeitsstufe der »Warteliste« gesetzt und bekommt das nächstmögliche Organ.

151 Vgl. hierzu auch den Erfahrungsbericht von Peter Cornelius Claussen, den er in seinem Buch »Herzwechsel« (1996) gibt.

kungen, die ein Leben an der Dialyse mit sich bringt, genannt. Dazu gehören die bereits geschilderten körperlichen Probleme, die langen und häufigen Dialysezeiten, die meist nicht flexibel gehandhabt werden können, sowie die massiven Einschränkungen bei der Ernährung, vor allem beim Trinken.

Bei der ersten Übermittlung der ärztlichen Diagnose, nur eine Transplantation könne noch helfen, die häufig als Schock erlebt wird, ließen Angst vor dem Eingriff, aber auch auf kulturell überlieferte Deutungsmuster zurückgehende Ängste vor Identitätsveränderung und Verletzung der leiblichen Integrität die Patienten vor einer Zustimmung zurückschrecken. Von mir interviewte Betroffene berichteten wiederholt von Ekel, Gedanken an Frankenstein, Organraub und Ähnlichem.

Bei weiterer Auseinandersetzung mit der Thematik flossen in den Entscheidungsprozess als wichtige Kriterien der Stand der medizinischen Entwicklung, vor allem die Überlebensstatistiken von Transplantierten, mit ein. Von besonderem Interesse war auch, wie ein Leben nach einer Transplantation aussieht bzw. aussehen kann. Das Wissen darüber bekamen die Patienten von medizinischer Seite, wenn möglich wurden diese Themen aber auch durch persönliches Kennenlernen Transplantierter bearbeitet.[152] So berichtete Hans Wegener (47):

Mir ging es körperlich schlechter. Und was noch ein Grund war, dass ein Mitpatient erfolgreich transplantiert wurde. Das habe ich gesehen und gedacht ›Das musst du auch machen!‹ Dann habe ich mich gemeldet.

Allerdings kam es auch sehr häufig vor, dass Patienten von ärztlicher Seite kaum aufgeklärt wurden und nicht wussten, was mit einer Organtransplantation auf sie zukam. Peter Vogel (37) war zum Zeitpunkt der Diagnose ›Transplantation‹ in den 20ern und schilderte den Verlauf wie folgt:

VK: *Wann hast du dich denn zur Transplantation entschlossen, ziemlich bald, oder...*
Peter Vogel: *Ich habe mich da nicht so direkt entschlossen. Irgendwann hieß das ›Wir machen das‹, und dann...*
VK: *›Wir machen das‹ heißt, es ging von ärztlicher Seite aus?*
Peter Vogel: *Ja, ja, ... Ich habe da mal unterschrieben und dann lief das. Da wusste ich gar nicht genau, was eine Transplantation eigentlich war [lacht]. Was das bedeutet, ›Ja, da müssen Sie dann so Tabletten nehmen‹ ...*
VK: *Wann hast du dich dann damit auseinandergesetzt, was das überhaupt heißt?*
Peter Vogel: *Als das drin war. [schmunzelt] Also schon, mmh, ich denke, ich habe da auch ganz gute Ärzte erwischt. Vom Gefühl her, ich habe denen schon sehr vertraut.*

Die Art und Weise, wie die Option ›Transplantation‹ den Patienten von ärztlicher Seite nahe gebracht wird, beeinflusst auch ihren Entscheidungsprozess. Wird sie als

152 In der Aufklärung und Betreuung von Patienten im Entscheidungsprozess oder auf der »Warteliste« sehen die Selbsthilfegruppen Transplantierter eine wichtige Aufgabe für sich.

einzige Lösung ohne Alternative (und dazu gehört auch das Sterben) dargestellt, bleibt es den Patienten anheim gestellt, sich weitergehende Gedanken zu machen. Häufig berichteten mir Organempfänger, dass es von ärztlicher Seite hieß, »dann besorgen wir Ihnen ein neues Herz«, wie dies Wolfgang Wirth (55) berichtete. Nach einer Herzkatheteruntersuchung sahen die Ärzte von Rainer Petersen (56) eine Herztransplantation angezeigt und sagten zu ihm:

›Mein Gott noch mal, hier hilft nur noch eine Transplantation.‹ Das war 1988, als ich das erste Mal davon hörte. Ich weiß noch, wie entsetzt ich war. [atmet tief] Das ist dann so ein Schock. [...] Man hat sich im Grunde genommen bis dahin ja nie damit auseinander gesetzt, man kannte nur so die ersten Zeitungsberichte, die erste Transplantation unter Barnard.

Hier – und dies zeigte sich auch in anderen meiner Gespräche – wird deutlich, wie tief verankert im Bewusstsein der Menschen die in den Medien gefeierten ersten Herztransplantationen des Chirurgen Christiaan Barnard in Kapstadt, Südafrika, in den Jahren 1967/1968 sind. Diese können als kulturelle Grenzüberschreitung und großen Schritt in Richtung ›Entmystifizierung‹ des Herzens interpretiert werden, wenngleich die ersten Herztransplantierten nicht lange überlebten (vgl. auch Obrecht 1996). Weniger verbreitet war jedoch das Wissen um die weitere Entwicklung der Transplantationsmedizin seit dieser Zeit.[153]

Die Art und Weise der Aufklärung und Entscheidungsfindung wurde auch in meinem Gespräch mit Krankenhausseelsorgerinnen thematisiert. Anna Kranz, Seelsorgerin in einer großen Klinik, die auch Patienten auf der »Warteliste« und Transplantierte betreut, berichtete von ihrer Erfahrung, wie Patienten diese Nachricht überbracht wird. Ihrer Erfahrung nach gab es zwei Arten von Ärzten: die einen, die sich bemühten, die Entscheidung den Patienten zu überlassen, und die anderen, die im Prinzip bereits selbst für die Betroffenen entschieden hatten:

In meiner vorigen Klinik wusste ich genau, wie wer aufklärt. Der eine deckte die Möglichkeiten auf und ließ den Patienten Zeit für die Entscheidung, da wurde ich dann dazugerufen. Und es gab Ärzte, die gingen rein und sagten, ›So, jetzt bleibt nur die Transplantation‹, sodass der Patient auf die andere Seite gar nicht hingedacht hat. Mit der Möglichkeit, sich auf das Sterben vorzubereiten, hat er sich dann gar nicht befasst, und oft blieb das dann auch so.

Während das Gespräch von ärztlicher Seite primär mit einer ›objektiven‹ medizinischen Einschätzung des körperlichen Zustandes der Patienten zu tun hat, verwies Anna Kranz auf eine weitere Ebene der Entscheidungsfindung, die subjektive, also

153 Dies dürfte sich seit den vehement in der Öffentlichkeit geführten Diskussionen um den »Hirntod« und die Transplantationsmedizin im Vorfeld der Verabschiedung des TPG Mitte der 1990er Jahre geändert haben.

leiblich-emotionale Wahrnehmungsebene der Patienten bezüglich ihres Zustandes und ihrer verbleibenden Lebenszeit:

Ein Patient hat gesagt, ›Gut, Transplantation akzeptiere ich. Ich weiß, ich muss lange warten. Aber wenn ihr das nicht schafft [...], ich habe Zeit, bis die Olympiade im September zu Ende ist, dann ist bei mir auch Schicht.‹ Die Ärzte haben drüber gelacht, ›Dann wird ihm langweilig, wenn die Olympiade zu Ende ist‹. Ich habe das ziemlich ernst genommen, weil ich dachte, das ist die Zeit und die Kraft, die er hat. Es war genau so: Die Olympiade war Anfang September zu Ende und er ist kurz darauf gestorben. Es war kein Organ für ihn da. Da weiß der Patient am besten Bescheid und hat Ahnungen, wann es zu Ende geht. Ein Patient hat nach der Transplantation gesagt, das Geld reicht nicht mehr für ihn in der Klinik, was heißt, seine Lebenskraft reicht nicht für die Klinik. Die Schwestern haben das unterstützt, ihn aus der Klinik in eine Rehaklinik zu bringen, wo er sich auch erholt hat. Wenn er hier geblieben wäre, wäre er gestorben. Er hatte viele Infektionen und anderes, das war dann alles weg.

Das Wissen darum, ohne Transplantation letztendlich sterben zu müssen, ist allen Herz-, Lungen- und Lebertransplantierten bewusst. Die am eigenen Leib verspürte Todesbedrohung bzw. massive Verschlechterung des gesundheitlichen Zustandes lässt die meisten schließlich ›Ja‹ sagen. Dies trifft gerade auch in den Fällen zu, in denen die Entscheidung eine Frage der Wahl des Zeitpunktes ist, sich auf die »Warteliste« setzen zu lassen, wie bspw. bei Mukoviszidosepatienten, die von Kindheit an mit ihrer Krankheit leben. Ein noch ›akzeptables‹ eigenes leibliches Empfinden, das den medizinischen körperlichen Fakten durchaus konträr sein kann, lässt die Entscheidung zu einer Transplantation hinauszögern. Wichtig ist auch das Abwägen zwischen dem nicht abschätzbaren Risiko der Transplantation (der Operation selbst wie auch des Zustandes hinterher) und momentaner Lebensqualität bzw. laut ärztlicher Prognose verbleibender Lebenszeit. Das Erleben von Todesfällen bei Mitpatienten an der Dialyse – »Da kann man ja dran sterben!« – oder von an Mukoviszidose Erkrankten lässt auch den eigenen möglichen Tod näher rücken und wird zu einer Motivation für eine positive Entscheidung. Ethische Aspekte zum »Hirntod« bzw. der Seite der »Organspender« wurden mir gegenüber selten erwähnt, dagegen jedoch, dass solche Gedanken bei anderen Betroffenen eine Rolle spielten, nicht aber bei ihnen selbst.

Stellen sich Fragen nach dem Warten auf den Tod eines Anderen, der Integration eines fremden Körperteils oder nach veränderter Identität tatsächlich nur nicht betroffenen Laien? Lange im Transplantationsbereich arbeitende Seelsorgerinnen berichteten mir, diese Fragen würden häufig von Patienten vor einer Transplantation aufgeworfen, hinterher möchten die meisten darüber nicht mehr sprechen. So die Seelsorgerin Beate Müller:

Ein neunjähriges Mädchen fragte, ›Wenn ich nun die Leber von einem Dieb kriege, fange ich dann auch an zu klauen?‹ Die Mutter einer Zwölfjährigen mit akutem Leberversagen konnte sich mit einer Transplantation nicht einverstanden erklären. Sie sagte, ›Die Tochter ekelt sich doch mit einem fremden Organ‹. Es war aber eher ihr eigener Ekel. Beide Fälle waren damals offener für solche Fragen als nach der Transplantation. Wenn ich heute frage, ›Wie geht es dir mit deiner neuen Leber?‹, kommt die Antwort ›Gut!‹. Sie strahlt, man merkt, dass es ihr gut geht. Sie signalisiert, ›Da müssen wir nicht weiter drüber reden, ich bin froh, dass die schlimme Zeit vorbei ist‹. Sie ist auch äußerlich nicht von der Transplantation gezeichnet; damals, als man es ihr noch ansah, das Gezeichnet-Sein, Anders-Sein als die anderen, das ist schlimm für die Kinder. Wenn das vorbei ist, soll es dann auch vorbei sein [...]. Falls man bei der Mutter Jahre danach eine tiefer liegende Ebene ansprechen will, macht die auch eher zu.

Die Frage des Mädchens verweist auf die enge Verknüpfung eines Selbst mit dem Körper, das diesen sozusagen durchdringt. Nur darüber ist ihre Befürchtung zu erklären, dass ein Teil des Selbst in Form bestimmter Charaktereigenschaften mit dem Organ auf den Empfänger übertragen werden könnte. Der Hinweis der Mutter auf Ekelgefühle lässt hingegen vermuten, dass mit der Überschreitung der körperlichen Grenzen zwischen zwei Menschen auch Schamgrenzen angesprochen werden, deren Überschreitung als abstoßend und Ekel erregend vorgestellt werden. Um diesen Vorstellungen auszuweichen, so die Auffassung der Seelsorgerin, dürfen Fragen nach einer möglichen Identitätsveränderung von den meisten retrospektiv nicht mehr empfunden oder geäußert werden. Monika Wiese (58) empfand den Gedanken an das ›fremde‹ Organ in ihrem Körper zunächst ebenfalls als abstoßend und Ekel erregend. Ihre Erfahrung zeigt auch, wie wichtig es ist, für diese Auseinandersetzung vom sozialen Umfeld genug Zeit und Freiraum zu haben:

Ich habe mich standhaft gegen eine Transplantation geweigert, bis es mir so ganz schlecht ging. [...] Als mir der Arzt eröffnete, dass die Transplantation meine einzige Lösung sei, hab' ich ihm nicht geglaubt und hielt das für eine Fehldiagnose. Ich hab' mich dagegen gewehrt. [...] Dann hab' ich an die Operation gedacht. Die Öffnung des Körpers, das Herausnehmen des Organs von einem anderen Menschen. Das war so abstoßend, dass ich nun mit einem Fleisch eines anderen leben sollte, das war ein völlig fremder Gedanke. [...] Auch hat man mir Zeit gelassen, bis ich wirklich bereit war, die OP durchführen zu lassen. [...]. Ich hatte keine Angst mehr vor dem Eingriff, denn eine andere Chance hatte ich nicht, und die wollte ich nutzen, so gut ich es konnte.

Zudem thematisiert sie in diesem Zusammenhang den Aspekt der körperlichen Unversehrtheit und Integrität, die sie mit dem operativen ›Öffnen‹ des Körpers als bedroht empfand. Die Gewissheit, ohne Transplantation sterben zu müssen, ließ sie schließlich doch zustimmen. Sie musste sich jedoch vor der Transplantation mit dem Problem »Organspender« auseinander setzen und es für sich zufriedenstellend lösen. Deutlich klingt in ihrer Äußerung die Abhängigkeit vom Tod eines anderen Menschen und die damit verbundene ›Überlebensschuld‹ an:

Nicht alle denken an den Spender, aber ich habe es getan, eventuell durch meinen Beruf bedingt oder durch meine Kinder. Warum musste er sterben und ich darf leben? Das Problem musste ich erst lösen.

Darüber hinaus stellte sie sich auch die Frage, zu welchem Zeitpunkt des Sterbeprozesses bei einer Organentnahme eingegriffen wird und ob dies das Schicksal der Seele des »Organspenders« tangiert. Um dieses Problem mit dem Tod des »Organspenders« zu lösen, hatte Monika Wiese sich mit einem katholischen Geistlichen besprochen, der ihr erklärt habe, dass die Seele den Körper dann schon verlassen habe. Dies beruhigte sie und machte eine Transplantation für sie annehmbar. Schwierigkeiten mit der Akzeptanz des Fremden vorher und die Belastung auf der »spendenden« Seite erwähnte sonst nur noch Eva Vogt (65). Sie berichtete darüber hinaus von Schwierigkeiten bei dem Gedanken an eine Transplantation, die mit dem Leid auf der Seite der »Organspender« zusammenhängen:

VK: *Wie war die Entscheidung für Sie, also was, mit welchen Gedanken, Gefühlen ...*
Eva Vogt: *Wie, zu dieser Transplantation? Also, die war nicht einfach, kann ich Ihnen sagen. Da habe ich mich sehr mit belastet. Ich hatte einfach dieses Bild vor mir, ›Du willst eine Niere haben, und was gibt das für ein Elend in anderen Familien, wenn meinetwegen ein junger Vater, der Ernährer von der Familie, oder eine Mutter, kleine Kinder bleiben zurück und so‹. [X] Das hat mich ganz doll belastet.*

Auch hier tritt der mit dem Gefühl der Schuld verbundene Aspekt hervor, dass das eigene Weiterleben ursächlich mit dem Tod und Leid anderer Menschen verknüpft ist. Der Prozess der Entscheidungsfindung verläuft nach Erfahrung Elisabeth Wellendorfs, einer Psychologin, die mit an Mukoviszidose erkrankten Kindern und Jugendlichen auf der »Warteliste« für eine Organtransplantation arbeitete, sehr unterschiedlich. Sie betont die Bedeutung einer freien Entscheidungsfindung und stellt heraus, wie wichtig es für Patienten ist, Raum und Zeit für die Auseinandersetzung mit diesem Thema zu haben. Sie vertritt die Ansicht, dass niemand das Recht habe, auch in langwierige Entscheidungsprozesse, bei denen es um Leben und Tod geht, einzugreifen (Wellendorf 1993: 76). Der Sozialpädagoge und Therapeut Michael Hohmeyer nennt die Faktoren, die seiner Ansicht nach für eine freie Entscheidungsfindung notwendig sind:

»[...] die Entscheidung für oder gegen die Transplantation [muß] der Patient ganz alleine treffen und zwar auf der Grundlage weitestgehender Informiertheit über alle Verantwortlichkeiten, die er mit seiner Entscheidung übernimmt. Wenn ein Patient umfassend Gelegenheit bekommt, sich darüber zu erkundigen, was mit der Wartezeit, mit der Transplantation und der Zeit danach auf ihn zukommt bzw. wenn er weiß, wie er sein weiteres Leben und sein Sterben erleben wird, wenn er sich gegen die Transplantation entscheidet, dann erst kann er sich weitgehend frei entscheiden. [...] Günstigstenfalls sollte ein Patient, dessen weiterer Weg noch völlig unklar ist, sämtliche Informationen sammeln dürfen, die von der Qualität seines gegenwärtigen Lebens über die Möglichkeiten einer wert-vollen

Gestaltung eines noch reduzierteren Daseins, die Qualität des bewußt erlebten Sterbens, die Qualität der Lebenssituation auf der Warteliste, den Anstrengungen der Operation bis hin zu den Risiken und Schwierigkeiten aber auch den neuen Lebensmöglichkeiten mit einer gesunden Lunge reichen. Erst wenn alle diese Qualitäten und Daseinsformen sich dem Patienten quasi wie ein riesiger Markt der Möglichkeiten darstellen, ist Wert-Fühlen, ist Be-gut-Achtung und letztlich eine verantwortliche Entscheidung möglich.« (Hohmeyer 1993: 128-129)

Verständlicherweise ist dies von Angehörigen und dem medizinischen Personal schwer auszuhalten, denn es kann passieren, dass es dann bereits zu spät ist, entweder, weil der Gesundheitszustand der Patienten eine Organtransplantation nicht mehr zulässt oder die Wartezeit auf ein passendes Organ zu lang ist.

Die Entscheidung für eine Alternative

Ich habe zur Illustration zwei Beispiele ausgewählt, an denen sich das besondere Problem der Entscheidung für oder gegen eine Transplantation deutlich erkennen lässt. Für die Problematik, die dem Entscheidungsprozess zugrunde liegt, möchte ich die Geschichte der nierenkranken Martina Roth (49), die sich für eine Lebendspende entschied, ausführlich schildern, da nur sie die Ängste und Zweifel, die mit der Annahme der Niere eines »hirntoten« fremden Menschen im Vergleich zur Annahme einer Verwandtenniere thematisierte. Aus medizinischer Sicht steht der ›Kampf um das Leben‹, der ›Kampf gegen den Tod‹ an erster Stelle. In dieser Logik hat eine Entscheidung *gegen* eine Transplantation und *für* das Sterben keinen Platz. Sie kann nicht gesehen werden, ja, darf nicht existieren! [154] Wie viele Patienten auf die Möglichkeit einer Transplantation verzichten, ist schwer zu ermitteln, da hierüber keine Statistiken geführt werden.[155] Nach einführenden Gedanken zu dieser Problematik und zur besonderen Situation von Mukoviszidosepatienten möchte ich ausführlich auf das Gespräch mit einer Witwe eingehen, deren Mann eine Herztransplantation abgelehnt hatte.

---

154 Allerdings wird in zwei (nicht autobiografischen!) Romanen der Verzicht auf eine Herztransplantation thematisiert. Markus Werner (1995) schildert den Entscheidungsverlauf eines Herzkranken, zuletzt doch auf eine Transplantation zu verzichten. Gerhardt Hoffmann (1997) schildert, wie sich ein bereits herztransplantierter Mann dazu entscheidet, eine erneute Abstoßungsreaktion nicht behandeln zu lassen, sondern zu sterben. Sein Roman zeugt von großem Wissen und Einfühlungsvermögen in die Situation und Probleme von Organtransplantierten.

155 Lediglich eine Studie ist mir bekannt, die darauf eingeht. Frierson et al. berichten laut Bunzel von 15 Prozent der im Rahmen einer Studie zu Herztransplantation untersuchten Patienten aus dem Jahre 1990, die sich gegen eine Herztransplantation entschieden (Frierson et al. [1990] nach Bunzel 1993: 30-31).

Die Wahl zwischen einem lebenden und einem »hirntoten Organspender«

Die Besonderheit bei Nierenkranken, die sich ausschlaggebend auf den Entscheidungsprozess auswirkt, ist, dass sie neben der Dialyse auch die Wahl einer Lebendspende haben, womit sie das Dilemma, auf den Tod eines anderen warten und das Organ eines Fremden integrieren zu müssen, vermeiden können.[156] Martina Roth (49) war zum Zeitpunkt unseres Gesprächs seit einem Jahr dialysepflichtig und hatte sich dazu entschlossen, eine Niere von ihrer 70-jährigen Mutter anzunehmen. Die Transplantation war für den übernächsten Monat angesetzt. Es ist das einzige von mir geführte Gespräch mit einer Patientin, die den Entscheidungsprozess durchlaufen hatte, jedoch noch *vor* einer Transplantation stand. Martina Roth gab an, Schwierigkeiten damit zu haben, das Organ eines »hirntoten Spenders«, eines Fremden, anzunehmen und äußerte die Überzeugung, die Niere der Mutter aufgrund von ›eh schon in der Familie geteilten körperlichen Substanzen‹ leichter akzeptieren zu können. Sie betonte, auch keine Schuldgefühle der Mutter gegenüber zu haben. Die ganze Problematik sei ihr bewusst, es sei eine freie Entscheidung beider Seiten und es gebe keine Probleme damit. Zwar klingt Martina Roths Argumentation zunächst sehr klar und eindeutig, die genaue Analyse der entsprechenden Textstellen lässt jedoch Widersprüche in den Aussagen und teilweise eine Verdrängung der Problematik erkennen.

VK: *Können Sie mir darüber etwas erzählen, wie Sie zu der Entscheidung gekommen sind?*
Martina Roth: *Was heißt Entscheidung? [lacht] Meine Mutter hat gesagt, sie will mir eine [Niere] geben, sie hätte gehört, wie schlimm das alles wäre. Dann habe ich ihr gesagt, das müsste sie wissen. Ich meine, ich frage da keinen nach. ... Jemand unter Druck setzen oder wenn der sich verpflichtet fühlt, das möchte ich nicht. [X] Nein. Ich bin mir voll und ganz klar, dass das Probleme geben kann. Sicher! Aber meine Mutter steht auf dem Standpunkt ›Ich bin 70 und ... ich habe mein Leben hinter mir, und du hast noch etwas vor dir.‹ [X] Wir sind dann beide zusammen zur Beratung gewesen. [...] Erst haben sie festgestellt, ob das Blut überhaupt mit meinem übereinstimmt, die ganzen Sachen. ... Da gibt es so gewisse Kriterien, die müssen übereinstimmen, nicht nur das Blut, [...]. Es ist so gut, dass es wirklich nie besser ausfallen könnte. Es passt 100 Prozent zusammen. [X] [...] Dann würde meine Mutter jetzt ins Krankenhaus zur Untersuchung, wie die Anschlüsse sind, welche Niere besser ist und alles und dann müssen wir noch ein psychologisches Gespräch machen.*

Ein weiteres Kriterium für die Entscheidung zur Lebendspende war bei Martina Roth die Aussicht auf eine lange »Wartezeit«, die sie mit großen Einschränkungen an der Dialyse hätte verbringen müssen. Sie beschrieb ihre Entscheidung selbst als »egoistisch«, beruhigte sich jedoch damit, dass schon alles gut verlaufen und die Nierenentnahme für ihre Mutter keine Zumutung sein werde.

---

156 Auch bei Lebererkrankungen wurde in den letzten Jahren vermehrt auf Lebendspenden zurückgegriffen. Sehr selten wird die Lebendspende eines Teils der Lunge oder der Bauchspeicheldrüse praktiziert.

Wenn ich jetzt zum Beispiel wüsste, dass ich in zwei, drei Jahren von jemand anderem eine Niere kriegte, ... [X] dann würde ich auch sagen ›Das mache ich nicht‹ [die Lebendspende annehmen, Anm. VK]. Aber es ist ja nicht ... mit fünf Jahren heute getan. Wenn ich das bei uns alles so sehe, da ist jetzt einer transplantiert worden, der ist neun Jahre an der Dialyse gewesen. Und ich habe auch noch eine relativ seltene Blutgruppe, dann kann ich noch länger ... mit ... Das ist nicht nur der eine, man hört es immer wieder. Die meisten heutzutage, mit drei, vier Jahren ist das überhaupt nicht getan. Es gibt welche, die haben Glück, die kriegen nach einem Jahr eine neue Niere. Aber es gibt auch ganz viele, die zehn Jahre und noch länger [an der Dialyse] sind. ... Und die drüber weg sterben. ... Andererseits sage ich mir, wenn meine Mutter mir das jetzt anbietet, ... jetzt habe ich noch nicht die ganzen Krankheiten, die nachher kommen. [X] 100 Prozent kommen, [X] Herz und alles, [X] unter Umständen Zucker und diese ganzen Schwierigkeiten. Man sieht das ja, dann haben sie ein Bein abgenommen. Erst hier und dann geht's immer höher ... und das zweite auch noch. Dann sage ich mir, ja, sie ist 70 und in vier oder fünf Jahren, da ist es vielleicht für sie zu spät, man weiß es nicht, wie alt sie wird. ... [X] Für mich ist es dann auch zu spät. [X] Ich meine, es ist ein bisschen egoistisch gedacht, sehe ich ja auch, sehe ich ganz genau. Aber andererseits [kurze Pause] muss man ja auch irgendwie sagen, ›Ich warte sonst ewig‹.

Immer wieder war für Martina Roth aber die freiwillige Entscheidung der Mutter wichtig, damit sie diese Gabe annehmen konnte. Auch ihr Ehemann und ihre Tochter boten ihr eine Niere an. Die ihres Mannes hätte sie akzeptieren können, nicht jedoch die Niere ihrer Tochter, da diese noch zu jung war:

Im Krankenhaus war eine junge Frau, die war 30 Jahre. Jedesmal an der Dialyse, da musste der Arzt kommen, die hatte wirklich Herzen [Herzprobleme, Anm. VK], alles. Die ist jetzt ins Ko..., die ist seit 15 Jahren Dialysepatient, stand auch so lange auf der Liste, hat nichts gekriegt, und ist jetzt gestorben. Wenn man das sieht, in dem Alter, dann sagt man sich doch, ›Mensch, wenn dir einer was anbietet, von sich aus aus freien Stücken anbietet, dann sollte man es vielleicht nehmen.‹ Mein Mann hat auch erst gesagt, ›Du kriegst von mir.‹ Dann hieß es immer ›Null positiv und negativ geht nicht.‹ Nachher hat man uns in der Klinik gesagt, das geht doch, weil die Nieren total ausgespült werden. [...] Von ihm hätte ich es auch genommen. So ist das nun nicht. Aber von anderen, ... Meine Tochter damals auch, ... ›Du kriegst von mir.‹ Ich sag ›Nein, du bist viel zu jung dazu.‹ Sie ließ sich davon nicht abhalten. Dann hat Frau Doktor gesagt, ›Wenn es gar nicht geht, machen wir eine [Gewebe-] Typisierung. Aber das machen wir sowieso nicht‹, sagt sie denn, ›junge Frauen unter 40, kommt überhaupt nicht infrage!‹ [...] Man weiß ja nie, wenn sie später einmal Kinder kriegen würden oder was... Das würde ich auch nicht mit ruhigem Gewissen eingehen, dann würde ich lieber so noch warten. Aber so... Das hab ich mir dann doch... Meine Mutter ist quietschvergnügt, kerngesund, ... vielleicht,... ... Man muss ja nicht immer so schwarz sehen, dass da irgendwas schiefläuft.

Martina Roth sprach noch einen weiteren Vorteil einer Lebendspende an, die ihrem Empfinden nach darin liegt, nicht mit dem Körperteil eines völlig fremden Menschen in ihr leben zu müssen.

VK: Wie ist die Vorstellung, dass quasi ein Teil Ihrer Mutter in Ihnen ist?
Martina Roth: Ja, die Vorstellung ... Ich meine normalerweise, puhh, ... wenn man geboren ist, hat man einen Teil seiner Eltern, ... Diese Chromosomen und alles, man kriegt ja alles von den Eltern

mit. Ich glaube, da hätte ich weniger Bedenken. Vielleicht beim ganz Fremden, dass ich da eher ›Oh, Gott‹ sagen würde, ›was war das vielleicht für ein Mensch?‹ Denn ... das ist irgendwie ein vollkommen fremder Körperteil. Dann könnte ich mir schon überlegen, aber da bleibt mir ja keine Überlegung, da werden Sie nachts angerufen, es heißt, entweder du nimmst oder du nimmst nicht! [X] Ich nehme an, dass dann erst nach der Operation vielleicht die ... Bedenken kommen, was war das für ein Mensch, ... war das, ich meine, ... als Beispiel ein Verbrecher oder sonst was? Und von dem hast du jetzt vielleicht ein Stück? Man weiß es ja nie. Es kann ja auch sein, ein junger Mensch, der tödlich verunglückt ist. Aber so... [X] weiß man doch, wo es herkommt.

Der ›Charakter‹ des »Organspenders« oder der »Organspenderin« ist für Martina Roth also durchaus nicht nebensächlich. Den Gedanken, den Körperteil eines Fremden in sich zu spüren, empfand sie als unangenehm. Damit wird deutlich: Im Gegensatz zur biomedizinischen Betrachtung des Organs als rein physisches Körperteil sind ihre Empfindungen auf der Leibebene angesiedelt, als habe sich der Mensch in das Organ eingeschrieben. Allerdings, so lässt sich der folgende Gesprächsausschnitt interpretieren, muss Martina Roth, um ein Geschenk solchen Ausmaßes von ihrer Mutter annehmen zu können und wohl auch, um dem von ihr angesprochenen ›eigenen Egoismus‹ etwas entgegen zu setzen, den Willen bekunden, falls es ihr möglich wäre, ebenfalls ein Geschenk solcher Größe geben zu wollen.[157]

Ich glaube, dass ich da an und für sich ... doch kein schlechtes Gefühl bei habe. Denn ich würde ja auch jederzeit ... meiner Tochter das geben [die auch nierenkrank ist, Anm. VK] Ich meine, das geht [aus gesundheitlichen Gründen, Anm. VK] nicht, und ich wüsste auch wohl, ... wenn das bei ihr jetzt schon ausgebrochen wäre, und meine Mutter wäre bereit, das zu geben, dann würde ich sagen ›Du, komm, ich verzichte lieber drauf. Gib ihr das, die hat das Leben auch noch vor sich.‹

Gleich im anschließenden Satz kommt sie wieder auf die Inkorporation des Organs und den Unterschied zwischen einer Lebend- und einer so genannten »Leichenspende« zu sprechen. Anders als bei einem ihr ›verwandten‹ Organ, hätte sie Schwierigkeiten mit der Annahme einer Niere von einem fremden, zumal verstorbenen Menschen, mit dessen Tod ihr Weiterleben ursächlich verbunden wäre.

Aber wenn ich dann überlege, dass ich zum Beispiel von einem toten Menschen das kriege, das kann einen doch psychisch sicher sehr fertigmachen, [X] dass einer für einen sterben muss. [kurze Pause] Obwohl der sowieso gestorben wäre. [X] Obwohl nun, gleich nun nicht, aber ... ein enger Zusammenhang ... Ich könnte mir vorstellen, ... dass man sich doch mehr Gedanken drüber macht.

Martina Roth berichtete weiter, dass sie sich trotz dieser Befürchtungen auf die »Warteliste« hat setzen lassen. Was wäre passiert, wenn sie tatsächlich noch vorher die Niere eines »hirntoten Spenders« bekommen hätte? In diesem Zusammenhang sprach sie noch einmal das Risiko an, das ihre Mutter für sie auf sich nehme:

---

157 Zum Aspekt des Geschenkes und der Gabe vgl. Kap. 5.

Vielleicht hat man ja noch das Glück, dass vorher noch irgendwas ist. [X] Man will ja nicht unbedingt einen Gesunden damit belasten, wenn noch die Möglichkeit besteht.

Martina Roth befand sich also in einem Dilemma: Einerseits zu hoffen, noch die Niere eines »hirntoten« Menschen zu bekommen, bevor sie der Mutter das Risiko der Entnahme zumutet, und andererseits zu hoffen, kein passendes Organ zu bekommen, um sich nicht mit der Problematik des »hirntoten Spenders« und der Schwierigkeit, mit dem Teil eines Fremden in ihrem Körper zu leben, befassen zu müssen. Die Aussage, keine Möglichkeit zu haben, darüber in Ruhe nachzudenken, deutet auf eine Verdrängung der Problematik hin, da sie sich im Bewusstsein dieser Frage ja auf die »Warteliste« hat setzen lassen und sich somit bereits in der Situation befindet, jeden Moment ein »Organangebot« zu bekommen. Es wird deutlich, was an Ausblendung und Verdrängungsarbeit geleistet werden muss. Martina Roth selbst äußerte dies explizit dreimal:

Was habe ich sonst für Bedenken? [kurze Pause] Man muss sich damit zwar auseinander setzen, dass dem Spender auch 'was passieren kann, ... aber ich glaube, das schiebt man erst so weit weg. [...] Sagen wir, ich schieb' es erstmal vor mir her. Im Augenblick denke ich mir ›Vielleicht geht ja alles gut.‹ Sie [ihre Mutter, Anm. VK] ist die letzte Zeit schon zweimal operiert worden. Alles ... ist immer alles gut gegangen bei ihr. Sie hat wohl nicht ... wie andere Probleme mit dem Heilen und so. [kurze Pause] Dann sage ich mir, ›Na ja, vielleicht geht das auch gut‹. [...] Wenn es wirklich mal soweit ist, dann muss man sich damit auseinander setzen, ist ganz klar. [X] ... Aber schon im Voraus alles grau in grau zu malen, ... [X] das bringt doch keinen weiter. [X] Denn würde ich nämlich wahrscheinlich sagen ›Nein, ich mache es nicht‹. [X] Wenn es zu schlimm auf mich zukommt. Aber im Augenblick hab ich die Hoffnung, dass es eben gut geht.

Die Analyse des Interviews mit Martina Roth macht rückbezogen auf meine Thesen Folgendes deutlich:

1. Wenn Martina Roth eine Organtransplantation tatsächlich nur rein auf der Ebene des Körpers konzipierte, müsste sie keine Unterscheidung zwischen fremdem und aus der eigenen Familie stammendem Organ treffen.[158] Die Aussage »da weiß man, von wem man es hat« erscheint hier gerade nicht auf der Ebene des objektivierbaren Körpers, um damit bspw. Infektionsrisiken durch das Transplantat besser einschätzen zu können, sondern auf der Ebene des Leibes: Die Inkorporation des vertrauten Organs falle leichter als die Akzeptanz einer fremden Niere.
2. Martina Roth äußerte, kein Problem zu haben, eine Niere ihrer Mutter anzunehmen, und führte weiter aus, dass sie selbst ebenfalls zu einem solchen Schritt be-

158 Medizinisch umstritten ist die Frage, ob und warum Verwandtenspenden besser funktionieren (vgl. Schlich 1998a: 38). Eine Rolle spielen dabei sicherlich die kurze Ischämiezeit und die Planbarkeit des Eingriffs. Doch diese medizinischen Aspekte erwähnt Martina Roth bezüglich ihrer Entscheidung nicht.

reit wäre, wenn sie die Möglichkeit dazu hätte. Hieraus wird ersichtlich, dass eine »Organspende« von ihr analog des Prinzips des Gabentausches empfunden wurde (vgl. Kap. 5). Die einer Gabe inhärente Verpflichtung zur Gegengabe zeigt sich in ihrer symbolischen Bereitschaft, eine Gabe vergleichbaren Wertes geben zu wollen.

3. Den Tod eines potenziellen »Organspenders« sowie das Leid der Hinterbliebenen würde Martina Roth als belastend empfinden, weshalb sie in diesem Zusammenhang beteuern musste, »dass er ja nicht wegen ihr gestorben wäre«. Schuld oder Nichtschuld: Die Freude über das »neue« und »geschenkte Leben« ist ursächlich mit Trauer und Leid anderer Menschen verknüpft.

Der Verzicht auf eine Organtransplantation[159]

Wann immer ich in Transplantiertenkreisen nach Patienten fragte, die möglicherweise eine Organtransplantation ablehnen würden oder abgelehnt hätten, hatte ich das Gefühl, auf große Zurückhaltung zu stoßen. Bei den von mir besuchten Selbsthilfegruppentreffen und Sportveranstaltungen für Organtransplantierte wurde dieses Thema nur selten erwähnt. Wellendorf erwähnt in ihrem Buch zur Organtransplantation eine 15-jährige Patientin, die sich gegen eine Transplantation entschied: »[...] ich will das nicht, ich kann nicht mit den Organen eines Toten leben, ich möchte lieber sterben« (nach Wellendorf 1993: 76). Eine Krankenhausseelsorgerin berichtete mir von zwei von ihr betreuten Patienten, die eine Transplantation abgelehnt hatten. Einer der beiden Patienten lebte zum Zeitpunkt unseres Gespräches bereits vier Jahre länger als von ärztlicher Seite vorhergesagt. Die andere Patientin war auch im Endstadium ihrer Lebererkrankung bei ihrer Entscheidung gegen eine Transplantation geblieben. Sie wusste zu diesem Zeitpunkt bereits, was an körperlichen Leiden in der Sterbephase auf sie zukommen würde. »Ich denke immer wieder über die Möglichkeit nach«, habe die Patientin der Seelsorgerin gesagt, »aber ich merke, meine Entscheidung ist richtig für mich«. In einem Leserbrief an eine Tageszeitung berichtete Friedel Schütte (2000) von einem Freund, der eine Herztransplantation ablehnte. Sein Freund nannte vor allem die Lebensumstellung, Belastung für die Familie und die finanzielle Belastung von Familie und Gesellschaft durch die hohen Folgekosten als Gründe.

Zum Teil kann auch das Hinauszögern der Entscheidung, sich endgültig für eine Transplantation zu entscheiden und sich auf die »Warteliste« setzen zu lassen, als unbewusste Entscheidung gegen eine Transplantation interpretiert werden. Walter

---

159 Passagen aus diesem Abschnitt wurden – sinngemäß und z.T. wörtlich – bereits in Hauser-Schäublin et al. (200: 1250-253) dargestellt.

Meinhardt (30) berichtete von seiner Erfahrung mit Mukoviszidosepatienten im Entscheidungsprozess:

VK: *Kannst du noch mal erzählen bezüglich der Entscheidung zur Transplantation im Unterschied zu denen, die sagen, sie entscheiden sich gegen eine Transplantation?*
Walter Meinhardt: *Wie gesagt, die meisten Menschen entscheiden sich dafür, weil die stärksten Kräfte im Menschen wollen Leben, aber bei manchen Menschen ist es eben anders. [...] Für mich stand es von Anfang an fest. Dann kam dazu, dass ich sehr jung war. Leidensfähig auch, aber sterben wollte ich nicht. Von daher war das klar. [X] Bei den Mukoviszidose-Patienten, die ich kenne, die so lange gezögert haben, die haben übergroße Angst gehabt. Die haben sich nie klar gegen Transplant entschieden, aber sie haben gesagt ›Ja, ich weiß nicht, weiß nicht, weiß nicht!‹ Das haben sie über Monate und über Jahre gesagt. [...] Gerade die beiden, an die ich denke, [...] die haben ganz große Angst gehabt. Die Angst ist auch nicht kleiner geworden über die Jahre. [X] Die haben sich nicht explizit gegen Transplant entschieden, die haben nur gesagt, ich bin jetzt einfach noch nicht. ... Die haben sich erst für Transplant entschieden, als es fast zu spät war. Sind auch beide auf der Warteliste gestorben, [X] einmal zwei Wochen, einmal ein halbes Jahr, nachdem sie sich entschieden hatten, definitiv. [Pause] Von daher kann man schon sagen, das war eine Entscheidung gegen Transplant, wenn man sich so spät entscheidet, dass man eigentlich keine Chance mehr hat, in der Wartezeit etwas zu kriegen. [X] Das ist natürlich auch schwer, vor Angehörigen das auszusprechen, ich will nicht transplantiert werden. Ich sterbe lieber. [...] Bei denen ich das persönlich erlebt habe, da waren es sehr große Ängste, die eine Rolle spielten. Mit ethischen Zweifeln, das habe ich immer nur gehört, das kenne ich nicht persönlich.*

Ein Ablehnen auch aus ethischen Überlegungen schilderte mir die verwitwete Gisela Mahrt (66), deren Mann seit seinem 26. Lebensjahr herzkrank war. Sie berichtete, was ihren Mann nach reiflicher Überlegung dazu geführt habe, eine Herztransplantation abzulehnen. Er hatte einen Herzinfarkt gut überlebt, nach einem weiteren Infarkt stellten ihm die Ärzte die Prognose, dass ihm nur eine Transplantation helfen könne. Ein Faktor bei der Entscheidung für oder gegen eine Transplantation waren die Erfolgschancen und zu erwartende Lebensqualität nach Transplantation sowie der Stand der medizinischen Entwicklung. Dies führte sie und ihren Mann zu folgenden Überlegungen:

Wir wussten sehr viel, weil wir uns sehr mit Herzkrankheit befasst haben, da das ja sein Schicksal war. [...] Wir wussten von den ersten Anfängen damals in Südafrika mit Barnard. Mein Mann hat auch ein Video gesehen von der ersten Transplantation von Barnard und auch über das Leben des Mannes hinterher. Das hat ihn sehr erschreckt, weil es damals so war, dass er wie unter einer Käseglocke leben musste, aus Angst vor Infektionen. Letztendlich ist es dann auch abgestoßen worden, wenn auch erst nach Jahren. ... Für ihn war klar, so ein Leben wollte er nicht führen. Das hat damals dazu geführt, dass er gesagt hat, ›Das kommt für mich nicht infrage!‹ Obgleich zu dem Zeitpunkt [im Jahre 1990, Anm. VK] natürlich die Medizin viel weiter war.

Neben den medizinischen Erfolgsaussichten wurde vom Ehepaar Mahrt auch das Beispiel anderer Transplantierter in ihre Überlegungen mit einbezogen. Wichtig war bei ihm zudem das eigene subjektive Empfinden, die Beeinträchtigung, die er in seinem Leben spürte. Dabei, so Gisela Mahrt, ging es um ein Abwägen des Risikos im Sinne eines verbesserten oder verschlechterten Zustandes nach der Herzübertragung:

Die Ärzte haben versucht, ihn mit Leuten zusammenzubringen, die transplantiert worden sind. Es ging dabei um einen [transplantierten] Arzt, mit dem wir uns auch getroffen haben und der wieder arbeitete. Das war eigentlich ein positives Beispiel, obgleich im Laufe des Gespräches klar wurde, dass der Weg dahin für diesen Mann nicht einfach gewesen ist. [...] Er war nun gerade wieder in seine Praxis eingestiegen. Aber wenn man sagt, er arbeitet wieder, dann hieß das nicht, dass er voll arbeitete, sondern er machte hin und wieder eine Vertretung in der Praxis. Immerhin war er dazu imstande. Er war ganz glücklich und sagte, er hielte das wirklich für ein neu gewonnenes Leben. Bei ihm war es so gewesen, dass er vorher nichts mehr konnte. Er war sehr stark geschädigt, dass er im Grunde nur noch im Stuhl saß, und wenn er aufstand, es ihm schon schwindelig wurde. ... Das war eine andere Voraussetzung. Meinem Mann ging es zwar gesundheitlich wahnsinnig schlecht, nur das ist objektiv gewesen, subjektiv ging es ihm gut. [...] Es war nicht so, dass seine Lebensqualität so entscheidend beeinträchtigt gewesen wäre, wie bei diesem Mann, der nun vorher wirklich überhaupt nichts mehr konnte. [...] Das ist, denke ich, ein anderer Einstieg in einen solchen Entschluss. Wenn Sie gar nichts mehr können, ja gut, dann sagt man sich, ›Himmel, so weiterzuleben, ist auch nicht erstrebenswert. Dann nehme ich das Risiko auf mich, vielleicht bin ich dann beeinträchtigt in meiner Lebensqualität, aber es geht auf alle Fälle besser als jetzt‹. Insofern war das für [diesen Arzt] eine andere Ausgangsposition. Mein Mann war eben so vital, dass er all diese Krankheitserscheinungen irgendwie wegstecken konnte. Wegstecken klingt falsch, er hat gelernt, damit umzugehen und trotzdem jeden Tag und jede Stunde seines Lebens zu genießen.

Nach einem weiteren schweren Infarkt, der zu einem völligen körperlichen Zusammenbruch führte, hatten die Ärzte ihrem Mann noch einmal eine Transplantation nahe gelegt. Die Gefahr eines Reinfarktes, den er wahrscheinlich nicht überleben würde, war sehr groß, weshalb die Ärzte ihn auf die höchste Dringlichkeitsstufe der Warteliste gesetzt hätten. Da überlegte das Ehepaar Mahrt erneut und malte sich die besten und schlimmstmöglichen Fälle aus:

Das war dann die Phase, wo wir noch einmal ernsthaft darüber nachgedacht haben, weil wir inzwischen wussten, wenn es das nächste Mal passiert, dann ist es endgültig. Und zwar endgültig im positivsten Fall, dass es ihn das Leben kostet. Im negativsten Fall, dass er geistig behindert im Rollstuhl sitzt. Das war für ihn eine entsetzliche Vorstellung. Das wollte er nie im Leben. Wir haben sehr viel darüber gesprochen, diskutiert und [...] ja, er hat es wirklich ernsthaft überlegt.

Ihr Mann machte sich Gedanken über den »Hirntod« und darüber, wie es sei, mit dem Organ eines anderen Menschen zu leben. Diese Gedanken gingen auf die Erfahrung mit ihrer Tochter zurück, der die Ärzte nach einem Unfall, durch den sie schwerste Kopfverletzungen davongetragen und auch lange im Koma auf der Intensivstation gelegen hatte, keine Chance mehr gegeben hatten und die – allen Prognosen zum Trotz – wieder vollständig genesen war.

Mein Mann sagte: ›Ich könnte mir einfach nicht verzeihen, dass ich so einen Menschen um sein Organ bringe.‹ Die Ärzte haben ihm erzählt, das wäre überhaupt nicht möglich. So was passierte nicht. Nur wenn die Leute wirklich gehirntot wären, würden Organe entnommen. Das ist sicherlich im Normalfall so. Aber das alles zusammen hat dazu geführt, dass mein Mann gesagt hat: ›Nein, für mich nicht. Ich lebe mein Leben so, wie es mir bestimmt ist. Ich lebe mit meiner Krankheit, versuche, das Beste daraus zu machen. Ich will also kein Organ von einem anderen Menschen‹.

Die Entscheidung gegen ein transplantiertes Herz stieß seitens der Ärzte auf Unverständnis, berichtete Gisela Mahrt. Auch wenn es ihr zunächst sehr schwer gefallen war, die Entscheidung ihres Mannes zu akzeptieren, äußerte sie die Meinung, man müsse das als Angehörige anerkennen, was jedoch nicht heiße, dass sie prinzipiell gegen Organtransplantation eingestellt sei:

Die Ärzte hatten Schwierigkeiten, damit umzugehen, denn das konnten sie überhaupt nicht begreifen, zumindest die in der Klinik, die sich sehr viel Mühe gegeben haben, ihren Mann zu stehen. Und das muss ich schon sagen, sehr vorsichtig, sehr behutsam, aber ... es war sein Entschluss. Ich hab' natürlich zu Anfang auch versucht, ihn umzustimmen, aber irgendwann habe ich dann begriffen, dass es sein Leben ist, über das er entscheidet. Und dass ich überhaupt kein Recht habe, ihm da 'reinzureden. Ja, und so haben wir's dann hingenommen.

Ein gutes Jahr später starb ihr Mann im Alter von 56 Jahren an einem Infarkt.

Elisabeth Wellendorf plädiert dafür, »[...] das Sterben als eine wirkliche Alternative zur Transplantation zu sehen« (1993: 169). Die Freiheit zu sterben, aus dem Leben zu scheiden und nicht jede zur Verfügung stehende Behandlungsmöglichkeit auszuschöpfen, ist aber durchaus umstritten und auch eingeschränkt. Die Seelsorgerin Anna Kranz schilderte mir den Entscheidungsprozess einer jungen Frau gegen eine erneute Transplantation, die sich dann aber doch dem Willen ihres sozialen Umfeldes gebeugt habe:

Im letzten Jahr begleitete ich eine junge Frau, wir haben über das Ende gesprochen und dass sie nicht mehr wollte, weil es ihre sechste Transplantation war. Das war eine große Ausnahme, aber grauenhaft. Wir hatten gerade das Gespräch hinter uns, es war eine friedliche Atmosphäre im Zimmer. Da kam der dynamische Arzt ins Zimmer, der die junge Frau auch sehr gerne hatte, der sagte ›Du musst aber wollen‹. Und sie sagt, ›das will ich eben nicht mehr›. Sie hat sich lange nicht auf die Liste setzen lassen. Dann gab es eine Verschlechterung und Todesangst und dann hat sie sich auf die Liste setzen lassen. Da bleibt die Frage, wenn wir alle – Ärzte, Schwestern, Seelsorger – gesagt hätten, ›Wir begleiten dich, wenn es schlimm wird, wenn es schwer für dich wird‹. Ob das dann anders verlaufen wäre. Sie wurde ein letztes Mal transplantiert und ist gestorben danach.

Auch Baudrillard weist darauf hin, dass man sich das Recht auf den eigenen Tod werde erkämpfen müssen:

»[...] wesentlich ist, daß man ihnen die Entscheidung darüber entzieht und daß sie niemals frei über ihr Leben und ihren Tod verfügen können, sondern daß sie unter gesellschaftlicher Zensur leben und sterben. [...] Ebenso wie die Moral vorschreibt: ›Du sollst nicht töten‹, so schreibt sie heute vor: ›Du sollst nicht sterben‹ – jedenfalls nicht so, wie du willst, und wenn überhaupt, dann nur wenn Gesetz und Medizin es erlauben.« (Baudrillard 1991 [1976]: 277)

Dass er mit seiner Prognose richtig liegt, zeigt ein Beispiel aus England. Dort wurde einem 15-jährigen Mädchen nach plötzlicher Herzerkrankung mit infauster Prognose eine Transplantation als einzige Überlebenschance nahe gelegt. Als sie die Transplantation zunächst ablehnte,[160] wurde sie per richterlicher Entscheidung zu einer Transplantation gezwungen, da der Richter argumentierte, sie sei mit dieser Entscheidung in ihrem Alter und der Plötzlichkeit und Ausweglosigkeit ihrer Erkrankung überfordert. Nachdem ihr das richterliche Urteil bekannt wurde, hat sie laut Bericht des European Guardian vom 16.07.1999 schließlich doch der Transplantation zugestimmt.

4.2.2 Die Transformation

Da eine Organtransplantation sowohl von Organempfängern als auch im öffentlichen Diskurs häufig als »zweite Geburt« bezeichnet wird und Patienten oftmals den Tag ihrer Transplantation als »zweiten Geburtstag« feiern (manchmal sogar im Kreis ihres Transplantationszentrums), drängt sich fast zwangsläufig eine ethnologische Sichtweise von Organtransplantation als ›Übergangsritus‹ (*Rite de Passage*) auf.[161] Übergangsriten, auch Lebenszyklusriten genannt, markieren einen Wechsel im sozialen Status einer Person, wie bspw. bei der Geburt, der Hochzeit oder dem Tod. Alle Übergangsriten sind nach van Gennep (1986 [1909]) von drei Phasen geprägt: einer Phase der Trennung, in der eine Person von ihrer alltäglichen Umgebung getrennt wird, einer Übergangs- oder Liminalphase, in der sich eine Person in einem Zwischenzustand befindet, und einer Wiedereingliederungsphase, die die Trennung vom sozialen Umfeld wieder aufhebt. Übergangsriten bewirken neben der Bestätigung eines Statuswechsels des Individuums zugleich auch eine Transformation des

160 »It's hard to take it all in. I feel selfish. If I had the transplant I wouldn't be happy. If I were to die my family would be sad. Death is final – I know I can't change my mind. I don't want to die, but I would rather die than have the transplant and have someone else's heart, I would rather die with 15 years with my own heart. I would feel different with someone else's heart – that is a good enough reason not to have a heart transplant, even if it saved my life.« (The European Guardian, 16.07.1999)

161 Das Modell des Übergangsrituals hat bereits Sibylle Obrecht (1996) auf die Darstellung der ersten Herztransplantation in der Schweizer Boulevardpresse angewandt.

Selbst.[162] Den Transformationsprozess, den Organempfänger durchlaufen, möchte ich deshalb aus diesem Blickwinkel, vor allem in Hinblick auf eine Veränderung des Selbst, betrachten.

Von der »Warteliste« bis zur Transplantation

Haben sich Patienten für eine Organtransplantation entschieden und wurden sie von einem Transplantationszentrum als Transplantationskandidaten akzeptiert, werden sie auf die so genannte »Warteliste« für ein Organ gesetzt. Sie treten damit in eine prekäre Phase ein, die durch zwei Dinge geprägt ist: das Warten auf den Tod eines anderen Menschen und den Wettlauf mit der eigenen verbleibenden Lebenszeit. Diese »Wartezeit« könnte man – je nach gesundheitlichem Zustand der Patienten – im ethnologischen Sinne als vorbereitende Liminalphase bezeichnen. Im Falle künstlichen Komas oder dem »Warten« auf eine Transplantation an einem künstlichen Herz ist diese Liminalphase besonders deutlich: Das ›Verschwinden‹ der alten Person in Erwartung der neuen (dem Wiedererwachen, der »zweiten Geburt«),[163] die Transplantationsoperation sowie die Zeit danach auf der Intensivstation ist die Phase, in der die physische Transformation stattfindet.

Diese Zeit gestaltet sich für Patienten, deren akutes Überleben von einer Transplantation abhängt, äußerst dramatisch und belastend. Bei langen und schweren Erkrankungen ist die Zeit vor der Transplantation oftmals von Todesangst und dem Gefühl der Todesbedrohung geprägt. Je schlechter der körperliche Zustand war, so wurde mir geschildert, umso belastender empfanden sie die Wartezeit. Als psychisch massiv belastend erinnerten vier Patienten ihre »Wartezeit«, da sie sich vor der Transplantation in einem äußerst lebensbedrohlichen körperlichen Zustand befanden. Sehr plastisch schilderte Rainer Petersen (56) die drei Jahre, die er auf ein Herz warten musste. Er befand sich »in einer relativ kritischen Phase zwar, aber noch nicht

---

162 Vorstellungen von der Transformation eines Individuums sind von dem jeweiligen kulturellen Menschen- und Körperbild abhängig, werden aber durchaus auch auf körperlicher Ebene stattfindend konzipiert (vgl. Kalitzkus 1996).

163 In der anthroposophischen Medizin wird eine Vollnarkose als »narkosebedingte Exkarnation« bezeichnet (Bavastro 1994: 95), durch die sich der Mensch von seinem Leib entfremdet und dem Chirurgen als reiner Körper erscheint: »Durch Narkose wird die Leiblichkeit dem Menschen fremd, wird gleichsam Außenwelt. Damit hängt die Angst zusammen, die viele Patienten vor dem ›Bewußtseins-Loch‹ der Narkose haben: Sie verlieren die Selbstkontrolle. [...] Der Mensch verliert die Stütze, die die Leiblichkeit abgibt. [...] Der Chirurg bekommt den Patienten gleichsam in seinem rein physischen Zustand zur Operation präsentiert« (Bavastro 1994: 99).

lebensbedrohend«, und lebte bereits mehrere Jahre mit einem Defibrillator[164], der ihn bei jeder Entladung in Todesangst versetzte:

Rainer Petersen: *Die Begleiterscheinungen waren so unangenehm, dass Sie grundsätzlich in Todesangst verfallen, wenn erstmal diese Situation eintritt, und durch den wahnsinnigen Schlag sind Sie vollkommen von der Rolle.*
VK: *Sie haben auch kein Zeichen bekommen, dass jetzt ein Schlag kommt?*
Rainer Petersen: *Ich merkte das schon, wenn mir schlecht wurde und wenn ich diese entsetzlichen Symptome kriegte von dem Herz. [X] Ich hab's früher auch nie gewusst, aber so eine Todesangst kann man eigentlich gar nicht beschreiben, [X] die muss man erleben.*

Er schilderte eine Situation, in der er abends, nach dem Besuch von Freunden, eine beginnende Schwäche in sich gefühlt hatte und als Vorwarnung interpretierte:

Rainer Petersen: *Die waren gerade 'raus, da setzte ich mich hin und fühlte also eine besondere Schwäche, und auf einmal knallte der Defi los. [X] Dann flog ich erstmal obligatorisch den halben Meter in die Luft und hab mich fürchterlich erschrocken.*
VK: *Durch diesen Elektroschock?*
Rainer Petersen: *Ja es ist ein Riesenschock. Weil es dort direkt in die Herzkammer geht, ist dieser Schock in der Wirkung verzehnfacht. Normalerweise wird ja von außen defibrilliert, über die Brust hinein. [X] Nicht, das kennt man so von Unfallopfern. Dadurch ist das ein sehr intensiver Schlag, der den ganzen Körper, das ganze Nervensystem in Unruhe bringt, dass man also vollkommen von der Rolle ist, auch psychologisch, emotional gesehen. [X] Da kann man sich gar nicht mehr einkriegen. Es ist nicht nur der Schlag, den man normalerweise kriegt, und dann hat sich das nach einer Minute. Nein, das ist stundenlang, dass Sie beunruhigt sind und kriegen ungeahnte Ängste.*

In seiner »größten Problemphase«, voller Angst, Nervosität und Unzufriedenheit, hat er eine Psychologin aufgesucht, die ihm jedoch nicht helfen konnte. Die Ärzte befanden seinen körperlichen Zustand bis zu einem schlimmen Zusammenbruch noch nicht als bedrohlich, sein subjektives leibliches Empfinden dagegen sagte ihm, wie dringend es war:

Bis dann dieses Ereignis kam, 22-mal [22-mal Entladungen des Defibrillators, Anm. VK] hintereinander, Intensivstation, haben sie gesagt, ›So, jetzt auf urgent!‹ [X] Da wäre es um ein Haar dran. Diese Phase habe ich ja gespürt, und man hat mich nicht ernst genommen. Da hat man gesagt, ›Na ja, der hat ein psychologisches Problem. Nun wollen wir mal diese Frau [die Psychologin, Anm. VK] auf ihn hetzen, die kriegt den schon wieder hin‹.

Er selbst hatte der Psychologin gesagt, dass seine Angst aufhören würde, sobald er wisse, dass er in einem absehbaren Zeitraum transplantiert werden würde.

---

164 Ein Defibrillator wird Patienten in den Körper implantiert mit kleinen Kabeln, die in die Herzkammern reichen. Er dient der ständigen Überwachung der Herzfrequenz und sendet bspw. bei Herzkammerflimmern Stromstöße aus, um Herzmuskelstörungen zu beseitigen.

›Wissen Sie, Sie können mir nicht helfen. Wenn Sie mir jetzt sagen, in vier Wochen werden Sie transplantiert, dann hört meine Unruhe auf. Das ist einfach nur meine Angst. Ich möchte leben. Das ist es. Ich hänge daran und ich kämpfe darum, und was soll ich denn machen. Keiner sieht das richtig.‹ Ich bin kein Simulant in dem Sinne. Ich hab mich immer so gefühlt, oder ich hab es den Leuten angesehen, dass sie mir das nicht abnehmen.

Dies verdeutlicht, mit welchen existenziellen Ängsten sich Patienten auf der »Warteliste« auseinander setzen müssen. Auch Martina Meckes (38) einzige Überlebenschance nach einem schweren Herzinfarkt im Alter von 35 Jahren bestand in einer Transplantation. Ihre Überlebenszeit ohne Transplantation wurde auf ein halbes Jahr geschätzt, genauso lange, wie für sie die »Wartezeit« auf ein Herz hochgerechnet wurde.

Martina Mecke: *Es sah so aus, als ob ich nach dem Infarkt sechs bis acht Monate aushalten könnte. [X] Als ich mich in [dem Transplantationszentrum, Anm. VK] vorgestellt habe, da ist gerade der dritte Monat gelaufen [lacht]. Sie haben gesagt, sie glauben, dass [sie] ungefähr in drei bis vier Monaten ein Herz für mich hätten. Weil man das ja nicht so genau sagen kann, die können nur von ihren Erfahrungszahlen ausgehen. Das hat dann auch geklappt. Das waren drei Monate von dem Herzinfarkt.*
VK: *Und wie haben Sie die Wartezeit verbracht? Mussten Sie immer liegen oder nur sehr vorsichtig sein?*
Martina Mecke: *Ich konnte eigentlich gar nichts mehr. Ich konnte nicht mehr richtig waagerecht liegen, das Herz war so schwach, dass ganz viel Wasser in den Lungen war und ich dadurch einfach ganz schlecht atmen konnte. Ich durfte mich nicht körperlich anstrengen, ich durfte nicht spazieren gehen, ich durfte nicht Treppen steigen. Ich konnte eigentlich nur so halb sitzen, halb liegen. Richtig sitzen war viel zu anstrengend, aber so halb in der Schräge, das ging noch.*

Martina Meckes Schilderung lässt besonders den Vergleich der »Wartezeit« mit einer Liminalphase zu, da sie ihre bisherigen Lebensumstände bereits vor der Transplantation verändert hatte. Sie war in die Stadt gezogen, in deren Transplantationszentrum sie sich zur Transplantation angemeldet hatte. Ihr Mann konnte aus beruflichen Gründen nicht bei ihr sein. Sie verbrachte die meiste Zeit liegend in einem kleinen Appartement, allein durch den täglichen Besuch vom Arzt, durch ihr Telefon und ihren Fernseher bekam sie etwas von der Außenwelt mit. In dieser Zeit plagten sie große Ängste, von der Klinik vergessen zu werden.

Das war so ein Zweizimmer-Appartement, natürlich entsprechend dürftig und trist. Ja, da habe ich gewartet mit meinem Citypiepser[165] *und dem Fernseher. Das war die einzige Beschäftigung, weil das Lesen einfach nicht mehr klappte. Ich konnte mich nicht konzentrieren. Ich war so müde, konnte ein bisschen telefonieren, so eine halbe Stunde, dann war es mir zu anstrengend. Das war wirklich der einzige Kontakt zur Außenwelt, mich zu bedödeln mit dem Fernseher und hoffen, immer wieder ein*

165 Damit sie jederzeit benachrichtigt werden konnte, wenn ein geeignetes Organ plötzlich zur Verfügung steht.

Stückchen schlafen und hoffen, dass es noch rechtzeitig klappt. Es kam jeden Tag ein Arzt vorbei und hat das Marcumar[166] *getestet, die Lunge abgehorcht, den Wasserstand gemessen. Ja, das war schon ziemlich hart, weil ich immer geträumt hatte, dass sie mich vergessen hatten, dass der Computer mich aus der Liste 'rausgeschmissen hätte oder dass ich diesen Citypiepser nicht gehört hätte. Das habe ich mir eingebildet. Oder dass die Batterien leer sind oder dass sie vergessen, mich anzurufen und so weiter. Die absurdesten Geschichten. Ich habe eigentlich schon immer geglaubt, dass es irgendwie funktioniert mit der Transplantation. Sozusagen den zweiten Schritt, den habe ich plötzlich für sehr realistisch gehalten, aber ich habe zunehmend daran gezweifelt, dass der erste Schritt eintritt, was natürlich eine total absurde Situation ist. Ich war mir immer sicher, ich kriege das Herz nicht rechtzeitig, aber wenn ich es kriegen würde, dann würde das vielleicht klappen.*

Die Schilderung Martina Meckes macht die Situation, ›zwischen zwei Leben‹ zu stehen, besonders deutlich. Todesangst und Grenzerfahrung sind oftmals vor einer Transplantation bestimmende Lebenselemente. Darüber hinaus halten sich Patienten krampfhaft am Weiterleben in Zuständen, in denen sie sich ohne die Hoffnung auf eine mögliche Transplantation vielleicht schon aufgegeben hätten. Walter Meinhardt (30) erläuterte eindrücklich, wie sehr die Entscheidung, sich auf die »Warteliste« setzen zu lassen, das Leben von Mukoviszidosepatienten verändert. Bei ihm hatte es dazu geführt, in einem qualvollen Zustand um das Überleben zu kämpfen und durchzuhalten, in dem er ohne die Aussicht auf eine Transplantation den Überlebenskampf schon aufgegeben hätte und wahrscheinlich zuvor schon gestorben wäre:

Das Schlimme [ist] mit den Muko-Patienten vor der Transplant ›dieses Sich-am-Leben-Halten‹. Wenn man diese Transplant-Perspektive nicht hätte, dann [Pause] würden viele Muko-Patienten früher sterben, die entweder transplantiert werden oder auf der Warteliste stehen. [...] Weil das eigentlich etwas ist, was sich kein Mensch antun kann, wenn er nicht so eine Perspektive hat. Deswegen auch dieses Resignieren nach sechs Wochen.[167] *Weil jeder Tag so wahnsinnig anstrengend war. Der Tagesablauf sah so aus, sich früh wecken lassen, spätestens um sieben, um mit der ersten ... Therapiesitzung*[168] *anzufangen. Das dauerte dann bis so halb neun, da war ich eigentlich total kaputt. Ein bisschen frühstücken, ins Bett legen. Dann kam die Krankengymnastik und um elf, 11.30 [Uhr] hat man das nächste Mal gemacht. Es waren also so fünf bis sechs Sitzungen am Tag von so eineinhalb Stunden. Es war einfach nur ein krampfhaftes Sich-am-Leben-Halten, Schleim raushusten. [Pause] Deswegen war es für mich auch eine lange Zeit, diese sechs Wochen, obwohl es eine sehr kurze Zeit ist. Also die sechs Wochen, nachdem ich fast resigniert habe, oder resigniert habe. Nur, man macht trotzdem automatisch weiter mit Therapie, weil man genau weiß, ›Wenn du ein, zwei Therapien nicht machst, dann kannst du, nachher geht es nicht mehr‹. Und diese Entscheidung zu, zu sterben ist schwer.*

---

166 Marcumar ist ein Medikament zur Verringerung der Gerinnungsfähigkeit des Blutes. Getestet wird der »Quick«-Wert von Blutgerinnungsfaktoren.

167 Sechs Wochen, nachdem er aufgrund seines verschlechterten Zustandes auf die höchste Dringlichkeitsstufe gesetzt worden war.

168 Mukoviszidosepatienten müssen in anstrengenden Therapiesitzungen versuchen, möglichst viel Schleim, der sich in der Lunge festgesetzt hat, zu mobilisieren und abzuhusten.

Das Warten auf ein Organ verändert demnach auch den Umgang mit einem lebensbedrohlichen Krankheitszustand: Einerseits kämpfen Betroffene noch in Stadien ihrer Erkrankung, deren Leiden sie sonst nicht mehr erlebt hätten, andererseits verhindert die Konzentration auf das Ziel einer Transplantation eine Vorbereitung auf ein mögliches Ende, mit allen persönlichen Auseinandersetzungen und Entwicklungen, die diese mit sich bringen könnte. So erläutert es auch Hohmeyer (vgl. hierzu auch Wellendorf 1993: 163-177):

»Während der Sterbende grundsätzlich die Chance hat, seine letzte Lebensphase bewußt zu gestalten und zu er-leben, scheint dies dem Wartepatienten verwehrt. Der Sterbende lebt ganz im Augenblick und kann sich noch über kleine Dinge freuen. Er kann Abschied nehmen von Hoffnungen, von Dingen, von Menschen.
Die Aufmerksamkeit des Wartepatienten ist demhingegen viel eher verengt. Sie konzentriert sich auf das Durchhalten und die große Hoffnung in der Zukunft. Dinge im Augenblick, Geschehnisse, die typisch für die Krankensituation sind, interessieren nicht mehr.« (Hohmeyer 1993: 98)

Zudem ist die Hoffnung auf ›Tag X‹ zwangsläufig mit Gedanken an den Tod eines anderen Menschen verknüpft: Ohne den (zukünftigen) Tod eines Menschen wird man nicht überleben. Wiebel-Fanderl berichtet, wie Wartepatienten Mut gemacht wurde auf Zeiten, in denen vermehrt mit für eine Organentnahme geeigneten Todesfällen zu rechnen sei:

»Im Zusammenhang mit den Nöten der Patienten während der Wartezeit wird immer wieder erzählt, daß in Krankenhäusern Trost zugesprochen wurde mit Verweis auf die gefährliche Herbstzeit, in der sich Motorradunfälle häufen. [...] Außerdem kommen als risikoträchtige bzw. für Wartende lebensförderliche Zeiten immer wieder das Münchner Oktoberfest und die steigende Zahl von Suiziden um Weihnachten zur Sprache.« (Wiebel-Fanderl 2000: 32)

Das Warten auf den Tod eines anderen Menschen kann für die Patienten psychisch extrem belastend sein, denn es widerspricht den sozio-kulturellen Werten, einem anderen Menschen ein Übel oder gar den Tod zu wünschen. Selten konnte es in den von mir geführten Gesprächen thematisiert werden, doch liegt es in der ›Logik‹ der Transplantationsmedizin verankert.[169] Die Seelsorgerinnen, mit denen ich gesprochen

169 Herztransplantierte äußerten Wiebel-Fanderl gegenüber, sie fänden es »verlogen«, wenn dieser Aspekt der Transplantationsgeschichte ausgeblendet würde. So erläuterte ihr ein 30-jähriger Herztransplantierter: »In diesem Moment würdest Du für den Arzt, der Dir helfen kann, jeden mit einem Messer niederstechen. Die Not kann sich jemand, der gesund ist, gar nicht vorstellen. Du willst nur noch eines – endlich wieder Luft bekommen. Da geht es nur noch um Dich. Das ist schlimmer wie im Krieg, wo Du immer noch hoffen kannst, daß es im Graben den anderen erwischen kann« (nach Wiebel-Fanderl 2000: 192). Ein auf ein Herz wartender Motorradfahrer musste sich laut Wiebel-Fanderl dagegen von seinen Kameraden fragen lassen »Wem von uns wünschst Du denn den Tod?« (Wiebel-Fanderl 2000: 203).

habe, kannten dies Phänomen aus ihrem Klinikalltag, dass Patienten gerade bei schlechtem Wetter, Glatteis oder Urlaubszeiten auf einen möglicherweise tödlichen Unfall warten, der ihnen selbst das Leben retten könnte. Sie sahen dies auch mit einer Schuldfrage verknüpft. So berichtete Anna Kranz:

Eine andere Art der Verarbeitung, häufig bei Männern, ist so eine flapsige Art, ›Ha, im Sommer, Urlaubszeit, sie fahren wieder. Bald kriegen wir unser Herz‹. Ein Mann war ein ganz makabrer. Der lief auf der Station rum und rannte den anderen Patienten hinterher, packte sie an der Schulter und fragte, ›Wie gesund ist dein Herz?‹ Manche haben sich bei den Ärzten darüber beschwert, weil sie totales Entsetzen erlebt haben, aber ihm hat das gut getan. Das war ein Teil seines eigenen Entsetzens, das hatten dann auf einmal die anderen. [...] Das Makabere und Entsetzliche daran, auf den Tod eines anderen zu warten, wurde doch oft angesprochen. Das ist eine versteckte Schuldfrage.

Wenngleich die Organempfänger nicht am Tod ihres »Organspenders« schuldig sind, so ›profitieren‹ sie doch davon, eine Tatsache, die die Seelsorgerin Anna Kranz als »makaber« und »entsetzlich« bezeichnete und die Schuldgefühle zur Folge haben kann. Auch Bunzel bestätigt, dass diese belastende Situation zu Scham und Schuld führt, die oft nicht unterdrückt werden kann. Einer anderen Studie gemäß wird dieses Zusammentreffen von Angst, Schuld, Scham und Überlebenstrieb mit dem außerordentlichen Stress beim Überleben von Schiffbruch und Kriegsgefangenschaft verglichen (Bunzel 1993: 32).

Der ›Tag X‹

Die Transplantationskandidaten befinden sich während der »Wartezeit« in ständigem Kontakt mit ihrer Klinik – entweder über Telefon, Mobiltelefon oder aber einen Europiepser. Ein Anruf der Klinik bedeutet ›Tag X‹. Mit dem Anruf »Wir hätten da ein passendes Angebot für Sie«, wie es der Arzt von Jörg Paschke (24) formulierte, entfaltet sich die ganze Dramatik des Transplantationsablaufes: Der Anruf reißt sie ›mitten aus dem Leben‹.[170] Viele berichteten mir, in dem Moment auf einmal völlig ruhig geworden zu sein. Andere Patienten reagierten auf den Anfruf sehr nervös und bekamen Angst vor dem Eingriff. Liegen die potenziellen Empfänger bereits in der Klinik, beschrieb Walter Meinhardt (30),

wird einem einige Stunden vorher Bescheid gesagt, bevor es richtig losgeht. Wobei geguckt werden muss, ob der Patient wirklich gut ist, ob er fieberfrei ist, ob er sich in der Lage fühlt und so weiter. Außerdem sagt man meistens mehreren Patienten Bescheid, weil man erst kurz vor oder nach Entnahme des Organs sagen kann, für welchen das nun am allerbesten passt.

170 Diese Phase des Transplantationsablaufes nimmt auch in den von Wiebel-Fanderl aufgenommen Erzählungen eine herausragende Stellung ein (Wiebel-Fanderl 2000: 339-356).

Zwei meiner Gesprächspartner wurden, da man vergeblich versucht hatte, sie telefonisch zu erreichen, mit Hilfe der Polizei informiert. Eine sehr dramatische Schilderung ihrer Ängste und der Ausnahmesituation gab Martina Mecke (38):

Ich hatte an dem Tag Besuch bekommen von einem Freund. Der hatte mich ins Auto gepackt und wollte mit mir [einen Ausflug machen] und musste tanken. In der Tankstelle, er da zugange und ich sitze im Auto. Da denke ich mir, irgendeiner hat sein Handy nicht ausgeschaltet, weil das da gepiepst hat. [X] Das hat aber nicht aufgehört, und ich habe gemerkt, da ist gar keiner auf der Tankstelle, war überhaupt niemand da sonst. Nach einer Weile, ganz, ganz langsam ist der Groschen gefallen. Ich dachte mir, ›Das wird doch nicht dieses Teil sein?‹ Ich hatte das immer am Gürtel. Ich gucke dahin, und das blinkt schon so ganz [lacht] aufgeregt und rot. Ich habe dann glaube ich total hysterisch gekreischt. Und ich hatte mir die falsche Nummer notiert. Wenn dieser Cityfunk den Alarm gibt, muss man eine bestimmte Nummer anrufen. [...] Aber aus irgendwelchen Gründen haben die mir in der Klinik nicht die richtige Nummer gegeben, [lacht] das war die falsche. [X] [...] Ich dachte mir, ›Mein Gott, jetzt bin ich da an der Tankstelle, die haben ein Herz für mich, und ich kann mich nicht melden.‹ [lacht] Dann bin ich auf die Idee gekommen, diesen Arzt anzurufen, der mich jeden Tag [X] besucht hat, und habe gesagt, er solle doch bitte da anrufen und Bescheid sagen, ich würde gleich kommen.

Bernhard Schmidt (63) erzählte von zwei Anrufen. Wie auch bei zwei weiteren meiner Gesprächspartner hatte sich der erste Anruf als falscher Alarm herausgestellt.[171] Er erwähnte, dass in diesem Moment noch einmal ganz konkret die Entscheidung für oder gegen eine Transplantation gefällt werden musste:

Bernhard Schmidt: *Wie ich dann angemeldet war und auf diesen ›Tag X‹ gewartet habe, [kurze Pause] wurde ich im Krankenhaus – habe ich gerade dialysiert – angesprochen, ›Eine Niere ist für Sie da. Wollen Sie transplantiert werden? Ja oder Nein?‹ Die Entscheidung habe ich selbst getroffen. Das muss man auch.*
VK: *Das kann Ihnen auch niemand abnehmen.*
Bernhard Schmidt: *Das kann einem keiner abnehmen. [X] Habe ich bloß zu Hause angerufen und meine Frau war arbeiten, an unserem Arbeitsplatz. ›Eine Niere ist da. Ich komme nicht mehr nach Hause. Ich fahre jetzt nach München.‹ [X] Ich bin mit einer Ruhe da hingefahren. ... Das hat eben nicht geklappt, wie ich schon gesagt hatte. [X] Beim zweiten Mal, das war komplizierter. Normalerweise musste man sich bei den Nachbarn abmelden und sagen ›Hier ist die Telefonnummer, wo ich mich befinde, wenn eine Niere da ist.‹ Dass die dann auch wussten, wo sie anzurufen haben. Ich habe hier Quarkbällchen gebacken und bin weggefahren und kam abends an einem Sonntag [kurze Pause] mit meiner Frau so um acht Uhr nach Hause. Dann fuhr die Polizei durch, ich denke ›Mensch, am Sonntag Polizei?‹ Bin ins Haus rein und dann kam die Polizei, hat geklingelt. ›Ist Ihr Telefon kaputt?‹ ›Nein.‹ ›Wir suchen Sie schon über zwei Stunden.‹ Dann habe ich denen gleich den Wind aus den Segeln genommen, dass eine Niere da wäre. [X] Beim ersten Mal bin ich im Taxi gefahren worden, beim zweiten Mal mit Blaulicht. Das hat mich so verrückt gemacht, dies Blaulicht.*

---

171 Wiebel-Fanderl wurden die Fehlalarme in der Wartezeit auf eine Herztransplantation als »besonders harte Krisensituationen« geschildert (Wiebel-Fanderl 2000: 307).

Einen dramatischen Fall eines ›falschen Alarms‹ erlebte der auf ein Herz wartende Manfred Wille (52). Man hatte ihn bereits vollständig auf die bevorstehende Transplantation vorbereitet – sogar sein Brustkorb war operativ bereits geöffnet worden, um die Herzen austauschen zu können. Nach dem Anruf, so Manfred Wille,

> *[...] habe ich noch gebadet. Denn habe ich mir Sachen eingepackt und ein Taxi gerufen. Da bin ich in die Klinik gefahren und abends, hat gar nicht lang gedauert, gleich 'runter gekommen [in den Operationsbereich der Klinik, Anm. VK]. Da war hier wohl in der Nähe ein Unfall. [...] Ich bin 'runter gekommen, Oberkörper war schon auf. Die sind dann gefahren [in die Klinik, in der der »Organspender« lag, Anm. VK] und haben sich das Herz angeguckt. Ich weiß nicht, ob sie das entnommen haben. [X] Jedenfalls war das Herz wohl nicht so in Ordnung, wie er sich das vorgestellt hatte. Dann bin ich wieder zugemacht worden...*
> VK: *Ach, die hatten Sie schon...*
> Manfred Wille: *Ja ja, ich war ja schon auf, und das läuft eigentlich immer so ab, dass das Herz vor Ort wieder, bis der Patient 'rein in die Klinik gebracht worden ist, ist das hier gemacht worden. Na ja, das Herz hat ihm nicht gefallen. Ich denke, wenn das jetzt auf Leben und Tod gegangen wäre, dann hätten sie es vielleicht gemacht, [X] dass sie es erst mal 'reingesetzt hätten. Aber das ging mir so noch relativ gut, und dann hat er gesagt ›Wieder zumachen‹, und ist man aus der Narkose erwacht und...*
> VK: *...alles beim Alten.*
> Manfred Wille: *...ja, alles beim Alten. Dann war ich noch eine Woche in [der Klinik], man musste erstmal die Naht wieder zuwachsen lassen. Ich wollte nach einer Woche gerade nach Hause und wieder auf Wartebereitschaft sein. Da traf ich in der Chirurgie die eine Ärztin. Da haben sie zu mir gesagt, ›Herr Wille, heute Abend geht es los. Wir fliegen jetzt los.‹ Dann sind die von hier aus nach Bayern 'runtergeflogen [X] und haben da das Herz entnommen. Ich bin hier wieder runter gekommen, genau eine Woche später. Dann ging es nochmal los in der Nacht. [X] Na ja, und dann hat es geklappt.*

In der Klinik werden die potenziellen Organempfänger noch einmal auf ihren Gesundheitszustand hin geprüft. Was sich für die Betroffenen als eine Situation ›um Leben und Tod‹ darstellt, ist für die medizinisch-professionelle Seite ›normale‹ Routine. Auf die Patienten kann sich das in dieser Ausnahmesituation auch beruhigend auswirken, schilderte Martina Mecke (38):

> *Die erste Hürde ist, dass sie einen selber nochmal testen, ob man keine Infektion [X] hat. Nachdem das negativ entschieden ist, keine Infektion, wird das Organ nochmal getestet vor Ort, an diesem fremden Ort, wo das ist. Dann erst fangen sie mit der Anästhesie [X] an. Es war bei mir ungefähr um zehn Uhr, als sie mir sagen konnten. [X] ›Ja, ja‹. Das heißt, wir waren zweieinhalb bange lange Stunden in der Klinik, wo man irgendwie auf einem Bett sitzt und gar kein richtiges Zimmer hat. Da meint man, das kann man nicht aushalten, aber das ist eben nicht wahr. Das vergeht dann irgendwie [X] in diesem Routinebetrieb.*

Rainer Petersen (56) beschrieb, wie auch er im Vorraum zum Operationssaal unter der Ungewissheit litt, wann die Operation beginnen würde:

So ging das denn bis Mitternacht, bis ich dort 'runtergeschoben wurde. Und dann ist das Problem, dass man nicht weiß, geht es jetzt los. Man wird operationsfertig gemacht mit allem drum und dran. Man liegt da schon in dem Vorraum mit Braunülen in den Armen, gespickt wie eine Weihnachtsgans. [X] Und hinten herrscht dann kolossale Aktivität.

Im krassen Gegensatz dazu hatte sein Herz ganz ruhig geschlagen, wie ein Sportlerherz. Er assoziierte, dass sein altes Herz damit signalisieren wollte: »So nach dem Motto ›Ich will hier nicht raus, ich möchte bleiben‹«. Dies war jedoch das einzige Mal, dass in einem Gespräch etwas von dem bevorstehenden Verlust eines lebenswichtigen Körperteils berichtet wurde.

Im Extremfall, wie bei Jörg Paschke (24) und Uwe Lüdecke (58), wurden die Patienten in ein künstliches Koma und an ein Kunstherz gelegt, sodass sie in dieser Wartephase zwischen Leben und Tod tatsächlich nicht mehr bewusst an dieser Welt teilhatten. Gerade bei Herztransplantationen – wenn das alte Herz bereits entnommen, das ›neue‹ Herz aber noch nicht eingesetzt wurde, spitzt sich das Bild der liminalen Phase ›zwischen zwei Leben‹ zu: Ein Körper mit geöffnetem Brustraum, der auf den ›Empfang‹ des Herzens wartet, das ein »zweites Leben« ermöglichen soll. Dies, so schreibt der herztransplantierte Philosoph Jean-Luc Nancy, übersteige sein Vorstellungsvermögen:

»Wie kann das sein – ein Herz ersetzen? Die Sache übersteigt mein Vorstellungsvermögen. (Die Öffnung des gesamten Brustkorbs, die Instandhaltung des zu verpflanzenden Organs, der externe Blutkreislauf, für den die Herz-Lungen-Maschine sorgt, das Vernähen der Koronargefäße... Ich verstehe durchaus, weshalb die Chirurgen diesen Punkt für unwesentlich erachten: die Koronargefäße, die der Bypass verbindet, sind verhältnismäßig klein. Trotzdem drängt sich bei der Verpflanzung das Bild eines Durchgangs durch das Nichts auf, eines Heraustretens in einen Raum, der von allem Eigenen, von allem Inwendigen und Vertrauten geleert worden ist. Oder dringt nicht vielmehr dieser Raum in mich ein: Schläuche, Pinzetten, Nähte und Sonden?)« (Nancy 2000: 27-29)

Die Zeit auf der Intensivstation nach einer Organtransplantation ist eine Grenzerfahrung. Patienten befinden sich in vollkommener Abhängigkeit von der Medizin, den Schwestern und Pflegern und den Apparaten, mit denen sie – analog einer Nabelschnur – über Kabel und Kanülen verbunden sind. Patienten sind direkt nach der Operation oftmals kaum fähig, die geringsten Lebensfunktionen aus eigener Kraft durchzuführen. Ihr Körper ist durch den medizinischen Eingriff und die notwendige Medikation massiv belastet, zusätzlich sind die Patienten den Belastungen einer Intensivstation ausgesetzt, auf der es oft unruhig, laut und hell ist. Gesa Lindemann spricht in diesem Zusammenhang von der Verwandlung eines Patientenkörpers in eine »biotechnische Gestalt«, die auch auf sie als beobachtende Soziologin fremd gewirkt hatte:

»Intensivpatientinnen sind in einer auffälligen Weise ›verkabelt‹. Es hat auf mich befremdlich und unheimlich gewirkt, in welchem Ausmaß Schläuche und Kabel in den Körper hinein (oder aus ihm heraus?) verlaufen. Einige von ihnen waren mit großen Spritzen verbunden. Andere Kabel verlaufen zu Druckmeßgeräten und von dort aus weiter zu einem Monitor. Wieder andere Kabel enden blind nach wenigen Zentimetern außerhalb des Körpers.« (Lindemann 2002: 149)

Die von der Umwelt abgegrenzte körperliche Integrität ist damit bedroht. Die Entgrenzung wird noch eindrücklicher, betrachtet man die so genannten Zugänge, neue technische Körperöffnungen, die den Patienten zugefügt wurden, um die in großem Maße zu diagnostischen Zwecken notwendige Blut- und Flüssigkeitsentnahme und -einleitung einfacher handhaben zu können:

»Die gelegten Zugänge werden mit einem Dreiwegehahn verschlossen, d.h., ganz nach Belieben können die Blutbahnen einer Patientin zugänglich gemacht werden. [...] Um der Patientin Blut [...] zu entnehmen, muß nicht immer aufwendig in sie hineingestochen werden. Es reicht einen Dreiwegehahn aufzudrehen und schon fließt die diagnostisch relevante Flüssigkeit aus der biotechnischen Gestalt.« (Lindemann 2002: 164)

Die vollkommene Abhängigkeit von den Schwestern und Pflegern sowie die psychische Belastung durch die vorherrschende Unruhe und die fehlende Privatsphäre schilderte Walter Meinhardt (30) sehr eindrücklich:

Du bist von denen ganz schön abhängig, bist davon abhängig, dass sie dir von den Lippen ablesen können, wenn du etwas mitteilen möchtest. Oder dass sie dir einen Zettel geben, wenn du ein Wort aufschreiben möchtest. [Pause] Wenn du mit deinen Augen was sagen willst, können sie ja auch einen Spruch lassen, ›Ist alles gut, und machen Sie sich keine Sorgen‹, und du hast trotzdem ein Problem, ... also ganz deutlich vollkommen abhängig von denen. [...] Das Anstrengendste auf der Intensivstation ist, du musst da ja nichts tun im Prinzip, aber du wirst dauernd gestört, kannst nicht schlafen. ... Du hast 48 Stunden oder 36 Stunden um dich herum nur Gepiepe, und sie stöpseln dir irgendwelche Infusionen, anhängen und Blut abnehmen, das Bett wird dauernd gemacht und ... [...] Meistens läuft ein Radio irgendwo. [Pause]. Man schläft zwischendurch mal eine halbe Stunde, aber du hast das Gefühl, dass du echt zwei, drei Tage wach bist und bist wirklich kurz vor dem Durchdrehen.[172]

Martina Mecke bezeichnete die Zeit auf der Intensivstation als »Reifeprozess«, womit sie eine sehr passende Analogie für diese Durchgangsphase gefunden hat: Die Frischoperierten sind von ihrer Gemeinschaft isoliert, nach einer Organtransplantation wird diese Isolation aufgrund der erhöhten Ansteckungsgefahr noch strenger gehandhabt. Auch dieser Aspekt korreliert mit dem Konzept des Durchgangsritus, in dem die Teilnehmenden von der restlichen Gemeinschaft abgesondert sind. »Es durfte niemand rein«, meinte Bernhard Schmidt (63) von seiner Zeit auf einer Isolier-

172 Angsteinflößend und verunsichernd ist diese Zeit gerade auch für die Angehörigen, die die Gratwanderung zwischen Leben und Tod – vor allem in den Fällen künstlichen Komas bzw. massiver psychischer Überlagerung von Patienten – sehr viel intensiver mitbekommen als diese selbst.

station nach der Transplantation, »man war wie im Knast. [Da] war nur so eine Luke, da kam das Essen durch.« Indem sie auf der Intensivstation die dortigen Klinikhemden tragen und auf andere persönliche Dinge weitestgehend verzichten müssen, sind den Patienten ihre persönlichen Insignien genommen. Auch das Geschlecht spielt auf der Intensivstation eine untergeordnete Rolle, da es keine getrennten Abteilungen für Männer und Frauen gibt. Schritt für Schritt müssen sich die Patienten ihre grundlegenden Lebensfunktionen wieder aneignen und langsam in das Leben zurückfinden: Atmen, Trinken, Essen, »sich erleichtern«, Laufen, Waschen und so fort. Man kann dies im Sinne van Genneps als langsame Wiedereingliederung, ein Wiedereinfinden in die Normalität interpretieren, zumal, da es wie bei einem Kind um das (Wieder-) Erlernen elementarer Lebensvorgänge und eine schrittweise Abnabelung vom Klinikpersonal in das »neue Leben« geht.

Häufig ist kurz nach einer Transplantation eine Art euphorischer Schub zu bemerken, in dem die Patienten ihre neu gewonnenen Möglichkeiten austesten. So können bei Herztransplantierten mitunter kurz nach einer Transplantation massive Verbesserungen der körperlichen Leistungsfähigkeit auftreten. So die Erfahrung Martina Meckes:

Gleich nachdem ich aufgewacht bin, war ich wirklich sehr, sehr optimistisch, weil ich mir dachte, die erste große Klippe ist geschafft. [X] Das Herz hat wieder angefangen zu schlagen, und es ist nicht diese ganz schnelle Abstoßung eingetreten. Dann funktioniert diese Taktik der kleinen Schritte. Dann kommt der Tubus raus, und dann zählt man, wie von diesen vielen Infusionen, an denen man hängt, wie es immer wieder eine weniger wird. [X] Oder wie die Intervalle, mit denen sie einem die Infusionen geben, wie die größer werden. Man kommt sich vor wie in einem Reifungsprozess, ja? [X] Man sieht es irgendwie und spürt es auch.

Eine unglaubliche Erfahrung ist es für Herzpatienten, wenn sie vor der Transplantation lange Zeit nur liegen bzw. halb sitzen konnten und sich einige Tag nach der Operation, manchmal noch auf der Intensivstation, körperlich ertüchtigen können. Manfred Wille (52) schilderte, »nach der Transplantation am andern Tag schon auf dem Fahrrad« gewesen zu sein, »mit den ganzen Schläuchen, das sah [aus], ja, wie so ein Weltraumfahrer«. Rainer Petersen (56), der vor seiner Herztransplantation bettlägerig war und zu nichts mehr Kraft hatte, berichtete von seinen ersten Schritten in sein »neues Leben«, für das er sich vor der Transplantation neue Schuhe gekauft hatte:

Bei mir ging das problemlos. Das neue Herz ist auch von selbst angelaufen, das mussten die gar nicht elektrisch schocken. [X] Das haben die reingesetzt, angedreht, und dann ging das los. Und vier Stunden später hab ich auf eigenen Füßen gestanden. Da bin ich das erste Mal richtig wach gewesen, war auch ansprechbar und konnte schon meine ersten Scherze machen. Dann hatte ich zur OP-Schwester gesagt, na ja, mehr aus Scherz, ›Also, dann steh' ich gleich auf.‹ ›Ja‹, sagt sie, ›ich helfe Ihnen‹. [Lachen] Ich hab mich so erschrocken, und dann kam sie tatsächlich rum. Mir war gar nicht nach aufstehen [X], mir ging es eigentlich so dreckig, mir tat alles so weh. Ich wollte mich auch nicht blamieren und dachte, ›Oh, das hast du nun von deinen Reden!‹ Dann haben sie mich da hingestellt. Da hatte ich hier diese neuen Schuhe. Die hatte ich mir [im Urlaub] mal gekauft. Da habe ich mir gesagt, ›Wenn du transplantiert bist, die ersten Schritte machst du in diesen Schuhen.‹ [X] Die standen da vor dem Bett. Dann bin ich da 'reingetappst, und siehe da, ich konnte stehen. Die wollten mich stützen und was weiß ich, brauchten sie nicht. Ich habe gemerkt, wie die [Ärzte, Anm. VK] da alle standen und drehten sich um und haben gesagt ›Was ist das denn für einer? Den haben wir doch da erst hingeschoben?‹ Das waren so die ersten Erlebnisse.

Neben den euphorischen Gefühlen nach einer Transplantation wurde mir aber auch von großer Angst, Albträumen und Wahnvorstellungen nach der Operation berichtet. Medizinisch-psychologisch spricht man hier vom so genannten Durchgangssyndrom[173], das häufig nach schweren operativen Eingriffen und Vollnarkosen auftreten kann. Bei Transplantationspatienten kann es zudem eine Reaktion auf die immunsuppressiven Medikamente und das Kortison sein. Ihre Dauer und Intensität ist sehr unterschiedlich. Nach Organtransplantationen, so legen Baureithel/Bergmann nach ihren Gesprächen mit in der Transplantationsmedizin tätigen Neurologen und Psychotherapeuten dar, kommen dabei häufig Wahninhalte von Raub, Tötung oder Verschwörungen vor (Baureithel/Bergmann 1999: 203-217). Matthias Heise (54) beschrieb, wie nach der Nierentransplantation bei ihm »kopfmäßig etwas durchgebrannt« war und er sich alle Schläuche und Zugänge herausgerissen hatte, was mir auch viele andere meiner Gesprächspartner berichteten:

Matthias Heise: *Ich war nervös, ich konnte nicht ruhig liegen, immer hin und her gedreht. Ich war ja ziemlich fixiert mit den ganzen Schläuchen und so wegen der Katheter. Musste ruhig liegen und hier ein Zugang am Hals. [...] Es hat keinen Zweck, es wird sowieso nichts. Ich war total ... [X] ... weiß nicht, irgendwie hat's da einen Krach gegeben. ... [X] ... Ich war weg. Durchgebrannt. Ja, und die Nacht drauf ... habe ich mir alles 'rausgerissen. Den Zugang hier [X] zum Herzen. Hier unten diesen Katheter abgerissen, abgedreht. Bin aus dem Bett raus, hab' da gestanden, hatte nur noch das OP-Hemd an. [X] Habe da gestanden wie ein Häufchen Elend. Ich sehe mich da selbst noch. Hier dieser Schlauch von dem Harnleiter war abgerissen. Oh, Gott, die haben ... mich da wieder hingepackt, ich habe Beruhigungsmittel gekriegt, und ich kann mich nicht mehr genau erinnern, wie es alles war. [X] Zweimal habe ich hier verschiedene Sachen abgerissen.*
VK: *Hatten Sie da also Angstzustände?*
Matthias Heise: *Ja, total. [X] Total Angst. Und immer schwarz gesehen.*

173 Das Durchgangssyndrom ist laut Pschyrembel (1993) eine reversible Form der akuten organischen Psychose, die in schweren Fällen mit Gedächtnisstörungen und möglicherweise mit Konfabulationen und Halluzinationen einhergehen kann. Bavastro deutet postnarkotische psychische Veränderungen wie das Durchgangssyndrom als Inkarnationsstörungen (Bavastro 1994: 99). Wiebel-Fanderl stellte in ihrer Erhebung fest, dass es sich beim Durchgangssyndrom eher um ein Tabu- denn um ein Erzählthema handele, über das sie von den Herztransplantierten selbst wenig erfuhr (Wiebel-Fanderl 2000: 315-322).

Monika Wiese (58) hielt in ihren Tagebuchaufzeichnungen nach der Transplantation, die sie mir freundlicherweise zur Verfügung stellte, ihren Verfolgungswahn fest, den sie nach der Transplantation auf der Intensivstation erlebte. Sie hatte von einer Virusinfektion gehört, die Transplantierte treffen kann und die sie sehr beunruhigte. Sie fragte eine Schwester, ob sie sich mit dem Virus infiziert habe:

Sie verneint und sieht mich streng an. Ich glaube ihr nicht. Die Sache eskaliert. Ich möchte keine Infusion mehr haben. Draußen stehen einige vermummte Männer und kündigen an, daß sie gleich hereinkämen. ›Wozu?‹, denke ich – ›Aha, der Virus!‹. Wer weiß, was sie vorhaben? Ich habe keine Kraft davonzulaufen und verweigere deshalb alles – höchste Alarmstufe für mich. Ich weiß nicht mehr, ob ich den Leuten hier trauen kann. Wahrscheinlich wollen sie mich loswerden. Was werden sie tun – sie werden mich ermorden, aber wie, es ist alles so unwirklich – ich möchte schreien – niemand wird mich hören. In die leere Ecke des Raumes wird ein lebloser Mensch auf einer Bahre hereingeschoben. Ich kann deutlich die Füße und Beine erkennen. Er soll versorgt werden. Ein Unfallopfer, höre ich. Alles gelogen – denke ich. Der Mensch ist tot und ich werde wohl auch bald tot sein. Eine Spanische Wand wird aufgestellt. Ich höre nur furchtbare Geräusche, die beim Absaugen entstehen – wann hört das auf? Der Arzt und die Schwestern, die zwischendurch auch mich betreuen, sprechen miteinander – vieles verstehe ich nicht. Und plötzlich komme ich zu dem Schluß, das Ganze ist eine gespenstische Komödie, mit deren Hilfe ich beseitigt werden soll. Ich kann nicht weglaufen, mußalles über mich ergehen lassen. (Tagebuchauszug Monika Wiese)

Walter Meinhardt (30) erzählte von zwei Wachträumen von jeweils ein paar Minuten Dauer. Die folgende Schilderung lässt vermuten, dass es dabei auch um eine Verarbeitung des Eingriffs in die körperliche Integrität geht:

In einem Fall war das, dass eine Schwester bei mir Blutdruck gemessen hat, am linken Arm, und ich habe die Schwester gesehen und dann noch fünf, sechs andere Personen am Bett, die auch Krankenhauskleidung trugen, aber statt einem Kopf so einen Flaschenhals hatten. Ich hatte die Vision, dass sie mir den Arm abmachen. Also, wie so von einer Schaufensterpuppe, so mittels eines [?]-Netzverschlusses, so ›klack-klack‹, Arm ab. [X] Das war ein sehr reales Empfinden und hat mich natürlich [Lachen] auch ein bisschen beunruhigt.

Die Seelsorgerin Beate Müller erläuterte mir ihre Sicht auf das Durchgangssyndrom, in dem sie die Sprache des Unbewussten erkenne. Sie berichtete von Träumen zweier Transplantierter, die zum Thema haben, dass ihre Lebensgrundlage wieder zerstört werde, und ist der Ansicht, dass man diese Träume ernst nehmen sollte, da sich in ihnen die Ängste der Betroffenen äußerten:

Richtig deutlich wird es, wenn Sie sich an das Durchgangssyndrom erinnern. Das sind die Träume, die aus dem Unterbewussten kommen. Ein Patient hat geträumt, dass ihm einer an die Brust will und das Herz wieder herausholen will. Da verbirgt sich dahinter, das ist nicht meines, das kann man mir wieder wegnehmen. Denn ich käme nicht auf die Idee, dass das jemand haben will. Eine Lungentransplantierte war eine sehr gläubige Frau. Die Grundlage ihres Lebens war ihr Glaube, und ihr schönstes Bild war der Hirte mit den Schafen. Im Durchgangssyndrom hat sie erzählt, dass der Hirte ein zerreißendes Monster wurde und die Schafe zu bläkenden Tieren. Die wollten was von ihr, die wollten sie zerstören. Für mich war ganz deutlich, dass die Grundlage ihres Lebens entzogen war. Das war ein Moment, wo sie auf der Intensivstation versucht hat, sich von allem zu befreien und Suizid zu begehen. Das Durchgangssyndrom lässt durch, was sonst nicht durchkommt. In der Krisensituation gibt es eine Krisensprache oder Symbolsprache, die aus der gleichen Schicht kommt wie die Träume. Das Durchgangssyndrom sollte man sehr ernst nehmen, weil da die Seele zum erstenmal ganz offen über ihre Ängste spricht. Die Ärzte tun das ab als Hirngespinste, aber von uns wird das ernst genommen.

Die von der Seelsorgerin geschilderten Traumbilder lassen sich dahingehend interpretieren, dass ein transplantiertes Organ eines nun verstorbenen Menschen nicht sofort selbstverständlich als Teil des eigenen Körpers angeeignet werden kann – zumindest nicht im Unterbewusstsein. Die Vorstellung, es könnte dem Körper wieder entrissen werden, lässt die Frage dahinter vermuten, ob man es sich auch ›rechtmäßig‹ angeeignet hat oder sich schuldig fühlt, etwas zu besitzen, was eigentlich einem anderen Menschen gehört. Metaphorisch gesprochen stellt das Durchgangssyndrom einen Teil des Übergangs in das neue Leben dar, der mit Ängsten, Schmerzen und Schrecken besetzt ist.

Haben die frisch Transplantierten diese Phase überstanden, werden von ihnen die Wiederaufnahme der erkrankten Körperfunktionen, wie bspw. der Stoffwechsel, die Entgiftung des Körpers, oder auch ein wieder leistungsstarkes Herz als tatsächliche Verjüngung empfunden. Monika Wiese (58) schilderte ihre Gefühle nach ihrer Lebertransplantation:

Zunächst ist das ein euphorisches Gefühl nach der Operation. Körperlich ist man ja schon vorbereitet auf den Tod, und nun fängt der Stoffwechsel wieder an zu arbeiten. Nur, es ist keine Muskulatur mehr da und alles andere ist schon am Absterben. Und auf einmal funktioniert der Stoffwechsel wieder wie bei einem jungen Menschen.

Sie beschrieb weiter, wie sich »analog zur Auferstehung der Natur aus dem Winterschlaf« ihre postoperative Entwicklung vollzog und ihr »Mut zur Selbstständigkeit« zunahm. Wie ein Kind habe sie wieder angefangen, die Welt zu entdecken, jede neu errungene Fähigkeit empfand sie als einen Erfolg.

Das Waschen und Aufstehen hinterher waren wunderschöne Erlebnisse. Ich hatte dann ein Faible für's Tasten. Es war wie in der Kindheit: Fühlen, Schmecken, Tasten. Die Sonne, es war wie ein Wunder!

Und Schritt für Schritt wird die Welt zurückerobert:

Niemand, der nicht in der gleichen Lage war, nämlich nach totaler körperlicher Unzulänglichkeit wieder zu Kräften gekommen zu sein, kann sich vorstellen, wie es ist, wenn man hinaus ins feindliche Leben der Großstadt gehen kann. Heute war der große Tag! [...] Wie schnell man unsicher wird, wenn man den täglichen Dingen, wie Straßenverkehr, eine Weile entzogen wird. Ich musste ganz von vorne anfangen.

Auch Uwe Lüdecke (58) erzählte, wie das, was vorher so selbstverständlich war, ganz langsam erst wieder anfing, selbstverständlich zu werden. Diese Schilderungen sind häufig verbunden mit Aussagen über erhöhte Sensibilität dem Leben und allem Schönen gegenüber. Bis hier stimmen die Assoziationen, die eine Transplantation mit all ihren Begleitumständen als einen *Rite de Passage* erkennen lassen, und das Gefühl, ›neugeboren zu sein‹, das viele Organempfänger danach verspüren, mit dem Bild vom »geschenkten Leben«, wie es im öffentlichen Diskurs gezeichnet wird, überein.[174] Besonders positiv und befreiend wird das Leben nach einer gelungenen Transplantation oftmals von langjährigen Dialysepatienten erlebt. Da die Dialyse wegfällt, haben sie viel mehr Zeit zur Verfügung und können nach Jahren restriktiver Diätführung wieder essen und trinken, was sie möchten. Vor allem nicht mehr unter ständigem Durst zu leiden, stellt eine große Verbesserung im subjektiven Lebensgefühl dar. Auch die wiederkehrende Sexualität, die bei Dialysepatienten oftmals stark eingeschränkt war, trägt hierzu bei. Diese Euphorie weicht jedoch wieder, wenn die ersten Rückschritte oder Komplikationen auftreten, die deutlich machen, dass der Weg nach einer Transplantation kein einfacher ist, wie Martina Mecke (38) dies schilderte:

Es ist ziemlich schnell wieder aufwärts gegangen. Ich dachte mir, das ist so. Am Anfang bist du ganz schwach und hilflos und so weiter, und es geht eben so langsam den Berg wieder 'rauf. Und dem ist nicht so! Man geht bis zur Mitte des Berges, dann fällt man wieder 'runter und dann fällt man wieder ein bisschen 'rauf. Ich denke, man erreicht ungefähr dreiviertel des Berges wieder. Man ist nie wieder richtig gesund, weil man nie wieder richtig normal und unbefangen mit sich und seinem Körper und auch mit der Umwelt umgehen kann.

Ihre letzte Äußerung verweist darauf, dass auf körperlicher Ebene eine Veränderung stattgefunden hat, die sowohl den Umgang mit sich *selbst* als auch mit der Umwelt beeinflusst. Insofern ist das Bild des Übergangsritus weiterhin stimmig: Patienten sind nach einer Organübertragung nicht geheilt, sondern in einen Zustand der chronischen Krankheit entlassen. Ihnen ist damit eine neue bzw. zusätzliche Identität verliehen worden, die sie mit vielen anderen Patienten gemeinsam haben: als Organtransplantierte. Dieses Leben ist von vielen Risiken und Folgeerkrankungen geprägt, die dem Bild eines unbeschwerten, normalen, gesunden Lebens nach einer Organübertragung widersprechen. Im folgenden Abschnitt geht es darum, den bleibenden Auswirkungen einer Transplantation auf körperlicher Ebene und der Ebene der leiblichen Empfindungen nachzuspüren.

---

174 Manche schaffen den Schritt zurück ins Leben nicht. Sie versterben auf der Intensivstation oder auf einer Transplantationsstation, manchmal nach Monaten des Leidens.

Leben unter dem Damoklesschwert[175]

> »Da die ängstliche Selbstbeschauung immer Irreguläres aufspürt – immer zuckt, zieht, drückt, knirscht, bohrt oder beißt etwas, [...] mußte ich mir den Körper, so gut das halt geht, vom Leib halten [...].« (Werner 1995: 35)

Mit der Übertragung eines Organs und der Genesung nach der schweren Operation ist die Behandlung ›Organtransplantation‹ nicht abgeschlossen. Eine Organübertragung bewirkt eine Transformation auf physischer Ebene, durch die die Patienten nie mehr die Autonomie eines gesunden oder geheilten Menschen zurückerlangen werden. Zwar sind die Ärzte, Krankenschwestern und Pfleger sozusagen die ›Geburtshelfer‹ in das »geschenkte Leben«, allerdings werden die Organempfänger nie vollständig in ihr neues Leben entlassen. Denn durch die Transplantation werden sie zu Dauerpatienten, deren körperlicher Zustand der ständigen Kontrolle durch die Transplantationsmedizin bedarf. Die klinischen Untersuchungen, die, wie bspw. bei einer Biopsie oder einer Herzkatheteruntersuchung, immer wieder eine körperliche Grenzverletzung darstellen, sind physisch wie psychisch sehr anstrengend. Sie haben laut Martina Mecke (38) zur Folge,

dass man durch diese ganzen Untersuchungen natürlich ramponiert wird, körperlich ramponiert und psychisch ramponiert. Was jetzt nicht vorsätzlich vonseiten der Ärzte [X] passiert, sondern das kostet einfach unheimlich viel Substanz.

Dadurch kommt es zu einer sehr engen Anbindung der Patienten an ›ihr‹ Transplantationszentrum. Martina Mecke schilderte das Empfinden, »dass man permanent an dieser engen Leine der Klinik hängt«. Monika Wiese (58) fasste die Verbindung mit ihrer Klinik in folgende Worte: »Das hab ich meinen beiden Ärzten gleich gesagt. Die eine [Ärztin] ist meine Mutter, der andere mein Vater – für das zweite Leben. Mit der Klinik bin ich wie mit einer Nabelschnur verbunden.«

Über die Tatsache hinaus, das Organ eines anderen Menschen in sich zu tragen, ist ein Leben nach gelungener Transplantation und Genesung von weitreichenden Begleiterscheinungen geprägt. Der Körper der Organempfänger ist nicht nur in seiner physischen Struktur durch das implantierte Organ verändert, auch das Immunsystem

175 Olivier Coustere, Sekretär der *World Transplant Games Federation*, verwendet diese Metapher für das Leben nach einer Transplantation: »They are living with a Sword of Damocles over their heads: there is always a threat – the fear of rejection or a relapse« (Coustere 1998: 3).

der Empfänger muss lebenslang beeinflusst werden, um das fremde Organ nicht abzustoßen. Durch die Unterdrückung seines Immunsystems befindet sich der Körper auf Dauer in einer Art Ausnahmezustand, der einen vorsichtigen Umgang mit der sozialen Umwelt erfordert. Auffällig ist, dass in meinen Gesprächen mit Organtransplantierten das positive Bild vom Immunsystem als flexibel und anpassungsfähig, dem bis zu einem gewissen Grad auch die ›Toleranz‹ gegenüber einem ›fremden‹ Organ beigebracht werden kann,[176] selten thematisiert wurde (vgl. Kap. 3.1.1 und Hauser-Schäublin et al. 2001: 268-269).[177] Dagegen wird gerade der Aspekt der Entfremdung bei Organtransplantationen über die Schwierigkeit der Inkorporation eines lebenden Körperteils eines anderen Menschen noch weiter verstärkt durch die notwendige Manipulation des Immunsystems des Empfängers oder der Empfängerin. Auch die beträchtlichen Nebenwirkungen der Medikamente beeinflussen die leibseelische Befindlichkeit von Transplantierten und können, so Appelsmeyer (2001: 44), zu Entfremdungs- und Schamgefühlen führen. Auch große Angst und Verunsicherung in der ersten Zeit nach der Transplantation sind häufig.[178] Martina Mecke (38) schilderte, wie wichtig in diesem Zusammenhang für sie das Beispiel anderer Transplantierter war, von deren Erfahrung sie profitieren konnte.

Ich hatte so viele Zipperlein und so viele Wehwehchen, und ich hab', hatte ziemliche Angst, ich könnte so hysterisch werden. Sie haben in der Klinik gesagt – sie hatten mir ja schon vorher unterstellt, ich hätte etwas gehabt, was ich mir nicht zugestanden hätte, ich hätte das vielleicht spüren müssen oder sonst irgend etwas [ihren drohenden Herzinfarkt, der zu ihrer Transplantation führte, Anm. VK]. Da war ich natürlich im Zwiespalt. Einerseits hab' ich das Gefühl gehabt, ich muss jetzt wirklich alles sagen, was ich merke, andererseits dachte ich mir, das kann ich nicht. Da war das eine gute Kontrolle für mich. Da habe ich jemanden gefragt, ›Ich hab jetzt das und das, ist das normal?‹ [lacht] Dann hat irgendeiner schon so, ›Ja, das hatte ich auch, das geht wieder weg‹ und so. Das war für mich total wichtig. [X] Also, dass man so eine Kontrolle hat und nicht mit jeder Kleinigkeit den Ärzten den Kopf vollschwallt, sondern dass man ein Gefühl dafür kriegt, was ist eben in der Relation [X] noch stimmig oder nicht. Das andere war, ich habe das total gebraucht, solche Menschen zu sehen, die schon acht oder zehn Jahr transplantiert sind und im Garten arbeiten, was ich gar nicht möchte [lacht], oder Campingurlaub machen, was ich auch nicht möchte. Aber die unternehmungslustig sind und die leben können. Das war in dem klapperigen Zustand mit Mundschutz und so weiter, wo man immer ängstlich auf die Uhr schaut, ob jetzt die – am Anfang muss man noch so ein Anti-Virenmittel nehmen, ich glaube alle vier oder alle sechs Stunden. Dann hat man immer so verschiedene Rhythmen, wo man ängstlich guckt. Da war das total wichtig, dass man sieht, wie

---

176 Die Dosierung der immunsuppressiven Medikamente kann mit zunehmendem Abstand zur Transplantation verringert werden.

177 Ausführlich dagegen findet es sich in dem Buch »The heart's code. The true stories of organ transplant patients – and what they reveal about where we store our memories« von Paul Pearsall (1998).

178 Vgl. hierzu auch den Abschnitt »Springt die Niere an oder nicht?«.

gelassen die damit umgehen. Wie die ihr Sandimmun[179] *einwerfen und sich die Hände vorher gar nicht mehr desinfizieren und so weiter.*

Ihre Schilderung verdeutlicht, dass das Leben nach einer Transplantation nicht als ›normal‹ und gesund eingestuft werden kann. Gerade die Vielzahl an Verhaltensmaßregeln, um den Körper vor Infekten zu schützen, wie auch die lebenslange genaue Einnahme der immunsuppressiven Medikamente und die dem kürzlich transplantierten Menschen noch unbekannten Nebenwirkungen derselben verunsichern die Betroffenen. Darüber hinaus müssen sie sich möglicherweise auch an äußerliche Veränderungen ihres Körpers gewöhnen. Die Nebenwirkungen können sich (v.a. durch das Kortison) auf das körperliche Erscheinungsbild auswirken, wie zum Beispiel verstärkter Haarwuchs und veränderter körperlicher Geruch oder starke Gewichtszunahme durch verstärktes Hungergefühl und daraus folgend das kortisontypische »Mondgesicht« (*Cushing*-Syndrom). So fragte sich ein Nierentransplantierter, wie er mir bei einem Sportfest für Organtransplantierte berichtete, eines morgens vor dem Spiegel: »Huch, wer bist du denn? Ich kenne dich zwar nicht, aber ich rasiere dich trotzdem.« Durch die starken Medikamente kann es bei Transplantierten gerade in der ersten Zeit nach der Transplantation oder aber bei Bekämpfung einer Abstoßungskrise zu parkinsonähnlichem Zittern kommen. Aber auch die psychische Verfassung wird zum Teil durch die Medikamente beeinflusst. Einige Organempfänger berichteten von Depressionen, die sie vorher nie gehabt hätten und auch nicht zu sich selbst gehörig empfänden. Gisela Lemke (46) führte dies auf Nebenwirkungen der Medikamente zurück:

Es war wohl sehr stark auch das Kortison, was mich unruhig machte und depressiv. Ich war geistig zu nichts fähig. [...] Ich konnte sechs Wochen nach der OP keinen Gedanken fassen, in die Tat umsetzen. Ich war konfus. Ich fühlte mich geistig behindert. Ich konnte auch nicht lesen. Nicht fernsehen.

Ein weitere Schwierigkeit nach einer Organtransplantation ist die Tatsache, dass eine chronische Abstoßung nicht erspürt werden kann, sondern nur durch eine Biopsie nachzuweisen ist. Neben den physischen Begleiterscheinungen und Schwierigkeiten, die eine Transplantation und die andauernde Immunsuppression mit sich bringt, ist die Angst – primär vor einer Abstoßung, die tödlich verlaufen kann, aber auch vor Folgeerkrankungen sowie der erhöhten Ansteckungsgefahr durch die Immunsuppression – ständiger Begleiter eines Lebens mit einem transplantierten Organ (s. a. Wendt 1999). Die tägliche Medikamenteneinnahme, die zu festen Uhrzeiten zu geschehen hat, ist dabei die ständige Erinnerung daran, dass man nicht geheilt ist, was Peter Vogel (37) wichtig war zu betonen:

---

179 Produktname eines verbreiteten immunsuppressiven Medikaments.

Peter Vogel: *Wichtig ist mir, dass deutlich wurde, dass insbesondere transplantiert sein nichts mit gesund sein zu tun hat. Weil sich das manchmal so anhört. [X] Ich finde, das wird sehr schön deutlich, dass ja auch Transplantation ein Nierenersatzverfahren ist.*
VK: *Wie würdest du dich dann bezeichnen? Als Gesunder würdest du dich dann nicht bezeichnen?*
Peter Vogel: *Nein, natürlich nicht.*
VK: *Als chronisch Kranker.*
Peter Vogel: *Ja, als chronisch krank, klar! Auf jeden Fall. Ich haue mir jeden Tag eine Handvoll Tabletten in den Kopf, also bin nicht mehr so leistungsfähig. [X] Gut, ich bin jetzt im Vergleich noch einigermaßen gut in Form. [X] Aber letztlich gibt es da eben Unterschiede. [...] Da hab' [ich] schon geguckt, weil mir immer klar war, das ist nicht für die Ewigkeit. Transplantation ist nicht für immer, das wird schlechter werden. Und tut es auch, seit einem Jahr oder so.*

Der Gedanke an die allgegenwärtige Bedrohung ist bestimmend für das Leben mit einem transplantierten Organ.

»Das [der Gedanke an die Abstoßung] ist schon rund um die Uhr da. Wer das abstreitet, der lügt.« (Nierentransplantierter, zitiert nach Engelke 1998: 115)

Der Gedanke an eine Abstoßung ist immer auch der Gedanke an den Tod, was die Ehefrau eines Herztransplantierten laut Wiebel-Fanderl zu der Aussage veranlasste »Der Tod sitzt bei uns immer mit am Tisch« (Wiebel-Fanderl 2000: 238). Auch bei den von tiefer Lebensfreude geprägten Sportwettkämpfen für Organtransplantierte war die Angst vor Abstoßungen bei den Sportlern zu spüren. Innerhalb der deutschen Mannschaft bei den *World Transplant Games* in Sydney, Australien 1997 (s.u.) wurde in den ersten Tagen immer wieder der richtige Zeitpunkt für die Tabletteneinnahme diskutiert.[180] Die Sportler erinnerten sich auch gegenseitig an die Einnahme (»Hast du deinen Nachtisch schon gehabt?«). Ein Sportler hatte bei den Weltspielen in Sydney seine Hauswaage im Gepäck, um durch ständige Gewichtskontrolle sofort erkennen zu können, wann sich Wassereinlagerungen bildeten, die auf eine Abstoßung hinweisen könnten. Ein seit 14 Jahren Nierentransplantierter meinte zu mir, die Angst, ob alles gut gehe, sei immer mit dabei. Am Rande kamen die Gespräche bei Wettkampftreffen immer wieder auch auf diejenigen zurück, die es nicht ›gepackt‹ hatten und an den Spielen nicht mehr teilnehmen konnten. Viele Transplantierte kennen die organspezifischen Überlebensraten, sie wissen um verstorbene Mitpatienten und müssen mit dieser ständigen Bedrohung ihres Lebens – einem Leben auf Zeit – umgehen. Nur vier Nierentransplantierte und ein Herztransplantierter konnten dies in unserem Gespräch direkt thematisieren. Ihnen war bewusst, dass eine Transplantation nicht von Dauer ist, wie das obige Zitat von Peter Vogel belegt, und stellten

180 Die Frage war, ob man die Zeit der Einnahme auf australische Zeit umstellen oder lieber weiter nach deutscher Zeit einnehmen sollte, was dann aber aufgrund der Zeitumstellung zu äußerst ungünstigen Zeiten hätte stattfinden müssen.

Überlegungen an, wie sie sich erneut mit der Dialyse arrangieren würden. So meinte Eva Vogt (65), dass sie sich trotz ihres momentan recht guten Zustandes dennoch nicht als gesund bezeichnet:

Ich meine, ich fühle mich heute nicht krank, aber die Krankheit hat man ja nun doch eben. Man kann sich ja nicht als gesund bezeichnen, man kann ja morgen schon wieder...

Manfred Wille (52), der bereits zehn Jahre zuvor herztransplantiert wurde, gab an, das Leben genießen zu wollen und nicht so viel zu arbeiten, da gerade damals noch niemand abschätzen konnte, wie lange man mit einem transplantierten Herzen leben kann:

Manfred Wille: *Man wusste zu dem Zeitpunkt damals überhaupt noch nicht, wie lange man lebt. Man hatte ja noch gar nicht diese Ausmaße von diesen Jahren, die jetzt hinter einem sind. [X] Da hat man gedacht, na, wenn das vielleicht zwei Jahre geht, wenn du Glück hast, oder vielleicht drei. Aber fünf, also mehr als fünf hätte man sich ja nie gegeben!*
Ursula Wille: *...immer gedacht, dass das nicht so lange ist.*
VK: *Wie sind Sie denn mit dieser Perspektive klargekommen?*
Ursula Wille: *Er spricht nicht viel darüber. Er ist für sich verschlossen und er [hat] nach vorne gedacht. [X] Hat oft schon mal gesagt, wenn ich mal allein, und denk daran ... Aber er spricht da sonst nicht so.*
Manfred Wille: *Das ist ja eine Sache, die haben wir vorher schon klargemacht, bevor ich in die Klinik ging, dass versicherungsmäßig alles klar ist. Man hat sich praktisch so verabschiedet, weißt ja nicht, ob du wiederkommst. Muss man ja.*
Ursula Wille: *Die Sachen waren bei ihm oft damals, dass er so sagte, soo lange wird es wohl nicht sein. Weil ja auch keiner wusste, wie lange.*
Manfred Wille: *Jaa, die Gedanken waren da, aber dass mich das irgendwie belastet hätte, das kann ich überhaupt nicht sagen.*

In anderen Gesprächen bekam ich sehr defensive Antworten auf die Frage, »Was wünschen Sie sich jetzt vom Leben«. Der Herzempfänger Jörg Paschke (24) meinte daraufhin, er habe schon noch vor, sehr lange zu leben, da habe ihm die Medizin bisher immer geholfen. Wolfgang Wirth (55) antwortete, bei ihm werde das genauso ablaufen, wie bei »jedem anderen normalen gesunden Menschen auch«. Überlegungen, wie lange andere Transplantierte bereits seit der Transplantation leben, spielten dabei durchaus eine Rolle:

Ich nehme mir ein Beispiel an den Leuten in meiner Gruppe. Zum Beispiel an dem Herrn, der dieses Jahr zehn Jahre transplantiert ist. [X] Und sag', das musst du auch schaffen, und er wird ja auch älter. Dann hab' ich eben noch das eine und das andere Jährchen mit dazu. Wie gesagt, irgendwann ist es eh Schluss, wann das nun ist? Ich denke, dass [Pause] mein Lebensweg so verlaufen wird, jetzt so der Rest, sage ich einfach mal so, wie bei jedem anderen normalen gesunden Menschen auch. [X] Den einen erwischt es mit 60, den anderen mit 65, den anderen mit 90. Und wann's mich erwischt, wissen wir Gott sei Dank nicht. Aber ich denke schon, dass ich noch einige Jahre mache. Und gut mache!

Über sein weiteres Leben meinte Rainer Petersen (56):

An dem 26. Hochzeitstag bin ich zurückgekommen aus der Klinik. Nun gehen die nächsten 26 Jahre los. So sehen wir das. [X] Wir haben im Grunde genommen mit großer Dankbarkeit das aufgenommen. Jetzt gucken wir immer nach vorne oder leben einen ganz neuen Lebensabschnitt, der spannend, hochinteressant [ist] und jeder Tag macht Spass. [Pause] Ja, im Grunde genommen ganz simpel [X] und doch nicht so ganz einfach.

Seine Aussage belegt die große Freude und Dankbarkeit für das Leben durch die Transplantation. Sein Zusatz »und doch nicht so einfach« verweist auf die Schattenseiten, die dem »geschenkten Leben« anhaften. Der gesundheitliche Zustand und die Leistungsfähigkeit sind oftmals Schwankungen unterworfen, von denen Martina Mecke (38) auch ihr Selbstwertgefühl abhängig sieht:

Es gibt eben Phasen, wo man es vergisst. Ich habe so Phasen, wo ich keine Infektionen habe und wo ich keine Kopfschmerzen habe, wo ich mich wieder morgens an den Schreibtisch setzen und bis spät abends arbeiten kann, wie früher. Dann bin ich ganz happy. [X] Manchmal kann ich total gut die Berge hier mit dem Fahrrad bezwingen, dann bin ich auch ganz selig. Und manchmal, da bin ich so kurzatmig, dass ich das Gefühl habe, ich bin hundert [lacht] und es geht gar nichts. Davon hängt letztendlich natürlich auch so mein Selbstwertgefühl ab.

Dies bestätigt die in Kap. 3.1.2 dargelegte Auswirkung von chronischer Krankheit auf das Selbst, das sich in seinem Handlungsvermögen eingeschränkt sieht. Ferner verweisen Aussagen meiner Gesprächspartner darauf, dass sie erst erspüren mussten, inwieweit sie dem ›neuen‹ Organ vertrauen können. So schildert mir Rainer Petersen (56), wie er seinen Körper mit dem transplantierten Herz und dessen Leistungsfähigkeit vertraut machte:

Dann bin ich wirklich über diese Düne hinüber, kam oben an und hatte keine Luft. Da dachte ich, ›Ach, nun mach' mal weiter‹. Das neue Herz und das alte System, der alte Sack, der ist 56 Jahre alt, und der da drin ist jung. ›Ihr müsst euch aneinander gewöhnen.‹ Die Ärzte haben auch gesagt, ›Trainieren, trainieren, trainieren‹. Denn es ist ja verständlich, der Vorhof oben des alten Herzens ist stehen geblieben und das neue ist da angenäht, also sind die Vorhöfe relativ groß. Somit ist das Lungenvolumen etwas gering. Daher die Luftnot, und durch Training kannst du den Herzmuskel wieder neu formen in deinem alten Körper, und dann normalisiert sich das. Das habe ich innerlich verarbeitet und hab gesagt, ›Nun gib Gas‹. Und dann bin ich wirklich diese elf Kilometer, nicht am ersten Tag, aber am zweiten Tag, gelaufen.

An diesem Gesprächsausschnitt lässt sich darüber hinaus der Umgang mit dem transplantierten Organ auf zwei Ebenen erkennen: Auf der Leibebene wird das transplantierte Herz von Rainer Petersen personifiziert, indem er eine Handlungsaufforderung (»Ihr müsst euch aneinander gewöhnen«) ausspricht. Auf der Körperebene verhelfen ihm die medizinischen Erklärungen zur rationalen Einschätzung und Verarbeitung seines körperlichen Zustandes.

Bei Herz- und Herz-Lungentransplantationen ist darüber hinaus die nervliche Einbindung des transplantierten Herzens nicht mehr gegeben, was die zuvor gespürten Reaktionen des Herzens auf körperliche Anstrengungen oder psychische Belastungen verändern kann.[181] Rainer Petersen (56) erklärte mir plastisch, dass die bei Gefahr vom Gehirn ausgesandten Impulse über den Sympathikus und Parasympathikus das Herz nicht mehr erreichen und damit bei ihm auch die somatische Folgeerscheinung erhöhten Herzschlages nicht auftrete:

Ich rege mich nicht mehr auf. Das heißt, es kann etwas knallen hinter mir, andere erschrecken sich und fallen gleich um. Das spüre ich nicht mehr, weil keine Verbindung zum Nervensystem besteht. Ich bin insofern ruhig. Ich kann auf der Autobahn Auto fahren, wenn andere dann einen Puls haben von 180, geht meiner ganz locker, 60, 70, da so ganz ruhig vor sich hin.

Dies wird jedoch nicht von allen Herztransplantierten in diesem Ausmaß erfahren. Martina Mecke (38) berichtete mir, dass bei ihr die somatische Folgeerscheinung z.B. eines Erschreckens sehr wohl noch eintritt, jedoch mit einer gewissen Verzögerung. »Aus einer Schrecksekunde werden zwei«. Sie erklärte das so, dass der ausgesandte Impuls sozusagen erst einen Umweg über eine hormonelle Ausschüttung (z.B. Adrenalin, Noradrenalin) des Nebennierenmarkes (und die Paraganglien des Sympathikus) nehme. Es dauert ihrer Erfahrung nach auch etwas länger, bis diese Erscheinung wieder abklingt. Wolfgang Wirth (55) drückte seine Erfahrung diesbezüglich folgendermaßen aus: »Wenn das Blut in Wallung gerät, gerät auch das Herz in Wallung. Das hat sich bei mir nicht geändert«. Ihm wurde von einer Schwester in der Transplantationsambulanz erzählt, sie hätten schon des öfteren herztransplantierte Patienten gehabt, die – obwohl sie es theoretisch nicht hätten spüren dürfen – mit dem Verdacht auf einen Herzinfarkt die Klinik aufsuchten und dieser sich dann auch bestätigte. Rainer Petersen (56) schilderte, wie er mit seinem veränderten Körper und den veränderten leiblichen Empfindungen nach einer Transplantation umgeht:

Rainer Petersen: *Mein autogenes Training, was ich früher beherrscht habe, funktioniert heute nicht, weil ich das so erkläre, die Rückkoppelung zum Parasymphatikus ist einfach nicht mehr gegeben, das heißt mit einer gewissen Verzögerung, weil ja die Eigenschaften, die Herzfrequenz durch die Hirnanhangdrüse über das Hormon gesteuert wird heute. Es kommt also mit Zeitverzögerung. Die Entspannungsphase, die ich früher immer bekam, die setzt heute nicht mehr ein, aber ich habe eine andere Technik erarbeitet, die das möglich macht, mit sieben bis acht Minuten Zeitverzögerung, das geht heute auch noch. Dann mache ich diese Ruhephase und konzentriere mich, indem ich diese wirren Gedanken ordne und mich zur inneren Ruhe bringe, bis sich das alles glättet. Dann steht man auf*

---

181 Medizinisch wird dies als Denervierung bezeichnet. Mit den Jahren ist ein begrenztes Nachwachsen des Nervengewebes möglich (Bengel et al. 2001). Diese Passage zur Denervierung findet sich sinngemäß und zum Teil wörtlich (Interviewzitate) in Hauser-Schäublin et al. 2001: 170-172.

und sagt sich, ›Ach, super!‹
VK: *Also es sind keine konkreten Sachen, die Sie dann haben?*
Rainer Petersen: *Nein, nein, also konkret ist es nicht, das kommt von dieser Fehlsteuerung. Irgendeine Fehlsteuerung ist einfach da. Das kann technisch gar nicht anders sein, aber die versuche ich dann mit dem Verstand auszubügeln, und das funktioniert auch.*
VK: *Und warum muss die so sein?*
Rainer Petersen: *Weil diese Hormone, die Information, die vom Körper einfach ausgesandt werden, vom Signal her, durch diese Medikamente manipuliert werden und in die falschen Richtungen gehen. Der Körper reagiert durch irgendwelche Empfindlichkeiten, die eigentlich gar nicht da sind, aber der Mensch bildet sie sich teilweise ein, im Unterbewusstsein oder wie auch immer. Es ist also eine relative Unordnung in einem, die sich mit Sprunghaftigkeit, Aggressivität und Unzufriedenheit und so weiter äußert. Das ist ein ganz blödes, mieses Gefühl. Wenn man sich fragt, warum bist du so pessimistisch, dann finde ich dafür keinen Grund.*
VK: *Sie glauben also, dass das zum Teil auch an den Medikamenten liegt?*
Rainer Petersen: *Ja, so sehe ich das.*

Das Phänomen der Denervierung verweist auf einen Bereich der transplantationsbedingten Veränderung im physischen Empfinden, das auch als ein über den Leib empfundenes psychisches Gefühl auszulegen ist: »Ich rege mich nicht mehr auf« bedeutet mehr als »mein Puls verändert sich nicht«. Auch die zum Teil depressiv machenden Nebenwirkungen der Medikamente lassen sich auf diesen beiden Ebenen interpretieren. Wie ich reagiere, fühle, empfinde, ist Teil der Selbst-Identität, deren leibliche Verankerung gerade an diesen Beispielen deutlich hervortritt. Eine Transplantation hat also weitreichende Folgen und Nebenwirkungen für die Befindlichkeit der Transplantierten, die von rein äußerlich veränderten Merkmalen wie verstärktem Haarwuchs oder Gewichtszunahme, ernsten Folgeerkrankungen wie Nierenversagen oder Krebs (um nur zwei zu nennen) reichen können (vgl. Bunzel 1993, Largiadèr 1996) und darüber hinaus – wie die letzten Beispiele zeigten – auch der Psyche und dem individuellen Charakter zugeschriebene veränderte Reaktionen auf die Umwelt zur Folge haben kann.

Trotz der tragischen Schicksale, die sie erfuhren, definieren sich chronisch Kranke jedoch oft darüber, psychisch gewachsen zu sein (Charmaz 1999: 218), worauf auch die folgende Aussage des nierentransplantierten Peter Vogel (37) hinweist:

Peter Vogel: *Ich will nicht sagen, dass ich darum [um die Krankheit, Anm. VK] froh bin, aber mein Leben wäre völlig anders verlaufen und ich wäre nicht an dem Punkt, an dem ich heute bin. Und ich bin eigentlich gerne an dem Punkt, wo ich heute bin.*
VK: *Du würdest sagen, dass dich das auch in deiner persönlichen Entwicklung weitergebracht hat?*
Peter Vogel: *Ja, das bestimmt. Zumindest hat es mich geprägt. Ja, doch, es ist ein Stück meiner Persönlichkeit, und mit dieser Persönlichkeit lerne ich ganz bestimmte Leute gut kennen, oder ganz bestimmte Leute mögen mich und ganz bestimmte nicht. Und ich mag die, die mich mögen. [X] Das finde ich schön, dass das so ist, dass die mich mögen. [X] Und das hätte ich sonst nicht gehabt, und darum bin ich, ja, also nicht dankbar, dass das so gekommen ist, das wäre sicherlich ein bisschen zu*

weit gegriffen [beide lachen]. Aber es ist in Ordnung, und es gehört zu mir und ich hoffe, dass man alles, was so kommt, noch gut gehändelt kriegt.

In meinen Gesprächen wurde immer wieder von einer höheren Sensibilität und einer neuen Wertschätzung des Lebens nach der Transplantation, von der Freude, überhaupt am Leben zu sein, gesprochen. Uwe Lüdeckes (58) Schilderung lässt ebenfalls Assoziationen zu einer ›neuen Geburt‹ zu.

Da machte ich mir schon so meine Gedanken. Das entdeckte ich dadurch, dass ich mir alles viel deutlicher angeguckt habe, den Grashalm, das Blatt, aus einer ganz anderen Sicht. [...] Das kriegte ich mit, als wir 'rausgingen in die Natur. Einmal weil ich feststellte, dass sich das Sehen verbesserte, aber auch zum anderen, dass ich doch sagte, Mensch, du bist davongekommen, du lebst wieder! Ich habe mir alles wesentlich genauer angesehen und auch verfolgt, Bewegungsabläufe, das Fallen der Blätter von den Bäumen oder die Vögel, wie sie da fliegen. Was vorher so selbstverständlich war, das fing ganz langsam erst wieder an, selbstverständlich zu werden. Durch das vorher, wie ein Neuling, der so etwas zum ersten Mal sich betrachtet. Das ist mir sehr haften geblieben.

Dennoch bleibt die Ahnung, dass es nicht mehr so sein wird wie früher. Ein 12-jähriger transplantierter Junge, der von seiner Krankenhausseelsorgerin, wie sie mir erzählte, eine Glasmurmel mit den Worten geschenkt bekam »damit dein Leben wieder so schön rund und bunt wird wie diese Glasmurmel«, bemerkte, nachdem er diese ganz nachdenklich betrachtet hatte: »Nein, ein bisschen eckig bleibt sie doch«.

Anhand der Erfahrungen zweier Nierentransplantierter soll nun die Verunsicherung gegenüber dem eigenen Körper, die eine Transplantation nach sich ziehen kann, vertieft dargelegt werden.

»Springt die Niere an oder nicht?«[182]

Matthias Heise (54) und Hans Wegener (47) sind bereits dreimal transplantiert worden.[183] Bei Hans Wegener funktionierte die erste Niere von Beginn an nicht. Er schilderte, wie er mit der Hoffnung, »dass jetzt alles anders wird«, die Benachrichtigung zur Transplantation entgegennahm. Denn er erlebte die Dialysezeit – gerade auch durch die Todesfälle von Mitpatienten an der Dialyse – als große psychische Belastung. Seine Hoffnung wurde jedoch enttäuscht:

182 Zu Bewältigungsstrategien von nierentransplantierten Patienten bei fehlender Funktion des Organs führt das Nephrologische Zentrum Niedersachsen (Hann. Münden) eine psychologische Studie durch <www.aktxpflege.de>.

183 Dieses Schicksal teilen sie mit vielen anderen Transplantierten. So waren 1998 13 Prozent aller Nierenempfänger bereits zweimal transplantiert und drei Prozent drei- oder mehr als dreimal (DSO 1999: 23).

Die Operation als solche war sehr gut, Wundheilung auch sehr gut. Nur, die Niere lief nicht. [X] Man hatte mir versucht zu erklären, das wäre eine so genannte Schockniere, die Blutgefäße ziehen sich zusammen, weil, man sieht den Unfall auf einen zukommen, dann hat der Körper noch zu reagieren. Die Organe ziehen sich zusammen, um aus den Organen das Blut zu pressen, [X] falls eine Verletzung ist oder so. So hat man mir das erklärt, ob das so stimmt, weiß ich nicht. [X] Also, die lief nicht. In dieser Wartezeit, man ist ja nicht der einzige Transplantierte, da sind ja andere Transplantierte auch. Dann sieht man, wie die alle halbe Stunde zum Klo gehen zum Beispiel, oder sagen, ›Oh, sind schon wieder 200 ml gekommen.‹ Und bei einem selber läuft überhaupt nichts. Das ist sehr deprimierend.

Hans Wegener schilderte, wie auch sein Vertrauen in den eigenen Körper abnahm und eine massive Verunsicherung einsetzte.

Man hört also in den Körper hinein. Ich sag mal, der kleinste verklemmte Furz ist schon gleich eine Panik. [X] Ist das die Niere? Hält sie, hält sie nicht? [...] Ich weiß nicht, wie es heute [ist], jedenfalls zu damaliger Zeit, es wäre schön, wenn die Patienten psychisch begleitet würden. [Pause] Denn das ist ein sagenhafter Druck.

Die ersten beiden transplantierten Nieren »sprangen nicht an«, die dritte Niere stellte nach achteinhalb Jahren ihre Funktion wieder ein. Die körperliche und psychische Belastung einer erneuten Transplantation (Voruntersuchungen und Operationen, Wartezeit, »Anspringen der Niere«) wollte er nicht mehr durchstehen. Hans Wegener entschloss sich nach drei Transplantationen, sich nicht mehr auf die »Warteliste« setzen zu lassen:[184]

Hans Wegener: *Ich war immer dialysepflichtig. Dann '83 das zweite Mal [transplantiert] mit dem gleichen Ergebnis, '84 bin ich das dritte Mal transplantiert, und die Niere ist achteinhalb Jahre gelaufen. Und jetzt bin ich wieder dialysepflichtig seit '92.*
VK: *Haben Sie sich jetzt noch einmal auf die Warteliste setzen lassen?*
Hans Wegener: *Nein. Es müssten zu umfangreiche Voroperationen gemacht werden, auch Untersuchungen wie Herzkatheter und Angiographie und so weiter. Das will ich nicht mehr machen. Ich mache jetzt so lange wie es geht und dann ... Ich weiß nicht, ich glaube, ich würde das auch nervlich gar nicht mehr durchhalten. Denn diese Transplantationen, vor allem die ersten beiden, wo man immer so gehofft hat, die Niere fängt irgendwann nochmal an zu laufen und das war nicht, und die dritte lief auch erst nach 42 Tagen. Da hatte ich die Hoffnung auch schon aufgegeben, und dann fing sie doch noch an zu laufen. Ich glaube, das halte ich nicht nochmal durch.*

Hans Wegeners Schilderung verdeutlicht die großen Belastungen, die eine Transplantation mit sich bringen kann, die ihn letztlich zu der Entscheidung führten, bei

184 Wiebel-Fanderl berichteten überraschend viele Herztransplantierte, keine Retransplantation zu wollen, obwohl dies für sie den Tod bedeutet, da sie die Belastungen einer Transplantation nicht noch einmal durchstehen wollten, aber auch, weil sie unter massiven Folgeerkrankungen wie Krebs zu leiden hatten (Wiebel-Fanderl 2000: 322-323).

nochmaligem Transplantatversagen keine weitere Transplantation mehr zu wünschen. Hans Wegener ist mittlerweile verstorben.

Auch Matthias Heise (54) schilderte eindrücklich die psychischen Belastungen, die für ihn mit der Dialyse und den Transplantationen einhergingen. Sein allgemeiner Gesundheitszustand war die ganze Dialysezeit über sehr schlecht, weshalb er mit großer Hoffnung einer Transplantation entgegensah:

VK: *Können Sie sich daran erinnern, welche Gedanken, Gefühle Sie da hatten, also...*
Matthias Heise: *[gleichzeitig] Ja, unheimlich eupho... [einzeln] Euphorie und Gott sei Dank es ist so weit, und ... [X] Ich war da auch ... in der Annahme, dass es jetzt von ..., auf einmal zack bergauf geht. Und mit 'ner neuen Niere, dann bist du ja voll der Alte. Meine Frau genauso. [X] Also, jetzt geht's heftig bergauf. [X] Wir waren ... bis da waren wir auch schon ziemlich, ... hatten wir oft schon ... Reibereien, und haben wir auch gedacht, na, jetzt wird alles wieder besser. [X] Ja, und dann ... bekam ich dieses Organ. [...] Ah, dann war ich bombig drauf. Ich war wieder wach, die Niere, [X] funktionierte, ... schied schon...*
VK: *Ist gleich angesprungen?*
Matthias Heise: *Ja. [X] Sprang gleich an und ich konnte auch, [kurze Pause] neue Behälter mussten laufend gewechselt werden. Lief wie ein Uhrwerk. Und ich war auch voller ... Zuversicht und ... [X] und Freude.*

Matthias Heise nahm die Niere mit großer Freude auf. Seine erste transplantierte Niere funktionierte sofort »wie ein Uhrwerk«, sodass seine Frau und er voller Hoffnung waren, dass sich nun mit seinem körperlichen Zustand auch seine familiäre Situation wieder bessern würde, die unter seiner Krankheit schwer gelitten hatte. Nach ca. drei Wochen kam er nach Hause, und von da ab verspürte er große Angst und Verunsicherung bezüglich seines körperlichen Zustandes. Er hatte kein Vertrauen mehr in seinen Körper.

Matthias Heise: *Dann war ich hier zu Hause, hatte ich doch ziemlich ... Angst.*
VK: *Mmh. Was das bedeutet? Was das wohl wird?*
Matthias Heise: *Nein, vor allen Dingen auch um das Organ.*
VK: *Ach so. Mmh.*
Matthias Heise: *Irgendwo mal ein bisschen Kniff oder ›Au, Gott, was macht die Niere wohl?‹ Mensch, bin immer zur Toilette gelaufen und gemessen. [X] Mehr als nur die ... Blutdruck gemessen und das fing dann schon so an. [X] War ich ziemlich ... aufgeregt. [...] der erste Tag, als ich zu Hause war, ... war ich wohl total nervös. Heute sehe ich das ja alles in einem anderen Zusammenhang. Laufend Blutdruck gemessen und ... der Blutdruck ging immer höher. Ich denke, ›Das gibt's doch nicht. Wie kommt das denn?‹ ... Immer weiter gemessen und sagte, ›Mensch, die Niere, die ... irgendwie funktioniert die nicht richtig, es läuft nicht ... und ... [X] Ich glaube, es haut überhaupt nicht hin.‹ Und wieder zur Toilette. Immer Urin gemessen, die Ausscheidung, die Menge. Ich habe mich da an dem Tag so 'reingesteigert und, und ... und hatte nochmal wieder eine halbe Tablette genommen gegen Blutdruck und anstatt zu sinken, ging der immer höher. [...] ... der Puls, der jagte, da konnte man gar nicht mehr zählen. [Pause] [...] Jedenfalls bin ich da irgendwie ausgerastet*

schon. [Pause] Das war abends, da lag ich nur noch oben in unserem Zimmer, und da sagte ich zu meiner Frau, ›Hat kein Zweck, ruf' den Notarzt an, es geht so nicht weiter.‹

Er schilderte, wie er nervlich durchdrehte und aufgrund seiner großen Angst auch seine Frau und die kleinen Kinder anschrie. Im Krankenhaus, wo er nur eine Nacht blieb, gab man ihm Beruhigungsmittel und versicherte ihm, dass organisch alles in Ordnung sei. In unserem Gespräch bedauerte er sehr die Belastung, die er damit für seine Familie darstellte, und dass er psychisch mit der Situation nicht zurechtkam. Er äußerte, bereits zu dieser Zeit psychologische Unterstützung gebraucht zu haben:

Das war auch rein ... kopfgesteuert, durchgedreht. Das war ganz schlimm, wenn ich daran denke, dann könnte ich heute noch heulen, [X] was ich da meiner Familie angetan habe oder so... [lange Pause, ca. 11 sec., schneuzt sich] War schlimm. [Pause] [Stimme zittert] Da hätte ich wirklich, da hätte ich schon längst in die Behandlung müssen. [lange Pause – ca. 12 sec.] Heute vermute ich auch schon fast, vielleicht hat es auch daran gelegen, dass dieses Organ irgendwie nicht funktionierte, weil ich mich dagegen so gesträubt habe.

Nach zwei Jahren waren seine Nierenwerte wieder so schlecht, dass er erneut an die Dialyse musste. Als sich sein Zustand nicht verbesserte, musste die transplantierte Niere wieder entfernt werden, was einen zehnwöchigen Klinikaufenthalt nach sich zog. Es kam zu Entzündungen und Komplikationen. Matthias Heise magerte auf 57 Kilo ab und hatte jeden Lebenswillen aufgegeben. Etwa zwei Monate später musste er erneut für sechs Wochen in die Klinik, da er sich an der Dialyse mit Hepatitis angesteckt hatte. Eineinhalb Jahre, nachdem er die erste Niere ›verloren‹ hatte, wurde er zum zweiten Mal transplantiert. Auch diesmal gab es Komplikationen, weshalb er wieder zehn Wochen in der Klinik bleiben musste. Zu Beginn nahm auch die zweite transplantierte Niere sofort ihre Funktion auf, setzte dann aber am zweiten Tag nach der Transplantation wieder aus, was Matthias Heise stark beunruhigte und verängstigte. Durch eine aggressive 14-tägige Therapie mit dem immunsuppressiven Medikament OKT setzte die Funktion wieder ein. Die Zeit verbrachte er auf der Intensivstation. Das Medikament hatte jedoch starke Nebenwirkungen, die massive Alpträume, Delirien und Wahnvorstellungen zur Folge hatten. Auch die zweite transplantierte Niere versagte wieder und musste operativ entfernt werden. Matthias Heise wollte sich aber erneut transplantieren lassen und bekam trotz seines Alters und vieler Begleiterkrankungen – »Sie sind ein todkranker Mann!«, sagte ihm sein Arzt – eine weitere Chance. Genau eineinhalb Jahre später – wie bei seiner zweiten Transplantation – war eine dritte Niere für ihn da. Doch auch diesmal setzten bei ihm nach der Transplantation starke Ängste und Verzweiflung ein, obwohl die medizinischen Werte in Ordnung waren:

Matthias Heise: *Ja, alles prima gelaufen. Ist eine, wie hat der Arzt noch gesagt, 'ne Top-Niere, noch anders...*
VK: *Eine* Full House-*Niere?*
Matthias Heise: Full House. *Genau.* Full House-*Niere. Passte alles optimal.*
VK: *Mensch, super.*
Matthias Heise: *Ach, ich war total glücklich. [X] Auch sonst war ich gut drauf, rein von der OP, das Befinden war gut. Blutdruck gut, auch vom Herzen alles gut überstanden. [...] Und dann auf einmal abends, ich weiß nicht wie?, kriegte ich den totalen Rappel. ... Angst, totalen Zusammenbruch, irgendwie nervlich. [X] Ich habe schwarz gesehen. Ich kann's gar nicht mehr beschreiben. Nur noch Angst. [X] Passiert nichts mehr, wird nichts, kann nichts werden. So was hatte ich im Kopf. Ich war wohl total, also hier ... irgendwie kopfmäßig ist da was durchgebrannt.*

Er bekam starke Psychopharmaka, um sich zu beruhigen. Seine starke Verunsicherung und fehlendes Vertrauen in seinen Körper machte sich auch bei der Entlassung nach der dritten Transplantation bemerkbar.

Unterwegs kriegte ich schon Panik, musste ich zur Toilette und ... auf der Autobahn bis hierhin sind so 70 km. Da hab' ich so gedacht, ›Das hältst du wohl durch‹. [X] Denn war ich zu Hause und dann ... oh ... dann kriegte ich schon Panik. ›Hast viel zu lange gewartet.‹ [X] Dann musste ich zur Toilette und dann ging alles auf ... musste ich, groß und klein, alles auf einmal ... und hinterher lief nichts mehr. [X] Ich denke, jetzt ist die Niere kaputt. Das gibt's gar nicht. Und es kam nichts, ich hatte nicht genügend getrunken. [...] Jedenfalls bin ich da 'rumgewetzt wie ein Eichhörnchen, von oben nach unten, in den Keller. Laufend immer gemessen, und dann habe ich ein ganzes Wochenende verrückt gespielt.

Auch nach diesem Erlebnis kam es zwischendurch noch zu Panikanfällen, in denen Matthias Heise ständig auf die Toilette ging, um sich zu vergewissern, dass die Niere noch funktioniert. Seiner Ansicht nach waren seine Ängste und seine Unruhe zum Teil mit daran Schuld, dass die transplantierten Nieren nicht gut funktionierten:

Die Niere musste ja auch wohl verrückt spielen bei meinem Gemütszustand. [...] Manchmal denke ich wirklich, wenn ich besser drauf gewesen wäre, hätten vielleicht auch meine Organe länger gehalten.

Er plädierte aufgrund seiner Erfahrung dafür, eine bessere psychologische Beratung für Patienten anzubieten:

Da müsste unbedingt mehr drauf geachtet werden, auf diese psychologische Betreuung. Da müsste mehr zweigleisig gefahren werden, dass die Leute eher an so etwas herangeführt werden. Nicht nur immer alles medizinisch Mögliche machen und ... für den Kopf wird nichts getan. Also, es wird ja andern nicht so gehen wie mir, aber es wird bestimmt ... mehrere oder einige geben, denen es so ergeht.

Die Schilderungen Matthias Heises machen deutlich, welche massiven Ängste durch eine Transplantation ausgelöst werden können. Auch er thematisierte das fehlende

Vertrauen in das transplantierte Organ sowie den Vertrauensverlust in den eigenen Körper. Matthias Heise befürchtete, der Belastung nicht standzuhalten und »durchzudrehen«, was mit Schuldgefühlen verknüpft war: Bereits dreimal hatte man ihm eine Niere zugeteilt, worüber er sich jetzt freuen und dankbar sein sollte, doch das konnte er aufgrund seiner großen Ängste zunächst nicht. Sowohl Hans Wegener als auch Matthias Heise äußerten durch ihre eigene Erfahrung die Notwendigkeit einer besseren psychologischen Betreuung der Patienten.

Das im einführenden Teil zum vierten Kapitel dargelegte in der Öffentlichkeit gezeichnete Bild eines unbeschwerten Lebens nach einer Transplantation ist demnach irreführend und unzutreffend. Angemessener erscheint die Einstufung des Lebens nach einer Transplantation als erkämpftes Leben, denn dadurch würde auch der Beitrag, den Betroffene für dieses »Geschenk« selbst zu leisten haben, anerkannt.

4.2.3 Die Erhaltung eines fragilen Selbst

Müller-Nienstedt fasst seine Empfindung nach der Transplantation auf der Intensivstation in folgende Worte.

> »Tief in mir drin begraben das fremde Organ, die fremde Leber. Mit ihr aber ist alles in mir fremd, ist nichts mehr so, wie es einmal war. Nur noch eine unbestimmte, nebelhafte Erinnerung besteht in mir, daß es mich einmal gab.« (Müller-Nienstedt 1996: 107-108)

Damit klingt an, dass sein Selbst in seinem Leib keinen Platz mehr hatte, da dieser Raum nun von dem transplantierten Organ besetzt war. In diesem Abschnitt geht es um die Bedrohung des Selbst nach einer Organtransplantation und Strategien Betroffener, diese Bedrohung abzuwenden. Dabei ist zum einen nach individuellen Vorstellungen und Empfindungen zu dem transplantierten Organ zu fragen, zum anderen aber auch, was transplantierte Menschen in Selbsthilfegruppen zusammenführt.

> »Doch dauert es nicht lange, bis sich der andere als Fremder kundtut. Nicht die Frau, nicht der Schwarze, nicht der junge Mann oder der Baske, sondern der durch seine Immunität gekennzeichnete andere, der unersetzbar andere, den man ersetzt hat.« (Der Eindringling: Das fremde Herz. Jean-Luc Nancy 2000: 33-34)

Bereits das Erspüren von körperlichen Veränderungen kann, wie im dritten Kapitel dargelegt, zu einem Gefühl der Entfremdung vom Körper und zu einer Bedrohung des Selbst führen. Im Zusammenhang mit Organtransplantation lässt sich eine Zuspitzung dieser Problematik erkennen, da nicht nur ein erkranktes Organ den Platz des Selbst einfordert, sondern darüber hinaus dieses Organ von einem anderen, zumeist einem verstorbenen Menschen stammt. Beides wird – was sowohl Transplantierte als auch Psychologen bestätigen – als belastend angeführt, wenngleich dies nicht von allen Betroffenen in gleichem Ausmaß empfunden wird (vgl. Bunzel 1993, Hauser-Schäublin et al. 2001, Hohmeyer 1996, Wellendorf 1993).

Von Organempfängern werden die übertragenen Organe oftmals als »Ersatzteile« bezeichnet, ein transplantiertes Herz bspw. als »reiner Muskel«, »nur eine Pumpe«, worin sich unschwer ein am Maschinenmodell orientiertes Körperkonzept erkennen lässt.[185] Dies war auch das in den von mir geführten Gesprächen zunächst dominierende Bild. Mit dem neuen Herz sei es wie mit einem reparierten Auto, erläuterte mir Rainer Petersen (56) noch beim Kaffeekochen, bevor wir uns mit dem Tonbandgerät niedersetzten. Wenn man in einen Dreizylinder einen Fünfzylinder einbaue, funktioniere das zunächst auch nicht. Die Systeme müssten erst aufeinander abgestimmt werden, und so müsse sich auch sein Körper erst an das leistungsstärkere neue Herz gewöhnen. Kurz darauf berichtete er jedoch von seinem transplantierten Herzen: »Mittlerweile sind wir eine Person. Wir haben uns aneinander gewöhnt«, wobei er sich mit einer Hand über die Brust strich und damit zum Ausdruck brachte, dass er neben der mechanistischen Sichtweise auf seinen Körper dem transplantierten Herzen eine eigene Identität zugestand, die sich mit seiner eigenen erst ›anfreunden‹ musste. Dies ist ein Hinweis auf verschiedene, nebeneinander existierende Modelle,

185 Auch Wiebel-Fanderls herztransplantierte Gesprächspartner sprachen von ihrem Körper in der Maschinenmetaphorik. Auch sie bezeichneten ihr Herz häufig als Pumpe oder äußerten, ihr Körper müsse wieder zum »TÜV« (Wiebel-Fanderl 2000: 426-432).

mit denen Betroffene sich das Erleben einer Organtransplantation erklären, die sich jedoch selten so klar gegenüberstehen. Gisela Lemke (46) berichtete, dass für sie die Niere immer etwas »Nüchternes«, etwas rein Körperlich-Materielles geblieben war:

Ich hab noch nie mit der Niere gesprochen. Nein, ich hab sie erst als Fremdkörper empfunden, rein anatomisch. Ich war sehr dünn, und auf einmal war da mehr als sonst im Bauch, und wenn ich mich bückte, da ist irgendwie so etwas Festes. Und mit der Zeit habe ich das nicht mehr gespürt, sodass ich die Niere eigentlich gar nicht mehr wahrnehme. Ich habe sie immer nur dann wahrgenommen, wenn es mal weh tat, bei Wetterwechsel vielleicht, da bin ich mir nicht so sicher. Aber wenn ich Fieber hatte – ich hatte viel Harnwegsinfekte gehabt – und bei Fieber tut das eben auch weh. Dann habe ich gefühlt, wird sie hart? Weil das dann doch ... ein kritisches Zeichen sein kann. Weil ich auch noch dünner war als jetzt, konnte ich die richtig gut fühlen! So dieses Bohnenförmige etwa, und dass sie sehr groß ist. Aber es ist für mich immer trotzdem was ganz Nüchternes geblieben.

Die Auseinandersetzung mit dem Transplantat gehört zu den heiklen Bereichen bei Organtransplantation. Während meiner Klinikhospitation fragte ein Transplantationschirurg die Patienten bei der Nachsorge in der ambulanten Sprechstunde, ob sie denn je ein Problem mit ihrem Organ gehabt hätten oder ob sie es als ihr eigenes Organ empfinden würden. Die Transplantierten beteuerten, sie hätten kein Problem mit dem Organ und sie hätten es von Anfang an nicht als fremd, sondern als ihnen zugehörig empfunden. Auch meine Gesprächspartner berichteten mir, das Organ als das eigene zu empfinden und damit keine Probleme zu haben. Solchen Aussagen gegenüber war der Herz-Lungen-transplantierte Walter Meinhardt (30) misstrauisch, der gerade die spontanen Äußerungen als Abwehr interpretierte und darin einen mangelnden Willen erkannte, sich mit dem fremden Körperteil im eigenen Körper auseinander zu setzen. Auf die Frage, wie bei ihm die Auseinandersetzung mit dem transplantierten Organ abgelaufen ist und welche Fantasien und Gefühle er dabei hatte, antwortete er ausführlich. Die folgende lange Gesprächspassage verdeutlicht die besondere Schwierigkeit, über ein transplantiertes Organ und den »Organspender« zu sprechen:

Walter Meinhardt: *Weißt du, das ist nämlich so eine Frage. [Pause] Hmm. Wenn man da eine richtige Antwort finden möchte, muss man nämlich lange nachdenken. [Pause] Das ist auch eine Schwierigkeit bei deiner Arbeit, wenn du Transplantierte befragst. Viele werden spontan was sagen, und das muss nicht unbedingt deren Antwort sein. [...] Dass sie sagen, das ist meines, das sagen sie auch deswegen, weil sie so einen Impuls haben.*
VK: *Ja. Das ist mir ... Ich hab vor der Frage richtigen Bammel, weil ich denke, dass das auch ein heikler Bereich ist. Und deswegen dann...*
Walter Meinhardt: *Weil ich sehe schon, wie schwer mir das fällt, das zu bea..., beantworten. [Luftholen] Also ... [Pause] mein Spender. ... Also ich weiß, dass das Organ aus [Belgien] kam. Das stand mal in der Bild-Zeitung, zwei, drei Tage [unverständlich] nach der Transplant.*
VK: *In der Bild-Zeitung stand das?*
Walter Meinhardt: *Mmh ja, weil die Zeitungsjournalisten oder die Reporter, die hören auch Polizeifunk ab. Ob irgendwo ein Baum auf ein Auto gekracht ist oder sowas. Transplantationen laufen ja oft*

nachts oder am Wochenende. ... Das heißt, dass die Leute über Funk zusammengerufen werden, Hubschrauberteam und so weiter und so fort. Dann können sie solche Informationen kriegen. [Pause] Ja, sonst weiß ich nichts von meinem Spender. [Luftholen] Ähm,... [Pause]

VK: *Weißt du denn, ob es ein Mann oder eine Frau war?*

Walter Meinhardt: *Nein. [Pause] Man denkt ab und zu drüber nach, oder ich denke ab und zu drüber nach. Früher ein bisschen mehr, jetzt ein bisschen weniger. [Pause] Bei den allermeisten Patienten ist es so wie bei mir, dass man schon ein Interesse hat, nun zu wissen, wer das war. Aber das Interesse geht nicht so weit, dass man Privatdetektive beauftragt. Könnt ich ja, könnte ja ... [X] einen Detektiv beauftragen, der gucken soll, wie der Dezember in [...], ... wer da gestorben ist und so weiter. Man könnte es 'rauskriegen, wenn man unbedingt möchte. Aber wie gesagt, so groß ist das, es ist nicht so wichtig. Weil es einen irgendwie betrifft, einen Be..., Bezug hat zum Spender, ... hat man ein gewisses Interesse. Wenn ich leichten Zugang zu der Information hätte, ohne jemanden zu kränken oder sonstwas zu tun [Luftholen] ... [X] würde ich das machen. Aber es ist nicht richtig wichtig. [Pause] Ja, und Dankbarkeit ... hast du auch danach gefragt?*

VK: *Nein, hatte ich nicht.*

Walter Meinhardt: *Was hast du gefragt? Also, was ich, wie ich an den Spender denke?*

VK: *Ja, und wie der Umgang mit... Wie lebt es sich mit dem Teil eines anderen in mir?*

Walter Meinhardt: *[gleichzeitig] Ja, ach so, ja genau, ... das Gefühl, was Fremdes zu haben, irgendwie so.*

VK: *Ja. Und ... wie siehst du die Beziehung zu den Spendern oder zu den Angehörigen?*

Walter Meinhardt: *Also die Frage stellen ganz oft so Leute. Die fragen meistens, ob sie es fragen dürfen, und dann fragen sie, wie ist das so, wenn man so ein..., so was hat, so was..., so ein Organ von jemand anders hat. Also, das ist tatsächlich so, dass, dafür gibt es kein bestimmtes Gefühl. Das ist so in der Schöpfungsgeschichte nicht vorgesehen. Dafür auch nicht den Bereich [Lachen] zu haben, ein transplantiertes Organ zu haben. Das fühlt sich nicht anders an. Du spürst dein Herz auch nicht, nur deinen Puls, den spüre ich auch, weil das eine Erschütterung gibt. Und [Pause] ich spüre da nichts Fremdes. Es ist auch kein komisches Gefühl, ein Organ von einem anderen Menschen zu haben. Es ist jedenfalls kein zuständliches Gefühl.*

Deutlich brachte Walter Meinhardt die Schwierigkeit zum Ausdruck, über das transplantierte Organ zu sprechen, und verwies auf die starken Verdrängungsmechanismen bei dieser Thematik seitens transplantierter Menschen, die von Ambivalenz geprägt ist: Sie möchten einerseits gerne etwas über die Identität des »Organspenders« erfahren, da sie »einen Bezug« zu ihm haben, andererseits aber auch nicht, was mit der Bemerkung gerechtfertigt wird, dass es »nicht so wichtig ist«. Interessant ist die von Walter Meinhardt angenommene Frage meinerseits nach dem Gefühl der Dankbarkeit, die ich gar nicht gestellt hatte. Auch in anderen Gesprächen wurde das Thema der Dankbarkeit immer erwähnt, wenn es um den »Organspender« ging (vgl. hierzu Kap. 5.2.2). Walter Meinhardts Äußerung, dass das Gefühl für ein fremdes Organ im eigenen Körper in der »Schöpfungsgeschichte nicht vorgesehen ist«, verweist auf die Tatsache, dass eine Transplantation als von der ›Natur‹ gesetzte Grenzen überschreitend vorgestellt wird.

Die Angst vor der Auseinandersetzung mit dem fremden Organ äußerte sich zum Beispiel in der Weigerung Eva Vogts (65), ihre ›neue‹ Niere, die wie üblich nicht an den ursprünglichen Platz, sondern auf der Körpervorderseite unter die Bauchdecke eingesetzt wurde, durch Ertasten auf mögliche Veränderungen, die auf eine Abstoßung hindeuten könnten, zu kontrollieren:

Ich weiß wohl, dass ich einmal bei einer Nachsorgeuntersuchung gefragt wurde, ›Hier, spüren Sie mal, ob die Niere sich verändert, ob sie hart oder wie auch immer ist.‹ Da hab ich dem Arzt ganz klar gesagt, ›Ich achte da überhaupt nicht drauf. Das ist meines, und da fummle ich auch nicht dran!‹ Denn dann weiß ich nicht, war sie gestern nicht anders? Heute fühlt sie sich doch ganz anders an? Da macht man sich doch ganz verrückt. Das habe ich grundsätzlich nicht gemacht, das war nun eben meines und so hab ich das auch akzeptiert.

Indem Eva Vogt die Konfrontation mit ihrem veränderten Körper auf der Ebene des körperlichen Erspürens vermeidet, schützt sie sich zugleich vor der Infragestellung ihrer leiblichen Integrität und ihres Selbst durch das fremde Organ. Rainer Petersen (56) wiederum erzählte, wie in der Klinik vor einer Gruppe von Studenten von seinem Herzen eine Ultraschallaufnahme gemacht wurde, die er sich nicht ansehen mochte:

Rainer Petersen: *[...] dann haben die dieses Ding da auf meine Brust gehalten und ich hab den Schirm nicht sehen können. Wollte ich auch gar nicht, denn ich wollte nicht sehen, wie das da drin aussieht. Denn das alte Bild kannte ich.*
VK: *Und das neue wollten Sie nicht sehen?*
Rainer Petersen: *Das neue wollte ich zunächst überhaupt nicht sehen, weil ich davor Angst hatte. Ich spürte das so, irgendwie so eine Angst, ich weiß nicht. Interessierte mich auch nicht.*

Rainer Petersen vermied die Auseinandersetzung mit seinem transplantierten Herz auf visuell-körperlicher Ebene. Seinen veränderten Körper zu sehen, so der Hinweis Gesa Lindemanns[186] zu dieser Zitatstelle, zwänge gerade aufgrund des Verhältnisses wechselseitigen Bedeutens zwischen Körper und Leib dazu, den eigenen Leib entsprechend des gesehenen Bildes zu spüren. Davor scheute er sich. Dass der Auseinandersetzung mit dem transpantierten Organ etwas Bedrohliches anhaftet, wurde auch im Gespräch mit Peter Vogel (37) deutlich. Er fasste seine Erfahrungen mit Mitpatienten folgendermaßen zusammen:

Ich kenne auch keinen Patienten, der wirklich Probleme damit [mit dem transplantierten Organ, Anm. VK] gehabt hätte. Dafür ist, glaube ich, der Qualitätssprung zwischen Dialyse und Leben mit transplantierter Niere zu groß.

---

186 Persönliche Mitteilung (2000).

Doch schon im nächsten Satz und ohne eine Pause im Gespräch relativierte er diese Aussage und legte eine Interpretation solcher Äußerungen als überlebensnotwendigen Verdrängungsmechanismus nahe.

Das wird, glaube ich, komplett abgespalten. Weil, so, es darf nicht sein! Also, man darf einfach auch nicht zu dem Schluss kommen, das geht gar nicht, das kann ich gar nicht. Weil, das hätte ja was Suizidales.

Seine Aussage verdeutlicht die existenzielle Bedrohlichkeit einer Auseinandersetzung mit dem übertragenen Organ, die bei negativem Schluss letztendlich nur die Dialyse oder den Tod als Konsequenz haben könnten.

Aber auch Äußerungen aus dem sozialen Umfeld sowie die öffentlichen Diskussionen um den »Hirntod« konfrontierten die Organempfänger unfreiwillig immer wieder mit dieser Problematik. So verwies Martina Mecke (38) darauf, dass Identitätsfragen immer von außen an sie herangetragen worden seien, was sie »irgendwann mal leid war«. Andere Transplantierte würden sich als Reaktion darauf, so Martina Mecke, eine ironische Umgehensweise in Form von Witzen oder Flachsereien aneignen.[187]

Einer aus unserer [Selbsthilfe-]Gruppe erzählt immer die Geschichte, er hat vorher keine Milchprodukte gemocht, und seit er transplantiert ist, hat er unheimliche Lust auf Joghurt. Das könne er sich nur erklären, dass er das Herz einer Kuh oder eines Kuhbauern bekommen habe [beide lachen]. Diese ironische Art des Umgehens damit, das sage ich auch manchmal, ›Ich bin jetzt so faul, ich glaube, ich habe ein faules Herz bekommen‹. Aber das sind nicht wirklich ernsthafte [X] Bewältigungsstrukturen oder Problemstrukturen, sondern eher so scherzhafte Reaktionen auf das, was von außen an einen herangetragen [X] wird. Es ist in Märchen eben gang und gäbe, dass ein Mensch, der ein Schweineherz bekommt, dann hinterher ein Schwein wird, nicht? Und deshalb muss es auch nicht wundern, wenn die Umwelt immer argwöhnisch wartet, [lacht] ob nun eine Mutation [VK lacht auch] stattfindet oder nicht.

Damit wird deutlich, dass Organempfänger nicht nur aus ihrem eigenen Empfinden heraus, sondern auch durch ihr soziales Umfeld auf das Problem einer möglicherweise durch Transplantation veränderten Identität gestoßen werden.

Den lebensgeschichtlichen Bruch und die damit einhergehende Bedrohung, die eine Transplantation für das Selbst darstellt und an die das ›neue‹ Organ beständig erinnert, kann auch durch den Versuch bewältigt werden, das Erlebte als Kontinuum zu rekonstruieren.[188] In dem Gespräch mit dem Ehepaar Wille äußerte Ursula Wille, dass das ›neue‹ Herz zwischen ihnen eigentlich kein Thema ist, wenngleich es zu

187 Zur Funktion des Witzes als Bewältigungsstrategie vgl. Wiebel-Fanderl 2000: 362-366.

188 Appelsmeyer spricht im Zusammenhang mit dem biografischen Bruch, den eine Transplantation darstellt, von dem Wunsch nach »Normalität«, der sich den Transplantierten nicht erfüllen wird (Appelsmeyer 2001: 44).

Anfang »ein bisschen komisch« gewesen sei. Im weiteren Verlauf des Gespräches sprach ich Manfred Wille noch einmal auf das Gefühl an, mit einem transplantierten Herzen zu leben. Den Einbruch, den die Organtransplantation in sein Leben brachte – er hatte sich vor der Operation mit seinem möglichen Tod und einer ungewissen Lebensdauer nach einer Transplantation auseinander gesetzt – bewältigte er, indem er sein Leben retrospektiv als übergangslose, kontinuierliche Fortsetzung schilderte. Die Auseinandersetzung mit dem transplantierten Herz läuft für ihn auch auf der scherzhaften Ebene. Er äußerte, keinen Unterschied zwischen dem alten und dem ›neuen‹ Herzen zu empfinden, räumte allerdings ein, dass Fragen nach der Identität für viele anderen Organempfänger durchaus ein Problem darstellten.

Manfred Wille: *Ja, es ist eigentlich übergangslos, wie mein weiteres Leben jetzt gegangen, also so übergangslos ist diese Sache auch in mir vorgegangen. Ich war natürlich froh, dass ich ein Herz bekommen habe. Habe natürlich auch dran gedacht, gut, da musste nun einer sterben. Ich hab' mit meinem Chirurgen nochmal gesprochen, der hat mir erzählt, dass das Herz von einer 34-jährigen Frau war, mehr natürlich nicht. Name und so nennen die ja nicht.*
VK: *Das hat er Ihnen gesagt.*
Manfred Wille: *Ja, das hat er mir gesagt. Da hab ich denn da Spass gemacht. Und ich sag, ›Das ist ja eine Bayerin, die ist wohl oft auf dem Oktoberfest gewesen, die hat die Humpen gestemmt‹. Da fing er an zu lachen. Ja, aber wie gesagt, damit habe ich überhaupt kein Problem gehabt. [X] Das ist ja ein Problem, das einige haben. Man hat das ja auch letztens wieder gehört [beim letzten Selbsthilfegruppentreffen, Anm. VK]. [X] Das habe ich nie so gekannt. Für mich war das wie selbstverständlich, das war mein Herz, das gehörte eigentlich gleich von Anfang an, da habe ich nie gedacht oder auch nie irgendwie gefühlt oder gespürt, dass ich irgendwas Fremdes in mir habe oder so. Als wenn das jetzt mein erstes Herz [ist], mein einziges. [X] Das ist eigentlich übergangslos gelaufen.*
VK: *Und dass es ein Herz von einer Frau ist, das hat Sie auch nicht?*
Manfred Wille: *Auch nicht, auch nicht, im Gegenteil! [lachen].*

Entgegen dieser Äußerung stellen Wiebel-Fanderl (2000: 217) und Bunzel (1993) fest, dass eine geschlechtsübergreifende Organübertragung von Männern schwerer verarbeitet wird als von Frauen und eine z.T. existenzielle Bedrohung des Selbstbildes für sie darstellt. Nur einmal wurde mir gegenüber ein ›Erspüren‹ der Identität des »Organspenders« geäußert. Rainer Petersen (56) berichtete auf die Frage, ob er Informationen über die Herkunft des transplantierten Herzens bekommen habe, von gewissen Ahnungen, was die Identität des »Organspenders« anginge, die er sich jedoch nicht so recht erklären konnte.

Nein, habe ich nicht. Ich habe auch oft gedacht, ›Wie kannst du das, ob du da 'rangehen solltest und wie‹. Und ich finde es eigentlich auch ganz gut so. Aber irgendwie spürt man das. Ich könnte ungefähr ahnen, aus welcher Ecke er kommt, wie er gelebt hat und so weiter. Irgendwie gibt es so eine innere Verbindung, die ich auch nicht erklären kann. Vielleicht ist das Gehirn dadurch [durch Informationen zu Alter und Größe des Herzens von Seiten eines Arztes, Anm. VK] auch ein kleines bisschen in der Fantasie angeregt worden.

In der psychologischen Literatur dagegen sind Fantasien von Patienten über mögliche Charakterveränderungen durch das transplantierte Organ bekannt. Pearsall, ein Psychoneuroimmunologe aus den USA, führte Interviews mit 73 Herz- und 67 anderen Organtransplantierten sowie 18 Familien von »Organspendern« durch. Von den Herzempfängern seien 17 »kardio-sensitiv« und verspürten eine Verbindung zu ihrem »Organspender« (Pearsall 1998). Der Psychologin Bunzel berichteten im Rahmen ihrer Studie zu Herztransplantierten sechs Prozent der von ihr befragten Patienten von Persönlichkeitsveränderungen, die sie eindeutig auf das transplantierte Herz zurückführten (Bunzel 1993: 162). Einen ausführlichen Bericht zu dem Gefühl eines durch Organtransplantation veränderten Selbst gibt Claire Sylvia in ihrer Autobiographie »Herzensfremd« (1998), die nach ihrer Transplantation neue Essensvorlieben und andere Dinge, die sie mit ihrem »Organspender« in Verbindung bringt, feststellt.[189] Die Angst des Selbst-Verlustes kann verstärkt werden durch die empfundene ›Invasion‹ des fremden verstorbenen Menschen über das transplantierte Organ, wie es in autobiografischen Berichten Transplantierter und der psychologischen Literatur bekannt ist (vgl. Bunzel 1993, Drakulic 1989). Bunzel beobachtete, dass die Frage von Persönlichkeitsveränderungen nur gegenüber Psychologen, nicht aber gegenüber dem ärztlichen Team geäußert wurden (Bunzel 1993: 159). Damit wird deutlich, wie der dominante biomedizinische Diskurs im Verhältnis zwischen Transplantationsmedizin und Organempfängern bestimmt, was geäußert werden kann und was nicht. Die Betroffenen befinden sich in einem hierarchischen Gefälle zu den medizinisch Professionellen und deren Deutungsmacht, von denen sie sich zudem in lebenslanger, existenzieller Abhängigkeit befinden. Diese Machtebene hinter dem biomedizinischen Konzept, aber auch das soziale Umfeld und vom biomedizinischen Modell abweichende kulturelle Körperbilder beeinflussen das subjektive Empfinden Organtransplantierter. Das Erspüren einer veränderten Befindlichkeit und erst recht einer veränderten Identität werden selten angesprochen. Diese Empfindungen entsprechen nicht dem biomedizinischen Bild des rein funktionalen Ersatzes eines Körperteils, weshalb sie von transplantationsmedizinischer Seite pathologisiert und einem anderen Zuständigkeitsbereich überschrieben werden: der Psychologie (vgl. z.B. Castelnuovo-Tedesco 1973, House/Thompson 1988). Dies geht wiederum auf die der Biomedizin inhärente Arbeitsteilung zwischen den Disziplinen zurück (vgl. Kap. 3.1.3).

---

189 Appelsmeyer gegenüber äußerten nur transplantierte Frauen die Überzeugung, »[...] mit den durch das fremde Organ gleichzeitig übertragenen Persönlichkeitszügen des verstorbenen Spenders eine Ergänzung der eigenen Persönlichkeit erfahren zu haben« (Appelsmeyer 2001: 44). Die Publikationen von Pearsall (1998) und Sylvia (1998) stoßen sowohl von Seiten anderer Transplantierter als auch von medizinisch-professioneller Seite auf Kritik und Ablehnung.

Bezüglich der leiblichen Empfindungen und einer veränderten Identität nach Organtransplantation konnte Folgendes aufgezeigt werden: Eine Organtransplantation hat über den Eingriff in die körperliche Struktur und die massiven Nebenwirkungen der Medikamente auch Veränderungen im leiblichen Erspüren zur Folge. Die Ersetzung (in physischer und kultureller Hinsicht) bedeutsamer Körperteile durch ›fremde‹ bedroht die Empfindung des Leibes als Einheit und kann zu Erfahrungen von leiblicher Desintegration und einer Entfremdung vom Körper führen. Tatsächlich gibt es – allerdings nicht in meinen Interviews, sondern in autobiografischen Romanen Transplantierter – Schilderungen des Gefühls der Fragmentierung, des Auseinanderfallens, der Desintegration nach einer Organübertragung. Besonders ausgeprägt beschreibt Slavenca Drakulic diese Empfindungen und die Angst vor der Auflösung ihrer Person. Schon vor der Operation – durch die lange Zeit der Dialyse – hat sie ein distanziertes Verhältnis zu ihrem Körper. Die Zweiteilung und Zerrissenheit nimmt nach der Transplantation noch zu.

»Aber gerade dann befällt mich das physische Gefühl der Zweiteilung. Zuerst spüre ich eine nicht auszuhaltende Spannung, dann den Riß. Der Riß wächst. Ich reiße wie dünnes, festes Papier. Zerfalle. Jetzt fliegen die Stückchen im Zimmer herum. Wie im Alptraum sinkt das Ich in eine Welt trüber Tiefe – das Dunkle, Wilde, Unvorhergesehene. Rüttelt mich, läßt nicht los. Zieht weiter. Beißt in den Bauch, reißt Fleischstücke heraus. Löcher bleiben zurück. Ich kann nichts dagegen tun. Von hoch oben schaut jemand auf all dies. Das bin ich auch.« (Drakulic 1989: 60)

Der Eingriff in die körperliche Integrität äußerte sich bei ihr als Gefühl, als konkrete Leibesempfindung. Das Gefühl des Auseinanderfallens der leiblichen Integrität schildert auch Müller-Nienstedt in Erinnerung an die Zeit auf der Intensivstation kurz nach der Transplantation:

»Wo bin ich überhaupt? Verloren in mir selbst, in meinem Organismus, der am Leben gehalten wird von einer riesigen Maschinerie, [...]. Mein Körper liegt als Hülle meines Ichs, fast unbeweglich, aufgeschwollen durch die Wassermengen, die [...] sich in jede Körperhöhle ergossen haben. Wo gibt es mich da noch? [...] Wie ein Irrlicht treibe ich über den eigenen Wassern. Mein Ich gibt es nicht mehr. Oder noch nicht? Ich bin in eine unübersehbare Anzahl Bestandteile aufgelöst, nur noch zusammengehalten durch den Rhythmus der Apparate. Ist das die Vorstufe zum endgültigen Zerfall?« (Müller-Nienstedt 1996: 107)

Diese Zitate verdeutlichen, dass die Integrität des Selbst, da es mittels des körperlichen Leibes gelebt wird, durch den massiven Eingriff in den Körper bedroht ist – noch unabhängig von der Vorstellung, dem lebenden implantierten Organ könnten über das physische hinausgehende Eigenschaften des »Spenders« anhaften.

Die in Kapitel 3.1 geschilderte Problematik der Distanzierung und Entfremdung vom Körper durch chronische Krankheit trifft damit für Organtransplantierte in besonderem Maße zu. Ein Weg, mit dieser Bedrohung der eigenen Identität umzugehen, ist der Zusammenschluss in Selbsthilfegruppen, in denen die Infragestellung des sozialen Umfeldes wegfällt und sie Bestätigung unter Gleichgesinnten finden.

»Smile! I'm a little extra!« – *Zur verbindenden Identität von Organtransplantierten*

»*Smile! I'm a little extra!*«, heißt es auf einem Anstecker der *World Transplant Games* in Sydney, Australien 1997. In dieser Aussage spiegelt sich zum einen der Wunsch wider, die transplantierte Identität an die Öffentlichkeit zu tragen und für »Organspende« zu werben. Andererseits verweist der Zusatz, nur ›ein wenig‹ anders zu sein als die anderen, auf den Wunsch, Organtransplantation nicht als außergewöhnlich, sondern als eigentlich ›ganz normal‹ darzustellen. So haben es sich auch die Selbsthilfegruppen für Organtransplantierte in Deutschland (vgl. Kap. 2.1) zum Ziel gesetzt, »Vorurteile und Informationsdefizite« gegenüber Organtransplantierten abzubauen, wie es in einem Informationsblatt des BDO heißt.[190] Denn neben der Interessenvertretung und psychosozialen Unterstützung Organtransplantierter[191] bzw. Patienten auf der Warteliste fällt besonders ihr Engagement bei der Werbung für »Organspende« auf.

»Organspende – ein Geschenk zum Leben. Darum setzen wir uns dafür ein, daß die Öffentlichkeit über die Chancen und Möglichkeiten, die eine Organverpflanzung todkranken Menschen bietet, informiert wird.« (Informationsbroschüre des BDO)

Die Regionalgruppen der Verbände engagieren sich beispielsweise stark am »Tag der Organspende« (jeweils der erste Samstag im Juni), an dem sie mit Informationsständen in den Fußgängerzonen vertreten sind.[192]

Nach ihrer Motivation zur Teilnahme an den Selbsthilfegruppen befragt, stellten meine Gesprächspartner heraus, wie wichtig ihnen der Kontakt zu Menschen mit dem gleichen Schicksal ist. Zum einen empfinden sie bei konkreten Problemen und Fragen den gegenseitigen Informationsaustausch als hilfreich, zum anderen sehen sie darin ein Mittel, der sozialen Isolation entgegenzuwirken. In der Gemeinschaft ande-

---

190 Zur Bedeutung der Selbsthilfegruppen für Organtransplantierte siehe auch Wiebel-Fanderl (2000: 487-496), deren Einschätzung sich mit der von mir in diesem Abschnitt dargelegten in den meisten Punkten deckt.

191 Die größeren Verbände geben Patientenzeitschriften und weitere Veröffentlichungen mit Informationen für Betroffene heraus. Zu nennen sind hier *Der Dialysepatient* vom Verein *Dialysepatienten Deutschlands e.V.*, die *BDO-Blätter* oder die *Lebenslinien* der *Selbsthilfegruppe Lebertransplantierter e.V.*

192 Die Ausrüstung der Stände und das dort verteilte Informationsmaterial wird zum großen Teil von der Deutschen Stiftung Organtransplantation (DSO) gestellt. Oftmals können auch Sponsoren aus dem Pharmabereich gefunden werden.

rer Transplantierter fällt vor allem der Erklärungsdruck zu ihrem ›etwas anderen‹ Zustand weg, was sie, so beteuerten sie mir gegenüber immer wieder, als sehr angenehm und entlastend empfinden. Diese Aussagen verweisen darauf, dass Organtransplantationen im sozio-kulturellen Umfeld noch nicht zur Normalität und Selbstverständlichkeit geworden sind und der äußere Druck durch die manchmal zurückhaltende bis fehlende Akzeptanz des sozialen Umfeldes, sodass die Betroffenen in Gruppen Zusammenhalt und Bestätigung suchen. Organempfänger versichern sich innerhalb der Gruppe ihrer ›neuen‹ Identität, indem sie sich gegenseitig bestätigen, dass ›alles beim Alten ist‹. Wiebel-Fanderl spricht in diesem Zusammenhang von der »Leitbildfunktion« als eine der wichtigsten Aufgaben der Selbsthilfegruppen (Wiebel-Fanderl 2000: 492).

Der Austausch mit Menschen gleichen Schicksals dient so als (Rettungs-)Anker und Selbstbestätigung. So nahm an einem Selbsthilfegruppentreffen, dem ich beiwohnte, ein kurz zuvor herztransplantierter älterer Herr teil, der noch in sichtlich schlechter körperlicher und seelischer Verfassung war. Er saß dort mit Mundschutz[193] und ängstlichen Augen in Begleitung seiner Ehefrau. Er wollte berichten, wie es ihm ginge, doch ihm versagte die Stimme. Seine Frau erzählte von seinen großen Problemen, mit dem ›neuen‹ Herzen zu leben, seinen Gedanken an den »Organspender« sowie seiner Unruhe und Nervosität. Die Reaktion der Gruppe war zunächst betreten, doch versuchten die Anwesenden dann, dem verzweifelten Mann Mut zu machen, indem sie beteuerten, einmal ähnliche Gedanken gehabt zu haben, ihm versicherten, keine Schuld am Tod seines »Organspenders« zu tragen und ihm Mut auf baldige Besserung zusprachen.[194] Dieses Beispiel verdeutlicht eindrücklich die »Vorbildfunktion«, die bereits seit längerem Transplantierte für Patienten mit Bewältigungsschwierigkeiten haben. Auffällig selten wurde ansonsten in den von mir besuchten Gruppentreffen über die »spendende« Seite gesprochen. Allerdings bekam ich sehr positive Resonanz, als ich im Frühjahr 2001 meine Forschungsergebnisse in die Regionalgruppen zurücktrug und dabei auch von den Erfahrungen Angehöriger von »Organspendern« berichtete.

193 Der Mundschutz wird in der ersten Zeit nach der Transplantation zum Schutz vor Infektionen aufgrund des geschwächten Immunsystems vor allem außerhalb des Hauses und in größeren Menschenmengen getragen. Früher war dies obligatorisch und wurde von Seiten der Transplantationszentren streng verfolgt. Mittlerweile sind die Regelungen weniger streng geworden. Viele Transplantierte verzichteten darauf, einen Mundschutz zu tragen, da sie sich damit immer wieder Anfeindungen und aggressiver Ablehnung seitens des sozialen Umfeldes aussetzten (vgl. auch Wiebel-Fanderl 2000: 437-438).

194 Auf dieses Ereignis kamen viele meiner Gesprächspartner und -partnerinnen aus dieser Gruppe in den Einzelinterviews zu sprechen.

Die Bestätigung der gemeinsamen Identität ist auch bei den Sportmeisterschaften für Organtransplantierte zu beobachten, die es – analog den Paralympics – auf nationaler wie auf internationaler Ebene gibt.[195] Bei diesen Veranstaltungen steht zum einen die Leistungsbereitschaft der Sportler, zum anderen der Öffentlichkeitsaspekt deutlich im Vordergrund. An zwei Deutschen Meisterschaften für Organtransplantierte (1997, 1999) sowie den *XI. World Transplant Games* in Sydney, Australien, konnte ich beobachtend teilnehmen.[196] Bei den Sportlern selbst, so ergaben meine Gespräche während der Wettkämpfe, war auch der Gemeinschaftsaspekt von großer Bedeutung. Sie schöpften daraus Mut, Gleichgesinnte zu sehen, die es auch geschafft haben, oder wie es ein Sportler ausdrückte: »Wir sind hier alle Sieger!«. Von dieser Atmosphäre waren alle Spiele geprägt, die ich besuchte. Meiner Beobachtung nach wurden dabei diejenigen, die aufgrund ihres schlechten Gesundheitszustandes nicht mehr teilnehmen konnten oder verstorben waren, meist am Rande erwähnt.[197] Das Gemeinschaftsgefühl, die sozialen Kontakte und Freundschaften standen auch bei der Teilnahme an den Weltspielen eindeutig im Vordergrund. Für die transplantierten Sportler dient die Teilnahme bei Sportwettkämpfen auch zur eigenen Krankheitsbewältigung, so ein 22-jähriger Nierentransplantierter: »Die Strapazen, die Schmerzen, 1000 Tage Krankenhaus werden durch einen Tag Australien wieder gutgemacht. Die Belohnung eines schweren harten Kampfes.« Ein 34-jähriger nierentransplantierter Sportler erzählte mir, dass er mit gesunden Sportlern in einem ›normalen‹ Sportverein zusammen trainiere, an deren Leistungen er natürlich nicht herankäme, »obwohl

---

195 1981 wurde die *Deutsche Sportvereinigung für Nierentransplantierte e.V.* gegründet. Mit der Öffnung des Vereins für andere Organtransplantierte wurde sie 1993 in die *Deutsche Sportvereinigung Organtransplantierter e.V.* (DSVO) umbenannt, die heute fast 160 Mitglieder stark ist. Die DSVO ist Mitglied in der *World Transplant Games Federation* (W.T.G.F.), die 1987 vom Transplantationschirurg Dr. Maurice Slapak gegründet wurde. Auf europäischer Ebene gibt es wiederum die Wettkämpfe für Herz- und Lungentransplantierte, an denen primär Mitglieder des *Vereins Organtransplantierter Deutschlands e.V.* (VOD), der eng mit dem Herzzentrum in Bad Oeynhausen verbunden ist, teilnehmen (DSO 1998a: 28-29). Aus der dargelegten Gründungsgeschichte ergibt sich eine ungleiche Verteilung der verschiedenen Organtransplantierten bei den jeweiligen Wettkämpfen. Da sich die Deutschen Meisterschaften Organtransplantierter der DSVO als Zulassung für die Weltspiele durchgesetzt haben, findet allmählich ein Ausgleich zwischen den teilnehmenden Nierentransplantierten und Herz- sowie Herz-Lungentransplantierten statt. Auch in anderen Ländern gibt es nationale Sportvereinigungen für Organtransplantierte.

196 Bei den Wettkämpfen 1997 in Wunstorf gingen 75 Sportler, davon 13 Frauen, an den Start. An den 20. Deutschen Meisterschaften in Flensburg nahmen nur 49 Aktive teil (davon acht Frauen). Die Teilnehmenden, in der Überzahl Männer, maßen sich in den Disziplinen Schwimmen, Tennis, Tischtennis, Badminton und Leichtathletik.

197 Bei den 20. Deutschen Meisterschaften 1999 in Flensburg wurde jedoch nach einem Abendessen eine Trauerminute für ein verstorbenes Mitglied gehalten.

ich eigentlich auch gesund bin«. Ihm hatte der Sport sehr geholfen, nach der Transplantation als junger Mann Anfang 20 mit dem Status als Schwerbehinderter zurecht zu kommen, den er seit Beginn seiner Dialysezeit hatte (vgl. Hauser-Schäublin et al. 2001: 167-168). Das Gefühl, mit dem Schicksal der Transplantation nicht alleine zu sein, sondern sich als Teil einer weltweiten Gemeinschaft zu sehen, gibt – so mein Eindruck – vielen Kraft und Mut, zu Hause auch die schwierigen Zeiten zu überstehen. »Zu sehen, wie viele Transplantierte trotz ihrer schweren Krankheit nicht aufgeben und den Willen haben, das Beste daraus zu machen«, war für einen 18-jährigen Nierentransplantierten mit das Wichtigste an den Weltspielen. Daneben gilt es jedoch, einen weiteren Aspekt der Sportveranstaltungen hervorzuheben. Den Sportlern kommt als aufgeklärten Patienten eine wichtige Aufgabe in der gesellschaftspolitischen Diskussion zu, so die Organisatoren. Diese Aussage wird von der DSO in ihrer Sportbroschüre unterstrichen:

»Damals wie heute wollen die Organisatoren und Teilnehmer dieser Sportfeste gleichzeitig in der Öffentlichkeit das Bild von einem gesunden, erfüllten Leben nach einer Transplantation fördern und die Bereitschaft zur Organspende steigern.« (DSO 1998a: 28)

Mit der Teilnahme von Transplantierten an Sportwettkämpfen soll das Vorurteil widerlegt werden, dass Transplantierte nicht mehr leistungsfähig seien (Lebenslinien 1/1996: 37) oder sich die Transplantationsmedizin noch in der experimentellen Phase befinde. Den Transplantierten selbst scheint es ein Anliegen zu sein, dieses Bild mit zu revidieren:

»So ein Sportfest ist ein deutlicher Ausdruck dafür, daß die Organtransplantation ein etabliertes Therapieverfahren in der Bundesrepublik ist.« (Krämer 1996: 13)

Aussagen diesbezüglich finden sich in fast jedem Artikel über Sportveranstaltungen von Transplantierten und verdeutlichen, dass auch hier das Bild vom ›gesunden‹, aktiven Leben nach einer Transplantation vermittelt werden soll:

»Wer diese fröhlichen Menschen gesehen hat, kann sich kaum vorstellen, daß ohne Organspende und -transplantation Siechtum und früher Tod bei ihnen vorgegeben war. Deshalb war es für alle Teilnehmer auch von großer Wichtigkeit, die breite Öffentlichkeit über Lebensqualität und Leistungsvermögen nach einer Transplantation zu informieren.« (Gottschalk 1995: 36)

Auch die 1987 gegründete *World Transplant Games Federation* nennt in ihrer Vereinssatzung als erstes Ziel, das mit der Ausrichtung von Weltspielen verfolgt werden soll, die Förderung von Fitness, Gesundheit und Sportaktivitäten Organ- und Knochenmarktransplantierter. Als zweites Ziel verfolgt sie die Förderung des Wissens der allgemeinen Öffentlichkeit weltweit bezüglich Organtransplantation (*World Transplant Games Federation, Constitution*). Auch hier nimmt also die so genannte ›Aufklärung‹ über Organtransplantation einen zentralen Stellenwert ein, wofür die

XI. World Transplant Games in Sydney, Australien 1997 ein eindrucksvolles Beispiel lieferten.[198] Bereits der Einzug der 1.200 transplantierten Sportlerinnen und Sportler in ihren farbenfrohen Mannschaftsanzügen[199] zur Eröffnungszeremonie unter strahlendblauem Himmel und Frühlingswetter vor der imposanten Kulisse des Opernhauses rührte viele der Zuschauer und Sportler zu Tränen.[200] Die Austragungsorte sowohl der Eröffnungsfeier als auch der Straßenläufe im Zentrum Sydneys sollten für möglichst viel Aufmerksamkeit in der Öffentlichkeit sorgen.[201] Dem Transplantationschirurg und Präsidenten der *World Transplant Games Federation* Maurice Slapak schwebt darüber hinaus die Idee einer *worldwide transplant community* vor. Sein Wunsch ist die Ausweitung der Organisation, sodass sie alle transplantierten Menschen umfasst, unabhängig davon, ob sie Sport treiben oder nicht, und damit eine weltweite Vereinigung aller Mitgliedsstaaten entstehen würde, die über zehntausend Mitglieder hätte. Als hauptsächliches Ziel gibt Slapak zwar die Steigerung der Organspendebereitschaft an (Slapak 1998: 1). Es klingt damit aber auch eine gemeinsame Identifikation über den in gleicher Weise durch Organtransplantation geprägten Körper an. Hier ist ein Kampf um die Schaffung gesellschaftlicher Akzeptanz für eine Technologie, die mit den überlieferten kulturellen Konzepten bezüglich des Selbst und des Todes nicht übereinstimmt, zu vermuten (vgl. Hauser-Schäublin et al. 2001: 284-285).

---

198 Insgesamt nahmen 1.200 aktive Sportler aus 52 Nationen an den Spielen teil. Die größten Mannschaften kamen aus den USA, Australien, England, Deutschland und Frankreich. Auch andere westeuropäische Länder, wie z.B. Holland, waren zahlenmäßig stark vertreten. Das deutsche Team bestand aus 48 Aktiven, davon nur sieben Frauen, und rund 60 Begleitpersonen. Die Weltspiele fanden bisher in folgenden Orten statt: Portsmouth (zweimal), New York, Athen, Amsterdam, Innsbruck, Singapur, Budapest, Vancouver, Manchester, Sydney, Budapest und im Sommer 2001 Kobe, Japan. Neben den *World Transplant Games* werden auch internationale Winterspiele für Transplantierte durchgeführt.

199 Auf fast allen Mannschaftsanzügen prangte der Schriftzug *Novartis*. *Novartis* gehört zu den führenden Herstellern von Immunsuppressiva weltweit, wie dieses Bild deutlich machte.

200 Aus Australien hat eine große Anzahl kleiner Kinder (75) teilgenommen, von denen manche erst vier Jahre alt waren. Diese jüngsten Teilnehmenden an den Spielen waren stark von der Presse umringt, und ihr Foto prangte u.a. auch auf den Reportageseiten der Zeitungen.

201 Bei dem Straßenlauf fiel vor allem die Kleidung der Sportler auf, die mit folgenden Aufdrucken zur »Organspende« aufrufen wollte: »A new heart, a new life«, »Don't take your organs to heaven, heaven knows we need them here!«, »Give and Take« sowie »Organ donors save lifes!«.

So positiv für viele ein Leben nach einer Transplantation auch aussieht, haftet diesem Leben doch eine Schattenseite an, die in dem der Öffentlichkeit vermittelten Bild vom »neuen Leben« Organtransplantierter zumeist verschwiegen wird. Die Schwierigkeiten im Zusammenhang mit Organtransplantation tauchen besonders dort auf, wo das objektivierte Körperbild mit den Erfahrungen der Betroffenen nicht mehr übereinstimmt und der gelebte Leib störend sein Recht einfordert, was zu widersprüchlichen Erfahrungen der Betroffenen führen kann.

1. Trotz der deutlich spürbaren Lebensfreude und der Dankbarkeit für das Überleben ist der Zustand nach einer Organtransplantation als chronische Erkrankung einzustufen, die lebenslange Medikamenteneinnahme mit schweren Nebenwirkungen und regelmäßige medizinische Kontrolle notwendig macht. Organtransplantierte werden demnach nicht als geheilt und gesund in ihr »geschenktes Leben« entlassen, sondern befinden sich auf Dauer unter der Kontrolle ihrer Klinik. Zudem erfordert ihr Zustand aufgrund der Unterdrückung ihres Immunsystems ein vorsichtiges und verantwortungsvolles Verhalten gegenüber ihrem Körper und der Umwelt, um Infektionen und eine Abstoßung des transplantierten Organs zu verhindern. Eine Abstoßungsreaktion, die ihr Leben wie ein ›Damoklesschwert‹ überschattet, kann tödlich verlaufen. Die tägliche Medikamenteneinnahme ist ständige Erinnerung daran, dass eine Transplantation nicht von Dauer ist.
2. Die Analyse der Erfahrungen von Organempfängern hat gezeigt, dass sie transplantierte menschliche Organe nicht allein auf der Körperebene und vollständig losgelöst vom Leib des »Organspenders« betrachten. Im Vordergrund steht zwar das Bild der transplantierten Organe als rein körperliche »Ersatzteile«, was dem in euro-amerikanischen Gesellschaften verbreiteten so genannten Maschinenmodell vom Körper entspricht (vgl. Kap. 3.1.1). Daneben existieren aber auch gegensätzliche Erklärungsmodelle Betroffener, die auf die Leibebene verweisen und die auf andere kulturell überlieferte Deutungsmuster bezüglich Körper und Selbst zurückgehen. Besonders vor einer Transplantation geäußerte Ekelgefühle bei dem Gedanken eines fremden Organs im eigenen Leib, Angst vor Zerbrechen der leiblichen Integrität, (selten verbalisierte) Angst vor einer möglichen Charakterveränderung durch das Transplantat oder an Frankenstein erinnernde Fantasien gehen hierauf zurück. Die Interpretation ihrer Empfindungen nach einer Transplantation werden von Organempfängern also nicht durchgängig auf der einen oder anderen Ebene vollzogen. Die konfligierenden Sichtweisen äußern sich in den aufgezeigten Konflikten und Vorstellungsbrüchen der Betroffenen, in deren Leibern sie um die Vormachtstellung kämpfen.

3. Über die existenzielle Bedrohung einer tödlichen Krankheit hinaus wird das Selbst der Organempfänger zusätzlich durch das Vorhandensein eines ›fremden‹ Organs im eigenen Leib infrage gestellt. Es bedroht die Selbst-Identität, die in einem kontinuierlichen Selbst und Körper verankert ist (vgl. Giddens 1991: 55). Die Integration und Aneignung des ›fremden‹ Organs stellt demnach nicht nur eine physische, sondern auch eine psychische Herausforderung für die Organempfänger dar. Die existenzielle Bedrohlichkeit dieser Tatsache zeigt sich in der Weigerung vieler Transplantierter, sich mit dem ›fremden‹ Organ, aber auch dem »Organspender« auseinander zu setzen. Das transplantierte Organ ist in doppelter Weise mit Gedanken an den Tod verbunden: Zum einen ist es eine Erinnerung an die eigene Todesbedrohung, die abgewehrt werden muss. Zum anderen verweist es darauf, dass Organempfänger ihr Leben dem Tod eines anderen Menschen zu verdanken haben.
4. Um die Schwierigkeiten eines transplantierten Lebens zu meistern und der Infragestellung ihrer Selbst-Identität zu begegnen, schließen sich viele Organempfänger Selbsthilfegruppierungen an. Neben der individuellen Krankheitsbewältigung wird besonders das Anliegen der Selbsthilfegruppen deutlich, das öffentlich vermittelte Bild eines ›gesunden‹, aktiven Lebens nach Organtransplantation zu bestätigen und sich für das »geschenkte Leben« dankbar zu erweisen.

Das Anliegen der Betroffenen, ihr weiteres Leben sinnvoll zu nutzen, indem sie sich für die Erhöhung der »Organspendebereitschaft« einsetzen, der sie selbst ihr Leben verdanken, ist auf individueller Ebene gut nachzuvollziehen. Sie bringen damit ihre Dankbarkeit für die »Organspende« und das »geschenkte Leben« zum Ausdruck. Dies deutet auf eine durch die Übertragung von Körperteilen entstandene Beziehung zwischen beiden Seiten hin. Da im öffentlichen Diskurs Organtransplantation als »geschenktes Leben« bezeichnet und um »Organspenden« gebeten wird, liegt es nahe, Organtransplantation unter der Perspektive des Gabentausches zu betrachten. Um dieses Thema wird es im folgenden Kapitel gehen.

5 Organtransplantation und die Dimension der Gabe

»So long as organ transplantation is regarded and defined as a gift or a donation, it will be subject to norms of giving, receiving, and repaying, with their attendant social, cultural, and psychological functions and strains.« (Fox/Swazey 1974: 39)

Betrachtet man Organtransplantation aus der Perspektive der Gabe, rücken Aspekte ins Blickfeld, die von der Transplantationsmedizin vernachlässigt werden. Durch Organtransplantationen entstehen enge Verknüpfungen individueller Schicksale und neue Formen sozialer Beziehungen. Rekurrierend auf die verschiedenen Deutungsmuster, die in Zusammenhang mit Organtransplantation von medizinischer und gesellschaftlicher Seite vorliegen, werde ich die Brüche in der gesellschaftlichen Praxis und ihre Folgen in der gelebten Wirklichkeit direkt von Organtransplantation Betroffener aufzeigen. Zuvor möchte ich jedoch das System der Organtransplantation auf der theoretischen Ebene der Gabe betrachten.

5.1 Der unvollständige Gabentausch

Kennzeichnend für den Gabentausch sind nach Mauss (1994 [1925]) drei Komponenten: das Geben, das Annehmen und die Verpflichtung zur Erwiderung der Gabe. Durch den Austausch von Gaben entsteht, so Mauss, ein Beziehungsgeflecht zwischen Individuen oder Gruppen, soziale Beziehungen werden dadurch reproduziert. Unabhängig davon, um welche Art von Gabe es sich handelt, ist die symmetrische und reziproke Verpflichtung zur Erwiderung der Gabe zentral. Wird dieser Verpflichtung, das Beziehungsverhältnis zwischen gebender und nehmender Seite auszugleichen, nicht nachgekommen, hat dies nach Mauss soziale Spannungen zur Folge (Mauss 1994 [1925]). Godelier wiederum richtet, dem Ansatz Annette

Weiners folgend, in seiner Analyse des Gabentausches den Blick auf die Dinge, die gerade *nicht* getauscht werden dürfen, denn in jeder Gesellschaft gibt es Gegenstände, die aus dem Gabentausch ausgeschlossen sind und nicht zirkulieren sollen. Meistens sind dies Dinge (Wertgegenstände, Talismane, bestimmtes Wissen oder Riten), die eine Bestätigung tief sitzender Identitäten und ihre Kontinuität über die Zeit erwirken (Godelier 1999: 33). So erlangen in Gesellschaften mit komplexen politischen Hierarchien wertvolle Gegenstände – wie z.B. Kronjuwelen – eine besondere historische Bedeutung, die ihnen einen absoluten Wert verschaffen und sie aus dem gewöhnlichen sozialen Tausch ausschließen (Weiner 1992: 37).[202]

Worin aber liegt der Zwang zur Gegengabe? Nach Godelier liegt dieser Zwang darin begründet, dass die Sache oder die Person durch den Akt des Gebens nicht vom Geber entfremdet (*alienated*) wird, sondern stattdessen Teil der identitätsstiftenden Realität einer Gruppe oder einer moralischen Person bleibt (Godelier 1999: 45). Mit Mauss ist Godelier der Meinung, dass die Gründe für die Nichtentfremdbarkeit (die Bedingung dafür, dass etwas nicht in den Tausch einfließt) vor allem spirituell, moralisch und religiös sind und aus der Welt des Glaubens, der Ideen und der Ideologien kommen (ebd). Der Gabentausch hat in unserer Gesellschaft eine andere Rolle als in nicht marktwirtschaftlichen Gesellschaften bekommen, so Godelier, da durch ihn nicht mehr alle fundamentalen sozialen Beziehungen, die allen Mitgliedern einer Gesellschaft gemein sind, reproduziert werden müssen (Godelier 1999: 207). Stattdessen ist der Gabentausch in Form von Geschenken und Spenden nun vorrangig eine subjektive, persönliche und individuelle Angelegenheit, der Ausdruck persönlicher Beziehungen außerhalb der Sphäre des Marktes und der Politik oder ihr sogar entgegengesetzt ist (Godelier 1999: 208).

Geschenke und Spenden erscheinen als idealisierte, ›reine‹ Gabe. Wie auch in Hauser-Schäublin et al. (2001: 223-224) dargelegt, dienen Geschenke immer noch der Festigung sozialer Beziehungen und implizieren die Verpflichtung zur Gegengabe. Im kulturellen Ideal wird diese Verpflichtung und das Prinzip der Gegenseitigkeit jedoch ausgeblendet und stattdessen der freiwillige, altruistische Aspekt betont. Diese Form der idealisierten Gabe entspricht dem christlichen Ideal, welches seine höchste Form in der Gabe des Leibes Christi zur Erlösung der Menschen von ihren Sünden gefunden hat, so Godelier. Die Gabe des Leibes Christi ist seiner Ansicht nach das höchste Beispiel einer absolut freiwillig gegebenen Gabe (Godelier 1999: 145). Mary Douglas verweist aber in ihrem Vorwort zu einer Neuauflage der Gabenstudie von Marcel Mauss auf ein Missverständnis im christlich geprägten

202 Auch wenn laut Grahame Clark (1986) europäische Monarchen ihre Juwelen durch Krieg oder finanzielle Umstände verloren, wurden selten die Goldkronen genommen – diese blieben unveräußerlich (nach Weiner 1992: 162, Fn. 51).

Konzept der ›reinen‹ Gabe. Bereits Mauss habe betont, so hebt Douglas hervor, dass bewusst oder unbewusst immer Erwartungen einer Gegengabe bei einer Gabe mitschwingen, da eine Gabe, die nicht zur Stärkung sozialer Beziehungen beiträgt, ein Widerspruch sei (Douglas 2000: vii).

Gaben werden in unserer Gesellschaft auch außerhalb persönlicher Beziehungen gegeben, bspw. in Form von Spenden für wohltätige Zwecke. Dabei ist der persönliche Bezug, der Gaben und Geschenken innewohnt, nicht gegeben, denn gespendet wird zumeist anonym (vgl. Hauser-Schäublin et al. 2001: 224). Nach Godelier (1999: 13-14) verschwindet der persönliche Charakter einer Gabe jedoch nicht zwingend, wenn zwischen Gebenden und Nehmenden keine direkten Beziehungen unterhalten werden bzw. diese sich nicht kennen, sondern der Austausch über Vermittler stattfindet; denn über die Empfänger der Gaben wird in den Medien berichtet, oft auch in Form der Darstellung persönlicher Geschichten.

Anonyme Gaben kommen über die Vermittlung eines technisch-professionellen Systems zustande, wie ich es für Organtransplantation zu Beginn des vierten Kapitels beschrieben habe. Die Vermittlung über eine dritte Instanz zeichnet Organtransplantation als besondere Form der Gabe an Fremde aus, betont Godbout, da die Vermittler (das medizinische Personal, die Transplantationskoordinatoren) bezahlter Arbeit nachgehen, das heißt, nicht nach der Maxime des Gabentausches handeln, sondern nach Regeln des Staates und Gesetzen des Marktes operieren (Godbout 2000: 76). Laut Godbout wird die Dimension der Gabe dadurch keinesfalls eliminiert, allerdings hat die professionelle Vermittlung die Konsequenz, dass es keine gemeinsame Norm aller an einer Organtransplantation Beteiligten gibt (Godbout 2000: 93).

In diesem gemischten System verwischen also die Grenzen zwischen Gaben- und Warentausch. Diese Verstrickung der beiden Tauschprinzipien findet sich bei der Verwendung jedweder menschlicher Körperteile wieder, wodurch auch eine »Organspende« keine ›reine‹ Gabe (*don ›pur‹*) darstellt (Godbout 1992: 127). Selbst beim Blut, einer erneuerbaren körperlichen Substanz, lässt sich das Oszillieren zwischen der Konzeption als Gabe oder Ware beobachten. Bei nicht-kommerziellen Blutspendediensten wird, so Schubert, die Blutspende als »ein aus humanitären Motiven überlassenes ›Geschenk‹ an die Gemeinschaft« (Schubert 1993: 61) betrachtet und nicht als Ware. Titmuss wies aber in seiner vergleichenden Studie zur Organisation von Blutspende bereits Anfang der 1970er-Jahre auf die Gefahr der zunehmenden Kommerzialisierung des Körpers hin (Titmuss 1997 [1971]: 219).[203] Durch das ökonomi-

203 Titmuss plädiert für die nicht-kommerzielle Blutspende als altruistische, ›reine Gabe‹ des einzelnen Menschen an seine Gemeinschaft. Er stellt in seiner Studie die Wirkung für soziale Verbundenheit und gesellschaftliche Kohärenz heraus (Titmuss 1997 [1971]: 126). Mary Douglas erachtet diese Konzeption als unzutreffend, da sie auf dem Missverständnis beruhe, dass es so etwas

sche System, in das die Blutspende eingebettet ist, wird Blut zu einem ›öffentlichen Gut‹, Körpersubstanzen gehen so im wahrsten Sinne des Wortes im Gesellschaftskörper auf, der diese von seinen Mitgliedern einfordert. Dies bestätigt die folgende Aussage Schuberts:

»Blut im zwischenmenschlichen Austausch ist aufgrund seiner fundamentalen und allgemeinen Lebensnotwendigkeit ein typisches ›kollektives Konsumgut‹ wie Luft und Wasser.« (Schubert 1993: 61)

Es stellt sich die Frage, ob menschliche Organe ebenso veräußerbar sind wie Blut. Dazu müssten sie notwendigerweise auch von Laien und direkt Betroffenen, losgelöst von leiblichen Aspekten, rein auf der Ebene des Körpers konzipiert werden können. Godelier ist der Ansicht, dass zwar Körperteile, -substanzen und körperliche Arbeit veräußert werden können, jedoch nicht das Individuum, die Person. Dennoch: Das Ausmaß der Veräußerbarkeit und Kommerzialisierung des Körpers stellt einen gesellschaftlich stark umstrittenen Bereich dar. Dies betrifft vor allem Körperteile und -funktionen, die sehr eng mit der Schaffung menschlicher Identität verknüpft sind. Nach Marilyn Strathern evoziert die Terminologie von ›Spende‹ und ›Geschenk‹ einen gemeinnützigen Altruismus bei der Blut- und »Organspende« (Organe werden ihrer Einschätzung nach dabei zu ›losgelösten Entitäten‹) im Sinne eines persönlichen Opfers für das Allgemeinwohl, eine Gabe an die Gesellschaft (Strathern 1997: 301). Zur Betrachtung von Organtransplantation möchte ich hier auf die Unterscheidung zwischen Körper und Leib zurückkommen. Denn die Transplantationsmedizin operiert gerade im Spannungsfeld vom menschlichen Körper als objektivierbare und demnach veräußerbare Sache einerseits und vom Leib als konstitutivem Teil des Selbst andererseits. Besonders prekär wird die Problematik dadurch, dass sie zudem

---

wie eine reine Gabe geben könne: »[Marcel Mauss] would have said ›Nonsense!‹ just as heartily to Titmuss' idea that the archetypal pure-gift relationship is the anonymous gift of blood, as if there could be an anonymous relationship. Even the idea of a pure gift is a contradiction« (Douglas 2000: viii). Die Fragestellung zum Umgang mit Blutspenden ist immer noch aktuell, wie die Neuauflage von Titmuss' Werk oder der Artikel von Hartwig von Schubert »Die Blutspende – Geschenk oder Ware?« (1993) zeigen. In der Diskussion geht es hauptsächlich um die Motivation zur Blutspende, die Menge und Verfügbarkeit dieses ›Rohstoffes‹, der in der modernen Medizin so unverzichtbar ist und in immer größeren Mengen benötigt wird: »Ohne ausreichende Versorgung mit diesen Produkten wäre die moderne Chirurgie weitgehend handlungsunfähig. Gleichwohl gibt es aber kaum einen an sich lebensnotwendigen Stoff, der so gefährlich sein kann wie Blut. In falscher Weise verabreicht oder verunreinigt kann die Blutspende lebensgefährlich sein« (Schubert 1993: 61). So ist ein wichtiges Thema die ›Reinheit‹ der Blutspende, um das Risiko einer Ansteckung etwa durch Hepatitis oder HIV zu vermindern. Ein Problem, das sich auch bei Organtransplantationen stellt.

– wie gezeigt – verknüpft ist mit der Überschreitung zweier Grenzen des menschlichen Selbstverständnisses: dem individuell verkörperten Selbst und dem Tod.

Diese Grenzüberschreitung steht nicht im zentralen Blickfeld der Transplantationsmedizin, die sich primär mit dem Körper und nicht mit dem Leib beschäftigt. Dadurch vermag sie menschliche Organe in therapeutische Gegenstände zu verwandeln, die als wertvolle Bioressource dem Wohl der Allgemeinheit dienen und somit zum *common good* werden. Einmal herausgelöst aus dem Kontext des originären Körpers, besteht aus der auf dem biomedizinischen Körpermodell basierenden Sicht keine Verbindung mehr zwischen den Organen zu dem Selbst/Leib, deren konstitutiver Bestandteil sie waren. Damit wird deutlich, dass die von der Transplantationsmedizin bestimmte Praxis rein auf dem Konzept der anonymen »Spende« beruht und damit Organe losgelöst vom Selbst eines Menschen versteht.[204] Die Konzeptionalisierung von Organen als knappe Ressource zeigt sich in Begriffen, die dem marktwirtschaftlichen Bereich entlehnt sind, wie der beklagte »Organmangel« oder der von der Transplantationsmedizin ermittelte »Organbedarf«.

Bereits im öffentlichen Diskurs zur Organtransplantation jedoch wird die Ebene des Körpers verlassen und ein konzeptioneller Bruch deutlich: Neben der Vorstellung von Organen als medizinische Ressource existiert das Bild von Organen als »geschenktes Leben«. In den Bundestagsdebatten zum Transplantationsgesetz wurde zum Beispiel vonseiten der Politiker argumentiert, dass Organe eben *keinen* Warencharakter bekommen dürften, um nicht dem »Organhandel« (und dieser Begriff ist negativ besetzt) Vorschub zu leisten, was zu folgendem Fazit führt:

> »Das Ergebnis ist paradox: Über ›Organspende‹ wurden zwei Diskurse geführt, nämlich sowohl ein ökonomischer als auch ein altruistischer. ›Organspende‹ ist Ware und Geschenk zugleich!« (Hauser-Schäublin et al. 2001: 221)[205]

Dabei arbeitet die Werbung für »Organspende« auch mit dem Aspekt des Geschenkes. Das verlegt eine »Organspende« auf die persönliche Beziehungsebene und verknüpft die Freiwilligkeit eines Geschenkes mit einer moralischen Verpflichtung.

---

204 Allerdings sind auch innerhalb der Transplantationsmedizin die Einschätzungen nicht mehr so eindeutig. Um die »Organspendebereitschaft« zu erhöhen, entwickelt A. S. Daar (1992) die Idee des ›*rewarded gifting*‹, d.h. der »Organspende«, die mit einem bestimmten festgelegten Betrag entlohnt wird. In seiner Argumentation stützt er sich ebenfalls auf Mauss' Gabentheorie und die Anmerkung Douglas', dass es keine reinen Gaben gebe. Die Schwierigkeit beim ›*rewarded gifting*‹ liegt seiner Ansicht nach darin, dass die Gegengabe die Form einer Bezahlung hätte, was es schwierig mache, sie vom Warendiskurs konzeptionell noch zu trennen.

205 Auch hier sei auf die ausführliche Analyse der Bundestagsdebatten zum Transplantationsgesetz von Petersen (2002) verwiesen.

»Die Werbung für ›Blut- und Organspende‹ [...] veranschaulicht, dass mit Slogans wie ›Mein Blut für Dich‹ oder ›Verschenken Sie noch einmal Ihr Herz!‹ die Vision eines persönlichen Gegenübers evoziert wird, das in Stellvertretung für den anonymen, namenlosen Empfänger steht. Auf der persönlichen Ebene soll eine größere Identifikation und damit Emotionalisierung geschaffen werden. Darüber hinaus wird der ›Spender‹ jedoch vor allem moralisch im Sinne einer Verpflichtung für das Gegenüber eingebunden: Denn die Idee des Geschenkes schafft eine Beziehung zwischen Gebenden und Empfangenden. Die gemeinnützige ›Spende‹ wird zu einem persönlichen Geschenk, das die Handlung des Gebers in eine Relation zum Schicksal des Empfängers setzt.« (Hauser-Schäublin et al. 2001: 225)

Auch die gemeinnützige Spende wird demnach durch den Mechanismus der Gabe zu einem persönlichen Geschenk. Laut Marilyn Strathern werden Geschenke – welcher Art auch immer – in euro-amerikanischen Gesellschaften als Verlängerung des Selbst aufgefasst, da sie auch als Übermittler von Gefühlen fungieren. Diese Gefühle werden gemeinhin einem anderen Menschen gegenüber ausgedrückt, können sich aber auch an eine abstrakte Entität, wie z.B. die ›Gesellschaft‹, richten (Strathern 1997: 302). Die Tatsache der Vermischung von Gabe und Ware, der nicht durchgängigen Konzeption von Organen auf die eine oder andere Art wird erst dadurch problematisch, dass es sich bei gespendeten Organen um konstitutive Bestandteile eines Menschen, eines Selbst handelt. Durch diese Vorstellung einer Verlängerung des menschlichen Selbst wird auf der gebenden Seite die Todeskonzeption berührt, auf der empfangenden Seite kann es die Identität der Organempfänger bedrohen.

Als zentrales und bedeutendes Gefühl der empfangenden Seite im Gabentausch verweist auch der Soziologe Georg Simmel auf die Dankbarkeit. Er erachtet sie als wichtigen Aspekt der Reziprozität von Geben und Nehmen. Die Dankbarkeit ist wie eine Gegengabe die Reaktion auf eine Interaktion zwischen Menschen, allerdings nicht als äußerlich manifester Gegenstand, sondern als ein Gefühl im Inneren des Menschen.

»Sie ist das subjektive Residuum des Aktes des Empfangens oder auch des Hingebens. Wie mit dem Tausch der Dinge die Wechselwirkung hinaustritt aus dem unmittelbaren Akte der Korrelation, so sinkt mit der Dankbarkeit dieser Akt in seinen Folgen, in seiner subjektiven Bedeutung, in seinem seelischen Echo herunter in die Seele. Sie ist gleichsam das moralische Gedächtnis der Menschheit, [...].« (Simmel 1999 [1908]: 662)

Die Bedeutung der Dankbarkeit für den sozialen Zusammenhalt ist laut Simmel nicht zu unterschätzen, da sie menschlichem Handeln eine einzigartige Ausprägung und Intensität verleiht. Die Dankbarkeit verbindet die Betroffenen mit dem Vergangenen, bereichert sie mit einem Element von Persönlichkeit und gibt Kontinuität im auf Interaktion beruhenden Leben. Sie stellt somit eine wichtige Komponente für den Zusammenhalt und Fortbestand sozialen Lebens dar:

»Würde mit einem Schlage jede auf frühere Aktionen hin den Seelen verbliebene Dankreaktion ausgetilgt, so würde die Gesellschaft, mindestens wie wir sie kennen, auseinanderfallen.« (Simmel 1999 [1908]: 663)

Das Gefühl der Dankbarkeit, so betont Simmel, geht jedoch noch über den reinen Dank hinaus und verweist darauf, dass es nicht mit einer entsprechenden Gegengabe abgegolten werden kann; denn die erste, initiierende Gabe ist freiwillig, der Gegengabe hängt hingegen immer eine moralische Verpflichtung zur Erwiderung an (wenngleich man sich dieser freilich auch entziehen kann). So kann das »Geschenk des Lebens« zum Beispiel nicht adäquat erwidert werden, steht man dafür sein Leben lang ›in der Schuld‹ gegenüber der Mutter. Das Gefühl der Dankbarkeit besteht daher seiner Meinung nach insbesondere darin, dass die Gabe nicht angemessen erwidert werden kann. Und dies, so ist für die vorliegende Studie zu ergänzen, ist insbesondere bei der Organtransplantation der Fall. Der Dank legt die gebende und nehmende Seite in unauflösbare und unverrückbare Positionen zueinander fest:

»Man kann sagen, daß er hier im Tiefsten überhaupt nicht darin besteht, daß die Gabe erwidert wird, sondern in dem Bewußtsein, daß man sie nicht erwidern könne, daß hier etwas vorliegt, das die Seele des Empfangenden wie in einem gewissen Dauerzustand der andern gegenüber versetzt, eine Ahnung der inneren Unendlichkeit eines Verhältnisses zum Bewußtsein bringt, das durch keine endliche Erweisung oder Betätigung vollkommen erschöpft oder verwirklicht werden kann.« (Simmel 1999 [1908]: 666-667)

Simmel betont die Beständigkeit des Gefühls der Dankbarkeit, das seine Forderung weiter aufrecht erhält, sogar wenn eine Gabe von gleichem oder größeren Wert gegeben wurde und damit eine dauerhafte Bindung zwischen der gebenden und nehmenden Seite schafft:

»Dies eigentümlich Unlösbare der Dankbarkeit, das selbst bei der Erwiderung mit gleicher oder größerer Gegengabe einen Rest läßt, ihn auch auf beiden Seiten eines Verhältnisses lassen kann [...] dies läßt die Dankbarkeit als ein ebenso feines wie festes Band zwischen den Menschen erscheinen.« (Simmel 1999 [1908]: 670)

Damit ist bereits ein wichtiger Aspekt des Verhältnisses von empfangender zu »spendender« Seite bei Organtransplantation benannt. Gerade bei der Gabe noch lebender menschlicher Körperteile ist sowohl die Dankbarkeit und das Wissen darum, diese Gabe nicht adäquat erwidern zu können, zu erwarten. Darüber hinaus ist zu vermuten, dass die kulturellen Vorstellungen vom Zusammenhang zwischen Körper und Selbst-Identität sowie der metaphorischen Besetzung von Organen das Empfinden und Erleben der Betroffenen entsprechend prägen werden – und sich damit auch der Aspekt einer Verlängerung des Selbst durch eine Gabe verstärken könnte. Dies soll am empirischen Material überprüft werden. Im Folgenden geht es um Aspekte im Empfinden der gebenden und empfangenden Seite, die auf die Dimension der Gabe bei Organtransplantationen verweisen.

5.2 Die Dimension der Gabe im Empfinden direkt Betroffener

Da – wie dargelegt – aus Sicht direkt Betroffener Organe nicht bzw. nur bedingt losgelöst vom Leib eines Menschen konzeptionalisiert werden, zeigt sich mit diesem Blick durch das Kaleidoskop ein anderes Bild von Organtransplantationen und der daran Beteiligten. Rein auf der Ebene des Körpers betrachtet besteht zwischen gebender und empfangender Seite keine Verbindung. Das Organ wird mit der Entnahme aus dem Körper des »Hirntoten« von der transplantationsmedizinischen Seite in ein therapeutisches Werkzeug verwandelt und, von allen leiblichen Aspekten ›gereinigt‹, einem Patienten eingepflanzt. Eine andauernde Verbindung besteht aus dieser Sicht primär zwischen Klinik und Organempfänger, dessen Körper dauerhafter Kontrolle bedarf – nicht jedoch zwischen »Spender« und Empfänger. Auf der Ebene des Leibes betrachtet stellen Organe in gewisser Weise eine Verlängerung des Selbst dar. Das heißt, die Verbindung des Organs mit seinem »Organspender« reißt mit der Entnahme des Organs aus seinem Körper nicht ab. Bildlich gesprochen kommt es dadurch zu einer Überlappung auch der leiblichen Bereiche von »Spender« und Empfänger. Um diesen verbindenden Aspekt zwischen beiden Seiten geht es in den folgenden Abschnitten.

5.2.1 »Es fehlt die Wertschätzung«: Erfahrungen der gebenden Seite

Die im vierten Kapitel dargelegten Erfahrungen Angehöriger »hirntoter Organspender« verdeutlichen, dass weder der Körper der »Hirntoten« noch die entnommenen Organe rein auf der Körperebene gesehen werden. Vielmehr stellen sie Teile des Leibes eines Verstorbenen dar, die sich nicht von seinem Selbst und seiner Individualität trennen lassen. Dass man mit einem Geschenk auch immer etwas von sich selbst gibt, wie bereits mit Strathern dargelegt (s.o.), und er eine »Organspende« in diesem Sinne versteht, äußerte explizit Robert Eilert (39). Er verwies dabei jedoch auch auf den Bruch in der Logik der Transplantationsmedizin, die Gefahr läuft, Organe zu kommerzialisieren, was einen Missbrauch von Organen nicht ausschließen lässt:

Für mich ist es eine Form von Geschenk, das ich jemandem machen kann. [Pause] Wie das mit Geschenken so ist, die können ankommen und man schenkt immer etwas von sich selber. Es gibt so einen schönen Ringelnatz dazu [...] über das Schenken, der fällt mir jetzt im Moment zu diesem

Beispiel ein. Ich habe das bisher nie darauf bezogen, aber ich glaube, dass das auch so eine Situation ist, dass ich wirklich etwas von mir hergebe, wenn ich etwas schenke. Und dass die Organspende in dem Fall für mich eher ein Geschenk an jemanden ist, das ich eben bereit bin zu geben, ja, ich sag' mal, weil ich das zulassen kann. [X] Ich verdränge damit ein Stück dessen, was auch Fakt ist, nämlich die ganze Kehrseite der Medaille: Organhandel, zweifelhafte Organverpflanzungen, all das, was mit dieser ganzen Problematik zu tun hat. Ich denke, dass es einfach Ausdruck einer humanen Medizin sein muss, diese Zusammenhänge mehr in den Vordergrund zu stellen.

Bezogen auf meinen theoretischen Rahmen heißt dies: Die Gabe eines Organs wird als Geschenk und damit als Teil des Selbst (»dass ich wirklich etwas von mir hergebe, wenn ich etwas schenke«) betrachtet. Diesem Aspekt, der auch der Gefahr der Kommerzialisierung oder des Organhandels entgegenwirken könnte, kommt nach Ansicht Robert Eilerts zu wenig Beachtung zu. Besonders eindrücklich zeigt sich die Nichtloslösbarkeit der Organe vom Selbst in der Vorstellung mancher Angehöriger, dass durch das entnommene Organ »etwas noch weiterlebt«. Dies lässt die Frage nach der empfangenden Seite aufkommen, über die sich Hinterbliebene folgendermaßen äußerten.

Die Hinterbliebenen sind sehr unterschiedlicher Auffassung, was den Wunsch nach Informationen über die Seite der Organempfänger angeht. Annähernd die Hälfte – darunter vor allem diejenigen, die schlechte Erfahrungen mit der Organentnahme gemacht hatten und ihre Zustimmung retrospektiv bereuten – wollte keine Informationen und damit auch keinen Kontakt zu den direkten Organempfängern. Birgit Steinmann (54) zum Beispiel hatte aufgrund der ärztlichen Schweigepflicht nicht erwartet, eine Rückmeldung von ärztlicher Seite zu bekommen und sah auch ansonsten keine enge Verbindung zwischen den Angehörigen der »Organspender« und den Organempfängern, da sie wisse, »[...] dass im Herzen nicht die Psyche sitzt«. Einen direkten Kontakt konnte sie sich nicht vorstellen, da diese Menschen für sie Fremde seien, die ihr nicht unbedingt sympathisch sein müssten:

Ich kenne diese Menschen nicht und ich sehe da keine Verbindung zu mir. Es ist für mich eher ein Zufall. Und wenn das Menschen sind, die so gerade mal sagen ›Danke‹, und ich sage: ›Ja, es freut mich‹, und dann ist es aus, das wäre mir eher unangenehm. Denn ich muss sie ja überhaupt nicht sympathisch finden oder sonst was, ja?

Sie konzeptionalisiert damit die Organe primär auf der Ebene des Körpers, weshalb sie keine Verbindung zu den Empfängern sieht. Der Gedanke, zum Wohl der Gemeinschaft beigetragen zu haben, genügt. Ein Kontakt zwischen beiden Seiten erscheint aus dieser Perspektive unpassend und unnötig. Wolfgang Reese (66), der zwar nicht grundsätzlich gegen Organtransplantationen eingestellt war, aber seine Entscheidung, wie dargelegt, retrospektiv dennoch nicht gutheißen konnte, möchte keinen Kontakt zu den entsprechenden Organempfängern, da er deren Dankbarkeit nur seinen Schmerz entgegensetzen könnte. Er befürchtete, dass eine solche Begegnung für beide Seiten peinlich enden könnte:

Nein, nein, das ist bei mir eine Frage der Scham. Ich möchte nicht die Dankbarkeit eines Menschen auf mich ziehen, auch noch bei einer Entscheidung, die mir schon Kummer genug macht. [X] Was soll solch ein Mensch sagen? ›Ich bin dir ja so dankbar‹ und so weiter. Und ich kann nur sagen, ›Wenn Sie wüssten, wie sehr ich diese Entscheidung bedaure?‹ [kurze Pause] Ich bedaure ... ich freue mich, dass Menschen gerettet worden sind, aber ... ich möchte nicht, dass das peinlich endet. Außerordentlich peinlich!

Anders als seine Schwiegertochter, Frau Cheng, sah er zwischen der gebenden und empfangende Seiten keine Verbindung, da nur körperliche Materie übertragen worden sei:

Für sie [die Schwiegertochter, Anm. VK] bedeutet es, dass es sogar in einem anderen Menschen drin ist. Es lebt etwas aus Thomas in anderen Menschen für sie. Ja. [Pause] Stimmt ja auch. Aber das ist ja nichts, für mich liegt die Seele nicht in der Niere oder in der Leber.

Eine ähnliche Auffassung wie Wolfgang Reese vertrat auch Maria Deinert (47), wenngleich sie, wie sie zugab, öfter an die empfangende Seite denkt:

Ja, ich denke öfter an die Empfänger und hoffe, dass es ihnen immer noch gut geht. Natürlich leben sie mit einem Teil meines Bruders. Aber es geht nicht so weit, dass ich denke, sie sind jetzt ein Teil meines Bruders, [X] weil es nicht die Seele ist. Es sind Organe, die funktionieren. [X] Von daher habe ich auch gar kein Bedürfnis zu recherchieren, wer ist das? Ich habe mich gefragt, soll ich mit den Leuten, wenn es überhaupt möglich ist, Kontakt aufnehmen? Das möchte ich nicht. [X] Wie gesagt, weil ich das wirklich nur als rein profanes Teil des Körpers sehe und nicht als Seele. [X] Es ist ein Teil meines Bruders, aber kein Teil, der gefühlsmäßig oder von der Seele her mit diesen Menschen lebt.

An Maria Deinerts Geschichte wird deutlich, dass sie ihren Überlegungen zur empfangenden Seite die Vorstellung des Körpers und seiner Loslösbarkeit vom Selbst eines Menschen zugrunde legt. Beim Tod des Menschen trennt sich die Seele vom Körper, weshalb rein physische Materie zurückbleibt, die nicht mehr in Verbindung mit dem verstorbenen Menschen betrachtet wird. Entsprechend dieser Vorstellung äußert auch sie, keine Verbindung zur empfangenden Seite zu sehen.

Ganz explizit über den Verlauf der Transplantation nichts erfahren wollte Martin Eisenberg (44), allerdings mit der Begründung, sich nicht um die Hoffnung und den Trost bringen zu wollen. Das Nicht-wissen-Wollen steht, anders als bei Maria Deinerts Geschichte, in seinem Fall nicht in Zusammenhang mit dem Konzept der Loslösbarkeit eines Körpers vom Selbst eines Menschen. Vielmehr – so wurde an anderer Stelle bereits deutlich – bereitete ihm die Vorstellung der Verletzung der Integrität der Leiche seiner Frau Probleme.

Wenn mir jetzt jemand sagen würde, [Pause] dass keine Operation erfolgreich gewesen [wäre], [kurze Pause] dann würde es mir das im Nachhinein wahrscheinlich schwer machen. [Pause] Ich könnte auf den Gedanken kommen, die Entscheidung war umsonst. [...] Ich muss die Hoffnung haben, dass es so ist. Die habe ich nach wie vor, deswegen fällt es mir auch leichter ... dahinter zu stehen. Wenn ich jetzt erfahren würde, es wäre nicht so, dann würde ich vielleicht ins Wackeln kommen, obwohl es Blödsinn ist. [...] Pause] Ich will es einfach nicht wissen. [Pause] Es trägt nicht dazu bei, [Pause] dass es leichter wird.

Dass ihn das Wissen um eine möglicherweise nicht gelungene Transplantation bezüglich seiner Entscheidung ins Zweifeln kommen lassen könnte, dass er etwas braucht, was es ihm leichter macht, »dahinter zu stehen«, deutet darauf hin, dass die Organentnahme den Angehörigen etwas abverlangt und – provokativ formuliert – ein ›Opfer‹ darstellt. So erklärt sich auch die Einstellung derjenigen Hinterbliebenen, die äußerst negative Erfahrungen mit ihrer Zustimmung zur Organentnahme gemacht hatten. Das Ehepaar Deneke sah in den zu Anfang tröstlichen Gedanken an die Seite der Organempfänger im Laufe der Zeit nur noch eine »Krückenfunktion«, die bei einem sie nicht belastenden und verletzenden Ablauf der Organentnahme unnötig gewesen wäre. So Franz Deneke (30):

Ich glaube, dann stellt man sich diese Fragen nicht. [kurze Pause] Denn mich interessieren die anderen Kinder nicht, ich hab' ja mein eigenes verloren. [kurze Pause]. Dieses dann noch Nachfragen, was aus den anderen Kindern geworden ist, das hätte eine Krückenfunktion eine Zeit lang. [X] Ich denke, diese Krücke bräuchte man eigentlich nicht, das ist schon das, was falsch ist [X] oder was zeigt, dass da was falsch gelaufen ist.

Etwas über die Hälfte meiner Gesprächspartner bekundete dagegen Interesse an der Seite der Organempfänger.[206] 13 Angehörige hatten über ihr zuständiges Transplantationszentrum Informationen über den Verlauf der Transplantationen erhalten. Sie freuten sich über diese Informationen und sahen sich damit in ihrer Entscheidung für eine Organentnahme bestätigt. Zwei Angehörige bekamen diese Informationen auf eigene Nachfrage, weitere, als sie aus anderen Gründen mit dem Zentrum telefonierten. Doch auch sie standen diesem Wissen ambivalent gegenüber, da ihnen der Trost, den sie durch die »Organspende« empfanden, bei einem negativen Bescheid genommen worden wäre. Einige betonten, ihnen würden allgemeine Informationen über den Verlauf der Organübertragungen genügen; ihnen war in der Hauptsache daran gelegen, mit der »Organspende« etwas Gutes bewirken zu können, unabhängig davon,

206 Das Interesse der Angehörigenseite an den Transplantierten wurde auch in den bisher meines Wissens einzigen zwei betreuten Treffen in Tübingen und Niedersachsen deutlich. Manuela Kulil berichtete mir aus ihrer Erfahrung mit der Selbsthilfegruppe für Angehörige, dass es wichtig sei zu wissen, wie es der empfangenden Seite gehe und nach der Stunde, in der dort der Koordinator über das Leben von Organempfängern berichtete, sie »mit einem Schmunzeln nach Hause gingen« (persönliche Mitteilung). Vgl. auch Kulil/Fischer-Fröhlich 1996.

wem damit geholfen wurde. Acht Angehörige zeigten explizit Interesse daran, mehr über die direkten Empfänger zu erfahren, wenngleich ihnen bewusst war, dass ein gegenseitiges Kennenlernen möglicherweise zu Schwierigkeiten und Belastungen für die Organempfänger führen könnte. Drei Hinterbliebene wünschten sich ein Dankesschreiben vom Transplantationszentrum oder ein persönliches, aber anonym gehaltenes Schreiben von den direkten Organempfängern. Lediglich drei meiner Gesprächspartner hatten ein solches Dankesschreiben von ihrem Transplantationszentrum erhalten, wobei die eine »Organspende« in der Schweiz, die andere in den USA stattgefunden hatte. Milena Gerke (38) hatte ihren Wunsch nach einem Schreiben von den Empfängern an das entsprechende Transplantationszentrum herangetragen, jedoch keine Rückmeldung erhalten, wie auch sonst keiner meiner Gesprächspartner einen solch anonym gehaltenen, aber dennoch persönlichen Dankesbrief von den entsprechenden Organempfängern erhalten hatte. Vom Herzempfänger hatte Milena Gerke ein bestimmtes Bild im Kopf und wollte deshalb mehr über seine Identität erfahren. Sie verfasste daraufhin einen offenen Brief an die Organempfänger ihres Bruders mit den folgenden Gedanken:

Ich hätte mir gewünscht, von Euch zu hören. Zu erfahren, wie es Euch geht. Zu wissen, ob Ihr ledig, verheiratet [seid] und ob Ihr Kinder habt. Zu wissen, was Ihr nach der Transplantation empfunden habt. Zu wissen, wie alt Ihr seid, ob Mann oder Frau. Zu wissen, ob Ihr Euch Gedanken macht über Euren Spender und deren Angehörigen. Vor allem Du, lieber Herzempfänger, Du liegst mir am Herzen, was bist Du für ein Typ, welche Hobbys hast Du? Es wäre schön von Euch zu hören. Es wäre für mich ein großer Trost, besser mit dem Verlust meines Bruders weiter zu leben. Obwohl mir das Schicksal übel mitgespielt hat, bekam ich die Möglichkeit, aus dem Erlebten etwas Positives herauszuziehen. Ich habe dadurch Menschen wie Euch kennengelernt, oder solche, die dringend auf ein Organ warten. Nicht nur für Angehörige von Organspendern möchte ich eine ›Brücke‹ sein, sonder auch für Euch und die schwerkranken Wartenden.

Auf meine Frage hin, warum ihr der Herzempfänger besonders wichtig sei, ging Milena Gerke vor allem auf die Symbolik des Herzen ein. Es würde ihr etwas ausmachen, wenn ihr der Herzempfänger nicht sympathisch wäre, was ebenfalls auf die persönliche Dimension dieser anonymen »Spende« verweist:

Milena Gerke: *Das kann ich auch nicht genau sagen, aber es ist eben etwas besonderes: ›Du liegst mir am Herzen‹, Herzallerliebster, es hat eine schöne runde Form und so weiter.*
VK: *Würde es etwas ändern, wenn Sie wüssten, wer er ist und wenn Sie ihn z.B. nicht mögen?*
Milena Gerke: *Ja, ich glaube schon. Ein persönliches Treffen würde ich jetzt nicht wollen, vielleicht aber später einmal. Das kann ich nicht sagen, die ganze Sache läuft in Verarbeitungsschritten und Prozessen ab.*
VK: *Fühlen Sie sich mit den Organempfängern verbunden?*
Milena Gerke: *Das Wort ›verbunden‹ gefällt mir nicht in diesem Zusammenhang. Da muss man aufpassen, das ist ein schwieriges Wort. Es ist zu persönlich, da es ja kein persönliches Kennenlernen gibt. Sie haben jetzt etwas, was ich vorher hatte – was eigentlich auch nicht stimmt, denn das*

Innere meines Bruders hatte ich ja nicht. Einen Lungentransplantierten kenne ich gut, mit dem fühle ich mich z.B. verbunden. Bei dem würde ich auch trauern, wenn er stirbt. Ich würde auch trauern, wenn das Herz meines Bruders aufhört zu schlagen, es ist aber doch etwas anderes. Vielleicht würde ich mich ja auch freuen, weil die Person zumindest noch ein paar Jahre gelebt hat.

Die persönliche Dimension des Organaustausches geht bei ihr zwar nicht so weit, dass sie sich den entsprechenden Organempfängern ›verbunden‹ fühlte; die Äußerung, sie würde beim Tod des Herzens ihres Bruders trauern, verweist dagegen auf die Fortexistenz eines Teils seines Selbst und das Zerfallen des Todes in verschiedene Phasen. Erst der Tod des verpflanzten Organs markiert in dieser Vorstellung den ›endgültigen‹ Tod.

Fritz Gebhard (38) und Martin Eisenberg (44) hätten es als hilfreich empfunden, etwas über die Identität der Organempfänger zu erfahren, da dies ein Gegengewicht zu den erlebten unpersönlichen Strukturen und der Anonymität gesetzt hätte. Fritz Gebhard empfand diese Anonymität, die für ihn den Leib der Verstorbenen in eine rein körperliche Ressource verwandelt, besonders negativ. Er hätte deshalb gerne wissen wollen, welchen Menschen mit den Nieren seiner Lebensgefährtin geholfen wurde:

Ich denke schon, es wäre, ... gar ein bisschen hilfreich gewesen zu sehen, vielleicht nur so aus der Entfernung, der und der Mensch, der hat jetzt Marions Niere, da lebt etwas weiter. Irgendwas ist ein Segen für einen anderen. [...] Um das aus der Anonymität der Strukturen auf eine Person, auf eine persönliche Ebene zu fokussieren. Da jemanden zu sehen, wo ich gewusst hätte, da ist ein Mensch, der jetzt mit einem Teil von Marion weiterlebt, das wäre denke ich sehr pfiffig, wäre sehr gut gewesen. [X] Und das passierte überhaupt nicht.

Auch andere Vorstellungen waren mit dem Interesse an der empfangenden Seite verbunden. Mehrmals wurde eine Art Schicksalsverbindung und Gemeinsamkeit durch das Bewusstsein durchlebten Leides angesprochen. Elke Hildebrandt (49) antwortete spontan mit ›Ja‹ auf die Frage, ob sie – gebe es die Möglichkeit – die direkten Organempfänger gerne kennenlernen würde. Da dies in der deutschen wie in der Praxis der meisten Länder untersagt ist, tröstete sie sich mit dem Gedanken einer Verbindung zu den Empfängern auf anderer Ebene:

Mich interessiert das wahnsinnig. Aber ich habe keine Chance und habe keine Möglichkeit, darüber etwas zu erfahren, weil ich weiß, dass es vielen andersherum geht. Und deshalb bleibt es anonym. Die bekommen ja auch nicht gesagt, von wem. Dann denke ich immer, gut, man muss das einfach so sehen, dass man daran denkt, und dass vielleicht irgendwo auf einer übernatürlichen Ebene ein Kontakt hergestellt ist. Vielleicht denken die an uns genauso.

Der von ihr vorgestellte Kontakt auf einer ›übernatürlichen‹ Ebene verweist auf die über das Physische hinaus gehenden Dimensionen bei einer Organtransplantation, die nach der Übertragung zwischen gebender und empfangender Seite weiter existiert.

Brigitte Nowak (34) empfand den Wunsch, sich mit den Organempfängern zu unterhalten, da sie sich mit diesen durch ein gemeinsames Schicksal verbunden sieht. Ihr Ehemann meinte bezüglich seiner Erwartungen an ein solches Treffen:

Vielleicht eine Bestätigung zu finden, dass die Entscheidung, die man damals getroffen hat, Sinn hatte oder richtig war. [X] Das sind ja wahrscheinlich Menschen mit Verständnis, die dann sagen: ›Ja, guck mal, wie ihr das gemacht habt, ... du hast damit jemandem geholfen.‹

Brigitte Nowak wendete dann jedoch ein, dass sie sich gar nicht so sicher sei, ob sie mit ihrer Zustimmung tatsächlich auch Gutes bewirkt habe, da sie von Abstoßungsreaktionen der Organe gehört hatte. Damit sei ihr bewusst geworden, dass eine Transplantation nicht unbedingt von (langer) Dauer sei und auch Komplikationen in sich berge, von denen sie in den Medien zuvor nichts erfahren hatte:

Das sind so manche Sachen, die ich eben für mich nicht so ganz klären kann. Ob die Entscheidung dann eben rundum positiv war?

Ihre wiederholten Bedenken verdeutlichen, dass sie sich durch ihre Entscheidung in gewisser Weise auch für die Auswirkungen auf der empfangenden Seite verantwortlich fühlt.

Im September 2000 erhielt ich den Anruf einer Witwe, die ihren Mann zur Organentnahme freigegeben hatte und über das Internet auf meine Studie aufmerksam geworden war. Sie berichtete mir von ihrer Erfahrung: Sie hatte der »Organspende« positiv gegenübergestanden und empfand sie im Moment des plötzlichen Todes ihres Mannes als tröstlich, da zumindest anderen Menschen geholfen werden konnte. Sie klammerte sich in der belastenden Situation an den Dank, den sie dafür von den Organempfängern bekommen würde und hätte von diesen gerne persönlich gehört. Sie brachte dies ihrem Transplantationskoordinator gegenüber zum Ausdruck, von dem sie ungefähre Angaben über den Verlauf der Transplantationen bekommen hatte. Dieser versprach, ihren Wunsch an die entsprechenden Organempfänger weiterzuleiten, aber es erfolgte keine Reaktion. Sie ist der Ansicht, dass alle Transplantierten ein Schreiben mitbekommen sollten mit den Worten: »Sollten Sie den Wunsch haben, sich bei den Angehörigen bedanken zu wollen, so können Sie das tun«.[207] Der ausbleibende persönliche Dank sowie die fehlende Betreuung der Hinterbliebenen, die in der Praxis der Transplantationsmedizin ihrer Meinung nach »hinten runterfallen«, enttäuschte sie sehr. Die Empfindungen dieser Witwe verdeutlichen, dass sie die »Organspende« nicht als anonyme Spende im Sinne einer Blut-

207 In der Tat gab es von seiten der Organempfänger Versuche, solche Dankesschreiben zu etablieren (s.u. und Anhang 2).

spende auffasst, sondern als Gabe, die mit Dank und Anerkennung erwidert werden müsste, um das Verhältnis zwischen beiden Seiten auszugleichen.

Wege der Anerkennung der gebenden Seite

In der transplantationsmedizinischen Praxis hatten sich im Zeitraum meiner Datenerhebung Anerkennungsschreiben an die Angehörigen noch nicht durchgesetzt, wenngleich mittlerweile auf der Homepage der Deutschen Stiftung Organtransplantation[208] zum Ablauf einer Transplantation zu lesen ist, dass der Transplantationskoordinator sich bei den Hinterbliebenen mit einem Schreiben bedankt.[209] Wie in Kap. 4.1 dargelegt, hatten Angehörige von »Organspendern« bereits während der Entscheidungsfindung und dem Prozedere der »Organspende« in der Klinik den Wunsch nach professioneller Unterstützung und einem ›Anwalt‹ für ihre Rechte und Bedürfnisse geäußert. Die Erfahrungen mit dem Forum für so genannte Spenderangehörige in Tübingen zeigten, dass bei den Hinterbliebenen Bedarf an Betreuung auch nach einer »Organspende« besteht (Fischer-Fröhlich et al.: o. J.). Die Organisatoren kommen zu der Einschätzung: »Es ist das gute Recht der Menschen, die jemanden verloren haben, daß wir ihnen helfen, unabhängig von der Bitte um eine Organspende.« (Fischer-Fröhlich/Kulil 1996: 1)

Der fehlende Dank und die oftmals fehlende Sorge um die Situation der Hinterbliebenen im praktischen Ablauf einer Organübertragung finden auf gesellschaftlicher Ebene ihre Fortsetzung in der fehlenden öffentlichen Anerkennung der »spendenden« Seite, die Milena Gerke (38) bemängelte:

In anderen Ländern sind die Angehörigen von Organspendern wer, da sind sie Helden. Hier müssen sie sich im Untergrund halten, Organspende wird nicht akzeptiert. Es fehlt die Wertschätzung und gesellschaftliche Anerkennung.

Ein Blick in andere Länder zeigt, wie eine Unterstützung und Anerkennung der gebenden Seite auf gesellschaftlicher Ebene aussehen könnte. So hat das norditalienische Transplantationsprogramm seit Beginn der 1990er-Jahre eine psychologische Stelle zur Unterstützung der Hinterbliebenen von »Organspendern« eingesetzt.[210] Seit

---

208 <http://www.dso.de>.

209 In Tübingen wird seit Ende der 1970er-Jahre den Angehörigen von »Organspendern« schriftlich kondoliert (Fischer-Fröhlich/Kulil 1996: 1).

210 30 Prozent der »Spenderfamilien« kontaktierten die Beratungsstelle, 28 Prozent suchten ein Gespräch mit einem Psychologen oder einer Psychologin. Davon wurde 40 Prozent, also 12 Prozent aller »Spenderfamilien«, die Diagnose »psychological disorder« (hauptsächlich Depression und Angst) gestellt, die mit einem ›problematischen‹ Trauerprozess, der eine Psychotherapie erforderte, zusammenhing (Sirchia/Mascaretti 1997: 1623). Es liegen keine Vergleichsdaten für den

1991 werden allen »Spenderfamilien« Dankesbriefe und »Spenderzertifikate« zugesandt, die über den jüngsten Verlauf der Transplantationen berichten, ohne jedoch die Anonymität zwischen beiden Seiten aufzuheben. Diese Zertifikate sollen, so Sirchia/Mascaretti, die Anerkennung für das Gute ausdrücken, das die Hinterbliebenen mit der »Organspende« für die Gesellschaft bewirkt hatten (Sirchia/Mascaretti 1997: 1623). Für so genannte *donor families* in Tennessee, USA, wurde ein besonderes Trauerprogramm eingerichtet, das von einer unabhängigen Beratungsstelle für Trauerbegleitung durchgeführt wird. Die Finanzierung läuft jedoch über die zuständige Transplantationsorganisation (Holtkamp/Nuckolls 1993).[211] 41 Prozent der von Holtkamp/Nuckolls für eine Studie zu diesem Begleitprogramm Befragten wollten weiter über den Zustand der Organempfänger informiert werden, bei Eltern eines verstorbenen Kindes waren es sogar 55 Prozent. Holtkamp/Nuckolls warnen jedoch, dass das andauernde Interesse an den Organempfängern auch negative Auswirkungen haben könnte, indem sich die Hinterbliebenen an ein Ersatzobjekt klammerten, statt sich mit dem tatsächlichen Verlust auseinander zu setzen. Sie verweisen in ihrer Studie zur Situation der »spendenden« Seite in den USA auf die ungleichgewichtige Beziehung im Sinne des Mauss'schen Gabentausches.

Damit belegen auch die Studien anderer Länder: Die Gedanken und Empfindungen der Hinterbliebenen bezüglich der »Organspende« gehen über die körperliche Ebene hinaus, was sich in ihrem Interesse an den entsprechenden Organempfängern zeigt; eine »Organspende« entspricht einer Gabe und verlangt deshalb ein Beachten der von den Hinterbliebenen geäußerten Bedürfnisse. Wie in Kap. 2.1 dargelegt gab es bisher in Deutschland nur zwei Begleitgruppen, die zur Unterstützung von Angehörigen eingerichtet worden waren. Die Erfahrungen mit Angehörigen von »Organspendern« in diesen Gruppen belegen ebenfalls das Interesse an der empfangenden Seite und wie wichtig es den Hinterbliebenen war, sich über das Erlebte mit anderen

---

Prozentsatz bei anderen Todesfällen vor, die schwierige Trauerverläufe nach sich ziehen können, dennoch erscheint mir die Zahl relativ hoch.

211 Es beinhaltet schriftliches Material, Telefonanrufe professioneller Trauerbegleiter, eine 24-Stunden Telefonhotline und Selbsthilfegruppentreffen. 39 Prozent der Befragten, die an diesem Programm teilgenommen hatten, gaben an, fortdauernde Unterstützung in ihrem Trauerprozess in Form von Gesprächen und Austausch mit anderen Betroffenen, bspw. in Selbsthilfegruppen, hilfreich zu finden (ebd.). Weitere Studien aus den USA und Neuseeland (Albert 1998, Corr et al. 1994, Fukunishi et al. 2002a, Fukunishi et al. 2002b, Painter et al. 1995) belegen auch dort ein großes Interesse der Hinterbliebenen an den entsprechenden Organempfängern und bestätigen das Bedürfnis eines großen Teils Betroffener nach weiteren Informationen und Unterstützung im Trauerverlauf. Der Mangel an Kommunikation und Anerkennung dagegen führte eine betroffene Familie zu der Einschätzung, zu der vergessenen Seite im Prozess der Transplantation zu gehören (Painter et al. 1995: 296).

betroffenen Menschen auszutauschen. Dies half ihnen, Ängste und Zweifel zu vermindern (Fischer-Fröhlich/Kulil 1996). Die Unterstützungsprogramme anderer Länder sind ebenfalls jüngeren Datums. Es bleibt offen, ob es sich bei diesen Ansätzen um Ausnahmen handelt oder sie dahingehend zu interpretieren sind, dass die Gabe ihr Recht einfordert und sich dies in einer veränderten Praxis von Organtransplantationen durchzusetzen beginnt.

5.2.2 Dankbarkeit und Überlebensschuld: Erfahrungen der empfangenden Seite[212]

Die Verpflichtung zur Gegengabe, die jedem Gabentausch innewohnt, lässt sich auf der empfangenden Seite von Organtransplantationen in verschiedenen Bereichen erkennen. Vor allem aber fällt die immer wieder geäußerte Dankbarkeit für das »geschenkte Leben« auf. Diese Dankbarkeit kann – wie dargelegt – als immaterielle Gegengabe verstanden werden. Die Dankbarkeit der Empfänger für das »geschenkte Leben« ist untrennbar verbunden mit Gedanken an die gebende Seite, denen ich im Folgenden nachgehe.

Gedanken an die »Organspender«

> »Dank an den Spender: Du guter Fremder hast im Augenblick des Todes Dein Innerstes gespendet, damit ich staunend weiterleben darf. Nun gehst Du mit mir bis ans Ende unserer Zeit.« (Monika Wiese)

Überlegungen und Gedanken Transplantierter zur Identität der »Organspender« sind häufig. So berichtete mir eine Krankenhausseelsorgerin, dass die Patienten an der Zeit, die vergeht, bis sie in den Operationssaal geschoben werden, abzuschätzen versuchten, aus welcher Gegend das Organ kommt. Die seit vielen Jahren auf einer Transplantationsstation für Kinder arbeitende Seelsorgerin Anna Kranz ist der Auffassung, dass die Frage nach der Herkunft der Organe sowohl die Eltern als auch die Kinder unterschwellig beschäftigt, aber nicht geäußert wird, da sie ein Tabuthema betrifft, das zu eng mit der Lebensbedrohung verstrickt ist. Ungefähre Angaben über ihren »Organspender« hatten die meisten meiner Gesprächspartner erhalten. Informationen hierzu bezogen sich auf das Alter, Geschlecht und die Region, aus der der »Organspender« kam. Den meisten genügten diese Angaben, einige hätten sich even-

212 Vgl. auch Hauser-Schäublin et al. 2001: 291-292.

tuell etwas mehr Informationen gewünscht, aber in keinem Fall ging dieser Wunsch so weit, dass sie weitere Nachforschungen angestellt hätten.

Nur Jörg Paschke (24) äußerte, sich gar keine Gedanken über »seinen Organspender« zu machen:

Ich habe keine Probleme damit, wem hat das Herz gehört. Es gibt einige, die kommen da nicht mit zurecht. Die grübeln so lange, bis sie dran zugrunde gehen. Ich musste mir schon den Vorwurf anhören, dass ich gedankenlos bin und [X] undankbar. Das musste ich mir auch von anderen Transplantierten anhören. Aber das kann ich [...] so nicht bestätigen. Ich mache mir keine Gedanken, weil ich die Gedanken einfach nicht habe. [X] Ich kann mir ja nicht Gedanken machen, die nicht da sind. Ich weiß jetzt nicht, wie ich das sagen soll.

Für ihn – so ließe sich interpretieren – findet eine Organtransplantation primär auf der Ebene des Körpers statt, weshalb er keine darüber hinausgehenden Gefühle für die »spendende« Seite verspürt. Viele Organempfänger äußerten mir gegenüber, dass sie keine näheren Informationen haben möchten, da es »nichts bringen würde« oder weil es zu belastend wäre. So Gisela Lemke (46):

Gisela Lemke: *Ich habe jetzt eine Niere voll unbelastet, ich weiß ja nicht, wem sie gehört. Wenn ich dann eine Familie kennen würde, [leise] ›Ach der, der sah ja immer aus.‹ [X] [...] Oder der hat ja was weiß ich was gemacht. [X] Ich bin froh, dass ich nichts darüber weiß.*
VK: *Das heißt, wenn wir nichts wissen, ist es eigentlich auch kein Thema, aber wenn quasi ein Bild vorhanden wäre, dann würden diese Gedanken auch auftauchen.*
Gisela Lemke: *Dann könnt es ja sein, dass es negativ wäre. [X] Jetzt ist es für mich ganz abstrakt.*

Im anschließenden Satz betonte sie, weder Trauer noch Schuldgefühle gegenüber ihrem »Organspender« zu empfinden. Um gut damit leben zu können, wäre es für sie das Beste, dieser hätte sich selbst zur »Organspende« entschieden, zumindest sollten aber die Angehörigen eine klare Zustimmung gegeben haben.[213] Weiter müsse sie davon ausgehen, dass der Ablauf der Organentnahme den Vorschriften entsprechend gehandhabt worden sei. In diesem Zusammenhang erwähnte sie auch die Bedeutung der Todesursache des »Organspenders« für ihren Umgang damit; einen Suizid würde sie als problematisch empfinden.

Ich trauere nicht um ihn. Ich hab keine Schuldgefühle. [X] Der ist gestorben, ich weiß nicht warum. Wenn er ein Selbstmörder wäre, hätte ich ja vielleicht ein Problem, wenn ich das wüsste. [X] So hab ich keines. [Lachen] Das ist mir lieber. [Pause] Ich hoffe natürlich, dass er es gewollt hätte. ... Es ist nicht sehr wahrscheinlich, dass er sich geäußert hat, mit seinen jungen Jahren. [X] Ich hoffe auf jeden Fall, ich will es, dass die Angehörigen wirklich ›Ja‹ gesagt haben, dass es alles so lief, wie es sollte. [X] Aber da habe ich mir nie ein schlechtes Gewissen daraus gemacht. Da habe ich einfach

---

213 Auch Wiebel-Fanderl betont, wie wichtig Herztransplantierten die Freiwilligkeit der »Organspende« sei, weshalb einer ihrer Gesprächspartner ausdrücklich für die enge Zustimmungslösung plädierte (Wiebel-Fanderl 2000: 526).

angenommen: Es war so, obwohl ich weiß, dass es Dinge gibt, die nicht so laufen, wie sie sollten. Da schütze ich mich selber, da verdränge ich auch.

An ihrer Aussage wird deutlich, wie wichtig es für die Organempfänger ist, dass durch den Ablauf der Entnahme den Hinterbliebenen keine zusätzlichen Schmerzen zugefügt wurden; deutlich wird auch, dass sie hierüber keine Kontrolle haben und demnach dafür auch nicht verantwortlich sind. Dass es möglicherweise anders gewesen sein könnte, muss aus Selbstschutz verdrängt werden. Mit dem Philosophen Rehman-Sutter ist zu betonen, dass Organempfänger »ein moralisches Recht darauf (nicht die Pflicht dazu) [haben], dass die Organentnahme nur vorgenommen wird, wenn informierte Zustimmung vorliegt, und dass dabei die Würde des sterbenden Menschen respektiert wird. Denn die Verantwortung entsteht aus der Macht« (Rehmann-Sutter 1994: 14). Zu einem anderen Zeitpunkt unseres Gesprächs schilderte Gisela Lemke, dass sie direkt nach der Operation über den Tod des »Organspenders« sehr wohl Trauer empfunden hatte. Sie zeichnete die Ambivalenz nach, sich über die gelungene Transplantation zu freuen und gleichzeitig Trauer über den Tod eines Menschen zu empfinden, der ihr – obwohl eigentlich fremd – plötzlich sehr nahe stehe. Dies war verbunden mit dem Gefühl, sich nicht bedanken zu können, was sie von da an belastet habe:

Es war dieser erste Gedanke. Jetzt ist jemand gestorben, um den ich ja eigentlich auch trauere und mich gleichzeitig freue. Es war dieses schizophrene Gefühl. [X] Wie wenn man hört, da ist jemand gestorben, meinetwegen in der Familie, die man nur ein bisschen kennt, ein Kind ist gestorben, da können einem auch schon mal, schluckt man. Da hat man so ein Trauergefühl. Obwohl man die Leute kaum ... [X] kennt, aber das ist eine schlimme Sache und das nimmt einen irgendwie mit. Auch beim Film kann man ja schon anfangen zu heulen. Und jetzt ist nun ein Mensch gestorben, vom dem ich die Niere hab'. Der steht mir auf einmal so nah, dass ich um ihn auch trauere. [X] Dieses Gefühl, dass man aber nicht ›Danke‹ sagen kann. Das hat mich von da an verfolgt.

Die Freude, rechtzeitig ein Organ bekommen zu haben, ist überschattet von dem Gedanken an das notwendigerweise zeitgleiche Versterben eines anderen Menschen. Die Äußerung, dass ihr der »Organspender« »auf einmal so nahe stand«, kann ebenfalls als Hinweis auf die leibliche Ebene gelesen werden. Die Übertragung des Organs verbindet auch zwei Schicksale miteinander. Wie Gisela Lemke bekannten sechs weitere Organempfänger, nach ihrer Operation den Gedanken daran gehabt zu haben, dass zum Zeitpunkt ihrer Transplantation jemand sterben musste. Hans Wegener (47) berichtete:

Bei den ersten beiden Malen, obwohl die Niere nicht lief, habe ich doch einige Probleme gehabt. Habe oft darüber nachgedacht, vor allen Dingen, was für Gedanken wohl die Hinterbliebenen haben. [X] Denn die müssen ja in dem Fall zustimmen. Ob ihnen das leicht oder schwer gefallen ist, denn ich meine, es ist ein naher Verwandter gestorben. Ich hab' mir immer vorgestellt, ein Arzt käme zu mir und ich sollte meine Zustimmung geben. Das wäre mir bestimmt nicht leicht gefallen, obwohl ich ja selber derjenige bin, der davon profitiert.

Bei seiner dritten transplantierten Niere, die schließlich ihre Funktion aufgenommen hatte, empfand er, als ihm bewusster wurde, wie gut es ihm ging, »eine unendliche Dankbarkeit«. Nähere Einzelheiten über die Herkunft seines Organs wollte er jedoch nicht wissen. Ebenso wollte Peter Vogel (37) nichts Näheres über seinen »Organspender« erfahren, weil ihn der Gedanke an den »Organspender« an sich schon belastet hatte. Er hatte die Übertragung der Niere als etwas sehr Intimes empfunden, da er nun das Innerste eines verstorbenen Menschen in sich trägt. Da sei es einfacher, meinte er, nicht noch detaillierte Informationen zu dessen Person zu haben:

Ich glaube, da hieß es mal oben, Hamburger Raum oder so, Unfall. Der muss relativ groß gewesen sein, weil die Organe relativ groß sind. [X] Das war es auch schon. [X] Ich habe da nicht nachgefragt. Das hat mich eh schon belastet. Das ist etwas, was mir eigentlich immer präsent war, dass auch jemand sterben musste; [X] dass es mir immer besser geht und ich auch dessen Organ hier so in meinem Bauch trage. So etwas sehr Intimes, so bei ihm raus und bei mir rein, nicht? [X] Das ist ja irgendwie, ja, wie auch immer, so sein Innerstes, das habe ich jetzt. Von daher wollte ich eigentlich nie großartig was wissen.

Seine Äußerung, dass ihn etwas »sehr Intimes« mit dem »Organspender« verbindet, lässt wie schon die Äußerung Gisela Lemkes auf über die körperliche Ebene hinausgehende Empfindungen schließen (vor allem, was den Tod dieses anderen Menschen angeht). Auch Monika Wiese (58) betrauerte den Tod ihres »Organspenders« und brauchte eine Weile, dies zu überwinden. Eva Vogt (65) empfand den Gedanken an den Tod eines anderen vor allem in ihrer Entscheidungsphase als belastend, jedoch nicht mehr nach der Transplantation (vgl. Kap. 4.2.1). Wolfgang Wirth (55) erwähnte sein gesteigertes Harmoniebedürfnis nach der Transplantation, dass ihm schneller die Tränen kämen als früher, und brachte dies in Zusammenhang mit dem transplantierten Organ. Es sei besser, sentimentale Tränen bei einem Fernsehfilm zu vergießen, als sich belastende Gedanken bezüglich des transplantierten Herzens zu machen.

Ich erwische mich oft dabei [Pause], teilweise auch beim Fernsehen, obwohl ich weiß, dass das ein Film ist, aber was man doch so verbindet mit Schicksal. Wo ich dann sehr traurig bin, auch weinen muss. [Pause] Das ist halt so ein Zustand. Jessas Gott, da muss ich wahrscheinlich mit leben. [X] [...] Harmoniebedürfnis zu haben, wenn man das stärkere Bedürfnis dazu hat und dann auch mal ein paar Tränen vergießt, sage ich mir, das ist nicht so schlimm. [...] [X] Besser als dass man sich Gedanken macht, mit einem fremden Organ zu leben, oder wie ich es von manchen kenne, die dann, ›Ach und ich lebe ein Leben eines anderen‹, dann mache ich das lieber so. Heule ich halt mal, [X] dann ist die Sache in Ordnung, nicht?

Obwohl die geschilderten Empfindungen der Organempfänger auf einen sehr persönlichen Bezug zu ›ihrem‹ »Organspender« und seinem Schicksal verweisen, konnten sich nur wenige Organempfänger ein direktes Kennenlernen der Hinterbliebenen vorstellen. Diese wenigen wollten ein solches Treffen hauptsächlich, um sich bei den Angehörigen zu bedanken. Monika Wiese (58) stand einem Treffen selbst zwar zurückhaltend gegenüber, befürwortete jedoch prinzipiell den Kontakt zwischen beiden Seiten, damit die Dankbarkeit zum Ausdruck kommen könne.

Ein Kennenlernen der direkten Spender und Empfänger soll machen, wer es selbst möchte. Man sollte es aber nicht anregen. Ich finde es jedoch gut, die beiden Gruppen zusammenzubringen. Viele Empfänger, die sich mit der Spende und den Angehörigen auseinander gesetzt haben, möchten auch gerne zeigen, dass das ein Geschenk ist, das man nicht hoch genug einschätzen kann. Ich darf weiterleben! Es gibt kein größeres Geschenk.

Alle anderen meiner Gesprächspartner konnten sich einen Kontakt mit den Angehörigen ihres »Organspenders« nicht vorstellen, da sie Probleme und Konfliktstoff in möglicherweise aufkommenden Schuld- oder Dankbarkeitsgefühlen befürchteten.

Die dargelegten Äußerungen von Organempfängern verdeutlichen die ambivalenten Gefühle gegenüber ihrem »Organspender« und seinen Angehörigen. Die Gedanken an ihn sind mit Trauer über seinen Tod und Dankbarkeit für das eigene Weiterleben verbunden. Da die Verbindung zu ihm in etwas »sehr Intimem« besteht – einem lebenden und lebensnotwendigen inneren Organ – könnten sich detaillierte Informationen zu seinem Tod und seiner Person für das Selbst der Empfänger bedrohlich auswirken. Andererseits brachten die Organempfänger mir gegenüber auch immer wieder zum Ausdruck, wie sehr sie es bedauerten, sich nicht bedanken zu können.

›Verpflichtungen‹ der Organempfänger

Allen Transplantierten ist bewusst, dass transplantierbare Organe ein rares und wertvolles Gut sind und andere Patienten nicht das Glück hatten und haben, rechtzeitig ein Organ zu bekommen und versterben. Die Verpflichtung, deshalb mit dem »geschenkten Leben« sorgfältig umzugehen, thematisierte Walter Meinhardt (30). Auf die Frage, ob er sich ein Treffen mit den Angehörigen seines »Organspenders« vorstellen könne, kam er zudem auf eine mögliche Anspruchshaltung vonseiten der Hinterbliebenen zu sprechen:

Walter Meinhardt: *Ich rauche.*
VK: *Bitte?*
Walter Meinhardt: *Ich rauche ab und zu. Das würden die nicht wollen. Das ist zum Beispiel ein Problem. [X] Wenn die sich kennen würden. Angenommen ich hab' die Lunge von einem Nichtraucher und vom Sportler. Dann sagen die Eltern, ›Mein Sohn hat immer Acht auf sich gegeben, immer gesund gelebt und Sport gemacht, und du rauchst jetzt?‹ [X] [lange Pause] Das ist sicher problematisch. Wenn ich nicht rauchen würde, könnte es etwas anderes sein, [Pause] was denen nicht gefällt. Klar, das könnte für die sehr tröstend sein, wenn sie sehen, dass es mir sehr gut geht, dass ich normal*

lebe, dass ich wirklich alles [Pause] aus meinem neuen Leben mache. [X] [...] ich tue doch eine ganze Menge dafür, dass ich mit dem Organ gesund lebe. Dann würden sie sich vielleicht freuen. Wahrscheinlich sogar. [Luftholen – Pause] Aber trotzdem, grundsätzlich wäre es eine weitere Erwartungshaltung an den Transplantierten.

Die Formulierung »eine weitere Erwartungshaltung« verweist auf eine empfundene Verpflichtung und Erwartungshaltung seitens des sozialen Umfeldes, die mit der Akzeptanz eines »Spenderorgans« einhergeht. Dem Druck, den die Gabe auf die Organempfänger auswirkt, sowie den weiteren ›Verpflichtungen‹, die mit der Annahme eines Organs verbunden sind, gehe ich in diesem Abschnitt nach.

Ich habe meine Gespräche mit Organempfängern daraufhin analysiert, welche Themen zusammen mit bzw. kurz vor oder nach der Erwähnung ihres »Organspenders« genannt werden. Es stellte sich heraus, dass bei dem Thema »Organspender« sehr häufig der Schuldaspekt angesprochen wurde – wenngleich zumeist in der verneinenden Form, indem zum Ausdruck gebracht wurde, gerade *keine* Schuld am Tod des »Spenders« oder der »Spenderin« zu haben. In allen Gesprächen wurde gleich darauf die Dankbarkeit für das weitere Leben erwähnt. In diesem Zusammenhang äußerten über die Hälfte der Organempfänger, auch selbst zu einer »Organspende« bereit zu sein, wenn sie die Möglichkeit dazu hätten. Dies lässt sich als die gefühlte Verpflichtung zur Gegengabe interpretieren. Zwei weitere Gesprächspartner erwähnten in diesem Kontext den Tod eines Familienmitglieds, das selbst zum »Organspender« geworden war.

»Es tut weh, wenn ein anderer sterben muss und man selbst weiterleben darf,« sagte Monika Wiese (58) und sprach damit eine weitere Problematik vom Leben mit einem transplantierten Organ an, die zu Schuldgefühlen führen kann. Selbst dem Tod entronnen zu sein und den Tod anderer mitzuerleben, stellt für viele Transplantierte eine Belastung dar. Wolfgang Wirth (55) musste in seiner Familie einige Todesfälle miterleben, was bei ihm zu Schuldgefühlen führte:

Wie mein Bruder gestorben ist, habe ich ein sehr großes Problem gehabt. Ich kann das auch nicht erklären, [...] meine Frau, die hat mir sehr dabei geholfen. Ich habe immer das Gefühl gehabt, weil ich jetzt transplantiert wurde und die mussten alle sterben, [X] dass sie [die Familie, Anm. V.K.], weil ich immer der erste Kandidat war durch meine ganze Herzgeschichte, und ich bin derjenige, der jetzt noch da ist. Da habe ich so ein blödes Gefühl gehabt. Ich kann das schlecht wiedergeben. Ich habe gedacht, die sind jetzt alle sauer, dass ihre Angehörigen sterben müssen, so wie nun meine Schwägerin oder bei meiner Tante. So ungefähr, der hat das Glück gehabt. Aber das war so ein dummer Gedankengang von mir, nicht?

Matthias Heise (54) erwähnte, dass er sich um Transplantate und »Organspender« schon immer viele Gedanken gemacht hatte, besonders nach dem Tod seines Neffen, der bei einem Autounfall ums Leben gekommen war und von seinem Bruder zur Organentnahme freigegeben wurde:

Nach vier Wochen etwa [nach seiner dritten Transplantation, Anm. VK] ist mein Neffe tödlich verunglückt. [X] [lange Pause, sehr leise] Und ich lebe noch. [Pause] Irgendwo geht mir das auch richtig nah. [X] Mein Bruder, der hat mich auch laufend besucht und dessen Sohn. Vierzehn, ... ein total fröhlicher Junge. [...] Dreimal eine Niere, dreimal haben sich ... Leute ... bereit gefunden, mir ein Organ zu spenden. Ich meine nicht wegen mir, aber ... Immer schon habe ich mich da ziemlich mit befasst, aber jetzt öfter als vorher, als bei den ersten Malen. Auch weil mein Bruder sich bereit erklärt hat, von meinem Neffen [Organe zu spenden, Anm. VK].

Gerade auch beim Tod von Mitpatienten auf der Warteliste, denen das ihnen selbst eingepflanzte Transplantat ebenfalls das Leben hätte retten können, kommt bei vielen Organempfängern die so genannte ›Überlebensschuld‹ zum Tragen. Da es ihnen vergönnt war weiterzuleben, streben viele Organtransplantierte einen verantwortlichen Umgang mit dem Organ und dem eigenen Körper an und versuchen, ihr »geschenktes Leben« sinnvoll zu nutzen.

Wiebel-Fanderl gegenüber äußerten Herztransplantierte, sie hätten auch die Pflicht, sich des Geschenkes »würdig« zu erweisen, was auch Wiebel-Fanderl als moralische Verpflichtung zur Gegengabe interpretiert. Dies bestätigen auch die Äußerungen Walter Meinhards (s.o.). Nachlässiger Umgang von Transplantierten mit dem eigenen Körper wird vom sozialen Umfeld – sowohl der Familie als auch in den Selbsthilfegruppen – sanktioniert (Wiebel-Fanderl 2000: 522).

Besorgt äußerten sich Organtransplantierte darüber, für die Solidargemeinschaft der Versicherten einen *Kostenfaktor* darzustellen, den sie durch ihre Beiträge nie auszugleichen imstande sind. So Martina Mecke (38):

Das hat mich schon belastet, und das ist mir auch heute nicht besonders angenehm: Durch diese Transplantation wird man ein erheblicher Kostenfaktor. [...] Das hat mich schon belastet, als ich da so eine Zahl gehört habe von sechshunderttausend Mark. Da habe ich mich total geschämt. Zum Glück habe ich herausbekommen, dass die Zahl doch etwas überhöht ist und dass Hunderttausend auch schon reicht. Aber das finde ich schon unangenehm, das muss ich ganz ehrlich sagen, dass man letztendlich an der Solidargemeinschaft in einer Art und Weise partizipiert hat, selbstredend und ohne irgendwelche Probleme, in der man das nie mehr wieder zurückbezahlen kann. Ich werde in meinem ganzen Leben keine Chance haben, Krankenkassenbeiträge in dieser Höhe zu bezahlen, zumal meine Pillen [für die Immunsuppression, Anm. VK] das leicht im Monat wieder wettmachen.

Zwei Patienten rechneten mir anhand ihres Medikamentenbedarfs vor, was eine Organtransplantation an Folgekosten für die Gemeinschaft bedeutet. In diesen Äußerungen meiner Gesprächspartner klingt eine ›Schuld‹ gegenüber der Gesellschaft an. Darüber hinaus, so ergaben meine Gespräche, empfinden es Organempfänger als Problem, auch beruflich diese ›Schuld‹ an die Gemeinschaft oftmals nicht abtragen zu können. Von 17 Transplantierten, davon zwei über 60 Jahre alt, waren nur drei voll berufstätig und eine freiberuflich tätig; 13 dagegen lebten von ihren Renten und kleinen Nebenjobs. Nur drei meiner Gesprächspartner waren froh, der ›Arbeitsmühle‹, die sie als krank machend empfanden, entronnen zu sein. Monika Wiese (58) sah hingegen ein schwerwiegendes Problem darin, nach einer Transplantation keine Arbeitsstelle zu finden. Viele Transplantierte könnten ihrer Meinung nach jedoch arbeiten und würden mit ihrem neu gewonnenen Leben gerne einen sinnvollen Beitrag für die Gemeinschaft leisten:

Man kann nach einer Transplantation bei privaten Arbeitgebern kaum etwas finden. Auch wenn man durchaus fitter ist als vor der Transplantation. Ich selber habe danach gearbeitet in einem Krankenhaus im Rahmen der Geringfügigkeit. Darüber haben sich vor allem die Ärzte sehr gefreut. Deswegen arbeite ich jetzt in einem [Selbsthilfe]-Verband.

Gisela Lemke (46) erklärte, wie sie ihre Dankbarkeit in ihrem Engagement in der Selbsthilfegruppe zum Ausdruck bringt. Auch Wolfgang Wirth (55) kam gleich im Anschluss an Äußerungen zu seinem »Organspender« auf seine Dankbarkeit und sein dadurch motiviertes Engagement in der Selbsthilfegruppe zu sprechen. Aufgrund der Schwierigkeit, beruflich wieder Fuß zu fassen und damit einen Beitrag für die Gesellschaft zu leisten, gaben sieben Organempfänger an, sich stark in diesen Gruppen zu engagieren. Sie sehen darin die Möglichkeit, ihre neue Kraft in die Selbsthilfearbeit einzubringen und ihr weiteres Leben sinnvoll zu nutzen. Immer wieder wird als Motivation für das Engagement die Dankbarkeit genannt. Organempfänger fühlten sich diesen Aussagen nach gegenüber Wartepatienten, aber auch gegenüber der Medizin verpflichtet, ihren Beitrag ›zur Sache‹ zu leisten, wie dies in folgender Textpassage aus dem Interview mit Martina Mecke (38) deutlich zur Sprache kommt:

Ich habe ein relativ starkes Bedürfnis, nach außen hin zu signalisieren, dass ich transplantiert bin. Um der Welt eben zu zeigen, was bei diesen medizinischen Schritten herauskommt, sind durchaus noch Menschen, die lebensfähig sind und eine wieder sehr nennenswerte Lebensqualität haben. Deshalb versuche ich, so weit das geht, ein bisschen aktiv zu sein [in der Selbsthilfegruppe, Anm. VK] [...] Ich denke, das ist wirklich wichtig, das haben auch die Menschen verdient, die der Organspende, der Organentnahme zustimmen, und das haben auch die anderen Wartepatienten verdient. Die Mediziner haben es in gewisser Weise auch verdient, weil sie doch letztendlich ganz schöne Prestigeprobleme haben.

Auch andere Betroffene verspürten das Bedürfnis, der Öffentlichkeit zu zeigen, was ihnen nach einer Organtransplantation noch oder wieder möglich ist. Besonders deutlich zeigt sich dies bei den nationalen und internationalen Sportwettkämpfen für Organtransplantierte, deren Ziel es ist – so die Veranstalter – die Leistungsbereitschaft und Lebensqualität der Teilnehmenden zu zeigen und damit die Bereitschaft der Bevölkerung zur »Organspende« zu erhöhen.

Aus den dargelegten Äußerungen lässt sich ein gewisser Wunsch Transplantierter erkennen, zu beweisen, dass sich der Aufwand und die Kosten, die in ihr Leben von gesellschaftlicher Seite investiert wurden, ›gelohnt‹ haben. Deutlich zeigt sich auch die Dankbarkeit gegenüber dem »Organspender« und den Angehörigen, die der »Spende« zugestimmt haben. So führte die Dankbarkeit zwar zu sozialem Engagement, aber auf der gesellschaftlichen Ebene nicht zu Dank und Anerkennung der »spendenden« Seite. Die Dankbarkeit ist die Gegengabe der Organempfänger im Austausch für das Organ. Allerdings erreicht sie nie direkt die eigentlichen Adressaten: denn die »Organspender« sind tot und ihre Angehörigen bleiben anonym. Doch was wäre, wenn ein solcher Kontakt möglich wäre?

5.3 Die Beziehung zwischen »intimen« Fremden

In französischen Landgasthäusern gibt es die Sitte, erläutert Lévi-Strauss (1981 [1949]: 107-127), dass Tischnachbarn sich einander Wein anbieten, wodurch »ein ganzes Geflecht zarter sozialer Bindungen« entsteht. Entscheidend bei dieser Sitte sind, so Lévi-Strauss, zwei Tatsachen: Erstens handelt es sich um den Kontakt zwischen sich völlig fremden Menschen, die nichts über ihren gesellschaftlichen Status oder ihre Familienherkunft wissen. Nach französischer Sitte würden sie sich ignorieren, nun aber verbringen sie gezwungenermaßen eine gewisse Zeit auf engem Raum und gehen dabei noch der gemeinsamen Beschäftigung des Essens nach. Zweitens wird der Wein zu jedem Essen obligatorisch serviert, sodass nach dem gegenseitigen Anbieten des Weines alle Beteiligten gleich viel und gleich guten Wein haben wie zuvor. Das gegenseitige Anbieten von Wein dient dazu, so Lévi-Strauss, eine soziale Beziehung herzustellen, die die Spannung von Privatheit und Gemeinschaft, von der Gleichzeitigkeit des Alleinseins und der Zusammengehörigkeit, auflöst.

Aussagen von Angehörigen »hirntoter Organspender« und von Organempfängern verweisen auf die umgekehrte Ambivalenz in ihrer Beziehung: Ihre Verbindung basiert auf dem Austausch von etwas »sehr Intimen«, und dennoch sind sie sich völlig fremd. Sie wissen nicht, ob sie sich – träfen sie einander – sympathisch wären oder sich etwas zu sagen hätten. Lévi-Strauss verweist in seinem Beispiel darauf, dass durch den Austausch dem Kontakt die Indifferenz genommen werde: Die Reaktion auf ein Angebot kann nicht neutral sein, sie ist entweder freundlich (indem das Angebot akzeptiert wird) oder aber feindlich (indem es abgelehnt wird). Ein Kontakt zwischen den Angehörigen von »Organspendern« und den Transplantierten würde die Illusion der Indifferenz zwischen beiden Seiten zerbrechen. Aussagen meiner Gesprächspartner und -partnerinnen zu dieser Thematik deuten auf die Hilflosigkeit hin, die ein solcher Kontakt, für den es keine sozialen Umgangsformen und Regeln gibt, an die sie sich halten könnten, auslösen würde.

Aufgrund der in Deutschland vorherrschenden Anonymität zwischen gebender und empfangender Seite konnten sich die wenigsten meiner Gesprächspartner einen Kontakt vorstellen. Aber auch einen indirekten Kontakt zwischen beiden Seiten, beispielsweise durch die Einbindung der Angehörigen bei Treffen von Organtransplantierten, gab es bisher kaum. Mitte der 1990er-Jahre widmete sich der *Arbeitskreis Soziales des Vereins Dialysepatienten Deutschlands e. V.* möglichen Dankesschreiben Transplantierter an die Angehörigen »ihres Spenders«. In einem Informationsblatt erklären sie, worauf bei einem solchen Schreiben zu achten ist, sollten Betroffene den Wunsch verspüren, ihre Dankbarkeit direkt auszudrücken. Das Schreiben könnte, so die Idee, über das zuständige Transplantationszentrum, das noch einmal die Anonymität und den Inhalt des Briefes überprüfen würde, weitergeleitet werden (siehe Anhang 2). In diesem Vorhaben verdeutlicht sich das Anliegen der empfangenden Seite, den Angehörigen eine Gegengabe zukommen zu lassen. Doch hierzu sind sie auf die Unterstützung und Kooperation der vermittelnden, also der transplantationsmedizinischen Seite angewiesen. Die Praxis der Übermittlung anonym gehaltener Dankesschreiben etablierte sich jedoch nicht. Meinen Gesprächspartnern war diese Möglichkeit, ihre Dankbarkeit auszudrücken, mit einer Ausnahme nicht bekannt.

Der lebertransplantierte Autor Hans-Rudolf Müller-Nienstedt beschreibt seine ambivalenten Gefühle bei der Feier zum ersten nationalen Tag der Transplantation und Organspende in der Schweiz.

»Was störte mich an dieser Feststimmung? Warum entstand in mir keine Resonanz [...]? Wochen später brachten mich weitere Zeitungsartikel darauf: Der Eifer der Organisatoren, sich für vermehrte Organspenden einzusetzen, ließ keinen Platz für jene Menschen, die durch ihren Tod all denen das Leben gerettet haben, die hier zusammengerufen worden sind. Transplantierte zusammenzurufen, ohne in erster Linie der Spender zu gedenken, erschien mir jetzt wie ein Familientreffen ohne Gespräche über verstorbene Angehörige.« (Müller-Nienstedt 1996: 213)

Auch in der Öffentlichkeit in Deutschland sind Angehörige von »Organspendern« nur am Rande vertreten, wenngleich sich Ansätze vonseiten der Organempfänger erkennen lassen, die »spendende« Seite auch gesellschaftlich zu würdigen. So las ich in einer Patientenzeitschrift die Vorankündigung zu einem Dankgottesdienst mit der Bitte um rege Teilnahme, denn »die Erinnerung an unsere Organspender zu pflegen, empfinden wir als liebe und selbstverständliche Pflicht« (BDO-Blätter 2000: 16). Wiebel-Fanderl berichtet, dass in Bayern von fast allen Herztransplantierten zu ihrem Jahrestag der Transplantation eine so genannte Arme-Seelen-Messe für die »Organspender« gelesen werde (Wiebel-Fanderl 2000: 56-57). In Leipzig hat im Mai 2001 erstmals ein Fürbittengottesdienst als Dank an die »Organspender« stattgefunden, an dem sich 300 Transplantierte aus Sachsen, Thüringen und Sachsen-Anhalt beteiligen wollten. Im Rahmen des Gottesdienstes sollte auch die Mutter eines bei einem Verkehrsunfall verunglückten Jungen, der zum »Organspender« wurde, sprechen (Leipziger Volkszeitung vom 23.05.2001). Ähnliche Veranstaltungen sind mir aus meinen Gesprächen nicht bekannt.

Teilnehmende des niedersächsischen Treffens von Eltern, die ein Kind zur Organentnahme freigegeben hatten (vgl. Kap. 2.1), äußerten den Wunsch, transplantierte Menschen kennen zu lernen und von ihrem Leben danach aus erster Hand zu erfahren.[214] Die nierentransplantierte Brigitte Pawelzik sagte, ihr habe das Gespräch zwischen Angehörigen von »Organspendern« und Transplantierten gezeigt, »dass es sehr unterschiedliche Sichtweisen gibt, die von beiden Seiten akzeptiert werden sollten, auch wenn es zunächst schwierig erscheint« (Pawelzik 2000: 22). Sie stellt fest, dass die Akzeptanz eines »Spenderorgans« nicht immer ganz einfach sei, was mit Ängsten vor Veränderung zu tun haben könnte. Deshalb würden Transplantierte ihren »Organspender« zwar nicht vergessen, hätten aber weniger Interesse daran, Einzelheiten über ihn zu erfahren. Sie empfindet die im Transplantationsgesetz festgeschriebene Anonymität zwischen beiden Seiten deshalb als sehr wichtig. Pawelziks Erfahrung deckt sich mit der oben ausgeführten Sichtweise meiner Gesprächspartner. Für sie überraschend war dagegen zum einen der Wunsch Angehöriger, mehr über die Organempfänger zu erfahren, und zum anderen die Tatsache, dass die Hinterbliebenen sich Gedanken über diese ihnen unbekannten Menschen machten, oftmals verbunden mit der Vorstellung, ein Teil des verstorbenen Kindes würde in einem anderen Menschen weiterleben.

> »Für Angehörige bedeutet es Trost zu wissen, dass ein Teil ihres verstorbenen Kindes in einem anderen Menschen weiterlebt. Dieser Gedanke ist von Transplantierten schwer nachvollziehbar.« (Pawelzik 2000: 22)[215]

Damit wird deutlich, dass sich die Konzeptionalisierung des übertragenen Organs als Gabe und damit als Verlängerung des Selbst des »Organspenders« von den Hinterbliebenen in dem Wunsch nach Kontakt zu den Empfängern niederschlägt; für die Empfänger wiederum stellt dies eine für ihre eigene Identität bedrohliche Tatsache dar. Die »intime« Beziehung zwischen der gebenden und empfangenden Seite be-

---

214 Ein ähnliches Treffen zwischen Angehörigen von „Organspendern" und Transplantierten initiierte zu Beginn des Jahres 2003 die DSO – Region Mitte, das von den Beteiligten sehr positiv empfunden wurde (Hollinger 2003: 31).

215 Auch eine Studie der National Kidney Foundation in den USA von 1993 weist das große Interesse der Hinterbliebenen nach Informationen und Kontakt zur Seite der Organempfänger nach (Corr et al. 1994: 627). Eine Studie aus Kalifornien von 1992 belegt, dass über die Hälfte der Befragten mehr Informationen über die Organempfänger anforderten, einige wenige hätten die direkten Empfänger gerne kennen gelernt (Stocks et al. 1992: 152). Als Grund, einer »Organspende« zuzustimmen, wurde auch hier das Weiterleben des oder der Verstorbenen in einer anderen Person genannt (Stocks et al. 1992: 151).

steht aufgrund der vorherrschenden Anonymität nicht in direktem Kontakt. Ihre Realisierung, so machen die konträren Aussagen der Betroffenen deutlich, wird nicht von allen Beteiligten gleichermaßen gewünscht und positiv eingeschätzt.[216]

Bei den *XI. World Transplant Games (W.T.G.)* 1997 in Sydney, Australien wurde erstmals ein neuer Weg beschritten und die »spendende« Seite aktiv in den Verlauf der Veranstaltung mit einbezogen.[217] Anfänglich geäußerte Befürchtungen und Zurückhaltung vor einem ersten Treffen mit der jeweils anderen Seite verwiesen auf die große Schwierigkeit der Verbindung beider Seiten durch den Tod. Die so genannten *donor families* waren als Ehrengäste bei der Eröffnungsfeier präsent, auf der Graham Harrison, *W.T.G. donor coordinator*, äußerte, den Anblick der transplantierten Sportler als Bestätigung seiner damaligen Entscheidung, die Organe seines Sohnes zur Entnahme freizugeben, zu empfinden:

»Today I see well over 1200 recipient athletes before me, about to compete in the 11th World Transplant Games, which is living testimony that we made the right decision.« (Harrison, Eröffnungsrede)

Seiner Rede folgte ein großartiger Applaus mit stehender Ovation, den er, so berichtet er nachträglich, nicht erwartet hatte und als überwältigend empfand (*donor family honour roll*: 39). An den unterschiedlichen Wettkampfstätten beteiligten sich die Angehörigen von »Organspendern« an der Medaillenvergabe, was zu vielen Tränen und rührenden Momenten auf beiden Seiten führte. Symbolisch wurde der Aspekt der Gegengabe nirgends so deutlich wie in folgender Begebenheit bei den Tenniswettkämpfen. Dort gab ein holländischer Transplantierter seine gewonnene Goldmedaille an die Mutter eines »Organspenders«, von der er sie überreicht bekam, wieder zurück, um so seine Dankbarkeit für das ihm durch die Transplantation ermöglichte Leben und die Gabe, die, wie er sagte, seine ›wirkliche‹ Goldmedaille sei, auszudrücken. Auch retrospektiv wurde die Einbindung der *donor families* durchweg sehr positiv aufgenommen. *Executive Director* Mark Cocks wurde seit den Spielen mit Briefen, Faxen und Telefonanrufen transplantierter Sportler überhäuft, die ihre Freude über die Anwesenheit der »Spenderfamilien« und die Möglichkeit, sich bei diesen zu bedanken, zum Ausdruck brachten (*donor family honour roll*: cover). Die *donor families* plädierten dafür, auch bei zukünftigen Spielen intensivere Bande zwischen den Organempfängern und den Angehörigen der »Organspender« aufzubauen (*donor family honour roll*: 39). Die stark aufwallenden Gefühle auf beiden Seiten verweisen

216 Die Diskrepanz in der Einstellung von »Organspendern« und Organempfängern an direktem Kontakt belegt auch Lesley Sharp in ihrer Studie zu Organtransplantation (Sharp 1995).

217 Die Einbindung der so genannten *donor families* ist mir ansonsten nur aus den USA bekannt. Bei den *US Transplant Games* 1998 waren 500 *donor families* anwesend (Journal of the W.T.G.F. 1998: 17). Mitglieder aus dem deutschen Team zeigten sich dagegen sehr überrascht, dass so etwas möglich ist.

auf den in Deutschland bisher fehlenden Aspekt in der Praxis der Transplantationsmedizin: die Gegengabe. Angehörige waren erleichtert und froh zu sehen – und vor allen Dingen durch die Reaktionen der Organempfänger zu spüren –, dass ihre Entscheidung richtig gewesen war und dass sie wertgeschätzt wird. Die starken Emotionen aufseiten der Transplantierten waren Ausdruck für die empfundene Dankbarkeit, die sie nun – meist zum ersten Mal – der gebenden Seite mitteilen konnten.[218]

Abschließend möchte ich die Ergebnisse der einzigen mir bekannten empirischen Studie, die den direkten Kontakt zwischen »spendender« und empfangender Seite im Bundesstaat New England, USA untersuchte, wiedergeben (Albert 1998). In den USA wird zwar anonyme Korrespondenz zwischen beiden Seiten generell unterstützt, direkter Kontakt, so stellt Pamela Albert fest, stößt jedoch auf Ablehnung von medizinischer Seite. Dennoch ist es vielen Betroffenen auf eigene Initiative über die Medien oder genaue Recherche gelungen, Kontakt aufzubauen. Albert kommt zu dem Schluss, dass die Spenderfamilien und die Transplantierten nicht nur den Wunsch nach Kontakt zueinander haben, sondern der Meinung sind, dass sie auch entgegen der Ratschläge der professionell im Transplantationsbereich Tätigen das Recht haben, sich zu treffen (Albert 1998: 140). In Alberts empirischer Untersuchung von 36 realisierten Kontakten zwischen Angehörigen von »Organspendern« und den jeweiligen Organempfängern wollten 95 Prozent der Angehörigen zum Ausdruck bringen, wie sehr der oder die Verstorbene vermisst und wie sehr er oder sie geliebt wurde (Albert 1998: 143). Der größte Gewinn des Kontaktes, so belegt diese Studie, liegt in einem Gefühl des Friedens und des Abschlusses. Ein Lebertransplantierter fasste diese Empfindungen in folgende Worte:

> »After our meeting, I was overcome with a profound feeling of peace. I reflected on (this feeling) and realized that (through this contact) I had been given a second gift ... the blessing of my donor's mother. I had been given the knowledge that it was OK with her that I had her son's liver sustaining my life, and that she was glad about that despite her grief. I also felt relief that I was able to thank her personally – something I never would have expected (to) happen.« (Albert 1998: 143)

Deutlich kommt in dieser Äußerung die Erleichterung zum Ausdruck, die ihm das Wissen gibt, dass die Mutter seines »Organspenders« ihm sein Leben gönnt. Von transplantationsmedizinischer Seite werde, so Wiebel-Fanderl, der Aspekt der Freiwilligkeit der Gabe unterschätzt, wenn sie sich für die Widerspruchslösung einsetzten, von der sie sich eine erhöhte Anzahl von Organen versprechen (Wiebel-Fanderl 2000: 526-527). Welche Erleichterung das Wissen um die Freiwilligkeit der Gabe für

218 Für die Veranstalter der Weltspiele ergab sich ebenfalls eine positive Bilanz. Eine wissenschaftliche Begleitstudie der W.T.G. 1997 in Sydney ergab, dass die Organspendebereitschaft in Australien in den drei darauf folgenden Monaten um 20 Prozent zunahm (Journal of the W.T.G.F. 1998: 12).

die Organempfänger darstellt, wurde hiermit deutlich. Insgesamt verliefen die Treffen für 89 Prozent der Beteiligten positiv. 16 Prozent äußerten allerdings auch schlechte Erfahrungen. Dazu gehörte das erneute Durchleben der Todeserlebnisse, Schuldgefühle durch aufkommenden Groll über das ›gesunde‹ Leben der Transplantierten, ein Gefühl der zu starken Einmischung der »Spenderangehörigen« in das Leben der Organempfänger oder aber zu große religiöse oder soziale Unterschiede zwischen beiden Parteien. Trotz der mehrheitlich positiven Auswirkungen dieser Treffen betont Albert ausdrücklich, dass gezielte professionelle Betreuung notwendig sei, um beide Seiten auf die Risiken eines solchen Kontaktes vorzubereiten (Albert 1998: 143; vgl. hierzu auch Sharp 1995, Clayville 1999).

Diskussion

Die Ausführungen in diesem Kapitel verdeutlichen, dass sich in der Transplantationsmedizin die Dimensionen des Staates und des Marktes mit denen des Gabentausches überschneiden. Sie lassen die Auswirkungen der fehlenden gemeinsamen Handlungsnormen im Erleben der Betroffenen erkennen. Die Vermittlung zwischen der gebenden und empfangenden Seite von Organtransplantation durch das professionell-medizinische System funktioniert nach ökonomischen Kriterien. Dieses operiert primär auf der Ebene des Körpers. Die mit der Übertragung noch lebender Körperteile entstehende Verbindung auf der Ebene des Leibes wird mit diesem Blick nicht wahrgenommen. Demnach stellt sich aus Sicht der Transplantationsmedizin die nach Logik der Gabe zwingende Frage der Reziprozität nicht, ja, sie muss sogar irrational wirken. Dies resultiert in der Praxis in einem unvollständigen Gabentausch. Der biomedizinische Blick auf die Organtransplantation lässt den die gebende und empfangende Seite verbindenden Aspekt einer Organtransplantation verblassen, was sich – wie gezeigt – in der Praxis in mangelnder Aufmerksamkeit gegenüber den Angehörigen von »Organspendern« und ihren Problemen einerseits sowie den psychisch belastenden Aspekten für Organempfänger andererseits niederschlägt.

Eine Drehung des Kaleidoskops zur Gabe lässt die Dimensionen ins Blickfeld rücken, denen von transplantationsmedizinischer Seite nicht genügend Beachtung geschenkt wird – die Verknüpfung individueller Schicksale – und legt entsprechende Praktiken nahe, um das System des unvollständigen Gabentausches zu ergänzen.[219] Ein belastender Aspekt des Lebens mit einem transplantierten Organ wird aus der Sicht der Gabe verständlich: die Unmöglichkeit, ein Geschenk solcher Größe zu erwidern, und die damit verbundenen Schuldgefühle. Organtransplantierte kommen der (jedweder Gabe inhärenten) Verpflichtung zur Gegengabe durch ihre empfunde-

219 Vgl. auch Holtkamp/Nuckolls (1993).

ne Dankbarkeit und durch entsprechendes soziales Engagement für Mitpatienten und die Sache der »Organspende« nach. Dieser Dank und dieses Engagement erreicht die Hinterbliebenen jedoch selten direkt und kommt der gebenden Seite, wie die Bioethikerinnen Siminoff und Chillag hervorheben, auch nicht indirekt – bspw. zur Vermeidung solcher Schicksale – zugute. Dazu müsste sich das Engagement zum Beispiel auf die höhere Sicherheit im Straßenverkehr oder andere Dinge, die zum Tod der »Organspender« führten, richten (Siminoff/Chillag 1999: 39).

Siminoff/Chillag (1999) kritisieren die im Zusammenhang mit Organtransplantationen verwendete Metaphorik der Gabe, die ihrer Ansicht nach den Druck auf die Betroffenen verstärkt – sowohl einer »Organspende« zuzustimmen, als auch sich für ein empfangenes Organ dankbar zu zeigen. Des Weiteren verweisen sie darauf, dass der transplantationsmedizinischen Seite die Metaphorik der Gabe zur sozialen Kontrolle der Organempfänger dient, um sie zu einem verantwortungsbewussten Umgang mit dem Transplantat zu verpflichten. Dieser Einschätzung stimme ich zu, allerdings liegt die Lösung der Problematik nicht allein darin, dass im öffentlichen Diskurs auf die Metaphorik der Gabe verzichtet wird. Meine von der konzeptionellen Unterscheidung von Körper und Leib ausgehende Analyse belegt, dass die Gedanken und Empfindungen Betroffener beider Seiten zueinander auf Dimensionen verweisen, die über die Ebene des Körpers hinausgehen. Sie macht deutlich, dass die transplantierten Organe von den direkt Betroffenen nicht als rein materielle Körperteile empfunden, sondern auf der Ebene des Leibes betrachtet und damit nicht vollständig vom Selbst der »Organspender« losgelöst werden können. Auch ein Verzicht auf die Gabenmetaphorik würde transplantierte Organe im Empfinden der Betroffenen nicht vollständig zu emotional ›neutralen‹ therapeutischen Ersatzteilen werden lassen. Selbst dann entstünde eine – wenn auch nicht gelebte – Verbindung zwischen der gebenden und empfangenden Seite.

Ein Blick auf Organtransplantation aus der Perspektive des Gabentausches verweist auf fehlende Handlungsabläufe in der Praxis von Organtransplantationen, die aufgrund der dominanten Körperperspektive bisher zu wenig beachtet wurden. Die für die Richtlinien zur Handhabung von Organtransplantationen Zuständigen – der Staat und die Transplantationsmedizin – sind die so genannten »Gate-Keeper« (Fox/Swazey 1974: 5) des Gabentausches zwischen der gebenden und empfangenden Seite. Als Vermittler der Gabe haben sie die Verpflichtung, den Betroffenen auf der gebenden Seite die Aufmerksamkeit und Anerkennung zu geben, die ihnen nach der Logik der Gabe zusteht, denn die Hinterbliebenen sind *weder* nach der Logik des Marktes (sie erhalten keine Bezahlung für die Organe) *noch* nach der Logik der Solidarität (es kann ihnen kein Organ im Falle eigener Bedürftigkeit zugesichert werden) in das System der Organtransplantation eingebunden. Ansätze einer symbolischen Anerkennung der gebenden Seite auf gesellschaftlicher Ebene (Italien) und im Rahmen von Patientenorganisationen und -aktivitäten (*World Transplant Games*, Dankesgottesdienste, Dankesschreiben) habe ich aufgezeigt. Die praktizierte Anonymität zwischen »spendender« und empfangender Seite dient zwar dem Schutz der Betroffenen vor den emotional und psychisch belastenden oder bedrohlichen Aspekten, die der Gabe eines Organs anhaften. Die Vernachlässigung der gebenden Seite in der Praxis der Transplantationsmedizin wie auf gesellschaftlicher Ebene verweist jedoch auf die Problematik, dass die Anerkennung der gebenden Seite unabdingbar die Auseinandersetzung mit dem Tod impliziert.

6 Leben durch den Tod

»Wenn ich meine Verantwortung gegenüber den Toten vergesse, dann vergesse ich sie auch gegenüber den Lebenden.« (Elie Wiesel)

»There's no cure for life.«
(Robert F. Murphy)

Die biomedizinischen Diskurse und Praktiken konstituieren – wie dargelegt – einen besonderen Blick auf den menschlichen Körper und sein Verhältnis zu den psychischen und seelischen Aspekten eines Menschen. Grundlegend für diese Medizin ist die objektivierte, naturwissenschaftliche Herangehensweise an den Körper und seine Erkrankungen. Mit diesem auf dem kartesischen Dualismus basierenden biomedizinischen Körperbild sind die neuen medizinisch-technologischen Entwicklungen denkbar, insbesondere die Übertragung menschlicher Körpersubstanzen. Die objektivierte Sichtweise auf den Körper, der in immer größerem Ausmaß kontrollierbar wird, betrachtet ihn losgelöst von subjektiven Empfindungen und vernachlässigt dabei den gelebten Leib.

Von dieser Sichtweise ist das Körperverständnis in unserer Gesellschaft stark geprägt. Dennoch wird das individuelle Selbst als im Körper verankert gedacht. Das Besondere an euro-amerikanischen Vorstellungen ist dabei, dass nur ein Selbst in einem Körper existiert und dieses von anderen Selbst und dem Umfeld abgegrenzt verstanden wird. Dieses Selbst wird über den Leib erfahren. Eine Veränderung der Empfindungen und körperlichen Fähigkeiten durch einen erkrankten Körper stellt damit auch eine Herausforderung an das Selbst dar. Das Selbst, das, wie Giddens (1991: 52) betont, nicht gegeben und unveränderlich, sondern ebenso wie der Körper reflexiv ist, muss auf diese existenzielle Infragestellung reagieren. Bereits das Erspüren einer körperlichen Veränderung kann – wie in Kap. 3.1.2 dargelegt – zu einer Entfremdung vom Körper und zu einer Bedrohung des Selbst führen. Im Zusammenhang mit Organtransplantation kann man von einer Zuspitzung dieser Problematik sprechen, da nicht nur ein erkranktes Organ das Selbst herausfordert, sondern darüber hinaus dieses Organ von einem anderen, nun verstorbenen Menschen stammt.

Ebenso wie der Körper und das Selbst sind – so zeigt ein Blick in außereuropäische Gesellschaften – Vorstellungen vom Tod, insbesondere zum Todeszeitpunkt, sozio-kulturell bestimmt. Über Rituale, die das Sterben und den Tod begleiten, wird dieser dem Unbestimmbaren entrissen und in den Bereich der sozialen Ordnung eingegliedert. Der sozio-kulturell bestimmte Zeitpunkt des Todes orientiert sich zwar zumeist am biologischen Tod; er muss mit ihm jedoch nicht zwingend übereinstimmen. Gemäß euro-amerikanischen Vorstellungen wurde der Tod eines Menschen bis zur Anwendung des »Hirntodes« als Todeskriterium mit der vollständigen Leblosigkeit seines Körpers gleichgesetzt. Durch die Festsetzung des »Hirntodes« als Tod des Menschen entspricht dieser nicht mehr dem kulturell überlieferten Bild des Todes. Es hat eine Grenzverschiebung zwischen den Lebenden und den Toten stattgefunden (vgl. Lindemann 2002; Hauser-Schäublin et al. 2001).

Die Verwendung des sterbenden Körpers zu Zwecken der Organgewinnung basiert auf dem objektivierten Körperverständnis und einem Menschenbild, das Bewusstsein und Individualität im Gehirn verortet. Die Betrachtung des kulturellen Umgangs mit Leichen in euro-amerikanischen Gesellschaften verdeutlicht dagegen, dass auch hier die Dimension des Leibes zum Tragen kommt, indem eine Leiche als noch mit der verstorbenen Person verbunden empfunden wird und sich nicht von deren Selbst trennen lässt.

Organtransplantation ist demnach eine medizinische Behandlungsmethode, die die Grenzen des Todes und des Selbst auch in der Kultur überschreitet, in der sie entstanden ist. Die Grenzüberschreitung wird auch, so belegen andere Untersuchungen, von den medizinisch Professionellen, den in der Transplantationsmedizin tätigen Chirurgen, Anästhesisten und vor allem den Krankenschwestern und -pflegern empfunden (vgl. Freudenberg 1998: 42-43, Hauser-Schäublin et al. 2001: 112-129, Lindemann 2002, Striebel/Link 1991). Die im öffentlichen Diskurs betonten medizinischen Sicherheiten und die eindeutige Auslegung des »Hirntodes« sowie die Ausblendung der konfliktträchtigen und belastenden Aspekte von Organtransplantation verdeutlichen, dass das hier gezeichnete Bild der Transplantationsmedizin zweckbestimmt ist: Es soll Vertrauen in die medizinische Profession schaffen und die Bereitschaft der Bevölkerung zur »Organspende« erhöhen. An das empirische Material entstand daraus die Frage, inwieweit das über den öffentlichen Diskurs vermittelte Körperwissen mit der Einstellung und dem subjektiven Empfinden Betroffener (ihrer Leiberfahrung) übereinstimmt oder von ihm abweicht.

Die Hinterbliebenen

Der Blick auf die gebende Seite im Transplantationsprozess lässt die Schwierigkeit der Angehörigen mit dem ›Tod im neuen Gewand‹ erkennen. Patienten im irreversiblen Hirnversagen – die so genannten »Hirntoten« – werden von professioneller Seite *ohne* Bezug auf ihre Person in ihren körperlichen Funktionen aufrechterhalten; sie sind keine Patienten mehr, sondern biologisch lebende Körper verstorbener Menschen, die es um der Organe willen bis zur Entnahmeoperation zu erhalten gilt. Von den Angehörigen ist dies so nicht wahrnehmbar, da sie den Körper des »Hirntoten« nicht vom Leib, mit dem sie den Menschen zu Lebzeiten verbunden haben, trennen können. D. h. sie können den lebendig vor ihnen liegenden Leib nicht mit dem Wissen vereinbaren, dass dieser Mensch bereits tot sein soll. Der Widerspruch dieser beiden Konzepte – der subjektiven Leiblichkeit, die von den Angehörigen sinnlich erfahren wird, einerseits und der durch die Definition »Hirntod« objektivierten Körperlichkeit andererseits – stellt das Dilemma der Angehörigen auf der Intensivstation dar. Denn um den Tod tatsächlich zu begreifen, sind Leichen unabdingbar (vgl. Kap. 4.1.2). Bei den Hinterbliebenen führt das Fehlen der herkömmlichen Todeszeichen zu einer Verunsicherung über den ›tatsächlichen‹ Todeszeitpunkt und der Empfindung, dass der ›tatsächliche‹ Tod erst nach der Organentnahme eingesetzt hat, also dann, wenn sich der lebendige Körper des »Hirntoten« in eine Leiche im herkömmlichen Sinne verwandelt hat. Die Zeit zwischen der Diagnose »Hirntod« und der Beendigung der Organentnahme – eine Zeit zwischen Leben und Tod – stellt eine zusätzliche Belastung der Angehörigen und eine Störung ihrer Trauer dar. Da jedoch in der Sichtweise der Angehörigen auch eine Leiche eng mit dem Selbst eines verstorbenen Menschen verbunden ist und dieser Mensch in der Leiche in gewisser Weise fortexistiert, stellt die Organentnahme nicht nur ein Benutzen eines nicht mehr benötigten, abgestreiften Körpers dar, sondern zugleich eine Verletzung der Integrität der Leiche. Wie meine Gespräche mit Angehörigen gezeigt haben, ist ein guter Zustand und die pietätvolle Vorbereitung der Leiche ihres Verwandten, die auf einen würde- und respektvollen Umgang mit ihr hinweisen, von großer Bedeutung. Eine Verunstaltung der Leiche oder Spuren von Todesqual in ihrem Angesicht hinterlassen bleibende schmerzhafte Bilder bei den Angehörigen, die sich als große Belastung im weiteren Leben erweisen können.

Die Gedanken und das Interesse am Verbleib der Organe und dem Schicksal der Organempfänger ist ebenfalls über die Ebene des Leibes zu erklären. Die Organe werden von den Hinterbliebenen nicht als rein biomaterielle »Ersatzteile« verstanden, sondern ihnen haftet noch etwas vom Leib und Selbst der Verstorbenen an. Dies trifft umso mehr zu, da es sich um biologisch lebende Körperteile handelt und Angehörige das Gefühl äußerten, dass ein Teil der Verstorbenen in den Organempfängern weiterlebt.

Zusätzlich problematisch wird die schwierige und belastende Situation auf der Intensivstation durch die Tatsache, dass in der überwiegenden Zahl der Fälle die Angehörigen die Entscheidung für oder gegen eine Organentnahme treffen müssen, da die wenigsten Menschen diesbezüglich ihren Willen zu Lebzeiten kundtun. Die Angehörigen müssen also unter dem Schock der Todesnachricht stehend und angesichts der Unverständlichkeit dieses ›neuen‹ Todes eine Entscheidung von großer Tragweite für einen anderen Menschen treffen. Dies stellt für sie fast zwangsläufig eine Überforderung dar. Die Frage nach einer Organentnahme – und diese Ansicht teile ich mit Tymstra et al. – stellt eine sehr delikate und komplizierte Handlung dar und kann schnell zu Schwierigkeiten und Konflikten bei den Betroffenen führen (Tymstra et al. 1992: 143). Die Erfahrungen der Hinterbliebenen machen deutlich, wie hochsensibel dieser Bereich ist und welch große soziale und kommunikative Kompetenz die Frage nach einer Organentnahme von den Ärzten oder Transplantationskoordinatoren fordert. Angesichts des meist unerwarteten Versterbens eines geliebten Menschen und dem Wissen, dass ein weiteres Menschenleben von der eigenen Entscheidung abhängt, kann meines Erachtens *nicht* von einer *freien* Entscheidung gesprochen werden. Aufgrund dieser Problematik erscheint die enge Zustimmungslösung für die Angehörigen als einzig tragbare Lösung. Ich stimme also mit der Auffassung des Philosophen Rehmann-Sutter überein, dass dieser Eingriff in das Sterben eines Menschen und den Abschied von ihm »nur rechtfertigbar [ist], wenn ich zu Lebzeiten selbst laut und deutlich zugestimmt habe« (Rehmann-Sutter 1994: 14).

Durch die Transplantationsmedizin wird eine Schicksalsverbindung zwischen dem Tod und dem Überleben sich fremder Menschen hergestellt. Wie die Analyse der Erfahrungen Hinterbliebener eindeutig gezeigt hat, bedeutet eine Zustimmung zur Organentnahme eine zusätzliche Belastung und Störung des Abschieds, die im besten Fall mit den tröstlichen Gedanken, einem Menschen damit das Leben gerettet zu haben, aufgewogen werden kann. Tatsächlich aber äußerten annähernd die Hälfte meiner Gesprächspartner, die mit dem »Hirntod« konfrontiert waren, dass sie den praktischen Ablauf und die Form des Umgangs mit ihnen in der Klinik oftmals als verletzend empfunden haben. Statt Unterstützung und Schutz in dieser belastenden Situation zu erfahren, erlebten sich die Angehörigen häufig nur noch als störendes Element im klinischen Ablauf. In meinen Interviews wünschten sich die Betroffenen deshalb eine neutrale Unterstützungsperson, die nicht an der Organisation der Transplantation beteiligt ist. Diese sollte die Betroffenen im Entscheidungsprozess begleiten und sie auf ihre Rechte sowie mögliche problematische Aspekte einer Organentnahme, die sich retrospektiv als belastend erweisen könnten, hinweisen. Vor allem aber, so wurde mir gegenüber betont, sollte den Angehörigen vermittelt werden, dass jede Entscheidung, die sie treffen, akzeptiert wird und sie in keiner Weise unter Druck gesetzt werden. Die größtmögliche Sorgfalt zum Schutz der »Organspender« und ihrer Angehörigen stellt auch für die Organempfänger eine Erleichterung dar, diese Gabe anzunehmen und gut damit leben zu können.

Meine im vierten Kapitel dargelegten Ergebnisse machten besonders folgende Schwierigkeiten, mit denen sich Angehörige »hirntoter Organspender« konfrontiert sehen, deutlich: Zum einen die fehlenden sinnlich wahrnehmbaren Zeichen des Todes bei »Hirntoten«, zum anderen die Intervention in die letzten Momente des Sterbens durch die vielen notwendigen medizinischen Diagnosen und Behandlungen zur so genannten Spenderkonditionierung. Auch die Unsicherheit darüber, wann ein Abschied stattfinden soll, das belastende Warten auf das Ende der Entnahmeoperation und zuletzt die fehlende Anerkennung und Informationen über die empfangende Seite werden von Angehörigen als problematisch geschildert.[220]

Über den Grad der Veräußerbarkeit von Organen ist keine generalisierende Aussage möglich. Die von den Hinterbliebenen geäußerten Vorstellungen lassen sich auf einem Kontinuum vom biologischen Ersatzteil bis hin zum unveräußerbaren Teil des Leibes der Verstorbenen anordnen. Steht das Konzept des Körpers im Vordergrund, so ist den Betroffenen die »Spende« von Organen möglich, ohne dass sie davon die leiblichen oder das Selbst betreffende Aspekte der Verstorbenen tangiert sehen. Aus dieser Sicht wird auch keine Gegengabe wie beispielsweise Dankbezeugungen erwartet. Für andere sind menschliche Organe zwar veräußerbar, aber dennoch auch über den Tod hinaus Teil des Leibes, also mit dem Selbst des Verstorbenen durchdrungen. Dies kann zu der Vorstellung führen, ein Teil des »Organspenders« lebe im Organempfänger weiter, und sich im persönlichen Interesse an der empfangenden Seite äußern – bis hin zu dem Wunsch nach direktem Kontakt mit den entsprechenden Empfängern. Diese Konzeption erfordert nach der Logik der Gabe eine Gegengabe, z. B. in Form von Dank und Anerkennung. Für manche sind dagegen die Organe auch über den Tod hinaus als Bestandteile des Leibes so eng mit der individuellen Identität der Verstorbenen verknüpft, dass ihre Übertragung in den Körper eines fremden Menschen nicht möglich erscheint bzw. als zu schmerzhaft oder traumatisch empfunden wird.

Die Organempfänger

Einblicke in die Welt der Organempfänger zeigen, dass auch hier das Bild des öffentlichen Diskurses von einem unbelasteten ›gesunden‹ Leben nach einer Organtransplantation in der Regel nicht der gelebten Realität der Betroffenen entspricht. Bereits

---

220 Diese Schwierigkeiten werden auch von Levine Batten (1992), Painter/Langlands/Walker (1995), Pelletier (1992) sowie Simmons et al. (1989) in ihren Studien zu Angehörigen von »Organspendern« genannt. Santiago/Gómez geben an, dass Schwierigkeiten mit dem Verständnis des »Hirntodes«, aber auch der Aspekt der Integrität der Leiche Familien eine »Organspende« ablehnen ließen (1997: 1629).

die von den Patienten zu fällende Entscheidung für oder gegen eine Transplantation ist eine Entscheidung im Dilemma: Angesichts des drohenden eigenen Todes einerseits und dem ungewissen Ausgang einer Transplantation und ihren Folgen für das weitere Leben andererseits. Zudem geschieht diese Entscheidung in dem Wissen, das weitere Leben dem Tod eines anderen Menschen zu verdanken. Die Gewissheit, ohne Transplantation sterben zu müssen, lässt den Betroffenen kaum Spielraum zu entscheiden und darüber nachzudenken, was es heißt, auf Dauer mit den Belastungen, die eine Transplantation in sich birgt, leben zu müssen. Dabei kann sich, so bestätigen Fox/Swazey (1992: 199-200), das biomedizinische Ethos, Leben um jeden Preis zu retten und nicht aufzugeben, als Bürde für die Patienten erweisen.

Tatsächlich stellt sich das durch die Transplantation eines Organs »geschenkte Leben« zumeist als hart erkämpft heraus, da die Transplantierten nach der Organübertragung nicht geheilt, sondern chronisch krank sind. Infolge der notwendigen starken Medikation und Immunsuppression müssen sie größtenteils mit massiven Nebenwirkungen und Folgeerkrankungen rechnen und stehen aufgrund der dauerhaften medizinischen Nachbetreuung in lebenslanger Abhängigkeit von ihrem Transplantationszentrum. Darüber hinaus ist das Leben nach einer Organübertragung von ständiger Todesbedrohung durch eine Abstoßung des Organs geprägt. Trotz allem gelingt es vielen, das Leben nach einer Transplantation aktiv und bewusst zu gestalten. Eindrücklich wurde dies besonders durch die transplantierten Sportler belegt, kam aber auch in der immer wieder geäußerten Sensibilität und Wertschätzung dem Leben gegenüber sowie in dem Engagement und Einsatz Organtransplantierter für andere Patienten zum Ausdruck. Für manche kann dieses »neue Leben« jedoch einen so hohen Einsatz erfordern und eine so große Belastung darstellen, dass sie zu dem Schluss kommen, keine weitere Transplantation zu wünschen oder Suizid durch *Noncompliance* begehen (Bunzel 1993: 29).

Dieses Leben dem Tod eines fremden Menschen zu schulden, kann sich bei den Betroffenen als Überlebensschuld sowohl dem verstorbenen »Organspender« als auch anderen Wartepatienten gegenüber niederschlagen: Bei vielen Transplantierten führt dies zu einem verantwortungsvollen Umgang mit dem raren Organ und zu sozialem Engagement für die Sache der »Organspende«, mit dem sie ihr tiefes Gefühl der Dankbarkeit ausdrücken.

Die Abhängigkeit vom Tod eines anderen Menschen und die Integration eines seiner Organe in den eigenen Körper bedroht das Selbst der Betroffenen. Die daraus resultierende Schwierigkeit in der Auseinandersetzung mit dem Organ und darüber auch mit dem verstorbenen »Spender« kann selten thematisiert werden. Dieser Bereich unterliegt in vielem einem (überlebensnotwendigen) Verdrängungsmechanismus, der – so belegen nicht nur meine Ergebnisse, sondern auch psychologische Studien (Appelsmeyer 2001, Bunzel 1993: 155-158) – bei organtransplantierten

Patienten weit verbreitet ist. Die Infragestellung eines, im Falle von Organtransplantation, eindeutig von anderen abgegrenzten Selbst, wirkt in euro-amerikanischen Gesellschaften existenziell bedrohlich.[221] Verweise auf Dimensionen, die den Kern des Selbst-Verständnisses berühren, darf es gemäß des biomedizinischen und sozial dominierenden Diskurses nicht geben. Die Transplantationsmedizin rüttelt an diesem Selbstverständnis. Durch die Überschreitung dieser Grenze stellen Organtransplantierte die herkömmliche Ordnung, den selbstverständlichen Umgang mit der Welt infrage.

Die »Unnatürlichkeit« seines Weiterlebens mit einem transplantierten Organ, mit dem er die ›natürliche‹ oder von Gott gesetzte Grenze zwischen Leben und Tod verletzt, thematisiert z. B. der herztransplantierte Peter Cornelius Claussen, der sich in seinem autobiografischen Roman als »Wiedergänger« bezeichnet:

> »[...] viele denken oder fühlen es: Vor mir steht einer, der sich sein Leben geborgt hat. Einer, der lebt, obwohl er eigentlich tot zu sein hat. Wie haben denn die Verwandten des Lazarus reagiert, als sie langsam die Hände, mit denen sie sich die Nasen zugehalten hatten, wieder sinken ließen? Nur mit Freude? Wenn ich mich richtig an den Text der Bibel erinnere, waren sie mehrheitlich verwirrt bis ärgerlich. Ich bin vielleicht ein Störenfried. Auf alle Fälle ein Wiedergänger. Das ist, so denke ich, für andere einerseits mit der Hoffnung verbunden, dem Tod selber ein Schnippchen schlagen zu können, andererseits unheimlich.« (Claussen 1996: 246)

Die Grenzüberschreitung durch Organtransplantation ist sowohl ein Verschieben der Grenze zwischen Lebenden und Toten als auch der Grenze zwischen verkörperten Individuen. Aussagen, die das Bild der Normalität nach Organtransplantation hervorheben, lassen sich dahingehend interpretieren, dass die existenzielle Infragestellung des verkörperten Selbst sowohl auf individueller als auch gesellschaftlicher Ebene eine Herausforderung darstellt. Die von mir geführten Gespräche lassen in der Analyse bezüglich Fragen nach der Selbst-Identität nach einer Organtransplantation Folgendes erkennen: Dieses Thema kann selten verbalisiert werden, da es existenziell bedrohlich wirkt und im vom dominanten medizinischen Modell geprägten Körperwissen eine Identitätsveränderung nicht vorkommen kann.

Die Empfindungen der Organempfänger lassen sich ebenso wie die der Hinterbliebenen auf ein Kontinuum von Vorstellungen, die primär auf der Konzeption des Körpers beruhen, bis hin zu am Leib orientierten Vorstellungen einordnen. Es bleibt dahingestellt, ob bei anhaltendem Trend in der Körpertechnologie sich das biomedizinische Modell auch im Empfinden der Betroffenen vollständig durchsetzen wird.[222]

---

221 Gesa Lindemann (1993) hat dies für das geschlechtlich eindeutige Selbst, das durch Transsexualität bedroht wird, belegt.

222 Ich habe in meiner Analyse wenig Gewicht auf die metaphorische Bedeutung der verschiedenen Organe und der daraus resultierenden Schwierigkeiten für Betroffene gelegt. Dennoch hat sich in

Die in dieser Arbeit dargelegten Erfahrungen direkt von Organtransplantation Betroffener haben gezeigt, dass die in weiten Teilen als Standardbehandlung bezeichnete Organtransplantation bezüglich des Menschenbildes nicht zum kulturell Selbstverständlichen gerechnet werden kann. Sie berührt zwei für unsere Strukturierung der Wirklichkeit zentrale Aspekte – das Selbst und den Tod – die dem technischen Fortschritt nicht oder noch nicht gefolgt sind. Die Transplantation neuronaler Stammzellen setzt die Fragmentierung und Verdinglichung des menschlichen Körpers weiter fort. Vielleicht wird die Implantation künstlich gezüchteter Organe – so dies in der Zukunft möglich sein wird – weniger psychische und seelische Belastungen für die Empfänger in sich bergen, als die Akzeptanz eines fremden Organs von einem verstorbenen Menschen mit sich bringt. Es ist jedoch zu vermuten, dass trotz der zunehmenden Kontrollierbarkeit des Körpers die Selbst-Verunsicherung des Menschen in seinem Empfinden zunehmen wird (vgl. Kap. 3.1). Denn wo bleibt das Selbst, das bisher in euro-amerikanischen Vorstellungen im Körper verankert war, wenn ihm durch die fortschreitende Atomisierung des Körpers seine bisherige Basis entzogen wird?

Das Ergebnis meiner Untersuchung vertieft die frühe Einschätzung Fox/Swazeys (1974, 1992), dass die Dimension der Gabe nie vollkommen aus der Transplantationsmedizin verdrängt werden kann. Vielmehr zeigt sich, dass die aus professioneller Sicht vernachlässigte Ebene des Leibes und der damit verknüpften Gabe der Transplantationsmedizin ihre Begrenzung auferlegt – in der fehlenden Zustimmung zur Organentnahme auf der gebenden und (in geringerem Maße) in *Noncompliance*-Verhalten oder Weigerung zur Transplantation auf der empfangenden Seite. Darüber hinaus wirken sich die vernachlässigten Seiten als moralischer und sozialer Druck auf die Organempfänger aus, die – wie gezeigt – keine moralische Schuld trifft und die darüber hinaus bereits massiv gefordert sind, um dieses »geschenkte Leben« gut zu leben. Ein Ausgleich im unvollständigen Tausch zwischen beiden Seiten ist nicht mit einer Aufhebung der Anonymität zu erreichen, die direkten Dank ermöglichen würde, da Organempfänger und ihre Familien nicht zusätzlich mit dieser Verpflichtung und der Trauer der Hinterbliebenen belastet werden sollten. Eine »Organspende« hat, wie jede andere Gabe auch, das Potenzial, positiv zu wirken oder einzuschränken und beide Seiten in der unauflöslichen Beziehung gefangen zu halten, was

vielen Aussagen sowohl der gebenden als auch der empfangenden Seite die herausragende kulturelle Bedeutung des Herzens gezeigt. Besonders deutlich wurde dies auch in der Studie Wiebel-Fanderls, die zu dem Ergebnis kommt: »Die Vorstellung, daß das Herz eine Vormachtstellung genießt, ist noch lange nicht vergessen, der Entmythologisierungsprozeß noch nicht abgeschlossen« (Wiebel-Fanderl 2000: 542).

Holtkamp/Nuckolls zu der Warnung veranlasst, große Vorsicht walten zu lassen, um nicht in die Schuldnerfalle zu geraten, die beide Seiten belasten würde, statt eine Erleichterung für sie darzustellen (Holtkamp/Nuckolls 1991: 33).

Meine Ergebnisse verweisen auf einen gesellschaftlichen Handlungsbedarf in der Praxis der Transplantationsmedizin. Eine wichtige Verantwortung liegt in einem offenen Diskurs und Informationsfluss, der den Menschen eine Wahl und Entscheidung auf breitem Wissen ermöglicht und nicht große Teile der komplexen Realität von Organtransplantation verschweigt (vgl. Fox/Swazey 1992: 201). Dies geht nicht ohne Benennung der schweren und unangenehmen Seiten, die Transplantationen als Auswirkungen in sich bergen. Dazu gehören die konkret körperlichen Nebenwirkungen und Belastungen für die Organempfänger und zwingend die Auseinandersetzung mit dem Tod, ohne den die Transplantationsmedizin in der heutigen Form nicht existieren würde. Ohne die Bereitschaft zur Auseinandersetzung mit dem Tod ist auch eine Anerkennung der Seite der Angehörigen von »Organspendern« nicht möglich. Eine weitere Verantwortung in der Durchführung von Organtransplantationen liegt also in einem sorgfältigen Umgang mit den Angehörigen von »Organspendern« in der Klinik, und in entsprechenden Maßnahmen zu ihrem Schutz und in weiterer Unterstützung nach der Organentnahme (vgl. Fischer-Fröhlich/Kulil 1996). Dies ist – so zeigten die von mir geführten Gespräche – oftmals nicht der Fall. Die Aufgabe, für den Ausgleich in diesem ungleichen Beziehungsgeflecht zu sorgen, stellt sich also der dritten Seite, die im Komplex der Organtransplantation tätig ist, den professionellen Vermittlern und der Gesellschaft, wie ich es im fünften Kapitel dargelegt habe.

Bei der Betrachtung von Organtransplantation taucht ein Paradox auf: Zwar hat die medizinisch-technische Weiterentwicklung den Sieg über den Tod zum Ziel und scheint diesen mit Hilfe der Organtransplantation phasenweise erringen zu können. Tatsächlich aber gibt es keine andere medizinische Behandlungsmethode, die direkt und (noch) absolut auf den Tod angewiesen ist und darin ihre Beschränkung erfährt. »Hirntod« und »Organspende« scheinen hierbei einen wichtigen Beitrag zur weiteren Überwindung des Todes zu leisten. Baudrillards Hypothese des zerbrochenen Tausches und der Ausweisung des Todes und der Toten möchte ich abschließend am Beispiel der Organtransplantation überprüfen und die Frage stellen, ob nicht durch die Übertragung von Organen ein Tausch und damit auch ein Beziehungsfeld zwischen den Lebenden und den Toten entstanden ist.

Baudrillard (1991 [1976]) sieht den Austausch mit dem Tod und den Toten in der spätmodernen Gesellschaft zerbrochen: Der Tod und die Toten werden verdrängt und ausgewiesen, was zu einer »Verwüstung der dem Tod abgerungenen Bereiche« führt:

»[...] wir tauschen weiterhin mit den verleugneten und nicht geduldeten Toten – den Bruch des symbolischen Tausches mit ihnen zahlen wir einfach mit unserem eigenen kontinuierlichen Sterben und mit unserer Angst vor dem Tode.« (Baudrillard 1991 [1976]: 212-213)

Schneider dagegen weist in seiner diskursanalytischen Studie zum »Hirntod« nach, dass Baudrillards These des zerbrochenen Tausches mit dem Tod in der Moderne (Baudrillard 1991 [1976]) im Zusammenhang mit Organtransplantation nicht mehr stimmig ist, da dieser Zweig der Medizin sich den Tod zu Diensten macht (Schneider 1999: 304):

»Sie wendet sich nicht mehr in jener ›kämpferischen Geschäftigkeit‹ gegen den Tod als den Feind des Lebens, sondern integriert ihn in ihre Praktiken des Heilens und der Lebenssicherung, indem sie mit dem einen Tod den anderen ausspielt.« (Schneider 1999: 304)

Durch die Verwendung von »Hirntoten« (die der gesetzlichen Definition nach zu den Toten zählen) hat nach Schneider das biomedizinische System und mit ihm unsere Gesellschaft die Toten wieder in den symbolischen Kreislauf eingeschlossen, denn: »Der Tod ist nun ein Diener des Lebens im Diesseits« (Schneider 1999: 303). Inwieweit aber kann ein Medizinsystem, dessen ausgesprochenes Ziel es ist, den Tod zu besiegen, sich mit selbigem aussöhnen? Und hat diese Medizin sich tatsächlich von ihrer »kämpferischen Geschäftigkeit« gegen den Tod verabschiedet? Schneiders Thesen sind aus diskursanalytischer Sicht (gesellschaftliche Debatte um den »Hirntod«) durchaus zutreffend, vielleicht zeichnet sich damit auch ein zukünftiger Wandel im Umgang von Sterben und Tod ab, der durch die medizinische Entwicklung der Organtransplantation beschleunigt oder erzwungen wird. Begibt man sich jedoch in die Welt der Organtransplantation, so wird man mit einem gegenteiligen Bild konfrontiert.

Die gelebte Realität der Transplantationsmedizin lässt keine Integration, sondern eine Verleugnung und große Angst vor dem Tod erkennen. Statt einer Aussöhnung mit dem Tod drängt sich vielmehr das Bild des fortgeführten Kampfes gegen den Tod auf, dem – so man ihn nicht besiegen kann – zumindest noch ein letztes Quäntchen Leben abgerungen werden soll. Die Medizin hat sich in einer ihrer neuesten Entwicklungen direkt vom Tod abhängig gemacht und richtet ihr ganzes Streben darauf aus, diese unglückliche Liaison zu überwinden, indem sie einen Weg zu Ersatzorganen über die Xenotransplantation oder Stammzellzüchtungen sucht. Tatsächlich werden zwar »Hirntote« für die Gemeinschaft der Lebenden genutzt, und zwischen ihnen wird im wahrsten Sinne des Wortes etwas getauscht – die entnommenen Organe. Ich sehe darin jedoch nicht ein Anerkennen und einen tatsächlichen Tausch mit dem Tod. Denn die Organe sollen der transplantationsmedizinischen Logik nach als objektiviertes, von den verstorbenen Menschen getrenntes »Biomaterial« rein auf der Ebene des Körpers verwendet und nicht anders gehandhabt und verhandelt werden als künstlich hergestellte Ersatzteile auch (wenngleich dies in der Praxis, wie dargelegt, auch aus professioneller Sicht nicht durchgängig gelingt). Eine Veränderung im Umgang mit dem Tod ließe sich meiner Einschätzung nach dann verzeichnen, wenn die Leibebene in der Transplantationsmedizin beachtet und in einer Anerkennung des Todes zum Ausdruck käme: Eine Anerkennung des Todes hieße eine Anerkennung des »Organspenders« und seiner Angehörigen. Eine Aussöhnung mit dem Tod müsste sich in der Praxis der Transplantationsmedizin in einem sorgfältigen Umgang mit den Angehörigen in der Klinik und entsprechenden Maßnahmen zu ihrem Schutz und weiterer Unterstützung nach der Organentnahme niederschlagen. Dies ist – so verdeutlichen die von mir geführten Gespräche – häufig nicht der Fall. Die Auseinandersetzung mit dem Tod und die Anerkennung der leiblichen Ebene lässt sich demnach primär auf individueller Ebene finden.

In der Praxis zeigt sich, dass genau dort, wo man glaubt, sich den Tod zu Dienste zu machen, indem man ihn für die Lebensrettung einsetzt, er sich nicht so leicht vereinnahmen lässt. Wie sich in meinem empirischen Material nachweisen lässt, wirkt sich die dargelegte Problematik zulasten der primär von Organtransplantation Betroffenen beider Seiten aus, in deren Leben sich die Brüche, Dissonanzen und Verdrängungen der Gesellschaft und des Systems der Organtransplantation im Besonderen manifestieren. Für beide Seiten der Transplantationsmedizin gilt die von Uexküll aufgezeigte »[...] paradoxe Tatsache, daß die Einführung des Kranken als Subjekt [...] von der Perfektion der Technik – gegen deren eigentliche Intention – erzwungen wird« (Uexküll 1985: V). Der Grund dafür liegt seiner Ansicht nach in der Subjektivität des Kranken – und, so möchte ich hinzufügen, auch der Angehörigen – , die »zu einem Hindernis für den technischen Fortschritt in der Medizin wird, das durch weitere Perfektionierung der Technik nicht überwunden werden kann« (Uexküll 1985: V).

Die Transplantationsmedizin erfährt ihre Begrenzung nicht in ihrer technischen, sondern in der den Menschen betreffenden Dimension: Zum einen durch die nur in begrenztem Umfang zur Verfügung stehenden transplantierbaren Organe, die auch bei hoher Zustimmungsrate zur Organentnahme bei »Hirntoten« den Bedarf der Transplantationsmedizin nicht decken könnten, zum anderen aber auch durch das, was Menschen psychisch und seelisch zu verarbeiten möglich ist und was sie bereit sind, für ihr eigenes oder eines anderen Menschen Überleben auf sich zu nehmen.

Anhang

Anhang 1: Interviewanalyse und -interpretation

Zur Interviewanalyse und Dateninterpretation wurde das Computerprogramm AQUAD (Günther L. Huber, Universität Tübingen, 1999) verwendet. Damit ist in der Analyse und Interpretation eine Genauigkeit gewährleistet, die ohne den Einsatz eines solchen Programms nicht zu bewerkstelligen wäre (vgl. Huber 1992; Kelle 1995). Die Analyse der Interviews erfolgte nach folgenden Schritten: Der Text wurde zunächst in thematische Sinnabschnitte eingeteilt, aus denen im nächsten Schritt ein Kategoriensystem mit Haupt- und Unterkategorien entstand, mit denen die Interviews insgesamt analysiert wurden (vgl. Mayring 1992). Mit Hilfe von AQUAD kann bei diesem auf Hypothesen basierenden Kategorisierungsvorgang die von Glaser/Strauss (1979) für die *grounded theory* geforderte Methode des »permanenten Vergleichs« angewendet werden.

Durch die theoretische Ausrichtung der Studie gab es Kategorien, die von außen an die Interviews herangetragen wurden. Dazu gehörten der *Körper* (materieller, objektivierter Leib), der *Leib* (subjektive Dimension des Körper[empfinden]s), Vorstellungen und Empfindungen gegenüber der jeweiligen anderen Seite sowie die Verbindung beider Seiten. Die ›Kategorien von innen‹, bspw. *Dankbarkeit, Normalität, Schuld* oder *Zweifel am Todeszeitpunkt* wurden anhand exemplarischer Interviews schrittweise erarbeitet und dann zu einem Kategoriensystem zusammengestellt. Im Sinne des »permanenten Vergleichs« wurde dieses System im gesamten Verlauf der Interviewanalyse weiter verfeinert und die Kategorien auf Konsistenz geprüft. Diese Kategorien finden sich in den hervorstechenden Themen des fünften Kapitels wieder. Ferner wurde die Struktur der Gespräche untersucht und auf sich wiederholende Strukturmerkmale hin untersucht. Des Weiteren wurde auf Brüche und kontextuelle Lücken geachtet, die Hinweise auf etwas, das ›zwischen den Zeilen steht‹, geben können (vgl. D'Andrade 1995: 180). Neben inhaltlichen Brüchen sind aber auch Wiederholungen, Auslassungen, Neologismen, Metaphern und Versprecher Hinweise auf Brüche. Deshalb war eine detaillierte Transkription mit Wortwiederholungen, Versprechern und ähnlichem notwendig. Der Sinnzusammenhang wird aus der Deutung den kontextuellen Lücken oder Brüche abgeleitet. Der Interpretationsvorgang kann durch die Darstellung der entsprechenden Textpassagen und deren Deutung transparent und nachvollziehbar gemacht werden.

Anhang 2: Dankschreiben an Angehörige von »Organspendern«

Sehr geehrte Patientin, sehr geehrter Patient,

Sie leben nun seit kurzer Zeit mit dem Organ eines verstorbenen Menschen.

Vielleicht haben Sie das Bedürfnis, Ihr Gefühl der Dankbarkeit für dieses Geschenk gegenüber den Angehörigen des Spenders zu äußern, durch deren Zustimmung Ihre Transplantation ermöglicht wurde.

Wenn Sie möchten, können Sie ein anonymes, aber dennoch persönliches Schreiben an die Hinterbliebenen »Ihres« Organspender durch Ihr Transplantationszentrum übermitteln lassen.

Folgende Anregungen und Tipps können Ihnen vielleicht helfen, Wichtiges zu beachten und das Richtige zu tun.

In welchem Zeitraum nach der Transplantation ist es sinnvoll, ein Dankschreiben zu versenden?

Wir kennen nicht die Ansicht der Angehörigen des Spenders dazu, und bekanntlich kann die Zeit des Trauerns über den Verlust eines geliebten Menschen mehrere Jahre, manchmal sogar ein Leben lang anhalten.

In Anlehnung an das sogenannte Trauerjahr hat sich die »Deutsche Stiftung Organtransplantation« dafür ausgesprochen, den Zeitraum, in dem Organempfänger den Hinterbliebenen »ihres« Organspenders ihren Dank aussprechen, auf das erste Jahr nach der Transplantation zu begrenzen.

Lassen Sie sich aber erst ein paar Monate Zeit. Einerseits, um etwas Abstand von der für Sie tiefgreifenden Änderung in Ihrem Leben zu gewinnen und andererseits, um den Angehörigen Zeit für ihre Trauerarbeit zu lassen.

Bevor Sie einen Brief formulieren:

Erbitten Sie von Ihrem Transplantationszentrum ein paar Informationen über »Ihren« verstorbenen Organspender und dessen Angehörige, damit Ihnen persönliche Formulierungen ermöglicht werden:

- das ungefähre Alter und das Geschlecht der / des Verstorbenen,
- das verwandtschaftliche Verhältnis von Spender und zustimmenden Angehörigen.

Zur Gestaltung des Briefes:

- Sie sollten auf ein bis zwei Seiten alles ausgedrückt haben, was Ihnen wichtig ist.
- Wahren Sie unbedingt Ihre Anonymität, lassen Sie auch alle Ortsnamen weg.

Zur Versendung Ihres Dankschreibens:

- Verschließen Sie Ihr Dankschreiben nicht, damit die weiterleitende Person Ihren Brief auf Wahrung der Anonymität überprüfen kann.
- Senden Sie diesen Brief und ein kurzes Begleitschreiben mit der Bitte um Weiterleitung an Ihr Transplantationszentrum bzw. an Ihren Transplantationskoordinator oder bringen Sie ihn zu einem Ihrer Kontrolltermine mit.

Hilfe bei Problemen:

Sie können sich mit Ihren Fragen an uns oder die Deutsche Stiftung Organtransplantation wenden.

Wir werden Ihnen gerne behilflich sein.

Mit freundlichen Grüßen,

Arbeitskreis Soziales, Dialysepatienten Deutschlands e.V.

Anhang 3: Glossar medizinischer Fachausdrücke

Abstoßung	Abwehrreaktion des Immunsystems des Empfängers auf körperfremdes Gewebe, die bis hin zur Zerstörung des transplantierten Organs gehen kann.
allogen	siehe Transplantation, allogen
Allokation	Verteilung von Ressourcen, hier: Zuweisung der Transplantate an Patienten.
Aneurysma	Gefäßerweiterung; örtlich begrenzte Ausweitung einer Schlagader; bei einem Aneurysma der Hirnbasisarterien kann es durch ein Aufbrechen zu tödlichen Hirnblutungen kommen.
Antigen	Fremdsubstanz, die vom Immunsystem als solche erkannt und bekämpft wird.
atraumatisch	siehe Hirnverletzung, atraumatisch.
Biopsie	Entnahme einer Gewebeprobe zur histologischen Untersuchung aus einem Organ. In Zusammenhang mit Organtransplantation zur Erkennung von Abstoßungsreaktionen.
Bypass-Operation	Umleitung der Blutbahn um eine Gefäßengstelle mittels künstlicher Ersatzgefäße oder aus dem Bein entnommener Venenabschnitte (bes. bei Herzerkrankungen).
Compliance	aktive, selbstverantwortliche Mitarbeit eines Patienten im Therapieverlauf.
Cornea	Hornhaut des Auges.
Cyclosporin A	Medikament zur Immunsuppression.
Diabetes mellitus	Zuckerkrankheit; Typ I – insulinabhängig, Typ II – relativer Insulinmangel, insulinunabhängig.
Dialyse	siehe Hämodialyse.
EKG	Elektrokardiogramm; Aufzeichnung der bei der Herztätigkeit entstehenden elektrischen Vorgänge.
Explantation	Organentnahme.
Gewebetypisierung	Identifizierung von Gewebeverträglichkeitsantigenen zur Auswahl einer geeigneten Spender-Empfänger-Kombination vor Transplantationen von Organen und Geweben (vgl. Crossmatch).
Glomerulonephritis	Sammelbezeichnung für verschiedenartige, primär nicht infektbedingte Nierenerkrankungen mit entzündlichen Vorgängen.
Hämodialyse	außerhalb des Körpers stattfindende Blutwäsche, bei der Stoffwechselendprodukte aus dem Blut entfernt werden.
Hirnaneurysma	siehe Aneurysma.
Hirnstammreflexe	Reflexe, die auf den Funktionszustand des Hirnstamms auf verschiedenen anatomisch-funktionellen Ebenen schließen lassen.

Hirntod	irreversibles Hirnversagen (*coma depassé*).
Hirnverletzung,	atraumatisch: Verletzung des Gehirns, die nicht auf äußere Einwirkung zurückzuführen ist. traumatisch: Verletzung des Gehirns, die auf äußere Einwirkung zurückzuführen ist.
histologisch	allg. für mikroskopische Untersuchungen von Gewebe.
Homöostase	innerkörperlich geregeltes Gleichgewicht der physiologischen Körperfunktionen; dieses kann bei irreversiblem Hirnversagen nur begrenzt und mit beträchtlicher maschineller Unterstützung aufrechterhalten werden.
Immunsuppression	medikamentöse Unterdrückung bzw. Einschränkung der körpereigenen Immunabwehr, um die Abstoßung eines transplantierten Organs zu verhindern.
Immunsuppressiva	Wirkstoffe (z.B. Cyclosporin oder Kortison) zur Immunsuppression.
infaust	ungünstig, aussichtslos (bezogen auf den prognostizierten Verlauf einer Krankheit).
irreversibel	unumkehrbar.
Ischämiezeit, kalte	Zeitraum, in dem das zu transplantierende Organ außerhalb eines Organismus gekühlt und in Konservierungslösung verwahrt wird.
Ischämiezeit, warme	Zeit, die vom Unterbinden der Blutversorgung im Organgeber bis zum Beginn der kühlenden Perfusion verstreicht; sie sollte nicht länger als 1 Minute betragen.
Kardiomyopathie	Herzmuskelerkrankung.
Katheter	mit dem Körper verbundenes Schlauchsystem, über das Flüssigkeit zu- oder abfließt.
Kompatibilität	Verträglichkeit.
kortikal	von der Hirnrinde ausgehend oder in der Hirnrinde sitzend.
Kortison	Steroid; Immunsuppressivum zur Unterdrückung von Entzündungen im Körper.
Kreuzprobe	auch *Crossmatch* genannt; Test zwischen Spendergewebe und Empfängerblut vor einer Transplantation. Bei ›positivem‹ Ergebnis kann eine Transplantation nicht durchgeführt werden, da sofortige Abstoßung aufgrund des Vorhandenseins von Antikörpern erfolgen würde.
Lebendspende	Entnahme von Niere, Leber- oder Lungensegment beim lebenden Menschen zu Zwecken der Transplantation; eine Lebendspende ist in Deutschland nur zwischen Verwandten oder sich emotional nahe stehenden Personen erlaubt (TPG § 8).
Malignom	bösartiges Geschwulst.

Mukoviszidose	auch Zystische Fibrose: Eine der häufigsten angeborenen Stoffwechselkrankheiten. Sie äußert sich durch die Verdickung aller Körpersekrete, wobei vor allem die zähflüssigen Bronchial- und Lungensekrete zu massiven Atembeschwerden und Folgeerkrankungen der Lunge führen. 80 % der Patienten können bei adäquater Behandlung mindestens das 19. Lebensjahr erreichen.
Multiorganentnahme	Entnahme mehrerer Organe gleichzeitig bei einem »Organspender«.
Nekrose	Absterben von Zellen, Geweben oder Organbereichen.
Non-Compliance	mangelnde Mitarbeit der Patienten bei der Therapie (Nichteinhalten von Kontrolluntersuchungen, Medikation, Diät etc.).
Organspende, postmortal	Organentnahme nach dem Tod bzw. bei »Hirntoten«, s.a. Lebendspende.
Osteoporose	Verminderung der Knochensubstanz und -struktur, die zur erhöhten Brüchigkeit der Knochen führt.
Paraganglien	zu den endokrinen Drüsen zählende Nebenorgane des peripheren Nervensystems.
Retransplantation	erneute Organübertragung bei Transplantatversagen.
Schädel-Hirn-Trauma	Verletzung des Gehirns durch äußere Einwirkung (s.a. Hirnverletzung).
Shunt	künstliche Verbindung zwischen Gefäßen, bei Dialyseshunt von Arterie und Vene, um den Blutfluss zu erhöhen und ein gutes Anschließen an das Dialysegerät zu ermöglichen.
somatisch	das Körperliche betreffend.
Sympathikus	Nervenstrang des vegetativen Nervensystems; eine Erregung des Sympathikus führt z.B. zu erhöhtem Blutdruck oder Anstieg der Herzfrequenz; Schmerzübermittlung.
Transplantation	allogen: Übertragung von Körpersubstanzen und -geweben zwischen genetisch verschiedenen, jedoch zu derselben Spezies gehörenden Individuen. autogen/autolog: Übertragung von Körpersubstanzen und -geweben, bei denen Spender und Empfänger identisch sind.
traumatisch	1. ein Trauma (seelischen Schock) betreffend; 2. durch Gewalteinwirkung verletzt; vgl. auch Hirnverletzung.
Xenotransplantation	Übertragung von Körpersubstanzen und -geweben zwischen Individuen verschiedener Spezies.
zerebral	das Großhirn betreffend oder von ihm ausgehend.
Zyste	durch eine Kapsel abgeschlossene Geschwulst mit dünn- oder dickflüssigem Inhalt.
Zystenniere	meist angeborene Durchsetzung des Organs mit zahlreichen Zysten, die funktionsfähiges Nierengewebe verdrängen und so zum Nierenversagen führen.

Anhang 4: Empirische Datengrundlage – Interviews

Zu den Angehörigen und den »Organspendern« und »-spenderinnen«

Gespräche insgesamt	21 Interviews mit 23 Angehörigen von 19 »Organspendern«, davon 6 weiblich und 13 männlich
Alter bei Tod	4 jünger als 16 Jahre (Jüngster 2 Jahre), 12 zwischen 16 und 54 Jahre, 3 älter als 54 Jahre (Älteste 82 Jahre)
Durchschnitt	36,10 Jahre
Todesursache	9 traumatisch, davon 7 unter 30 Jahre; 10 atraumatisch
Todesjahr	1978 bis 1998
Organspendeausweis	4
mutmaßlicher Wille	9
Entscheidung der Angehörigen	6

Die Daten der »Organspender« unserer Untersuchungsgruppe entsprechen weitestgehend (Alter, Geschlecht, traumatische oder atraumatische Todesursache in Relation zum Alter) dem statistischen Mittel der BRD (DSO 1999). Lediglich das Durchschnittsalter der »Organspender« liegt mittlerweile sehr viel höher (1998 bei 45 Jahren).

Zu den Organempfängern und -empfängerinnen

Gespräche insgesamt	19 Interviews mit Organempfängern, davon 5 weiblich, 14 männlich
Alter bei Gespräch	2 jünger als 30 Jahre (Jüngster 24 Jahre), 8 zwischen 30 bis 50 Jahren, 9 zwischen 50 und 65 Jahren (Älteste 65 Jahre)
Durchschnitt	48 Jahre
Zeitpunkt erste Transplantation	vor 1 bis 19 Jahren
Alter bei Transplantation	3 jünger als 30 Jahre, 9 zwischen 30 und 50 Jahren, 5 zwischen 51 und 58 Jahren
Durchschnitt	41,5 Jahre
Retransplantation	5, davon 2 zum 3. Mal transplantiert
transplantiertes Organ	8 Niere (2 vor der Transplantation), 7 Herz, 1 Herz/Lunge, 1 Leber

Alle Gesprächspartner sind Mitglied einer Selbsthilfegruppe für Organtransplantierte. Die Daten der Organempfänger meiner Untersuchungsgruppe entsprechen weitestgehend (Alter, Geschlecht) dem statistischen Mittel der BRD (DSO 1999). Die Zahl der männlichen Organempfänger überwiegt (1998: 64 %).

Anhang 5: Soziobiografische Angaben zu den interviewten Personen*

Kranz, Anna; Müller, Beate
Krankenhausseelsorgerinnen, die seit vielen Jahren im Transplantationsbereich tätig sind.

Angehörige von »Organspendern« und »-spenderinnen«

Arnold, Renate (37); Lehrerin/Laborassistentin
Ihr Lebensgefährte starb an einem geplatzten Hirnaneurysma. Der Tod lag acht Jahre zurück. Sie war nicht mit dem »Hirntod« auf der Intensivstation konfrontiert.

Böhm, Elisabeth (56); Hausfrau
Ihr 21-jähriger Sohn verstarb vor vierzehn Jahren bei einem Autounfall. Sie hatte ihn auf der Intensivstation nicht mehr gesehen. Elisabeth Böhm würde einer Organentnahme wieder zustimmen. Sie ist verheiratet und hat noch eine Tochter.

Cheng, Frau (36); Hausfrau
Ihr Ehemann Thomas Reese (39) verstarb vor einem halben Jahr an einem Hirntumor. Sie sprach von sich aus zusammen mit ihrem Schwiegervater die Möglichkeit einer Organentnahme an. Dass sich der Ablauf bis zur Explantation aufgrund anhaltender rudimentärer Hirnstammreflexe eine Woche hinzog, war eine große Belastung für sie und ihre Familie. Die Gedanken an die Organempfänger empfindet sie als tröstlich. Sie hat eine kleine Tochter.

Deinert, Maria (47); Verwaltungsangestellte
Ihr 42-jähriger Bruder starb vor einem Jahr an einer Hirnblutung. Sie hatte sich vorher nicht mit der Thematik »Organspende« auseinander gesetzt und fühlte sich auf der Intensivstation mit der Frage nach einer »Organspende« überfordert. Sie würde einer Organentnahme nicht mehr zustimmen. Sie ist verheiratet.

Deneke, Tanja (28); Heilpädagogin / Deneke, Franz (30); Lektor
Eltern des bei einem Autounfall vor über vier Jahren tödlich verunglückten zweijährigen Michael. Die Eltern wurden direkt nach der Übermittlung der Nachricht des »Hirntodes« mit der Frage nach einer Organentnahme konfrontiert. Sie hatten zu wenig Zeit zur Verarbeitung der Todesnachricht, fühlten sich von Seiten der Klinik unter Druck gesetzt und bereuen ihre Entscheidung. Sie haben ein weiteres kleines Kind.

---

* Die nachfolgenden Angaben beziehen sich auf den Zeitpunkt der Gesprächsführung (Januar 1997 bis September 1998). Alle Namen sind zum Schutz der Anonymität meiner Gesprächspartner und -partnerinnen geändert.

Eilert, Robert (39); Fachlehrer
Seine Lebensgefährtin starb vor zwei Jahren an einer Hirnblutung. Sie hatte sich vorher mit der Thematik »Organspende« auseinander gesetzt und besaß einen Spenderausweis. Robert Eilert hat ebenso einen Spenderausweis. Er plädiert für die enge Zustimmungslösung, da er der Auffassung ist, dass diese Frage nicht stellvertretend für einen anderen Menschen entschieden werden kann und Angehörige in diesem Moment zwangsläufig überfordert sein müssen.

Eisenberg, Martin (44); Hausmann
Seine Ehefrau Elke verstarb vor einem Jahr im Alter von 40 Jahren an einem Schlaganfall. Martin Eisenberg vermisste, darauf hingewiesen worden zu sein, wie wichtig die Verabschiedung vom Leichnam für die Hinterbliebenen sein kann. Er empfindet die Vorstellung des Eingriffs in den Körper seiner »hirntoten« Ehefrau als sehr unangenehm, nahm dies jedoch in Kauf, da er die Gedanken an die Organempfänger als tröstlich empfindet. Er hat zwei kleine Kinder.

Fischer, Gabriele (60); Krankenschwester
Ihr 15-jähriger Sohn verstarb vor sieben Jahren nach einem Skiunfall. Sie fühlte sich in der Klinik unter Druck gesetzt und nicht entscheidungsfähig. Der Leichnam ihres Sohnes war nicht schön hergerichtet. Sie ist Organtransplantationen gegenüber negativ eingestellt und bereut ihre Entscheidung. Gabriele Fischer ist verheiratet und hat weitere Kinder.

Gebhard, Fritz (38); Pastor
Seine Lebensgefährtin Marion, die einen Organspenderausweis besaß, starb im Alter von 34 Jahren an einer Lungenembolie. Der Tod lag drei Jahre zurück. Fritz Gebhard würde mit Einschränkungen erneut einer »Organspende« zustimmen, bemängelt jedoch den Umgang mit den Angehörigen von Seiten der Klinik.

Gerke, Milena (38); Arzthelferin
Sie verlor ihren 22-jährigen Bruder durch einen Motorradunfall vor fünf Jahren. Er hatte keinen Spenderausweis. Sie ist der »Organspende« gegenüber positiv eingestellt und setzt sich für die öffentliche Anerkennung der Seite der Angehörigen ein. Sie ist verheiratet und hat zwei eigene und zwei Adoptivkinder.

Hildebrandt, Elke (49); Realschullehrerin
Ihr Ehemann kam vor drei Jahren bei einem Bergunfall im Alter von 54 Jahren ums Leben. Wichtig war für sie, über den Ablauf der »Hirntoddiagnostik« und der Organentnahme genau informiert zu sein und genügend Zeit für die Verabschiedung von ihrem Mann zu haben. Sie steht der »Organspende« positiv gegenüber. Elke Hildebrandt hat vier Kinder.

Hoffmeister, Ingrid (45); Hausfrau
Ihr Mann verunglückte zwei Monate vor unserem Gespräch tödlich bei der Arbeit. Sie steht ihrer Entscheidung positiv gegenüber. Sie hat drei erwachsene Kinder.

McLarren, Judith (46); Literaturwissenschaftlerin
Ihre 82-jährige Mutter verstarb vor einem Jahr an Lungenkrebs. Judith McLarren gab nach dem Herztod ihrer Mutter die Zustimmung zur Entnahme der Augenhornhäute. Sie würde in einem vergleichbaren Fall wieder zustimmen. Judith McLarren ist verheiratet.

Meissner, Ingrid (54); Lehrerin
Ihr 15-jähriger Sohn kam vor zwölf Jahren durch einen Autounfall ums Leben. Ingrid Meissner würde einer Organentnahme nicht mehr zustimmen und kritisiert den Umgang von medizinischer Seite mit den Angehörigen und dem »Organspender«, der nach der Entnahme nicht respektvoll hergerichtet wurde. Sie fühlt sich ihrem Kind gegenüber schuldig. Sie ist verheiratet und hat zwei weitere erwachsene Kinder.

Menge, Christine (35); Psychologin / Menge, Horst (29); Landschaftsgärtner (Geschwister)
Ihre Mutter erlag vor sechseinhalb Jahren im Alter von 52 Jahren den Folgen eines Asthmaanfalls. Die Familie gab sie auf Anfrage der Ärzte in der Klinik zur Organentnahme frei.

Müller, Peter (60); Rentner
Er verlor vor drei Jahren seine 34-jährige Tochter infolge einer Lungenembolie. Die Tochter hatte einen Organspendeausweis. Peter Müller empfindet die »Organspende« retrospektiv als falsch und leidet darunter.

Nowak, Brigitte (34); Bürokauffrau / Nowak, Martin (38); Maschinenbauingenieur
Ihr achtjähriger Sohn verunglückte tödlich bei einem Autounfall vor fünf Jahren. Besonders die Diskrepanz zwischen tatsächlichem Unfalldatum und offiziellem Todeszeitpunkt (nach abgeschlossener Hirntoddiagnose) empfanden sie als störend. Das Ehepaar Nowak ist nicht prinzipiell gegen »Organspenden« eingestellt, doch Brigitte Nowak würde einer Organentnahme in einer vergleichbaren Situation nicht mehr zustimmen, da sie das Abschiednehmen vermisst und die Wartezeit auf die Beendigung der Organentnahme als unerträglich empfand. Sie haben zwei weitere Kinder.

Reese, Wolfgang (66); Journalist
Sein 39-jähriger Sohn Thomas erlag vor einem halben Jahr einem Hirntumor. Wolfgang Reese sprach zusammen mit seiner Schwiegertochter Frau Cheng von sich aus die Möglichkeit einer Organentnahme an. Er bereut seine Entscheidung, da er die Organentnahme und das dadurch gestörte Abschiednehmen als große Belastung empfindet. Zudem ist er der Auffassung, dass eine Entscheidung von solcher Tragweite von jedem Menschen selbst zu Lebzeiten gefällt werden muss.

Steinmann, Birgit (54); Universitätsprofessorin
Ihr Ehemann beging vor 21 Jahren Selbstmord. Sie hatte ihren Mann nicht im Zustand des »Hirntodes« gesehen. Sie hatte einer Organentnahme zugestimmt und würde dies in einer vergleichbaren Situation wieder tun. Birgit Steinmann ist wieder verheiratet.

Voigt, Andrea (49); Industriekauffrau
Sie verlor ihren Ehemann durch einen Herzschlag im Alter von 54 Jahren. Der Tod lag sieben Jahre zurück. Da ihr Ehemann nach vergeblicher Reanimation nicht an lebenserhaltende Apparate angeschlossen wurde, kam nur noch eine Korneaentnahme in Frage. Andrea Voigt war nicht mit dem »Hirntod« konfrontiert. Sie empfindet eine »Organspende« als tröstlich und würde erneut zustimmen.

Organempfänger und -empfängerinnen

Günther, Ewald (37); Stukkateur
Er erkrankte vor sechs Jahren chronisch an den Nieren, ist aber noch nicht dialysepflichtig. Er ist berufstätig, ledig und lebt alleine.

Heise, Matthias (54); Bauleiter
Er musste im Alter von 38 Jahren aufgrund einer chronischen Nierenentzündung an die Dialyse. Er wurde vor elf Jahren erstmalig transplantiert, wegen Transplantatversagen nach weiteren drei Jahren zum zweiten Mal und im Alter von 52 Jahren zum dritten Mal. Matthias Heise ist verheiratet und hat zwei Kinder. Er ist nicht berufstätig.

Lemke, Gisela (46); Lehrerin
Aufgrund eines chronischen Nierenleidens wurde sie im Alter von 26 Jahren dialysepflichtig. Seit elf Jahren lebt sie mit einer transplantierten Niere, die funktioniert. Gisela Lemke ist verheiratet und hat ein Adoptivkind. Gisela Lemke ist in Rente.

Lorenz, Christian (45); Lagerverwalter
Er verbrachte wegen Nierenversagens zweieinhalb Jahre an der Dialyse, bevor er vor zwölf Jahren zum ersten Mal transplantiert wurde. Diese Niere funktionierte nur zwei Jahre, danach musste er wieder zur Dialyse. Vor acht Jahren wurde er zum zweiten Mal transplantiert, bis heute erfolgreich. Er ist in zweiter Ehe verheiratet, seine Tochter aus erster Ehe lebt bei seiner geschiedenen Frau. Er ist seit seiner Dialysezeit in Rente.

Lüdecke, Uwe (58); Ingenieur
Eine missglückte Bypassoperation vor vier Jahren machte eine Nottransplantation notwendig. Uwe Lüdecke wachte mit einem Spenderherzen wieder auf. Er ist verheiratet, hat zwei Kinder und ist berufstätig.

Mahrt, Gisela (66); Hausfrau
Trotz infauster Prognose lehnte ihr Mann eine Herztransplantation ab. Er verstarb im Alter von 56 Jahren an einem Herzinfarkt. Sie hat eine erwachsene Tochter.

Mecke, Martina (38); Literaturwissenschaftlerin
Sie erlitt im Alter von 35 Jahren einen schweren Herzinfarkt. Sie wurde nach sechs Monaten auf der Warteliste transplantiert. Martina Mecke ist verheiratet und arbeitet freiberuflich.

Meinhardt, Walter (30); Sozialpädagoge
Mukoviszidosepatient. Er bekam mit 21 Jahren eine Herz-Lungentransplantation. Walter Meinhardt ist ledig und berufstätig.

Paschke, Jörg (24); Steuergehilfe i.A.
Nach kurzem Krankheitsverlauf bekam er aufgrund einer Kardiomyopathie im Alter von 18 Jahren ein neues Herz. Vor einem Jahr musste er erneut transplantiert werden, da sein zweites Herz durch eine chronische Abstoßung zerstört war. Jörg Paschke ist ledig und nicht berufstätig.

Petersen, Rainer (56); Ingenieur

Er lebt seit zwei Jahren mit einem transplantierten Herzen. Eine Kardiomyopathie machte die Transplantation notwendig. Er war drei Jahre auf der »Warteliste«. Rainer Petersen ist verheiratet und hat zwei Kinder. Er ist nicht mehr berufstätig.

Roth, Martina (49); Groß- und Außenhandelskauffrau

Sie leidet an einer Zystenniere und ist dialysepflichtig. Eine Lebendspende von ihrer Mutter (70) ist geplant. Martina Roth ist verheiratet, hat drei erwachsene Kinder und ist nicht mehr berufstätig.

Schellenberg, Franz (48); Busfahrer

Aufgrund einer Zystenniere wurde er vor drei Jahren nierentransplantiert. Davor war er zwei Jahre an der Dialyse. Da er die Dialyse körperlich sehr schlecht vertrug, würde er sich bei Transplantatversagen sofort wieder transplantieren lassen. Franz Schellenberg ist nicht berufstätig. Sie haben keine Kinder. (Das Gespräch führte ich primär mit seiner Ehefrau Margot.)

Schlote, Wolfgang (59); technischer Angestellter

Er war seit seiner Kindheit herzkrank. Vor vier Jahren begann sich sein Zustand massiv zu verschlechtern, bis er vor einem Jahr transplantiert wurde. Wolfgang Schlote war bereits ein Jahr vor der Herztransplantation nicht mehr berufstätig. Er ist verheiratet und hat keine Kinder. Seine Ehefrau war bei dem Gespräch anwesend.

Schmidt, Bernhard (63); Bäcker, Berufskraftfahrer, zuletzt selbstständig

Wegen einer chronischen Nierenentzündung wurde er vor zehn Jahren nach eineinhalb Jahren Dialyse transplantiert. Die Niere hielt sechseinhalb Jahre, bevor sie wieder entfernt werden musste; nach eineinhalb Jahren bekam er eine zweite Niere transplantiert. Bernhard Schmidt ist verheiratet, hat keine Kinder. Er lebt von seiner Rente.

Vogel, Peter (37); Sozialpädagoge

Er wurde vor 13 Jahren wegen einer Glomerulonephritis nach vier Jahren Dialyse transplantiert. Peter Vogel ist verheiratet und hat eine Stieftochter. Er arbeitet vollbeschäftigt in seinem Beruf.

Vogt, Eva (65); Hausfrau

Wegen einer Schrumpfniere musste sie im Alter von 53 Jahren an die Dialyse und ist seit acht Jahren nierentransplantiert. Eva Vogt ist verwitwet und hat drei erwachsene Kinder.

Wegener, Hans (47); Werkzeugmacher

Er war 25 Jahre dialysepflichtig. Zwei Nierentransplantationen waren erfolglos. Erst die dritte transplantierte Niere nahm nach über einem Monat ihre Funktion auf. Seit er zur Dialyse musste, war er nicht mehr berufstätig. Zum Zeitpunkt des Gespräches war Hans Wegener wieder dialysepflichtig. Eine nochmalige Transplantation lehnte er für sich ab. Er war geschieden und hatte ein minderjähriges Kind. Hans Wegener ist mittlerweile verstorben.

Wiese, Monika (58); Krankenschwester

Zu Beginn ihrer schnell fortschreitenden Lebererkrankung stand sie einer Transplantation sehr negativ gegenüber. Erst mit Verschlechterung ihres Gesundheitszustandes konnte sie sich mit dem Gedanken anfreunden. Sie lebt seit ihrem 50. Geburtstag mit einer transplantierten Leber. Monika Wiese ist geschieden und hat vier Kinder. Monika Wiese ist nicht mehr berufstätig.

Wirth, Wolfgang (55); Koch

Mit 45 Jahren bekam er zwei Herzinfarkte, die in der Folge Bypass-Operationen notwendig machten. Fünf Jahre später war eine erneute Bypass-Operation angezeigt, aufgrund derer er einen weiteren Herzinfarkt erlitt. Kurz darauf sahen die Ärzte eine Herztransplantation indiziert. Er war viereinhalb Monate auf der »Warteliste« und wurde im Alter von 50 Jahren transplantiert. Wolfgang Wirth ist verheiratet und hat zwei erwachsene Kinder. Er lebt von seiner Rente.

Wille, Manfred (52); Maschinenschlosser

Nach einer Herzerkrankung, die sich bereits in jungen Jahren zeigte und zu drei Herzinfarkten führte, wurde er vor zehn Jahren transplantiert. Er ist verheiratet und hat keine Kinder. Er ist nicht berufstätig. Seine Ehefrau war bei dem Gespräch anwesend.

Anhang 6: Kontaktaufnahme zu Angehörigen von »Organspendern«

Forschung zur Organspende

Vera Kalitzkus von der Universität Göttingen sucht Angehörige von Organspendern für ein von der Deutschen Forschungsgemeinschaft gefördertes Projekt. Sie will untersuchen, wie dem hirntoten Organgeber nahestehende Personen mit dem Tod, der Organspende und ihrer Entscheidung für eine Organentnahme umgehen.

Kontaktadresse: Institut für Ethnologie, Theaterplatz 15, 37073 Göttingen,

Frankfurter Rundschau, 14.02.1998

Analoge Aufrufe wurden in zwei regionalen Tageszeitungen abgedruckt (Januar/Februar 1998).

Literatur

Ach, Johann S. / Anderheiden, Michael / Quante, Michael (2000): *Ethik der Organtransplantation.* Erlangen: Fischer.

Åkesson, Lynn (1996): »The message of dead bodies«. In: Lundin, Susanne / Åkesson, Lynn (Hg.): *Bodytime. On the interaction of body, identity, and society.* Lund: Lund University Press, 157-180.

Albert, Pamela (1998): »Direct contact between donor families and recipients: crisis or consolation?« *Journal of Transplant Coordination*, 8, 139-144.

Appelsmeyer, Heide (2001): »Transplantation und Identität«. *Psychomed*, 13 (1), 42-45.

Arbeitskreis Organspende (Hg.) (o. J.): *Organspende und Organtransplantation. Eine Informationseinheit.* Neu-Isenburg: Deutsche Stiftung Organtransplantation.

– (Hg.) (1998): *Kein Weg zurück... Informationen zum Hirntod.* Neu-Isenburg: Deutsche Stiftung Organtransplantation.

– (Hg.) (2000): *Mit Herz und Verstand über Organspende reden. Informationseinheit.* Neu-Isenburg: Deutsche Stiftung Organtransplantation.

Ariès, Philippe (1997 [1978]): *Geschichte des Todes.* 8. Aufl. d. dt. Ausg. Kempten: Kösel.

Armstrong, David (1987): »Silence and truth in death and dying«. *Social Science and Medicine*, 24 (8), 651-657.

Ärzte-Zeitung (2000): »Papst nimmt überraschend Stellung zur Transplantation und zum Klonen«. *Ärzte-Zeitung*, 2000 (153), 11 vom 31.08.2000.

– (2001): »Deutschland könnte mehr Spenderorgane haben, wenn Kliniken ihre Meldepflicht beachten würden«. *Ärzte-Zeitung*, 2001 (19), 2 vom 01.02.2001.

Ashmore, Richard D. / Jussim, Lee (Hg.) (1997): *Self and identity: fundamental issues (Vol. 1).* New York/Oxford: Oxford University Press.

Bächtold-Stäubli, Hanns (Hg.) (1987 [1927]): *Handwörterbuch des Deutschen Aberglaubens.* Unter Mitwirkung von Eduard Hoffmann-Krayer. Unveränderte Neuauflage. Berlin u.a.: de Gruyter.

Bardenheuer, Hubert J. / Kupatt, Christian / Anselm, Reiner (1994): »Organtransplantation und Menschenwürde«. *Anaesthesist*, 43, 494-499.

Barley, Nigel (1998): *Tanz ums Grab.* Stuttgart: Klett-Cotta.

Baudrillard, Jean (1991 [1976]): *Der symbolische Tausch und der Tod.* München: Matthes & Seitz.

Baureithel, Ulrike / Bergmann, Anna (1999): *Herzloser Tod. Das Dilemma der Organspende.* Stuttgart: Klett-Cotta.

Baust, Günter (1992): *Sterben und Tod. Medizinische Aspekte.* Berlin: Ullstein Mosby.

Bavastro, Paolo (1994): *Anthroposophische Medizin auf der Intensivstation*. Dornach: Verlag am Goetheanum.

Beckmann, Jan P. (Hg.) (1996): *Fragen und Probleme einer medizinischen Ethik*. Berlin/New York: de Gruyter.

Beckmann, Jan P. / Brem, G. / Eigler, F.W. / Günzburg, W. / Hammer, C. / Müller-Ruchholtz, W. / Neumann-Held, E.M. / Schreiber, H.-L. (2000): *Xenotransplantation von Zellen, Geweben, oder Organen. Wissenschaftliche Entwicklungen und ethisch-rechtliche Implikationen*. Berlin u.a.: Springer.

BDO-Blätter (2000): »Dankesgottesdienst – Vorankündigung«. *BDO-Blätter. Journal des Bundesverbandes der Organtransplantierten e.V.*, 2000 (3), 16.

– (2000): »Eurotransplant wird Vermittlungsstelle für Spenderorgane. Vertrag nach Transplantationsgesetz tritt in Kraft. Presseinformation der Eurotransplant International Foundation, Leiden (NL)«. *BDO-Blätter. Journal des Bundesverbandes der Organtransplantierten e.V.*, 2000 (3), 17.

Bengel, Frank M. / Ueberfuhr, Peter / Schiepel, Nina et al. (2001): »Effect of sympathetic reinnervation on cardiac performance after heart transplantation«. *The New England Journal of Medicine*, 345 (10) vom 06.09.2001, 731-738.

Benthien, Claudia / Wulf, Christoph (Hg.) (2001): *Körperteile. Eine kulturelle Anatomie*. Reinbek: Rowohlt.

Bergmann, Anna (1996): »Die Verlebendigung des Todes und die Tötung des Lebendigen durch den medizinischen Blick«. In: Mixa, Elisabeth et al. (Hg.): *Körper – Geschlecht – Geschichte: Historische und aktuelle Debatten in der Medizin*. Innsbruck/Wien: Studien Verlag, 77-95.

Berkemer, Georg / Rappe, Guido (Hg.) (1996): *Das Herz im Kulturvergleich*. Berlin: Akademie Verlag.

Birnbacher, Dieter (1997): »Fünf Bedingungen für ein akzeptables Todeskriterium.« In: Ach, Johann S. / Quante, Michael (Hg.): *Hirntod und Organverpflanzung: ethische medizinische, psychologische und rechtliche Aspekte der Transplantationsmedizin*. Stuttgart-Bad Cannstatt: Frommann.

Bloch, Maurice / Parry, Jonathan (1982): *Death and the regeneration of life*. Cambridge: Cambridge University Press.

Blumenthal-Barby, Kay (1997): *Tausend Türen hat der Tod. Gesammeltes zum Sterben in Europa*. Berlin: Trafo.

Boseley, Sarah (2000): »Doctors reopen the life or death debate. Anaesthetists divided in row over transplants«. *The European Guardian* vom 19.08.2000.

– (2000a): »Transplant row over pain rule. Doctors call for anaesthetics for brainstem-dead donors«. *The European Guardian* vom 19.08.2000.

Bonelli, Johannes (1995): »Leben – Sterben – Tod. Überlegungen zum Hirntod aus der Sicht des Arztes.« In: Schwarz, Markus / Bonelli, Johannes (Hg.): *Der Status des Hirntoten. Eine interdisziplinäre Analyse der Grenzen des Lebens*. Wien/New York: Springer, 83-112.

Bourdieu, Pierre (1993 [1980]): *Sozialer Sinn. Kritik der theoretischen Vernunft*. Frankfurt a. M.: Suhrkamp.

– (1998): »Positionen und Perspektiven«. In: Bourdieu, Pierre et al. (Hg.): *Das Elend der Welt. Zeugnisse und Diagnosen alltäglichen Leidens an der Gesellschaft*. Konstanz: Universitätsverlag Konstanz, 17-19.

– (1998a): »Verstehen«. In: Bourdieu, Pierre et al. (Hg.): *Das Elend der Welt. Zeugnisse und Diagnosen alltäglichen Leidens an der Gesellschaft.* Konstanz: Universitätsverlag Konstanz, 779-802.

Bräunlein, Peter (1995): »Die Rückkehr der ›lebenden Leichen‹. Das Problem der Untoten und die Grenzen ethnologischen Erkennens«. *KEA – Zeitschrift für Kulturwissenschaft*, 9, 97-126.

Bundeszentrale für gesundheitliche Aufklärung (o. J.): *Über Organspende spricht man nicht. Oder vielleicht doch? Presseinformationen über die Anzeigenkampagne zur Organspende der Bundeszentrale für gesundheitliche Aufklärung.* Köln: Bundeszentrale für gesundheitliche Aufklärung.

– (1996): *Organspende. Schenken Sie Leben.* Köln: KVD.

Bunzel, Brigitta (1993): *Herztransplantation: psychosoziale Grundlagen und Forschungsergebnisse zur Lebensqualität.* Stuttgart: Thieme.

– (1993a): »Herztransplantation: Ethische Probleme bei der Patientenauswahl aus psychosozialer Sicht«. *Ethik in der Medizin*, 5, 127-135.

Bunzel, Brigitta / Laederach-Hofmann, Kurt (2000): »Solid organtransplantation: Are there predictors for posttransplant noncompliance? A literature overview«. *Transplantation,* 70 (5) vom 15.09.2000, 711-716.

Bynum, Caroline (1995): *The resurrection of the body in Western Christianity, 200 –1336.* New York u.a.: Columbia University Press.

– (1996): »Warum das ganze Theater mit dem Körper? Die Sicht einer Mediävistin«. *Historische Anthropologie*, 4 (1), 1-33.

Castelnuovo-Tedesco, Pietro (1973): »Organ transplantation, body image, psychosis«. *The Psychosomatic Quarterly,* 42 (3), 349-363.

Charmaz, Kathy (1991): *Good days, bad days. The self in chronic illness.* New Brunswick/New Jersey: Rutgers University Press.

– (1995): »The body, identity, and self: adapting to impairment«. *Sociological Quarterly*, 36 (4), 657-680.

– (1999): »From the ›sick role‹ to stories of self. Understanding the self in illness«. In: Contrada, Richard J. / Ashmore, Richard D. (Hg.): *Self, social identity, and physical health. Interdisciplinary explorations.* New York/Oxford: Oxford University Press, 207-239.

Chrisma. Das evangelische Magazin (2000): »Chrisma-Umfrage des Monats. Glauben Sie an ein Leben nach dem Tod?« *Chrisma*, 2000 (10), 6.

Claussen, Peter Cornelius (1996): *Herzwechsel. Ein Erfahrungsbericht.* München/Wien: Hanser.

Coenen, Herman (1991): »Wandering through the caves: phenomenological field research in a social world of dementia«. In: Maines, David R. (Hg.): *Social organization and social process. Essays in honor of Anselm Strauss.* New York u.a.: de Gruyter, 315-332.

Clayville, L. (1999): »When donor families and organ recipients meet.« *Journal of Transplant Coordination* 9 (2), 81-86.

Condrau, Gion (1991 [1984]): *Der Mensch und sein Tod. Certa moriendi condicio.* 2. Aufl. Zürich: Kreuz.

Conrads, Christoph (2000): *Rechtliche Grundsätze der Organallokation: Verteilung des Mangels oder Mängel der Verteilung?* Baden-Baden: Nomos.

Corr, Charles A. / Coolican, Margaret B. / Nile, Lucy G. / Noedel, Nancy R. (1994): »What is the rationale for or against contacts between donor families and transplant recipients?« *Critical Care Nursing Clinics of North America*, 6 (3), 625-632.
Coustere, Olivier (1998): »Secretary's message«. *Journal of the World Transplant Games Federation*, 1998, 3.
Crossley, Nick (1995): »Merleau-Ponty, the elusive body and carnal sociology«. *Body and Society*, 1 (1), 43-63.
Csordas, Thomas J. (1990): »Embodiment as a paradigm for anthropology.« *Ethos*, 18 (1), 5-47.
– (1994): *Embodiment and experience: the existential ground of culture and self.* Cambridge: Cambridge University Press.
– (1994a): »Introduction: the body as representation and being-in-the-world«. In: Csordas, Thomas J. (Hg.): *Embodiment and experience: the existential ground of culture and self.* Cambridge: Cambridge University Press, 1-24.
– (1994b): »Self and person«. In: Bock, Philip (Hg.): *Psychological anthropology.* Westport: Prager Publishers, 331-350.
– (1999): »The body's career in anthropology«. In: Moore, Henrietta (Hg.): *Anthropological theory today.* Cambridge: Polity Press, 172-205.

D'Andrade, Roy G. (1995): *The development of cognitive anthropology.* Cambridge: Cambridge University Press.
Daar, A. S. (1992): »Rewarded gifting«. *Transplantation Proceedings*, 24 (5), 2207-2211.
Dahl, Jürgen (1999): »Woran dürfen wir sterben? Von Rausch und Tragik der Medizin«. *Scheidewege* 1989/99, 28, 239-249.
Deutsche Bischofskonferenz / Rat der evangelischen Kirche in Deutschland (1990): *Organtransplantation. Erklärung der Deutschen Bischofskonferenz und des Rates der Evangelischen Kirche in Deutschland.* Neu-Isenburg: Arbeitskreis Organspende.
Deutsche Stiftung Organtransplantation (Hg.) (o.J.): *Organspende. Seminarunterlagen zum Umgang mit Trauernden. E.D.H.E.P. The European Donor Hospital Education Programme.* Neu Isenburg: Deutsche Stiftung Organtransplantation.
– (1996): *Kurzinformation Zahlen – Daten – Fakten 1995.* Neu-Isenburg: Deutsche Stiftung Organtransplantation.
– (1997): *Gesetz über die Spende, Entnahme und Übertragung von Organen. Transplantationsgesetz.* Neu Isenburg: Deutsche Stiftung Organtransplantation.
– (1998): *Organspende und Transplantation in Deutschland 1997.* Neu Isenburg: Deutsche Stiftung Organtransplantation.
– (1998a): *Mit Sport geht es weiter. ... vor und nach Transplantation.* Neu-Isenburg: Deutsche Stiftung Organtransplantation.
– (1999): *Organspende und Transplantation in Deutschland 1998.* Neu-Isenburg: Deutsche Stiftung Organtransplantation.
– (2000): *Organspende und Transplantation in Deutschland 1999.* Neu-Isenburg: Deutsche Stiftung Organtransplantation.
– (2001): *Weniger Transplantationen, leichter Rückgang bei der Organspende.* Presseinformation vom 30.01.2001.

– (2002): *Organspende und Transplantation in Deutschland 2000*. Neu-Isenburg: Deutsche Stiftung Organtransplantation.

Devereux, Georges (1992 [1967]): *Angst und Methode in den Verhaltenswissenschaften*. 3. Aufl. d. dt. Ausg. Frankfurt a. M.: Suhrkamp.

Die Rheinpfalz (1998): »›Körperwelten‹ besonders positiv bewertet«. *Die Rheinpfalz. Ludwigshafener Rundschau* vom 22.01.1998.

Dijkstra, Iris C. (2000): *Living with loss. Parents grieving for the death of their child.* Utrecht: Selbstverlag.

Donor family honour roll (1997): *XI*th *World Transplant Games Sydney, Australia, 29*th *September – 5*th *October. Donor Family Honour Roll. Contributions from donor families attending the Games*. Unveröffentlichte Broschüre.

Dossey, Larry (1995): *Heilende Worte – Die Kraft der Gebete und die Macht der Medizin*. Südergellersen: Verlag Bruno Martin.

Douglas, Mary (1973): *Natural symbols. Explorations in cosmology*. London: Barrie & Jenkins.

– (1975): *Implicit meanings: essays in anthropology*. London u.a.: Routledge.

– (1978): *Purity and danger. An analysis of the concepts of pollution and taboo*. London u.a.: Routledge.

– (2000): »Foreword. No free gifts«. In: Mauss, Marcell: *The gift*. London u.a.: Routledge, vii-xviii.

Drakulic, Slavenka (1989): *Das Prinzip Sehnsucht*. Reinbek bei Hamburg: Rowohlt.

Duden, Barbara (2000): Zeitgeschichte unter der Haut – Der Frauenkörper in den 1990er Jahren. *Geschlecht weiblich: Körpererfahrungen, Körperkonzepte. Ringvorlesung SS 2000, Vortrag vom 13.04.2000, Universität Göttingen*, Göttingen, unveröffentlicht.

Duden Fremdwörterbuch (1990): *Fremdwörterbuch*, Bd. 7. Bearbeitet vom Wissenschaftlichen Rat der Dudenredaktion unter Mitwirkung von Maria Dose, Jürgen Folz und weiteren. 5. neu bearb. Aufl. Mannheim u.a.: Dudenverlag.

Engelke, Michaela (1998): *Betreuung und Beratung Angehöriger von Transplantationspatienten*. Diplomarbeit. Göttingen, unveröffentlicht.

Evans-Pritchard, Edward E. (1988 [1937]): *Hexerei, Orakel und Magie bei den Zande*. Frankfurt a. M.: Suhrkamp.

Featherstone, Mike / Hepworth, Mike / Turner, Bryan S. (1995 [1991]): *The body: social process and cultural theory*. 2. Aufl. London u.a.: Sage.

Feldmann, Klaus (1997): *Sterben und Tod. Sozialwissenschaftliche Theorien und Forschungsergebnisse*. Opladen: Leske und Budrich.

Feuerstein, Günter (1995): *Das Transplantationssystem: Dynamik, Konflikte und ethisch-moralische Grenzgänge*. Weinheim u.a.: Juventa.

Fischer-Fröhlich, Carl-Ludwig et al. (o. J.): *Erfahrungen von Organspenderangehörigen*. Tübingen u.a., unveröffentlichtes Manuskript.

Fischer-Fröhlich, Carl-Ludwig / Kulil, Manuela (1996): *Das Spannungsfeld der Organspende: Erfahrungen von Angehörigen Jahre danach*. Vortrag anläßlich der Tagung der deutschen Transplantationskoordinatoren, Deutsche Stiftung Organtransplantation. Homburg/Saar, Juni 1996, unveröffentlicht.

Foucault, Michel (1974 [1966]): *Die Ordnung der Dinge: Eine Archäologie der Humanwissenschaften*. Frankfurt a. M.: Suhrkamp.

– (1999 [1963]): *Die Geburt der Klinik. Die Archäologie des ärztlichen Blickes*. 5. Aufl. d. dt. Ausg. Frankfurt a. M.: Fischer.

Fox, Renée / Swazey, Judith (1974): *The Courage to fail. A social view of organ transplants and dialysis*. Chicago: Chicago University Press.

– (1992): *Spare parts: organ replacement in American Society*. Oxford: Oxford University Press.

Frank, Arthur W. (1990): »Bringing the bodies back in: a decade review«. *Theory, Culture & Society*, 7, 131-162.

– (1991): »For a sociology of the body: an analytical review«. In: Featherstone, Mike / Hepworth, Mike / Turner, Bryan S. (Hg.): *The body: social process and cultural theory*. London u.a.: Sage, 36-102.

– (1993): »The rhetoric of self-change: illness experience as narrative«. *The Sociological Quarterly*, 34 (1), 39-52.

– (1995): *The wounded storyteller. Body, illness, and ethics*. Chicago/London: University of Chicago Press.

Frankfurter Rundschau (1998): »Totgeburten werden ›als Sondermüll entsorgt‹«. *Frankfurter Rundschau* vom 22.07.1998.

– (2001): »Kinder-Nieren in Regalen gestapelt«. *Frankfurter Rundschau* vom 13.01.2001.

Freudenberg, Lutz (1998): *Arbeits- und Abschlussbericht. DFG-Projekt »Verwandtschaft und Humantechnologie«*. Göttingen, unveröffentlicht.

Frewer, Andreas / Köhler, Matthias / Rödel, Claus (Hg.) (1996): *Herztransplantation und Ethik. Historische und philosophische Aspekte eines paradigmatischen Eingriffs der modernen Medizin*. Erlanger Studien zur Ethik in der Medizin, Band 4. Erlangen u.a.: Palm & Enke.

Freyberger, H. / Bauditz, W. / Bessert, I. et al. (1974): »Das ärztliche Gespräch mit Angehörigen zur Erlaubnis einer Nierenspende«. *Münchner Medizinische Wochenschrift*, 116, 1009-1012.

Fukunishi, I. / Paris W. /Nitchell, S. / Nour B. (2002a): »Posttraumatic stress disorder in the families of cadaveric and living donor population: a comparison of Japanese and American outcomes.« *Transplantation Proceedings* 34 (7), 2627.

– (2002b): »Emotional conditions of donor families: a comparison of Japanese and American outcames.« *Transplantation Proceedings* 34 (7), 2626.

Geertz, Clifford (1983): *Local Knowledge*. New York: Basic Books.

Gennep, Arnold van (1986 [1909]): *Übergangsriten*. Frankfurt a. M.: Suhrkamp.

Gerhardt, Uta (1999): *Herz und Handlungsrationalität*. Frankfurt a. M.: Suhrkamp.

Giddens, Anthony (1991): *Modernity and self-identity. Self and society in the late modern age*. Cambridge: Polity Press.

Glaser, Barney G. / Strauss, Anselm L. (1979): »Die Entdeckung gegenstandbezogener Theorie: Eine Grundstrategie qualitativer Sozialforschung«. In: Hopf, Christel / Barton, Allen H. (Hg.): *Qualitative Sozialforschung*. Stuttgart: Klett-Cotta, 91-111.

Godbout, Jacques T. (1992): *L'esprit du don*. Paris: Éditions la Découverte.

– (2000): *Le don, la dette et l'identité. Homo donator vs homo oeconomicus*. Paris: Éditions la Découverte.

Godelier, Maurice (1999): *The enigma of the gift*. Cambridge: Polity Press.

Gordon, Deborah R. (1988): »Tenacious assumptions in western medicine«. In: Gordon, Deborah R./ Lock, Margaret M. (Hg.): *Biomedicine examined.* Dordrecht: Kluwer, 19-56.

Gottschalk, G. F. (1995): »Rückblick Helsinki: The Fifth European Heart Transplant Games 1994«. *Transplantforum*, 1/95, 36.

Grewel, Hans (1994): »Medizin und Menschenbild oder das tödliche Dilemma der Transplantationsmedizin«. *Medizin und globales Überleben*, 2, 43-50.

Hallam, Elisabeth / Hockey, Jenny / Howarth, Glennys (1999): *Beyond the body: death and social identity.* London: Routledge.

Halperin, James (1998): *The first immortal.* New York: Del Rey.

Haraway, Donna (1996): »Die Biopolitik postmoderner Körper. Konstitutionen des Selbst im Diskurs des Immunsystems.« In: Borck, Cornelius (Hg.): *Anatomien medizinischen Wissens.* Frankfurt a. M.: Fischer, 307-359.

Hauser-Schäublin, Brigitta (1997): »Blick zurück im Zorn. Ethnologie als Kulturkritik«. *Zeitschrift für Ethnologie*, 122, 3-17.

– (2000): *Gender-Theorien: Geschlecht und Körperpolitik.* Vorlesung im Sommersemester 2000, Universität Göttingen.

Hauser-Schäublin, Brigitta / Kalitzkus, Vera / Petersen, Imme / Schröder, Iris (2001): *Der geteilte Leib. Die kulturelle Dimension von Organtransplantation und Reproduktionsmedizin in Deutschland.* Frankfurt a. M./New York: Campus.

Helmers, Sabine (1989): *Tabu und Faszination. Über die Ambivalenz der Einstellung zu Toten.* Berlin: Reimer.

Hermanns, K. / Salomon, F. (1993): »Sterben und Tod auf einer operativen Intensivstation aus der Sicht naher Angehöriger – eine Fragebogenuntersuchung«. *Anästhesiologie, Intensivmedizin, Schmerztherapie*, 28, 75-80.

Hertz, Robert (1960 [1907]): *Death and the right hand.* Übersetzt von Needham, R. und Needham, C. Aberdeen: Cohen & West.

Hoffmann, Gerhardt (1997): *Mein Herz hat mich verlassen.* Stuttgart: Rodius.

Hogle, Linda F. (1999): *Recovering the Nation's body. Cultural memory, medicine, and the politics of redemption.* New Brunswick/New Jersey: Rutgers University Press.

Hohmeyer, Michael (1993): *Die Lebenssituation von Mukoviszidose-Patienten vor und nach der Lungentransplantation und Möglichkeiten der psychosozialen Unterstützung.* Diplomarbeit. Hannover, unveröffentlicht.

– (1996): »Existenzanalytische Arbeit mit lungentransplantierten Patienten«. *Zeitschrift des Hamburger Instituts für Existenzanalyse und Logotherapie*, 1. Jahrg. vom 3.08.1996, 3-9.

Hollinger, Ingrid (2003): »Angehörigenprojekt der Deutschen Stiftung Organtransplantation – Region Mitte. Eindrücke und Gedanken« *Lebenslinien. Informationen der Selbsthilfegruppe Lebertransplantierter Deutschland e.V.*, 1/2003, 31.

Hollmer, Heide (Hg.) (1997): *Hallo mein Herz! Ein Lesebuch.* München: Kunstmann.

Holtkamp, Sue / Nuckolls, Elizabeth S. (1991): »The incomplete gift exchange«. *Journal of Transplant Coordination*, 1, 31-35.

– (1993): »Completing the gift exchange: a study of bereavement services for donor families«. *Journal of Transplant Coordination*, 3, 80-84.

Honer, Anne (1994): »Das explorative Interview«. *Schweizer Zeitschrift für Soziologie*, 20 (3), 623-640.
House, Robert M. / Thompson, Troy L. (1988): »Psychiatric aspects of organ donation«. *JAMA*, Juli 22/29, Vol. 260 (4), 535-539.
Huber, Guenter L. (Hg.) (1992): *Qualitative Analyse. Computereinsatz in der Sozialforschung*. München/Wien: Oldenbourg.
Hunt, Jennifer (1989): *Psychoanalytic aspects of fieldwork*. London u.a.: Sage.
Huntington, Richard / Metcalf, Peter (1979): *Celebrations of death. The anthropology of mortuary ritual*. Cambridge: Cambridge University Press.

Illich, Ivan (1995 [1977]): *Die Nemesis der Medizin*. 4. überarb. und erg. Aufl. München: Beck.
Irish, Donald P. / Lundquist, Kathleen F. / Nelsen, Vivian Jenkins (Hg.) (1993): *Ethnic variations in dying, death and grief*. Washington: Taylor und Francis.
Jackson, Michael (1989): *Paths toward a clearing. Radical empiricism and ethnographic inquiry*. Bloomington u.a.: Indiana University Press.
Jensen, Jürgen (1995): »Der Gegenstand der Ethnologie und die Befassung mit komplexen Gesellschaften. Eine notwendige Klärung und ihre wissenschaftsgeschichtlichen Vorgaben«. *Zeitschrift für Ethnologie*, 120, 1-14.
Jerneizig, Ralf (1992): *Klientenzentrierte Trauertherapie. Eine Pilotstudie zur Erfassung der therapeutischen Wirksamkeit*. Dissertation, Essen.
– (1994): *Leitfaden zur Trauertherapie und Trauerberatung*. Göttingen: Vandenhoeck & Ruprecht.
Joerges, Bernward (Hg.) (1996): *Körper und Technik. Aufsätze zur Organtransplantation*. Berlin: Edition Sigmar.
Journal of the World Transplant Games Federation (Hg.) (1998): *Journal of the World Transplant Games Federation*, 1998.

Kalitzkus, Vera (1996): *Körper und Hierarchien: Soziale Stratifizierung, Körperkonzeptionen und Lebenszyklusriten in Nordindien*. Magisterarbeit. Göttingen, unveröffentlicht.
– (2001): »Der Tod in neuem Gewand. Eine ethnologische Untersuchung in Deutschland«. In: Alsheimer, Rainer (Hg.): *Körperlichkeit und Kultur. Dokumentation des dritten Arbeitstreffens des »Netzwerk Gesundheit in der volkskundlichen Forschung« Würzburg, 22.– 24. März 2000*. Bremen: Universität Bremen, 29-44.
Kardorff, Ernst von (1991): »Qualitative Sozialforschung – Versuch einer Standortbestimmung«. In: Flick, Uwe et al. (Hg.): *Handbuch qualitativer Sozialforschung*. Weinheim: Psychologie Verlagsunion, 3-8.
Kelle, Udo (Hg.) (1995): *Computer-aided qualitative data analysis. Theory, methods, and practice*. London u.a.: Sage.
Kerst, Michael (2001): »Keine Organspende – Sohn klagt an: Meine Mutter könnte noch leben«. *Express-Düsseldorf* vom 04.01.2001.
Kessel, Martina (2001): »Die Angst vor dem Scheintod im 18. Jahrhundert. Körper und Seele zwischen Religion, Magie und Wissenschaft«. In: Schlich, Thomas / Wiesemann, Claudia (Hg.): *Hirntod. Zur Kulturgeschichte der Todesfeststellung*. Frankfurt a. M.: Suhrkamp, 133-166.
Kleinman, Arthur (1988): *The illness narratives: suffering, healing, and the human condition*. Cambridge: Basic Books.

– (1995): *Writing at the margin. Discourse between anthropology and medicine*. Berkeley u.a.: University of California Press.

Kleinman, Sherryl / Copp, Martha (1993): *Emotions and fieldwork*. London u.a.: Sage.

Kneuper, Elsbeth (1999): *Tod, Weiblichkeit, Repräsentation: Forschen in einem deutschen Bestattungsinstitut*. Münster u.a.: Lit.

Koenig, Barbara A. / Hogle, Linda F. (1995): »Organ transplantation (re)examined«. *Medical Anthropology Quarterly*, 9 (3), 393-399.

Krämer, Klaus (1996): »›Dabei sein und das Beste geben.‹ Deutsche Meisterschaften der Organtransplantierten«. *BDO-Blätter. Journal des Bundesverbandes der Organtransplantierten e.V.*, 1996 (3), 12-13.

Krawietz, Birgit (2001): »Grundlagen und Grenzen einer Hirntodkonzeption im Islam«. In: Schlich, Thomas / Wiesemann, Claudia (Hg.): *Hirntod. Zur Kulturgeschichte der Todesfeststellung*. Frankfurt a. M.: Suhrkamp, 239-256.

Kulil, Manuela / Fischer-Fröhlich, Carl-Ludwig (1996): *Anderen zu helfen war richtig... Forum für Angehörige von Organspendern: Bericht über Erfahrungen danach*. Füramoos/Tübingen, unveröffentlichtes Manuskript.

Lampe-Scholz, Ines (1998): *Leben durch den Tod. Organspende – rechtliche Aspekte und sozialarbeiterischer Handlungsbedarf*. Diplomarbeit, Hannover, unveröffentlicht.

Largiadèr, Felix (1996): *Organtransplantation. Checklisten der aktuellen Medizin*. Stuttgart: Thieme.

Layne, Linda L. (1996): »›Never such innocence again.‹ Irony, nature and technoscience in narratives of pregnancy loss«. In: Cecil, Rosanne (Hg.): *The anthropology of pregnancy loss. Comparative studies in miscarriage, stillbirth and neonatal death*. Oxford u.a.: Berg, 131-152.

Lebenslinien. Informationen der Selbsthilfegruppe Lebertransplantierter Deutschland e.V. (1996): »DSVO-Meisterschaften 1996«. *Lebenslinien. Informationen der Selbsthilfegruppe Lebertransplantierter Deutschland e.V.*, 1/1996, 37.

Leipziger Volkszeitung (2001): »300 Transplantierte wollen für neues Leben danken. Organspende-Patienten feiern am Sonntag erstmals Fürbittengottesdienst«. *Leipziger Volkszeitung* vom 23.05.2001.

Leventhal, Howard / Idler, Ellen L. / Leventhal, Elaine A. (1999): »The impact of chronic illness on the self system«. In: Contrada, Richard J. / Ashmore, Richard D. (Hg.): Self, *social identity and physical health. Interdisciplinary explorations*. New York/Oxford: Oxford University Press, 185-208.

Lévi-Strauss, Claude (1981 [1949]): *Die elementaren Strukturen der Verwandtschaft*. Frankfurt a. M.: Suhrkamp.

– (1991 [1958]): *Strukturale Anthropologie. Bd. 1*. 5. Aufl. d. dt. Ausg. Frankfurt a. M.: Suhrkamp.

Levine Batten, Helen (1992 [1990]): »The social construction of altruism in organ donation«. In: Shanteau, James / Harris, Richard J. (Hg.) (1992 [1990]): *Organ donation and transplantation: psychological and behavioral factors*. 2. Aufl. Washington: American Psychological Association.

Lindemann, Gesa (1993): *Das paradoxe Geschlecht. Transsexualität im Spannungsfeld von Körper, Leib und Gefühl*. Frankfurt a. M.: Fischer.

– (1994): »Das soziale Geschlecht unter der Haut«. *KEA – Zeitschrift für Kulturwissenschaften*, 7, 1-12.

– (1996): »Zeichentheoretische Überlegungen zum Verhältnis von Körper und Leib«. In: Barkhaus, Annette / Mayer, Matthias / Roughley, Neil / Thürnau, Donatus (Hg.): *Identität, Leiblichkeit, Normativität. Neue Horizonte anthropologischen Denkens*. Frankfurt a. M.: Suhrkamp, 146-175.
– (1999): »Doppelte Kontingenz und reflexive Anthropologie«. *Zeitschrift für Soziologie*, 28 (3), 165-181.
– (2001): »Die Interpretation ›hirntot‹«. In: Schlich, Thomas / Wiesemann, Claudia (Hg.): *Hirntod. Zur Kulturgeschichte der Todesfeststellung*. Frankfurt a. M.: Suhrkamp, 318-343.
– (2002): *Die Grenzen des Sozialen. Zur sozio-technischen Konstruktion von Leben und Tod in der Intensivmedizin*. München: Fink.
Lock, Margaret (1993): »Cultivating the body: anthropology and epistemologies of bodily practice and knowledge«. *Annual Review of Anthropology*, 22, 133-155.
– (1995): »Trancendending mortality: organ transplants and the practise of contradiction«. *Medical Anthropology Quarterly*, 9 (3), 390-393.
– (1996): »Death in technological time: locating the end of meaningful life«. *Medical Anthropology Quarterly*, 10 (4), 575-600.
– (1997): »Displacing suffering: the reconstruction of death in North America and Japan«. In: Lock, Margaret / Kleinman, Arthur / Das, Veena (Hg.): *Social suffering*. Berkeley u.a.: University of California Press, 207-244.
– (1998): »Deadly disputes. Hybrid selves and the calculation of death in Japan and North America«. *Osiris*, 13, 410-429.
– (1999): »The politics of health, identity, and culture«. In: Contrada, Richard J. / Ashmore, Richard D. (Hg.): *Self, social identity, and physical health. Interdisciplinary explorations*. New York/Oxford: Oxford University Press, 43-68.
– (2002): *Twice dead. Organ transplants and the reinvention of death*. Berkeley u.a.: University of California Press.
Lupton, Deborah (1995 [1994]): *Medicine as culture. Illness, disease and the body in Western Society*. 2. Aufl., London u.a.: Sage.
Lupton, Deborah (1996): *Food, the body and the self.* London u.a.: Sage.
Lutz, Catherine (1988): *Unnatural emotions*. Chicago/London: University of Chicago Press.

Macho, Thomas (1987): *Todesmetaphern. Zur Logik der Grenzerfahrung*. Frankfurt a. M.: Suhrkamp.
Mandelbaum, David G. (1965): »Social uses of funeral rites«. In: Feifel, Herman (Hg.): *The meaning of death*. New York u.a.: McGraw-Hill, 189-217.
Marinero, P. Gómez / Santiago, Carlos / Monino, Adela (1996): »The donation interview«. In: Matesanz, Rafael / Miranda, Blanca (Hg.): *Organ donation for transplantation. The Spanish model*. Madrid/Barcelona: Grupo Aula Medica, 93-109.
Marsella, Anthony / DeVos, George / Hsu, Francis (1985): *Culture and self.* London: Tavistock.
Martin, Emily (1994): *Flexible bodies: tracking immunity in American culture; from the days of polio to the age of AIDS*. Boston: Beacon.
Mauss, Marcel (1978 [1926]): Über die physische Wirkung der von der Gemeinschaft suggerierten Todesvorstellung auf das Individuum (Australien und Neuseeland). In: *Soziologie und Anthropologie Band II*, 177-191. Frankfurt/M, Berlin, Wien: Ullstein.

– (1979 [1935]): »The notion of body techniques«. In: *Sociology and Psychology*, 97-123.
– (1994 [1925]): *Die Gabe. Form und Funktion des Austauschs in archaischen Gesellschaften*. 2. Aufl. der dt. Ausg. Frankfurt a. M.: Suhrkamp.
Mayring, Phillip (1992): »Analytische Schritte bei der Textinterpretation«. In: Huber, Guenter L. (Hg.): *Qualitative Analyse. Computereinsatz in der Sozialforschung*. München/Wien: Oldenbourg, 11-41.
Medical Tribune (2001): »Diskussionsfreude im ›Forum Körperwelten‹. Woran krankt die Organspende?« *Medical Tribune* 2001 (1), 17 vom 27.04.2001.
Meisner, Joachim Kardinal (1997): »Wann trennen sich Seele und Leib?« *Frankfurter Allgemeine*, Nr. 21/4 vom 25.01.1997.
Mischke, Marianne (1996): *Der Umgang mit dem Tod. Vom Wandel in der abendländischen Geschichte*. Berlin: Reimer.
Morton, J. B. / Leonard, D. R. A. (1979): »Cadaver nephrectomy: an operation on the donor's family«. *British Medical Journal*, 1, 239-241.
Müller-Nienstedt, Hans-Rudolf (1996): *Geliehenes Leben. Tagebuch einer Transplantation*. Zürich/Düsseldorf: Walter.
Murphy, Robert F. (1990): *The body silent*. New York: Norton & Company.
Muthny, Fritz A. (1995): »Das Gespräch mit den Angehörigen plötzlich Verstorbener als zentraler Schlüssel zur Organspende – Notwendigkeiten und Möglichkeiten psychosozialer Fortbildung am Beispiel des EDHEP-Programms (European Donor Hospital Education Programme)«. *Transplantationsmedizin*, 7, 66-70.
– (1997): »Das Gespräch mit den Angehörigen plötzlich Verstorbener als ethische Aufgabe und wichtigste Voraussetzung für die postmortale Organspende«. In: Ach, Joachim S. / Quante, Michael (Hg.): *Hirntod und Organverpflanzung. Ethische, medizinische, psychologische und rechtliche Aspekte der Transplantationsmedizin*. Stuttgart: Fromann-Holzboog, 107-121.
Muthny, Fritz A. et al. (1995): »Medizinpsychologische Fortbildung für den Umgang mit den Angehörigen plötzlich Verstorbener – Evaluationsergebnisse von Ärzten, Pflegekräften und Psychologen«. *Zeitschrift für medizinische Psychologie*, 4, 183-190.

Nancy, Jean-Luc (2000): *Der Eindringling. Das fremde Herz*. Berlin: Merve.
Nickel, Lars Christoph (1999): *Die Entnahme von Organen und Geweben bei Verstorbenen zum Zweck der Transplantation nach dem Transplantationsgesetz vom 5. November 1997 unter Berücksichtigung der nationalen Regelungen der anderen europäischen Staaten*. Dissertation. Bonn.
Nijs, Michaela (1999): *Trauern hat seine Zeit: Abschiedsrituale beim frühen Tod eines Kindes*. Göttingen: Verlag für angewandte Psychologie.
Nordmann, Yves (2001): »Definition des Todes und Hirntodes aus Sicht der jüdischen Medizinethik«. In: Schlich, Thomas / Wiesemann, Claudia (Hg.): *Hirntod. Zur Kulturgeschichte der Todesfeststellung*. Frankfurt a. M.: Suhrkamp, 257-275.

Obrecht, Sibylle (1996): *Fremdkörper. Die Darstellung der ersten Herztransplantationen in der schweizerischen Boulevardpresse und den Illustrierten: Vermittlung von Inhalten und Bedeutungen*. Lizentiatsarbeit. Basel, unveröffentlicht.

– (2001): »Grenzgänge. Das ›immunologische Selbst‹ und die ersten Herztransplantationen Ende der 1960er Jahre«. In: Alsheimer, Rainer (Hg.): *Körperlichkeit und Kultur. Dokumentation des dritten Arbeitstreffens des »Netzwerk Gesundheit in der volkskundlichen Forschung« Würzburg, 22.–24. März 2000.* Bremen: Universität Bremen, 57-75.

Ochsmann, Randolph (1993): *Angst vor Tod und Sterben. Beiträge zur Thanato-Psychologie.* Göttingen: Hofgrefe.

Ohnuki-Tierney, Emiko (1994): »Brain death and organ transplantation. Cultural basis of medical technology«. *Current Anthropology,* 35 (3), 233-254.

Ots, Thomas (1991): *Stiller Körper – lauter Leib. Aufstieg und Untergang der jungen chinesischen Heilsbewegung Kranich-qigong.* Dissertation. Hamburg, Mikrofiche-Ausg.

– (1991a): »Phenomenology of the body: the subject-object problem in psychosomatic medicine and the role of traditional medical systems herein«. *Curare,* 7, 43-58.

– (1996): »The silenced body – the expressive Leib: on the dialectic of mind and life in Chinese cathartic healing«. In: Csordas, Thomas J. (Hg.): *Embodiment and experience. The existential ground of culture and self.* Cambridge: Cambridge University Press, 5, 116-136.

Painter, Liz M. / Langlands, Janice M. / Walker, Joanna I. (1995): »Donor families experience of organ donation: a New Zealand study«. *New Zealand Medical Journal,* 108 (1004), 295-296.

Palgi, Phyllis / Abramovitch, Henry (1984): »Death: a cross-cultural perspective«. *Annual Review of Anthropology,* 13, 385-417.

Parry, Jonathan (1989): »The end of the body«. In: Feher, Michael (Hg.): *Fragments for a history of the human body.* Bd. 2. New York: Zone, 490-517.

Parsons, Talcott (1951): *The social system.* Glencoe, Il.: Free Press.

Paull Mines, Diane (1990): »Hindu periods of death ›impurity‹«. In: Marriott, McKim (Hg.): *India through Hindu categories.* New Delhi u.a.: Sage, 103-130.

Pawelzik, Brigitte (2000): »Bericht über ein Projekt der Deutschen Stiftung Organtransplantation«. *Die Flüstertüte. Zeitschrift vom Landesverband Nierenkranker, Dialysepatienten und Transplantierter Niedersachsen e.V.,* 3/2000, 21-23.

Pearsall, Paul (1998): *The heart's code: the true stories of organ transplant patients and what they reveal about where we store our memories.* New York/London: Thorsons.

Pelletier, Maryse (1992): »The organ donor family member's perception of stressful situations during the organ donation experience«. *Journal of advanced nursing,* 1992 (17), 90-97.

Pernick, Martin S. (1988): »Back from the grave: recurring controversies over defining and diagnosing death in history«. In: Zaner, Richard M. (Hg.): *Death beyond whole-brain criteria.* Dordrecht u.a.: Kluwer, 17-74.

Petersen, Imme (2002): *Grenzkonflikte um Person und Leben: kulturelle Wissensstrukturen in den Parlamentsdebatten zum Embryonenschutzgesetz und Transplantationsgesetz.* Dissertation. Elektronische Ausgabe. Göttingen: Niedersächsische Staats- und Universitätsbibliothek.

Plough, Alonzo L. (1986): *Borrowed time: artificial organs and the politics of extending lives.* Philadelphia: Temple University Press.

Prottas, Jefrey M. / Levine Batten, Helen (1989): »Attitudes toward clinical and social issues in organ procurement«. In: Kaufmann, Howard H. (Hg.): *Pediatric brain death and organ/tissue retrieval. Medical, ethical, and legal aspects.* New York/London: Plenum Medical Book Company, 27, 259-265.

Prüll, Cay-Rüdiger (2000): »Der Umgang mit der menschlichen Leiche in der Medizin: die historische Perspektive«. In: Wellmer, Hans-Konrat / Bockenheimer-Lucius, Gisela (Hg.): *Zum Umgang mit der Leiche in der Medizin*. Lübeck: Schmidt-Römhild, 59-69.

Pschyrembel, Willibald (1993): *Medizinisches Wörterbuch: Sonderausgabe Pschyrembel Klinisches Wörterbuch*. 257., neu bearb. Aufl. Hamburg: Nikol Verlagsgesellschaft.

Rehmann-Sutter, Christoph (1994): »In die Transplantation einwilligen? Zu einigen ethischen Fragen«. *Cystische Fibrose*, 27 (2), 12-16.

Reichmayr, Johannes (1995): *Einführung in die Ethnopsychoanalyse. Geschichte, Theorien und Methoden*. Frankfurt a. M.: Fischer.

Rhodes, Lorna Amarasingham (1990): »Studying biomedicine as a cultural system«. In: Johnson, Thomas M. / Sargent, Carolyn F. (Hg.): *Medical anthropology. Contemporary theory and method*. New York: Praeger Publisher, 159-173.

Roelcke, Volker (2001): »Kulturen des Todes. Beobachtungen und Theorieansätze aus Ethnologie und Ethnomedizin«. In: Schlich, Thomas / Wiesemann, Claudia (Hg.): *Hirntod. Zur Kulturgeschichte der Todesfeststellung*. Frankfurt a. M.: Suhrkamp, 66-81.

Roost Vischer, Lilo (1995): »Alltägliche Leichen. Anmerkungen zu einer ethnologischen Forschung in einem schweizerischen Bestattungsinstitut und Krematorium«. *KEA – Zeitschrift für Kulturwissenschaften*, 9, 211-227.

– (1999): *Alltägliche Tote. Ethnologische Untersuchungen in einem Bestattungsinstitut und einem Krematorium in der Schweiz*. Münster u.a.: Lit.

Rosaldo, Renato (1993): »Der Kummer und die Wut eines Kopfjägers. Über die kulturelle Intensität von Emotionen«. In: Berg, Eberhard / Fuchs, Martin (Hg.): *Kultur, soziale Praxis, Text. Die Krise der ethnographischen Repräsentation*. Frankfurt a. M.: Suhrkamp, 375-401.

Rosner, Fred (1999): »The definition of death in Jewish law« In: Youngner, Stuart J. / Arnold, Robert M. / Schapiro, Renie (Hg.): *The definition of death. Contemporary controversies*. Baltimore u.a.: Johns Hopkins University Press, 210-221.

Russel Bernard, Harvey (1994): *Research methods in anthropology. Qualitative and quantitative approaches*. Thousand Oaks u.a.: Sage.

Salis Gross, Corina (2001): Der ansteckende Tod: eine ethnologische Studie zum Sterben im Altersheim. Frankfurt a.M.: Campus.

Santiago, Carlos / Gómez, Patricia (1997): »Asking for the family consent: analysis and refusals«. *Transplantation Proceedings*, 29, 1629-1630.

Schaich, Jürgen (1987): *Patientenerwartungen, Bedarfsdeckung sowie Zielsetzungen bestehender Selbsthilfevereinigungen am Beispiel der Hämodialyse und Transplantation. Eine empirische Untersuchung*. Diplomarbeit. Freiburg, unveröffentlicht.

Schellmann, Burghard (2000): »Die Pathophysiologie des Sterbevorgangs – Überlebenszeit von Zellen und Geweben«. In: Wellmer, Hans-Konrat / Bockenheimer-Lucius, Gisela (Hg.): *Zum Umgang mit der Leiche in der Medizin. Handling of the human corpse in medicine*. Lübeck: Schmidt-Römhild, 27-33.

Schellong, Sebastian (1990): *Künstliche Beatmung. Strukturgeschichte eines ethischen Dilemmas*. Stuttgart/New York: Gustav Fischer.

– (2001): »Die künstliche Beatmung und die Entstehung des Hirntodkonzepts«. In: Schlich, Thomas / Wiesemann, Claudia (Hg.): *Hirntod. Zur Kulturgeschichte der Todesfeststellung*. Frankfurt a. M.: Suhrkamp, 187-208.

Scheper-Hughes, Nancy / Lock, Margaret (1987): »The mindful body : a prolegomenon to future work in medical anthropology«. *Medical Anthropology Quarterly (1)*, 6-41.

Schicktanz, Silke (2002): Organlieferant Tier: medizin- und tierethische Probleme der Xenotransplantation. Frankfurt a. M./New York: Campus.

Schiller, Gisela (1991): *Der organisierte Tod: Beobachtungen zum modernen Bestattungswesen*. Düsseldorf: Fachverlag des Dt. Bestattungsgewerbes.

Schlake, Hans-Peter / Roosen, Klaus (2001): *Der Hirntod als der Tod des Menschen*. Zweite überarbeitete und erweiterte Auflage. Neu-Isenburg: Deutsche Stiftung Organtransplantation.

Schlich, Thomas (1996): »Die Geschichte der Herztransplantation: Chirurgie, Wissenschaft, Ethik.« In: Frewer, Andreas / Köhler, Matthias / Rödel, Claus (Hg.): *Herztransplantation und Ethik. Historische und philosophische Aspekte eines paradigmatischen Eingriffs der modernen Medizin*. Erlanger Studien zur Ethik in der Medizin, Band 4. Erlangen u.a.: Palm & Enke, 13-38.

– (1998): *Die Erfindung der Organtransplantation. Erfolg und Scheitern des chirurgischen Organersatzes (1880–1930)*. Frankfurt a. M./New York: Campus.

– (1998a): *Transplantation: Geschichte, Medizin, Ethik der Organverpflanzung*. München: Beck.

– (2001): »Tod, Geschichte, Kultur«. In: Schlich, Thomas / Wiesemann, Claudia (Hg.): *Hirntod. Zur Kulturgeschichte der Todesfeststellung*. Frankfurt a. M.: Suhrkamp, 9-42.

Schlich, Thomas / Wiesemann, Claudia (Hg.) (2001): *Hirntod. Zur Kulturgeschichte der Todesfeststellung*. Frankfurt a. M.: Suhrkamp.

Schmid, Gary Bruno (2000): *Tod durch Vorstellungskraft. Das Geheimnis psychogener Todesfälle*. Wien/New York: Springer.

Schmitz, Hermann (1965): *System der Philosophie. Bd. 2, Teil 1. Der Leib*. Bonn: H. Bouvier u. Co.

Schneider, Werner (1999): *»So tot wie nötig – so lebendig wie möglich!« Sterben und Tod in der fortgeschrittenen Moderne. Eine Diskursanalyse der öffentlichen Diskussion um den Hirntod in Deutschland*. Münster u.a.: Lit.

– (2001): »Vom schlechten Sterben und dem guten Tod – Die Neu-Ordnung des Todes in der politischen Debatte um Hirntod und Organtransplantation«. In: Schlich, Thomas / Wiesemann, Claudia (Hg.): *Hirntod. Zur Kulturgeschichte der Todesfeststellung*. Frankfurt a. M.: Suhrkamp, 279-317.

Schröder, Iris (2002): *Die kulturelle Konstruktion von ›Verwandtschaft‹ unter den Bedingungen der Reproduktionstechnologien in Deutschland*. Dissertation. Göttingen, unveröffentlicht.

Schubert, Hartwig von (1993): »Die Blutspende – Geschenk oder Ware?«. *Ethik in der Medizin*, 5, 60-69.

Schütte, Friedel (2000): »Verzicht auf ein neues Herz«. *Frankfurter Allgemeine Zeitung* vom 12.09.2000.

Schwarz, Markus (1995): »Biologische Grundphänomene von Lebewesen.« In: Schwarz, Markus / Bonelli, Johannes (Hg.): *Der Status des Hirntoten. Eine interdisziplinäre Analyse der Grenzen des Lebens*. Wien/New York: Springer, 3-14.

Seale, Clive (1998): *Constructing death. The sociology of dying and bereavement*. Cambridge: Cambridge University Press.

Sharp, Leslie A. (2000): »The commodification of the body and its parts«. *Annual Review of Anthropology* 29, 287-328.
– (1995): »Organ transplantation as a transformative experience: anthropological insights into the restructuring of the self«. *Medical Anthropology Quarterly*, 9 (3), 357-389.
Sheperd, Robert / Lefcourt, Herbert M. (1992 [1990]): »Death attitudes and humor: taking a different perspective on organ donation.« In: Shanteau, James / Harris, Jackson R. (Hg.): *Organ donation and transplantation: psychological and behavioral factors*. Washington: American Psychological Association, 50-58.
Shilling, Chris (1997 [1993]): *The body and social theory*. 3. Aufl. London u.a.: Sage.
Siminoff, Laura A. / Chillag, Kata (1999): »The fallacy of the ›Gift of Life‹«. *Hastings Center Report*, 29 (6), 34-41.
Simmel, Georg (1999 [1908]): »Exkurs über Treue und Dankbarkeit«. In: Simmel, Georg: *Soziologie. Untersuchungen über die Formen der Vergesellschaftung. Gesamtausgabe Bd. 11, herausg. von Otthein Rammstedt*. Frankfurt a. M.: Suhrkamp, 652-670.
Simmons, Roberta G. / Fulton, Robert / Fulton, Julie (1989): »Effect of organ donation on families of brain-dead patients«. In: Kaufmann, Howard H. (Hg.): *Pediatric brain-death and organ tissue retrieval: medical, ethical and legal aspects*. New York/London: Plenum Medical Book Company, 267-281.
Sirchia, G. / Mascaretti, L. (1997): »Familiy consent: legal and cultural background«. *Transplantation Proceedings* 29, 1622-1624.
Slapak, Maurice (1998): »President's Message«. *Journal of the World Transplant Games Federation*, 1998, 1.
Sontag, Susan (1978): *Illness as metaphor*. New York: Vintage.
– (1989): *Aids und seine Metaphern*. München/Wien: Hanser.
Stapenhorst, Kurd (1999): *Unliebsame Betrachtungen zur Transplantationsmedizin*. Göttingen: Vandenhoeck und Ruprecht.
Statistisches Bundesamt (Hg.): *Gesundheitsbericht für Deutschland 1998*. Quelle: http://www.gbe-bund.de/gbe.
Stocks, Lisa et al. (1992): »Dispelling myths regarding organ donation: the donor family experience«. *Journal of Transplant Coordination*, 2, 147-152.
Strathern, Andrew (1996): *Body thoughts*. Ann Arbor: University of Michigan Press.
Strathern, Marilyn (1997): »Partners and consumers: making relations visible«. In: Schrift, Alan D. (Hg.): *The logic of the gift*. London u.a.: Routledge.
Streckeisen, Ursula (1992): »Thanatopraktik im Spitalbereich«. In: Streckeisen, Ursula / Roost Vischer, Lilo / Salis Gross, Corina (Hg.): *Die berufliche Konstruktion des Lebensendes. Thanatopraktische Handlungsweisen in explorativer Sicht. Schlussbericht an den Schweizerischen Nationalfonds*. Bern, unveröffentlicht, 148-259.
Streckeisen, Ursula / Roost Vischer, Lilo / Salis Gross, Corina (1992): *Die berufliche Konstruktion des Lebensendes. Thanatopraktische Handlungsweisen in explorativer Sicht. Schlussbericht an den Schweizerischen Nationalfonds*. Bern, unveröffentlicht.
Striebel, Hans Walter / Link, Jürgen (Hg.) (1991): *Ich pflege Tote. Die andere Seite der Transplantationsmedizin*. Basel: Recom.

Student, Johann-Christoph (1996): »Wenn die Zeit zum Abschied fehlt... Transplantationsmedizin und Trauer«. In: Herrmann, Uwe (Hg.): *Die Seele verpflanzen? Organtransplantation als psychische und ethische Herausforderung*. Gütersloh: Gütersloher Verlagshaus, 43-55.

Sudnow, David (1973 [1967]): *Organisiertes Sterben. Eine soziologische Untersuchung*. Frankfurt a. M.: Fischer.

Südwestumschau (1999): »Störung der Totenruhe: Geldbuße für Ärzte«. *Südwestumschau* vom 23.11.1999.

Sylvia, Claire (1998): *Herzensfremd. Wie ein Spenderherz mein Selbst veränderte*. Hamburg: Hoffmann und Campe.

Synnott, Anthony (1993): *The body social. Symbol, self and society*. London u.a.: Routledge.

Taupitz, Jochen (1993): »Menschliche Körpersubstanzen: nutzbar nach Belieben des Arztes?« *Deutsches Ärzteblatt* 90 (15) vom 16.04.1993, A-1106-1110.

– (1994): »Zum Umgang mit der Leiche in der Medizin. Das Recht im Tod aus dem Blickwinkel der geltenden Rechtsordnung«. *Ethik in der Medizin*, 6, 38-42.

The European Guardian (1999): »New heart for dying girl who refused consent«. *The European Guardian* vom 16.07.1999.

Thomas, Carmen (1994): *Berührungsängste? Vom Umgang mit der Leiche*. Köln: vgs.

Titmuss, Richard M. (1997 [1971]): *The gift relationship: from human blood to social policy*. 2. Aufl., neu überarbeitet von Oakley, Ann / Ashton, John. New York: The New Press.

Turner, Bryan S. (1991): »Recent developments in the theory of the body«. In: Featherstone, Mike / Hepworth, Mike / Turner, Bryan S. (Hg.): *The body: social process and cultural theory*. London u.a.: Sage, 1-35.

– (1996 [1984]): *The body and society. Explorations in social theory*. 2. Aufl. London u.a.: Sage.

Tymstra, T. J. et al. (1992): »Experience of bereaved relatives who granted or refused permission for organ donation«. *Family practice*, 9, 141-144.

Uexküll, Thure von (1985): »Geleitwort«. In: Balck, Friedrich et al. (Hg.): *Psychonephrologie. Psychische Probleme bei Niereninsuffizienz*. Berlin u.a.: Springer, V-VII.

Villa, Paula-Irene (2000): *Sexy bodies. Eine soziologische Reise durch den Geschlechtskörper*. Opladen: Leske und Budrich.

Vollmann, Jochen (2001): »Das Hirntodkriterium heute. Begriffsklärung und medizinethische Kontroversen«. In: Schlich, Thomas / Wiesemann, Claudia (Hg.): *Hirntod. Zur Kulturgeschichte der Todesfeststellung*. Frankfurt a. M.: Suhrkamp, 45-65.

Waldenfels, Bernhard (2000): *Das leibliche Selbst. Vorlesungen zur Phänomenologie des Leibes*. Frankfurt a. M.: Suhrkamp.

Wassmuth, R. (1995): *Einführung in das HLA-System*. Landsberg: eco-med.

Weiner, Annette (1992): *Inalienable possessions. The paradox of keeping-while-giving*. Berkeley u.a.: University of California Press.

Wellendorf, Elisabeth (1993): *Mit dem Herzen eines anderen leben? Die seelischen Folgen der Organtransplantation*. Zürich: Kreuz.

Wellmer, Hans-Konrat / Bockenheimer-Lucius, Gisela (Hg.) (2000): *Zum Umgang mit der Leiche in der Medizin. Handling of the human corpse in medicine*. Lübeck: Schmidt-Römhild.

Wendt, Ursula (1999): *Transplantatabstoßung aus psychologischer Sicht*. Vortrag vom 02.06.1999, 2. Pflegesymposium des AKTX-Pflege e.V. in Kaiserslautern. Quelle: http://www.aktxpflege.de.

Werner, Markus (1995): *Bis bald*. München: dtv.

Wiebel-Fanderl, Oliva (1997): »Kulturschock Herztransplantation«. *BIOS*, 10 (1), 1-16.

– (2000): *Herztransplantation als erzählte Erfahrung. Menschen zwischen kulturellen Traditionen und medizinisch-technischem Fortschritt*. Habilitationsschrift. Jena, unveröffentlicht.

Wiesel, Elie (2000): »›Wer einem Zeugen zuhört, wird selbst zum Zeugen‹. Der Friedens-Nobelpreisträger Elie Wiesel im Gespräch mit Constantin von Barloewen«. *Frankfurter Rundschau* vom 23.11.2000.

Wiesemann, Claudia (1995): »Hirntod und Gesellschaft. Argumente für einen pragmatischen Skeptizismus«. *Ethik in der Medizin*, 7, 16-28.

– (2000): »Instrumentalisierte Instrumente: EEG, zerebrale Angiographie und die Etablierung des Hirntodkonzepts«. In: Meinel, Christoph (Hg.): *Instrument – Experiment – Historische Studien*. Berlin/Diepholz: Verlag für Geschichte der Naturwissenschaft und der Technik, 225-234.

– (2001): »Notwendigkeit und Kontingenz. Zur Geschichte der ersten Hirntod-Definition der Deutschen Gesellschaft für Chirurgie von 1968«. In: Schlich, Thomas / Wiesemann, Claudia (Hg.): *Hirntod. Zur Kulturgeschichte der Todesfeststellung*. Frankfurt a. M.: Suhrkamp, 209-235.

Wolber, Edith (1996): *Du hältst mir die Schlüssel hin, die Türen zu öffnen...* Berlin: Verlag für Wissenschaft und Bildung.

Worden, James W. (1987): *Beratung und Therapie in Trauerfällen: ein Handbuch*. Bern u.a.: Huber.

Wuermeling, Hans-Bernhard (2000): »Wann ist der Mensch tot? Der Sinn von ›sicheren‹ Todeskriterien«. In: Wellmer, Hans-Konrat / Bockenheimer-Lucius, Gisela (Hg.): *Zum Umgang mit der Leiche in der Medizin*. Lübeck: Schmidt-Rämhild, 35-39.

Yu, Xue-Zhong / Carpenter, Paul / Anasetti, Claudio (2001): »Advances in transplantation tolerance«. *The Lancet* vom 16.06.2001, 1959-1963.

Zaner, Richard M. (Hg.) (1988): *Death: beyond whole-brain criteria*. Dordrecht u.a.: Kluwer.

Ziegler, Jean (2000 [1975]): *Die Lebenden und der Tod*. München: Goldmann.

Index